如何摆脱贫困是一项全球性的挑战，对中国尤为如此，因为中国是世界上拥有贫困人口最多的国家之一。微型金融是帮助人们摆脱贫困的一种重要手段。《微型金融经济学》一书告诉我们如何使微型金融发挥作用，以及什么时候它不能奏效。这是一本不同凡响的著作，因为两位在二十多年前都出自哈佛大学的作者——贝琪兹·阿芒达利兹和乔纳森·默多克——不仅是杰出的经济学家，他们热衷于关心贫困问题，长期致力于微型金融。每一个关心贫困的人，每一个对微型金融感兴趣的人，都应当阅读此书。

——香港大学经济金融学院国之基金发展经济学讲座教授　许成钢

微型金融不但对小企业发展、农村减贫能起到核心的作用，在以小规模生产、个性化消费为特征的第三次产业革命中，微型金融很可能会成为主流的金融形式。

——国务院参事、友成企业家扶贫基金会常务副理事长　汤敏由美国哈佛大学和纽约大学两位学者合作撰写的这本《微型金融经济学》，是他们多年来从事微型金融领域研究并参与了许多实践项目后的总结，为读者们提供了对微型金融经济学的系统性介绍。本书严谨地使用经济学的理论和技术，是一本学术性很强的著作，但并不脱离经验实践，即使没有较多的经济学基础，阅读本书仍能获得大量的知识和启发。

——第一创业摩根大通证券有限责任公司副董事长、
中国人民大学博士生导师 贝多广

在中国银行业促进业务结构调整、深化盈利模式转型的大背景下，“微型金融”概念的引入有益于拓宽研究和实践者的思维。本书的贡献不仅在于阐述了微型金融的价值，还启发人们思考如何才能使之成为一种前景光明的金融模式。

——中国工商银行金融研究总监、城市金融研究所所长 詹向阳微型金融涉及的是一个传统而又尖端的课题。所谓“传统”是一如其他金融研究所需要处理的不确定性，尤其是信息的不对称性问题。所谓“尖端”是处理金融服务覆盖的小微企业，尤其是穷人的问题，而这恰是传统标准金融安排难以做到的。本书理论和实践结合，总结了微型金融的发展史，阐明通过小额信贷、两合同分离等手段将非正规的信用纳入金融安排，将会出现金融发展一片新天地。显然，这对渴求经济发展的我们有着重要的启示和借鉴意义。

——中国银行首席经济学家　曹远征

中国金融改革要实现三大自由：准入自由，竞争自由，退出自由。在此基础上，推动金融产品的丰富、融资渠道的多元、资产流动性的充分、信用风险评估的相对容易和准确、金融创新的活跃，从而推动利率水平和社会整体融资成本大幅度降低，资源得到最大限度的有效配置和充分利用。农村金融是我国金融改革的战略支点和重要内容，《微型金融经济学》将从经济金融理论和国际微型金融实践层面为我国农村金融、小微金融发展提供有益借鉴和启示。

——中国农业银行首席经济学家、
中国人民大学国际货币研究所副所长　向松祚

微型经济体是社会经济的细胞，其重要作用已为大家所重视。但是如何使微型经济体获得金融的有效支持，迄今仍然是世界性难题。《微型金融经济学》一书从理论和实践两方面对微型经济体和金融服务，即微型金融问题进行了有益探讨，澄清了一些相关理论观点，提供了实践和经验。目前中国开始普遍重视小微企业发展，银行也加大力度为小微企业提供贷款及其他金融服务，《微型金融经济学》中文版的翻译出版，可说是正逢其时，定会对推动中国的微型金融理论研究和实践发展，起到积极作用。

——中国工商银行总行城市金融研究所副所长　樊志刚

The Economics of

Beatriz Armendáriz
Jonathan Morduch

# 微型金融经济学

Microfinance

[美] 贝琪兹·阿芒达利兹
[美] 乔纳森·默多克 著

罗煜 袁江 译

北方联合出版传媒（集团）股份有限公司
万卷出版公司
2013年·沈阳

著作权合同登记号：06-2013-252



图书在版编目（CIP）数据

微型金融经济学=The economics of microfinance：/（美）阿芒达利兹，（美）默多克著；罗煜，袁江译. —沈阳：万卷出版公司，2013. 11

ISBN 978-7-5470-2866-7

Ⅰ. ①微… Ⅱ. ①阿… ②默… ③罗… ④袁… Ⅲ. ①金融学 Ⅳ. ①F830

中国版本图书馆CIP数据核字（2013）第227258号

出版发行：北方联合出版传媒（集团）股份有限公司
万卷出版公司
（地址：沈阳市和平区十一纬路29号 邮编：110003）
印 刷 者：北京中印联印刷有限公司
经 销 者：全国新华书店
幅面尺寸：160mm×230mm
字 数：650千字
印 张：30
出版时间：2013年11月第1版
印刷时间：2013年11月第1次印刷
总 策 划：梁 晶 李英健
特邀编辑：巫 宁
责任编辑：王亦言
封面设计：曾 妍
版式设计：张 莹
责任校对：杨 顺
书 号：ISBN 978-7-5470-2866-7
定 价：58.00元

联系电话：024-23284090
邮购热线：024-23284050
传 真：024-23284448
腾讯微博：http：//t.qq.com/wjcbgs
E-mail：vpc_tougao@163.com
网 址：http：//www.chinavpc.com

# 《微型金融经济学》（中文版）导言

贝多广

坦率地说，“微型金融”这一概念，对于大多数国人来说，还是比较陌生的。即使对于很多金融专家来说，“微型金融”的引入也不乏耳目一新之感。二十多年前，我曾经出版过论述宏观金融的一本书①，讨论的主要内容是货币政策、金融制度以及通货膨胀等总量概念，这也是当时大多数金融学人共同关注的课题。与宏观金融相对应的应该是微观金融，主要就是银行管理、风险控制以至于金融市场中的各种金融工具等内容。随着我国金融事业的日益深入发展，学界对微观层面的金融研究也展现出日益浓厚的兴趣。微型金融既不同于宏观金融，也不同于微观金融，它是从另外一个角度来考察金融现象。简单地说，微型金融是指对经济中微型企业、个体工商户以及家庭个人的金融服务，在中国的语境里，也可延伸到大众意义上的中小企业范围。

## 一

我们经常用一个正立的金字塔来形容中国的经济结构，而用一个倒立的金字塔来形容中国的金融结构。所谓正立的金字塔，就是说，少量大中型的企业以及富裕人群在金字塔的尖端部分，组成金字塔主要塔身部分的则是数量庞大的小微企业和普通百姓。从统计上看，小微企业占中国企业总数的 99% 以上，提供了 60% 的 GDP 产值，更为重要的是，吸收了 80% 的就业人数。然而，中国的金融结构恰好像一个倒立的金字塔，在很长一段时期内，其最厚重的部分

① 《宏观金融论》，贝多广著，三联书店上海分店出版，1988 年。译者注

（80% 左右），主要是为经济结构中的尖端部分提供各种服务。换言之，我国银行体系的贷款，大多流向了大中企业和有抵押能力的富裕人群。广大的小微企业以及普通人群尽管构成了经济结构中的主体部分但却很难获得金融服务，因为他们对应的是倒立金字塔的一小尖尖部分。这就是现存中国金融结构与中国经济结构之间的严重不对称性。这个局面实际上已经成为中国经济结构转型升级的严重制约。改变这一局面，需要全局性的制度设计和有魄力的实施，当然也需要观念的更新和理论的准备。

可喜的是，进入 21 世纪以来，**中国的金融结构正在逐步发生由服务高端向服务大众的趋势性变革**。在银行贷款余额总量中，对小微企业的贷款余额已经从 2007 年的 20% 上升到 2011 年的 28%。在银行体系内，一批服务于本地市场的城市和农村商业银行纷纷建立，资产规模日益壮大；以服务三农为目标的村镇银行从无到有；专营小额信贷的担保公司、贷款公司如雨后春笋般处处涌现。国有大银行垄断全国信贷市场的局面正在得到改变。除了银行改革以外，证券市场的演进以及其他非银行金融机构的应运而生，使得金融结构朝着多元化方向推进，越来越多的金融机构把目光投向县域经济甚至更低端层面的市场。

在这一历史的变革过程中，人们已经感受到理论的贫乏。诚如前述，在我们的金融学科当中，过去几乎没有研究微型金融的问题，而这些问题在发达国家也并不是主流课题。换言之，我们的一代代学生，在金融学教科书上所学的，基本上都是发达国家的成熟金融市场所需要的知识和技能，在大众媒体上铺天盖地的文章著述也几乎都是围绕高端金融所关心的话题。为什么会这样呢？因为金融业是最“嫌贫爱富”的行业，市场经济的逐利性法则驱使金融服务涌向财力雄厚的企业和个人，忽视贫困群体，而不论后者的需求有多强烈。

在中国以外的地方，经历了几代发展经济学家的探索后，人们终于认识到，贫穷的原因并不仅仅是缺乏生存发展所必须的食物和金钱，更缺乏是改变贫困面貌的工具和途径，金融服务恰是被实践证明为帮助贫穷的人们脱离贫困的有效途径。为经济结构下端的人们提供必要的金融服务，是赋予人基本的发展权利。中国的学界政界已经开始重视这一点，并且日益形成共识。当然这也是一个难点。因为改善金融结构既是一个学术问题，一个政策问题，又是一个重要的商业问题。金融服务不可能是纯粹的公益事业，如果提供小额贷款不能赢利，微型金融机构就不会有可持续性，市场力量就不会介入，金融结构就不会得到根本性改变。正如联合国前秘书长科菲·安南特别强调的，微型金融不是慈善，它是把每一个人都应该获得的同等的权利和服务延伸到低收入家庭的一种方式。可见，我们必须设计出一套良好的商业模式，这是理论和实践怎么去结合的一个很大的问题。

## 二

现在我们来看看中国微型金融的发展现状。针对中国的实际，我们从两个层面理解这个问题。第一个层面是传统的微型金融概念，即关注于服务农村和城市的贫困人群。第二个层面是中国读者通常理解的微型金融，服务于并不算贫困但仍然不能从正规渠道获得金融服务的家庭个人或中小企业。这是中国的特殊国情下对微型金融概念很有必要的拓展，本质还是在于强调提供正规金融体系无法提供的对普通民众和小微企业的金融服务。这第二个层面的认识即使在发达国家也正在被接受。例如 2012 年美国通过了“创业企业融资法案”，打通民间资本与小微企业融资渠道，利用网络对接小微企业和投资人，这基本上是一种普惠金融。第一个层面还带有一些公益性，第二个层面则需要按照商业化的原则引导发展。

传统意义上的“微型金融”在中国试点始自 20 世纪 90 年代初期。当时，一些非政府组织、社会团体在官方支持下利用国外资金在中国农村进行小范围小额信贷试点。中国的试点项目主要受到孟加拉格莱珉银行[①]模式的影响，这些项目大多数是依靠补贴维持。试点获得了不少有益的经验，也帮助了不少农民摆脱贫困，但依靠补贴的非政府组织的项目很难有效、迅速地推广他们的经验。这些项目都没能在中国达到一定量的积累、一定程度的覆盖率以及小额信贷机构的可持续发展。20 世纪 90 年代后期，在较大范围内推广小额信贷扶贫

① 又称“孟加拉乡村银行”，“格莱珉”在孟加拉语中为“乡村”之意。格莱珉银行是世界上第一家专门发放小额信贷的机构，由孟加拉国经济学家穆罕默德·尤努斯于 1974 年创立。孟加拉格莱珉银行创造性地开发了“联保贷款”模式，是当今世界规模最大、效益最好、运作最成功且具有最高知名度的微型金融机构，在国际上被大多数发展中国家模仿或借鉴。尤努斯因其成功创办格莱珉银行荣获诺贝尔和平奖。译者注

转向以政府和指定银行操作，使用国内扶贫资金为主，探索适合中国国情的一些方式。自 2004 年以来，为了弥补面向中低收入群体和小微企业的金融产品支持的空白，国家陆续推出了一系列支持性的政策发展小额信贷，涌现出了一些专业的小额信贷公司，接着几大国有银行也陆续开展了小额信贷业务。目前，中国微型金融体系的基本框架正在搭建的进程中。在服务经济结构底端人群方面，中国的微型金融事业还有很长的路要走。国际上最成功的微型金融机构同时实现了社会价值和经济价值，它们把目标客户聚焦在金字塔的最底端，如小微企业和个体工商户，并且可以做到商业上的可持续。迄今，中国尚没有出现像格莱珉银行一样拥有国际知名度的微型金融机构。

微型金融运动要在中国成功，不能仅仅依赖慈善或公益组织的参与，更需要企业家的参与，让它成为市场行为。对于中国这样一个拥有巨大市场、且蓬勃发展的经济体而言，**服务大众的小额信贷、消费金融等具有广阔发展空间**，至少在第二个层面微型金融在中国大有可为。预测中国微型金融的市场需求，从当前草根金融的规模即可大体上做出判断。截至 2012 年末，获得微型金融营业牌照的机构中，小额信贷公司有 6080 家，贷款余额超过 5921 亿元；典当行 6000 多家，全年典当总额约 2500 亿元。而活跃在浙江等地无合法牌照的民间借贷（地下钱庄），规模可能高达数万亿元。如此巨大的潜力市场必定能吸引企业家的热情，所缺的是政策和机制的保障。国家在温州启动的金融综合改革，很大程度上也是承认了巨大的民间金融需求，通过制度创新让民间的资金融通处在阳光之下。我们经常引举餐饮业两大巨头麦当劳和肯德基的成功案例来说明，尽管微型金融的服务对象也是大众市场，但它们的成功大有先例可援。

## 三

尽管中国的不少读者对“微型金融”这个概念不太熟悉，但是提到“小额信贷”，应该耳熟能详。近些年来，无论在国家政策、银行的实践，还是学术讨论中，小额信贷都成为一个越来越重要的热点话题。实际上，微型金融与小额信贷是两个不同的概念，这是我们在阅读本书之前需要澄清的一个问题。我们在此不妨对“微型金融”的概念再多加以解读。正规的金融机构往往是以富裕的企业和个人为服务对象，对于无力提供抵押担保的穷人和微型企业则无法获得金融准入。然而，在这个地球上的广袤地区，有着数以亿计的穷人，他们被正规金融机构所排斥，得不到发展所需的金融服务。于是，自 20 世纪 70 年代，世界银行就开始在全球推广“微型金融”这一概念。微型金融的服务对象，在乡村，通常是指小农场主和从事小型低收入劳动的人群，在城市则包括小企业主、零售商、服务提供者等。但是，给贫困人群或者微型企业提供一笔小额的贷款，就万事大吉了吗？本书将告诉我们，答案远远不是。“微型金融”比仅仅提供一笔小额贷款要有更多的内涵。

根据国际通行的认识，微型金融是指专门针对贫困、低收入的人口和微型企业而建立的金融服务体系，包括小额信贷、储蓄、汇款和小额保险等，甚至还包括培训、教育等社会功能。得益于成百上千的微型金融机构和组织的帮助，孟加拉的妇女凑齐了购买缝纫机的资金，肯尼亚的贫民支付起了子女上学和医疗的费用，美国的小企业主获得了启动生意的资本，玻利维亚的牧民拿到了购买羊羔的钱，中国的农民则借到了搭建温室大棚的贷款，等等，一个个美妙动人的致富故事在全球范围内诞生，激励着贫困的人们和为他们服务的组织。根据小额信贷峰会运动（Microcredit Summit Campaign）报告，在 2011 年，全球的微型金融组织共服务了将近两亿的客户（其中有 1.24 亿人处于极度贫困，即每天的生活支出低于 1.25 美元），以帮助他们改善儿童教育、医疗条件，获得体面的住所以及有营养的食物。安南先生在 2005 年“国际小额信贷年”的特别致辞中说到，从世界范围来看，**微型金融在许许多多的国家证明了它的价值**，它是对抗贫穷和饥饿的武器。它确实能让人们的生活变得更加美好，特别是对于那些迫切需要它的人们。作为微型金融运动的先驱者，孟加拉国的经济学教授穆罕默德·尤努斯和他创立的格莱珉银行在 2006 年被授予诺贝尔和平奖，以表彰他们“从社会底层推动经济和社会发展的努力”，这是对微型金融的巨大褒奖。

在中国，“小额信贷”、“微型金融”之类的概念使用比较混乱，除了世界公认的主要向农村地区和城市贫困地区发放的小额贷款等金融服务，这些词汇还包含针对中小企业的、数额更大的贷款，甚至在官方语境中主要指后者。导致这一混乱的原因主要是中国特殊的金融体系，在银行主导型金融体系下，大型的商业银行把中小企业贷款和个人消费贷款称作“小额信贷”，以区别于对国有企业和基础设施项目的巨额贷款，而中国人民银行倡导的建立小额信贷公司的主张在某种程度上也主要指中小企业信贷。于是，在小额信贷公司、村镇银行以及城市和农村商业银行中，经常听到人们把百万人民币数量级的贷款称作“小额信贷”，因为他们在用一个庞大的信贷规模作为参照系。这就使中国所用的小额信贷的概念与国际通行理解的有了巨大的不同。而摆在我们面前的这本书，讨论的重点恰是国际通行的概念，因此读者们首先要明确本书的研究对象。

## 四

在发展中国家，微型金融已经成为削减贫困、促进小型企业发展最重要的机制之一，它吸引了关注发展问题的经济学家、政策制定者和微型金融实践者的目光。对微型金融研究方兴未艾，有关微型金融的研究文献在发达国家已达到汗牛充栋的程度。尽管对微型金融的研究取得了很多成果，但仍旧不能回答全部问题。目前，有关微型金融的出版物呈现割裂的格局，一块是学术文献，关注模型、理论和计量方法，另一块是经验、案例，关注实践进展，二者的融合并不十分紧密，从而也难以为读者提供一个对微型金融相对完整的认识。由美国哈佛大学和纽约大学两位学者合作撰写的这本《微型金融经济学》，是他们多年来从事微型金融领域研究并参与了许多实践项目后的总结，为读者们提供了对微型金融经济学的系统性介绍。本书严谨地使用经济学的理论和技术，是一本学术性很强的著作，但并不脱离经验实践，即使没有较多的经济学基础，阅读本书仍能获得大量的知识和启发。因此，在众多同类出版物中，本书具有很高的口碑。

全书从反思银行业开始，作者首先要阐明的问题是为什么“微型金融”是必要的。在现实中，为什么标准的银行不会为穷人提供金融服务？问题就在于市场并不是完美的。按照经典的经济学理论，银行应当愿意把钱借给穷人，因为穷人更需要钱，资本的边际回报率更高。但是这个结论依赖于非常强的假设条件，即富人和穷人在其他方面都是一样的，而实际情况不可能如此。由于存在贫乏的信息、高昂的交易成本和执行合同的困难，穷人和富人、小企业和大企业面对的是截然不同的外部条件，这就是所谓的市场失灵。当一家银行决定向谁贷款的时候，它们必须依赖于良好的基础设施条件，这只有在一个非常成熟的经济体中才会有，如征信系统能很快地找到个人的信用记录。在世界上的广大贫困地区，身份信息识别系统都难以建立，遑论征信系统？市场失灵的存在，为干预金融市场提供了合理性，作者在第 2 章中用信息经济学的研究成果对这一问题进行了分析。

在本书的第 3 章到第 6 章，作者描绘了微型金融发展的脉络，从中可以看到世界范围微型金融理论和实践的演变和发展过程。在现代微型金融诞生以前，在贫穷地区使用较多的传统金融互助组织是合会和信用合作社。它们能够为穷人提供一定的融资和储蓄便利，然而它们的局限性也是很明显的。直到格莱珉银行发明了一种联保贷款的机制，微型金融才有了较大了进步。在经典的格莱珉模式中，他们借款给一个拥有 5 个成员的“组”。如果组中的任何一个人违约，那么整个组都将受到惩罚。于是，监督的责任就从银行转到了组员身上，银行的风险下降了。从经济学的角度看，联保贷款解决了信息不完善导致的道德风险和逆向选择问题，它被作者称为“迄今最著名的微型金融创新”。但是联保贷款也有不少局限，比如集体违约，又如违约之后的惩罚可能不够重，下次可以换一个组再继续违约，只要征信系统不健全，信息不能共享，总能蒙蔽成功。因此，作者指出，有连带责任的联保贷款远不是微型金融唯一的创新，成功地创造动态激励和创造围绕家庭现金流设立的产品也很重要，这些便是联保贷款之外有益的微型金融创新。同时本书特别说明“微型金融”和“小额信贷”的区别，因为前者在储蓄和保险方面还有不可忽视的功能，好的储蓄方式和好的借款方式应该是互补的。作者强调了“微型储蓄”的重要性，穷人可能更需要储蓄，这并不主要是为了获取利息，而是为了安全保管、强制性的储存自己微薄的财富，避免被挥霍、被亲戚借走、被丈夫拿走，或被盗等等。通常人们谈论微型金融，偏重的是它的借贷功能，而非储蓄保险功能，本书的第 6 章在很多地方会给中国读者以新的启发。

本书的后半部分，即第 7 章到第 11 章，分别讨论了在世界范围内微型金融研究的几个最重要的主题：性别问题、商业化与监管问题、如何评估微型金融的效果、补贴和可持续性问题，以及如何管理微型金融。这些问题是当今世界微型金融运动共性的问题，代表着学术研究和实践发展的主流。应该注意到，本书讨论所依托的背景，毕竟是以其他发展中国家的情形为主，在讨论微型金融的问题时，作者较多地关注了社会层面和操作层面的问题，而中国的特殊性（包括社会结构、政府监管、金融业态等）告诉我们，在中国，我们可能更应关注长期性的制度问题和结构问题。

**鉴于微型金融服务群体的特殊性，它必须在资金来源、组织模式、运作方式、业务范围、绩效评价等方面进行多样化的创新**，兼顾经济价值和社会价值。就中国的国情，至少有以下三个问题值得研究。

第一个问题是如何实现微型金融机构融资渠道的多元化、商业化。当前中国以扶贫为主要目标的微型金融组织的资金来源多数是政府专项资金和国内外非赢利组织的援助，其可持续性和推广价值还有待观察。以商业化为导向的新型农村金融机构和小额贷款公司普遍存在资金规模小的情况，由于小额贷款公司“只贷不存”，限制了提供全面微型金融服务的能力。因此，建立多层次的资金来源，通过财政、税收、金融政策，建立扶持微观金融发展的长效机制势在必行。

第二个问题是如何有效控制微型金融机构的风险。风险因素始终是困扰微型金融发展的一道瓶颈。低收入群体和小企业难以从正规金融机构获得贷款，核心困难在于他们提供不了被认可的抵押物。微型金融机构要想在控制风险的前提下服务这些低收入客户，除了有他人帮助的担保贷款，还有两种方式：一是提供信用贷款，但必须依赖良好的征信系统及时避免违约的发生；二是提供抵押贷款，但对抵押物的认定更为灵活和创新。对于前者，既需要国家大力建设统一的征信系统，也需要发挥中国乡村社会中社会资本的作用，即作者在本书中提到的对违约者有很高的“社会惩罚”。对于后者，国内大型商业银行和中小金融机构都设计出了一些符合低收入人群和小企业特点的信贷产品，被接纳的抵押品的种类也名目繁多。在抵押品这点上，我们还有很多制度设计可以考虑。例如，有观点认为，发展中国家的贫困人群，并非没有可用于抵押的资产（他们可能占据无主的土地、自建的房屋等），只是这些“资产”没有变成用于投资的“资本”，因为发展中国家缺乏明确的所有权机制。作者在本书中也提到，小额信贷机构可能会接受对贷款人自身而言“有价值”的东西作为抵押品。

第三个问题是微型金融体系如何与传统的金融体系兼容互补。央行和银监会的文件都要求和提倡大型商业银行为中小企业和低收入人群提供小额贷款。然而，在当前的信贷供需格局和现行贷款管理体制下，每笔贷款流程类似，固定成本大致相当，银行对小企业贷款的单位成本远高于大企业，而小企业的贷款额度又非常小，一笔贷款的收益也非常少，同时还得承担较高的违约风险。所以，在市场原则驱动下，银行理所当然地愿意向大企业而不是小企业贷款。如果没有切实的经济利益，大型金融机构是很难真正乐意从事微型金融业务的。从国际经验来看，成熟的大型金融机构很难通过简单的模式转型或业务延伸就建立向中小客户服务的商业模式。服务底端人群的金融需求，主体仍应是专业的微型金融机构。不过，随着利率市场化进展和资本市场的成熟，大型银行仅依赖大企业、大项目贷款就能稳赚不赔的时代将远去，不同层次的金融机构如何定位和共生将成为一个重要的课题。

“一个人没有梦想就必然不能有所成就。当你在建造一栋房子的时候，你不可能就是把砖块和石灰堆砌在一起，你首先得有一个想法，要怎样才能把房子给搭建起来。如果一个人要去征服贫穷，那你就不能按常规出牌。你必须要具备革命精神，并且要敢于去想别人所不敢想象的东西。”这是穆罕默德·尤努斯在讲述自己从事微型金融事业时的感悟。中国的微型金融事业才刚刚起步，更要呼唤有梦想、有革命精神的企业家、学者、政策制定者和公益人士的参与，这项事业不仅关乎千千万万社会底层民众的福祉和权利，也关乎中国经济转型和长久繁荣的大计。

# 目录
contents


《微型金融经济学》（中文版）导言 / 001
《微型金融经济学（第二版）》中文版序言 / 001
《微型金融经济学（第二版）》序言 / 011
《微型金融经济学（第一版）》序言 / 013
致谢 / 015

第 1 章　反思银行业 / 001
第 2 章　为什么干预信贷市场 / 027
第 3 章　微型金融之源：合会和信用合作社 / 063
第 4 章　联保贷款 / 091
第 5 章　超越联保贷款 / 129
第 6 章　储蓄和保险 / 157
第 7 章　性别 / 197
第 8 章　商业化与监管 / 223
第 9 章　评估效果 / 249
第 10 章　补贴和可持续性 / 291
第 11 章　管理微型金融 / 319

注释 / 351
缩写 / 379
主题索引 / 387

# 《微型金融经济学》（第二版）

## 中文版序言

贝琪兹·阿芒达利兹，乔纳森·默多克，罗煜

### 一场微型金融的革命？

“微型金融”是一个改写我们对银行业认知的崭新理念。微型金融的宗旨是为那些缺乏良好金融选择权利的人群提供金融服务。当前，这一理念正在中国兴起、传播。微型金融的终极目标是扶持企业成长、消除贫困和不平等。随着中国经济的转型，新的市场得以开放，企业家们正寻求各种致富际遇。作为一个整体，中国正从巨大的总财富增长中获益，同时也把注意力转向了如何在国家内部充分分享这些收益。有一种倡议就是通过发展微型金融，扩充人们获得资本的渠道，以此降低收入的不平等。

这本书为包括专业人士、学者和学生在内的中国广大读者提供了一套关于如何获得金融服务的新思想。本书阐述了微型金融如何引发了银行业中的创新，以及微型金融如何能够成为增进经济效率、降低收入不平等的工具。本书还介绍了一些时兴的理论和实证方法，可以说它们处于当代应用经济学的前沿。

微型金融通过融合市场的力量和金融合约的创新而发挥作用。它既是一种经济理念，也是一种社会思想。作为经济理念，微型金融在那些传统商业蹒跚不前的地方扩大了金融市场的规模。作为社会思想，微型金融服务于那些被经济增长所抛弃的人群，特别是无法便易地获得银行服务的小商贩、小企业主。微型金融的许多客户都是女性，多数都几乎未曾与银行打过交道。

微型金融为经济学中一个古老的难题提供了一种解决方案：如何能给予具备好点子但又缺乏投资所需的足够资本的企业家更多的资本？当然，大型企业可以诉诸银行求取资本，但小型企业往往选择面很窄。银行通常认为小企业充满风险、服务成本高，并且认为它们缺乏信息来让银行识别它们是否是最好的客户。

微型金融的成功得益于多种机制。一个重要的机制是建立出借人和借款人之间紧密的关系。最初，借款人获得一笔小额贷款。如果第一笔贷款被顺利偿还，出借人再贷出第二笔，这一笔可能略大一些。这个过程持续进行，贷款规模越来越大，出借人和借款人相互之间逐渐了解，交易成本开始下降。另一个机制是允许借款人分期还款，于是一笔贷款可以被分成若干笔小额来偿还。这降低了借款人的负担，使得出借人能比使用标准的贷款合约更早地发现问题。本书中还描述了其他的创新，以及它们发挥作用的证据。

在亚洲的其他地区和拉丁美洲，早期的微型金融机构目标是服务特定的社区，这些社区里人们缺乏抵押品，许多客户几乎不曾与正规银行业有过交集，并且在法庭上合同通常难以被执行。在政府、国际援助机构、基金会、私人投资者和具有社会意识的投资者的支持下，新型金融机构建立起来，开发了新的金融合约。根据小额信贷峰会组织的最新统计，目前约有 2 亿人正在使用微型金融。微型金融的理念深入人心，其先驱者获得了很多嘉奖，其中就包括 2006 年的诺贝尔和平奖。

迄今，微型金融在削减贫困方面的严谨证据显示出混合的景象，我们仍然在尝试认识金融和贫困之间的关联。本书指出，微型金融可能更多的是帮助人们应对贫困，而不是脱离贫困，但这仍可谓一个有意义的贡献。在这个领域，还需要更多的研究，以及小心地做出假设（最近的工作进展参见 Banerjee 2013 的综述）。我们确实知道的是，家庭——特别是贫困家庭——在寻求更好的方式来储蓄、借贷和保险。微型金融创造了这个可能性，它也能为中国的家庭和企业创造新的可能性。

本书还介绍了关于微型金融的其他重要思想。这本书虽是讨论扩大金融服务面的书，但作者的意图并不止于此。本书还展示了经济学家是如何看待金融市场的，以及他们如何描述市场失灵。本书描绘了在检验假说、研究合同如何运作以及评估效果等方面的一个新的实证研究计划。作者希望，这些描述既能作为对微型金融的介绍，又能作为让经济学家从更广的角度思考金融市场的引导。

## 什么是“微型金融”？

“微型金融”一词在不同的地方被使用，有时意思也大相径庭。最初，最常用的词汇是“小额信贷”，指的是提供给通常缺乏抵押资产的客户的小额贷款。当客户能够提供抵押品时候，银行才放心贷款，因为银行在客户违约时能够掌控这些资产，故风险被降低了。无抵押的银行业务却相当难办。为了降低风险，小额信贷机构采用创新的贷款合同，来确保贷款能够被偿还。作者在本书中介绍了这方面最重要的创新。

小额信贷另一个显著区别于传统银行业的特征是：小额信贷的初创者关注于贫困家庭，贷款规模一般很小。例如在孟加拉国，贷款可能从大约 100 美元起步，期限一年。所谓的“小额”正是强调了贷款的小规模，而目标客户也被描述为“小企业主”。

在中国，“小企业主”这个术语下包括“个体工商户”。根据中国官方(如《个体工商户条例》)定义，个体工商户指的是只有一个所有者的小型企业。个体工商户不能雇佣超过 8 名以上的员工，它们须在当地的工商管理局注册。但是在统计账户中，这些小企业又区别于正规的“民营企业”。此外，“小企业主”还包括“个体劳动者”。这些个人没有在政府部门注册，自雇或雇佣家庭成员，例如农民和小型加工业的所有者。

在中国，人们感兴趣的除了上述“微型”企业，还有中小企业。在中国没有对“小企业”严格的标准定义[①]。沛丰协会[②]使用了粗略的定义，指公司的年营业额少于 500 万元人民币，雇员人数在 6 ~ 50 人之间。“中型”企业也没有标准的定义，但是它们相对于美国和欧洲的口径会非常大(PlaNet Finance

---

① 确切讲，中国有对中小企业的官方定义，如 2003 年国家经贸委等几部委联合发布的《中小企业标准暂行规定》，小企业数量较多的省份也在官方文件中加以定义(如浙江)。一般指营业收入在 500 万元以下的企业。从贷款规模来看，一般低于 200 万元贷款余额。实际使用时，由于不同行业、不同地区差别很大，很难采用统一标准。

② PlaNet Finance，一家总部设在巴黎的非政府组织，其宗旨是通过发展小额信贷来推动扶贫事业发展，在中国开展业务。

2008）。中小企业通常定位于地区经济，被视为当地就业和经济增长的重要引擎（尽管它们在削减贫困方面的作用仍然是个问题；如 Bauchet and Morduch 2013）。

当我们在这里使用“微型金融”一词的时候，我们指的是比通常所说的“中小企业”的融资规模更小的贷款。然而，不论这本书的主要议题是中小企业金融还是传统的微型企业金融，它都提供了对金融市场的本质、契约、机构的深入见解，这是普遍适用的。

在本书中，作者使用“微型金融”一词要多于“小额信贷”或“小额贷款”。“微型金融”一词抓住了朝着提供更广泛金融的服务迈进的趋势，包括储蓄服务和保险。正如第 6 章里看到的，保险面对的一个挑战是寻找潜在市场的方法，以及如何销售保险给几乎未与正规保险合同打过交道的客户。

今天，还有一些其他的词汇常被使用，例如两个常见概念“金融准入”和“金融包容”，它们体现了对更广义的提供金融服务的机构和公司的开放性。

## 微型金融在中国

中国对微型金融的兴趣渐浓，侧重点是发放信贷。根据中国人民银行统计，截至 2010 年底，全国共有 2614 家小额贷款公司，分布于 31 个省份。早期主要是以扶贫为目标的公益性微型金融机构。正如前面提到的，在中国整体经济市场化的背景下，这些小额信贷机构中包括了服务于更广泛市场的商业银行和小额贷款公司。结果是让人惊喜的。仅两年时间，截至 2012 年末，中国的小额贷款公司增长到 6080 家，当年信贷总量达 2 千亿元人民币，贷款余额为 5920 亿元（中国人民银行，2013）。

这些趋势也开始被国际组织所重视。在 2013 年 5 月，位于美国华盛顿特区的微型金融数据组织“混合市场”（The Mix Market）报告说，数据库中的中国微型金融机构的信贷资产总量达到 133 亿美元（2011 年），它们共服务于 584554 名活跃的借款人和 760 万存款人。这些数字在绝对值上很大，但是相对于中国经济而言还偏小，意味着有相当的增长空间。

为什么能获得资本是重要的？中国的经济转型中，一些领域比别的发展更快。今天，中国的政策制定者辩论如何解决经济不平等问题，不仅仅是城乡差距，还包括地区内的个人差距。如何能创造更大的机会？经济进步如何能持久，并惠及更广泛的大众？

本书反映了当代经济学在资本市场促进经济发展的重要性方面的观点。资本市场的一个中心职能，从经济学家的角度看，是将资本从相对充裕的地方移动到相对稀缺的地方。资本的运动使得资源能够被投入到产生最大利润的地方。银行通常起到了这个作用，帮助人们转移资本到产生最高金融回报的地方。证据显示，资本并不是容易地从富饶地区到贫穷地区，也不会轻易地从城市到农村（如 Knight and Song 1999）。

研究显示，世界上的成年人只有一半在正规部门的银行拥有账户（Chaia, et al.2013）。另一半基本上是比较穷的人，他们只能依靠自己实现资金融通，或者从社区内部获得资源，而这通常需要求助于亲朋好友（有关中国的经验证据，参见 Turvey and Kong 2010）。结果，贫穷的家庭缺乏的就不仅是收入：他们还缺乏值得信赖的金融机构，而富裕家庭却可借助这些金融机构锦上添花。

与微型企业一样，中小企业也面对严峻的融资约束（Beck and Demirgüç-Kunt 2006），这可能阻碍它们的发展。银行不情愿贷款给中小企业，因为担心它们可能违约从而导致银行损失。小企业也很少能提供足够的资产充当抵押物，银行传统的经营方式并不适合于服务小企业。结果，中国的民营企业通常从留存收益中和通过个人的关系网络来融资。此外还有广泛运用的和其他公司的贸易信贷。这些资金来源发挥一定的作用，但是它们仍无法充分满足企业的全部需求。2005 年起，中国人民银行提高了对小企业融资需求的重视，但根据沛丰协会的研究，大银行尚没有开发出适用于小企业部门的新的风险分析方法。

微型企业金融和中小企业金融的差异对中国而言是重要的。上文引用的“混合市场”数据显示中国有 133 亿美元微型金融信贷资产总量，584554 名活跃的借款人。通过一个简单的计算可以得到平均贷款余额为 22752 美元。这远远大于其他国家微型金融平均贷款规模，也远超过中小企业金融通常的水平。这个未经细分的数据表明，在中国一些机构发放特别小额的贷款（平均在 1000 美元以下），但另一些则发放更大数额的贷款。由于中小企业金融在世界范围内获得了新的重视，从中国的经验中学习将会变重要。

## 利率和商业化

在亚洲其他地区和拉丁美洲同期掀起微型金融运动的时候，它还是一种作为削减贫困的努力，而没有很强的商业动机。这种情形在中国的上世纪 80 年代也一样，但现在许多微型金融机构像商业机构一样运行，即使它们并不是一个完全意义上的营利机构。

微型金融在世界范围内流行，一个重要的原因来自于提高贷款利息率的决定。一些人认为保持较低的利率是重要的，因为贫困家庭无力承担高昂的成本，这是在中国也经常听到的一种观点。但是，全球的证据并不支持这种观点。目前的证据表明，贫困的家庭会对很高的利率敏感，但是并不一定需要很低的利率。反之，绝大多数微型金融的利率在扣除通胀因素之后，都在每年 10%～30%之间。

这些利息能够让微型金融机构通过营业收入和收费覆盖绝大多数的成本。高昂的交易成本是微型金融面对的一个主要挑战，因而高利率便成为一种对策（Cull et al. 2009）。利率同样也充当了一个重要的配给机制。如果利率设定的过低（远低于其他金融资源），贷款将会非常受欢迎，即便那些没有能力用好贷款的客户也愿意贷款。当利率提高时，只有最需要融资的人才会寻求贷款。这可以提高贷款分配的效率。提高利率也使得机构能够降低对补贴的依赖（不管它们是否愿意完全消除补贴）。

与利率水平同等重要的是收取利息的方式。大多数微型金融机构把还款拆分成一系列小额的分期付款，这样家庭能够承担得起。如果利息是一次性收缴的，家庭可能出现较大的困难来支付它。作者在本书中介绍了分期付款结构方面的创新。

微型金融机构希望赢利的动力有时会让它们转向服务于较富裕的客户，这种转变通常被称为“使命漂移”（例如，参见 Armendáriz and Szafarz 2011）。从跨国数据来看，平均贷款规模增大的趋势——这与服务较富裕的客户紧密相关——通常伴随着对给女性提供金融服务的关注的下降（Cull，et al.2013）。本书第 7 和 8 章讨论了性别问题，作者在近些年商业化趋势的大背景下讨论了效率和社会使命之间的权衡。

## 微型金融的目标和未来发展方向

### 商业投资目的之外的金融

让我们回过头去想为什么大多数家庭需要微型金融产品。当人们想到“微型金融”的时候，他们通常想到的是微型企业的金融。然而这是一种狭隘的理解微型金融的方式。贫困家庭有许多的需求，包括支付消费品购买、医疗和教育。借款人通常也为了这些目的使用微型金融，尽管他们可能告诉信贷员资金将只会被用于商业投资。在未来，微型金融可能会接受这样一种观念：贷款的目的并不仅仅是为企业家和他们的生意提供资金。金融反而在帮助家庭管理资金方面是重要的，这些资金可以有多种用途，包括健康、教育和为大宗购买的融资(Collins， et al. 2009)。

这可能是一个重要的进步。更为重要的是，支持为一般性目的而借贷的观念将促成微型金融为那些并无生意的客户贷款。毕竟，并不是所有人都希望成为企业家，也不是所有人都有必需的技能或禀性去经营企业。不少人宁愿为他人工作，但是在传统商业中被雇佣的人们也会寻求金融服务来管理他们的财务生活，他们是一个重要的、未被很好服务的人群。

### 电子创新和支付

微型金融是一个动态发展的领域，另一个研究兴趣点是电子创新，特别是移动通讯设备可以自然地用作简单的金融交易。希望未来电子技术会降低交易成本，提高服务的质量。

新技术也展示了支付方式的重要性。尽管微型金融的先驱者关注于储蓄存款和贷款，最为常见的一种金融需求是用简单、廉价和便利的方式来完成基本的金融交易。这些需求包括汇款给远在外地的亲戚，安全地把资金汇到异地的商业合作者手中。在所有的市场中，能够为购买进行支付是一个基本的要求，而贫困家庭在这方面拥有的简便易行的机制并不多。在这方面出现了很多创新，大量研发正在进行，如在撒哈拉以南非洲就有很多有前景的成果，特别是肯尼亚的“M-Pesa”是该领域的佼佼者，将其借鉴到中国可能会有助于弥合城乡的差距。

**大银行还是小银行?**

在中国，最重要的问题还包括探讨若干可能性：是拆分大型银行，还是支持定位于微型金融的小型金融机构？中国的大型金融机构覆盖面很广，特别在吸收存款上，有可能鼓励它们进一步提高覆盖面，同时也注意服务那些最没有受到良好服务的人群。印度尼西亚人民银行的经验值得借鉴，特别是关于大型国有银行如何通过新的治理机制和产品设计设想出新的可能性，同时也能赚取更多的利润。随着严谨的改革，中国的大型银行可能也会为世界其他地方提供新的微型金融模式。

即便如此，国际经验已表明，支持私人部门的小型机构有显著的优点：它们可能更灵活，反应更敏锐，更具创新力，更不容易为政治压力而妥协。应当通过支持性的监管政策鼓励小型金融机构的发展。

**定位于基本需求**

未来最为重要的方向包括在基本理念上的改进：寻找更好的方式帮助人们储蓄和借贷。正如作者在书中所言，从行为经济学中诞生的新思想引致了新的储蓄产品，对借贷合约我们现在有了更好的理解。但是，由于世界上还有一半的人游离于正规金融部门之外，创新和改善仍大有空间。将关注的重点保持在削减贫困和消除不平等——包括男性和女性在获得金融服务上的不平等——仍是一个优先考虑。

## 中文版致谢

贝琪兹·阿芒达利兹在与哈佛大学和伦敦经济学院的同事和学生的研讨和交流中受益。她特别感谢过去在哈佛的学生 SarahTsien(钱向民)，她的毕业论文写的正是中国的微型金融，目前她在为沛丰金融工作。她还感谢微型金融的实践者。瑞士信贷和安信永小额信贷（中国）的 Yu Ge 分享了在内蒙古喀喇沁旗小牛群镇、王爷府镇、乃林镇和西桥乡的宝贵的实地调查经验。孟加拉国格莱珉信托的 Huzzat Latifee 提供了对中国多次实地调研、格莱珉在中国的复制品，以及格莱珉与中国微型金融机构的合作中得到的极有价值的见解。她还要感谢从赤峰市昭乌达妇女可持续发展协会工作人员，以及自 1994 年开始的格莱珉在中国的第一代复制品——河北易县扶贫社的信贷员那里得到的反馈。

乔纳森·默多克从上世纪90年代初在山东省开始了对中国家庭金融的研究，此后对中国的微型金融一直怀有兴趣。他从很多人的见解中受益，其中包括中国人民大学的汪三贵，中国社会科学院的任常青，香港科技大学的朴之水（Albert Park），斯坦福大学的Scott Rozelle，西安大略大学的Terry Sicular，以及西雅图太平洋大学的Geri Mason。

罗煜和合译者袁江感谢梁晶工作室和万卷出版公司在本书中文版翻译过程中的信任和支持。译者感谢一创摩根贝多广先生应邀为本书撰写导言，感谢香港大学许成钢教授，国务院参事汤敏先生，中国工商银行詹向阳女士、樊志刚先生，中国银行曹远征先生，中国农业银行向松祚先生应邀题写荐语。感谢巫宁、李红梅、王亦言、王行焘为本书出版付出的努力。译者代表梁晶工作室感谢香港大学许成钢教授推荐翻译本书。

## 参考文献

Armendáriz, Beatriz, and Ariane Szafarz. 2011. “On Mission Drift in Microfinance Institutions,” in Beatriz Armendáriz and Marc Labie (eds.), *The Handboook of Microfinance*, London and Singapore: Word Scientific Publishing.

Banerjee, Abhijit. 2013. “Microcredit Under the Microscope: What Have We Learned in the Past Two Decades, and What Do We Need to Know？” *Annual Review of Economics.*

Bauchet, Jonathan and Jonathan Morduch. 2013. “Is Micro too Small？ Microcredit vs. SME Finance” . *World Development.*

Beck, Thorsten, & Demirgüç–Kunt, Asli. 2006. Small and medium–size enterprises: Access to finance as a growth constraint. *Journal of Banking & Finance*, 30(11), 2931–2943.

Chaia, Alberto, Aparna Dalal, Tony Goland, Maria Jose Gonzalez, Jonathan Morduch and Robert Schiff. 2013. “Half the World is Unbanked.” Chapter 2 in Robert Cull, Asli Demirgüç–Kunt, and Jonathan Morduch, editors, *Banking the World.* Cambridge, MA: MIT Press.

Cull, Robert, Asli Demirgüç–Kunt, and Jonathan Morduch. 2009. “Microfinance Meets the Market.” *Journal of Economic Perspectives* 23(1) ,Winter: 167–192.

Knight, John, and Lina Song. 1999. The Rural–Urban Divide: Economic Disparities and Interactions in China. Oxford, UK: Oxford University Press.

PlaNet Finance (Beijing). 2008. "Frequently Asked Questions." Available on–line. Accessed March 18, 2013.

Turvey, Calum and Rong Kong. 2010. "Informal Lending Amongst Friends and Relatives: Can Microcredit Compete ? " *China Economic Review* 21: 544–556.

Tsien, Sarah. 2002. *What we get is small change: an economic and anthropological analysis of microcredit in two villages in southern China*. Senior Honors Thesis, Harvard University.

World Microfinance Forum Geneva. 2010. *Microfinance in China*. Geneva: WMFG.

中国人民银行， 2013. "中国小额贷款公司数据统计报告"， http://www.pbc.gov.cn， 2013 年 2 月 1 日 .

# 序　言

## 《微型金融经济学（第二版）》序言

1998 年，当我们开始创作《微型金融经济学》这本书时，“微型金融”的概念业已成型，不过直到 2005 年本书第一版问世，它尚未能在全世界流行。2005 年被联合国定为“国际小额信贷年”，这是一场银行、政府、慈善家和媒体参与其中的全球性的庆祝活动。时任联合国秘书长的科菲·安南（Kofi Annan）盛赞“微型金融”的社会前景，称其为“同心协力实现‘千年发展目标’中不可或缺的一部分”（联合国 2003）。2005 年 11 月，《经济学家》杂志带着明显的商业味道为微型金融专设了一个增刊。报纸、博客和电视节目开始用更高的频率报道微型金融。紧随联合国年，2006 年在奥斯陆颁发的诺贝尔和平奖授予穆罕默德·尤努斯（Muhammad Yunus）和格莱珉银行（Grameen Bank），二者是最具声望的微型金融的先驱。诺贝尔奖带来了更多的媒体关注、投资和研究。

微型金融自身也在经历转型。在我们创作第一版时，最广泛的全球微型金融客户的账户加起来有 1300 万户。当第一版出版时，这一数字提高到 6700 万。到 2007 年末，这一数字跃升至 1.55 亿，当年有 54 亿美元投资到这一产业。在你读到本书的时候[①]，这一客户数目可能会超过 2 亿。许多客户是女性：最近的账户显示，在 2007 年末，1.55 亿客户中女性占了 71% 的比例（Daley-Harris2009）。

规模和投资的扩张带来新的观点和新的争论。像本书第一版一样，第二版

① 作者指本书英文版第二版出版时，2010 年。译者注

的目标是提供一个实在的估测，而不是单纯的庆祝。微型金融部门中的绝大多数人都已经投向了追求利润的怀抱，只是舒缓和激情的程度有别。如果说有一个尚未解决的矛盾激励着那些成天为微型金融工作的人们，那必须是如何在社会成效最大化和建立大而强的金融机构之间驾驭权衡。这是一个良性的矛盾，却是无法回避的一个。

本版中新加入的是关于商业化的一章。我们直面矛盾和争论，定义金融术语，然后对迄今为止全部的金融图景做出一些实证性的评估。

过去的六年见证了在储蓄和保险上的突飞猛进的工作，许多都在新兴学术领域——行为经济学的框架下。第一版明确地指出了前进方向，这些工作继续着，我们很高兴描述这些新观点和证据。因此，关于储蓄和保险的第 6 章篇幅较大。

关于效果评估的第 9 章也扩容了。在第一版写这一章的时候，我们的结论是更多的评估应被完成——我们期待着。当我们将要出第二版的时候，我们欣喜地报告有一大批出色的新研究成果。或许更重要的是，我们可以报告一系列精妙的基于随机控制实验的评估工具。新结果显示了微型金融的混合效果。由于至今缺乏更强的结果，微型金融的倡导者可能感到失望了，但这些证据应当被作为回到基本假设的提示，同时目光朝向改进的方案。

除了这些大篇幅的章节，我们还借此机会更新了数据，几乎在每一章都描述了新的研究。我们特别修订了关于性别和微型金融的第 7 章，反应了女性在微型金融客户中的重要性，以及她们作为社会变迁的元素在家庭和社区中的重要性。

与第一版一样，熟悉经济学会有帮助，我们使用了数量化的注解来澄清观点，但要点可以不借助数学来理解。我们特别尝试使此书适于本科生和经济、公共政策方面的研究生去读（已经充分更新了每章末尾的习题，之前有一些是为寻求分析性挑战的高级经济学学生而设计的）。

我们很荣幸微型金融的实践者和政策制定者发现本书第一版的有益之处。作为回应，第二版更加注重了将分析性的教程延伸到课堂和会议室之外。

贝琪兹·阿芒达利兹

乔纳森·默多克

# 《微型金融经济学（第一版）》序言

微型金融可谓“小点子，大影响”。当孟加拉大学的经济学教授穆罕默德·尤努斯在上世纪 70 年代开始给当地村民提供小额信贷时，人们尚不清楚这个想法将何去何从。环视全球，一批国有银行已经试图给穷困家庭贷款，而它们留下的遗产是无效率、腐败和数百万美金被浪费掉的补贴。经济学理论也提出了足够的警告不要借钱给低收入的、缺乏保证贷款偿还的抵押物的居民。但尤努斯发誓，会有赢利的一天。他说，他的穷人顾客将会可靠地还款。如今默罕默德·尤努斯被认为是在这一席卷全球的运动中的梦想家，该运动声称在 2002 年末要达到 6500 万顾客。微型金融机构给这些人提供服务，包括无抵押的小额贷款，吸收存款，以及越来越多地销售保险。这些人都是被商业银行视为无利可图而核销掉的顾客。倡议者认为考虑到消除贫困和社会变迁，这样的变化乃是一场革命，而不仅仅是一场银行运动。

这一运动通过“授粉作用”发展壮大。尤努斯的格莱珉银行在 5 个国家被复制。始于拉丁美洲的模式在美国的埃尔帕索和纽约市也入乡随俗；在玻利维亚的试验促成了乌干达和阿塞拜疆类似机构的诞生；全球人口最多的两个国家——中国和印度——的政策制定者正在开发他们自己本土化的微型金融版本。鉴于它的能量和活力，联合国把 2005 年命名为“国际小额信贷年”。

本书所写的是关于促成这场运动的一些思想。它也涉及这场运动对经济学适用的教义，具体而言，关于穷人为什么会穷的问题——某种层面上，这个问题要回溯到亚当·斯密在《国富论》中的疑问。微型金融的成功促使经济学家反思关于穷人如何储蓄和积累财产、以及机构如何克服市场失灵的假设。在讲述这个故事的时候，我们吸收了经济学中契约和激励理论的新进展，也提出了未解决的一些问题和重塑传统争论一些方式。

关于微型金融，实践者和经济学家分别有一些优秀著作，但两类文献的发展很大程度各自为阵，观点相互之间鲜有严肃的碰撞。两类文献都拥有宝贵的见解，也各有局限。本书的一个目标就是架起对话沟通的桥梁，整合、并列、识别我们已知什么、未知什么。这样，这本书既是反思性的，又是前瞻性的。

把课堂教学和实践结合在一起对我们来说是很自然的。阿芒达利兹除了在发挥她银行理论上的学术作用以外，还于 1996 年在墨西哥成立了格莱珉信托恰帕斯（Grameen Trust Chiapas）[①]，这是第一家在墨西哥复制格莱珉银行的机构。在创作这本书时，她花了许多时间在恰帕斯项目上，而它经历了显著的变化。与此同时，默多克在孟加拉国进行了研究，为印度尼西亚人民银行（Bank Rakyat Indonesia）的项目做顾问，分析他在中国农村帮助收集来的金融数据。

当我们 1998 年考虑撰写本书时，默多克正在普林斯顿大学访问，而阿芒达利兹正在麻省理工学院访问。当时我们的共同关切是我们各自在亚洲和拉丁美洲的实践经历似乎并没有与正在发展的理论文献相一致，当时文献关注点是联保贷款合同而忽视一切别的。在人口稀疏地区、城市地区，以及从社会主义向资本主义转型的东欧国家创造可运转的微型金融机构需要更开阔的思路。即便在微型金融一开始扎根的人口稠密的乡村和半乡村地区，我们也见识了各种各样的机制在运行，而它们至今被经济学家忽视。这促成了我们的第一个合作项目——“联保贷款之外的微型金融”（2000）。

尽管我们在 1998 年已经写成了初始章节的草稿，好的意图仍旧被其他研究项目和出行取代。两件事情促使我们回到本书上来。一件是阿芒达利兹从经济和社会研究委员会（ESRC）获得了资助，二是默多克 2001–2002 年在东京大学的学术休假。于是我们重新开始本书的写作，开始反思我们了解的东西。

成果就是这本关于微型金融经济学的书，我们希望它对学生、研究人员和实践者有用。我们希望，对不同的读者在不同的方面，这本书将挑战成见，启发对经济机构更丰富的理解。

贝琪兹·阿芒达利兹　哈佛大学和伦敦大学学院

乔纳森·默多克　纽约大学

① 恰帕斯为墨西哥南部一州。译者注

# 致 谢

创作第二版是冒险的。如果说提笔写书难，写完一本书更难。创作第二版更加令人兴奋并且更复杂，这缘于一个事实：太多的思想和证据已经出现在完成第一版到完成本版的 6 年间。我们触发了很多争论，处在最新进展的风口浪尖上。

在写作本书的时候，我们的观点被许多同行塑造和挑战，包括：Patricia Armendáriz, Abhijit Banerjee, Tim Besley, Patrick Bolton, François Bourguignon, Anne Case, Maria Leonor Chaingneau, Daryl Collins, Jonathan Conning, Robert Cull, Angus Deaton, Asli Demirgüç–Kunt, Mathias Dewatripont, Esther Duflo, Bill Easterly, Maitreesh Ghatak, Xavier Giné, Christian Gollier, Claudio González–Vega, Charles Goodhart, Denis Gromb, Marek Hudon, Dean Karlan, Michael Kremer, Marc Labie, Jean–Jacques Laffont, Valerie Lechene, Julio Luna, Malgosia Madajewicz, Maria Maher, David Mc Kenzie, Lamiya Morshed, Sendhil Mullainathan, Mark Pitt, Jean Tirole, Robert Townsend, Ashok Rai, Shamika Ravi, Debraj Ray, David Roodman, Ariane Szafarz, Lucy White, and Jacob Yaron。

我们也感谢许多政策分析人员和实践者，他们花费时间和我们分享他们的观点和经验。阿芒达利兹非常感谢格莱珉信托恰帕斯董事会的合作，特别是，从 Rubén Armendáriz Guerra, Maricela Gamboa, Karina López–Sánchez, Franciscoand Virginia Millán 和 Regis Ernesto Figueroa 那里。她也特别致谢格莱珉农业信贷微型金融基金会的成员，特别是 Raphaël Appert, RenéCarron, Yves Coutourier, Agnèsde Cleremont Tonnerre, Luc Démazure, Huzzat Latifee, Daniel Lebèque, M. Shahjahan, Jean–Luc Perron 和 Muhammad Yunus。她还特别对 Jean–Luc Perron 和 Emmanuel de Lutzel 提供的人力物力支持表示感谢。贝琪

兹·阿芒达利兹感谢 Alissa Fishbane， Dean Karlan 以及 Sendhil Mullainathan 在墨西哥南部开发的随机控制实验上的见解和支持；Neka Eza 的调查监督工作也难以置信地有帮助。

默多克特别感谢 Vikram Akula, Daryl Collins, Carlos Danel, Frank De Giova-nni, Asif Dowla, Chris Dunford, Syed Hashemi, Don Johnston, Elizabeth Littlefield, Imran Matin, Nachiket Mor, Lynne Patterson, Beth Rhyne, Marguerite Robinson, Jay Rosengard, Stuart Rutherford 以及 Tony Sheldon。

很幸运，我们能够与一群聪明的、有活力的人们共事。我们特别感谢 Catherine Burns 作为一名研究者、作家和第二版编辑的积极参与。Caitlin Weaver 非常有能力地在“金融准入计划”项目上提供了研究助理工作，Jonathan Bauchet 帮助我们详细检查了绩效评价的新的一章。

Syed Hashemi, Stuart Rutherford, Mark Schreiner, Richard Rosenberg 和五位匿名审稿人对第一版早期的版本提供了详细的评论，他们的建议极大地改进了我们的初稿。Dale Adams， Marc Labie， Shamika Ravi 和 Adel Varghese 提供了专门的评论，这帮助形成了第二版的部分内容。

Minh Phuong Bui 为第一版撰写了一套练习题，我们充分赞赏她有用的反馈。Sarah Tsien 为第一版提供了研究助理。Emily Wang 对第一版提供了有用的反馈，为第二版的第 8 章编写了富有挑战性的习题初稿。与 Katherine Prescott 和 Annabel Vanroose 鼓舞性的对话也要在这里被感谢。Alex Kaufman 对一套新的练习题提供了非常有用的评论和观点，JoséIgnacio Cuesta 审查和修订了第二版的习题。Beatriz Armendáriz 还要特别感谢一直支持她的 Alex 和 JoséIgnacio，他们阅读了每一章，对于挑战性的习题发表了最为有用的评论和建议。

麻省理工学院（MIT）出版社的编辑 Jane Macdonald 提议第二版的出版，自信地掌控了本书完成的进程。我们也感谢 MIT 的 John Covell 对本项目的支持。

默多克感谢福特基金会、盖茨基金会和美国国际集团（AIG）通过“金融准入计划”给予的资金支持（文责自负）。

最后，我们感谢我们的家人。贝琪兹·阿芒达利兹感谢 George-Antoine Capitani 在撰写第二版时的智力和精神支持。乔纳森·默多克感谢 Amy Borovoy 的智力合作。

# 第 1 章



# 反思银行业

## 1.1 引言

1978 年 3 月，在孟加拉国赢得独立战争后的第七个年头，一小群年轻人聚 001
集在一起，发了一个暗誓。他们誓言要创建一个崭新的、有活力的组织，致力于帮助穷苦农民与贫困做斗争。有人认为孟加拉国的境况让人绝望，因为这个国家正在穷与富两种极端的世界中挣扎。然而，30 年后，由这群年轻人发起的组织服务了孟加拉差不多600万的农民，并被全球的商业领袖们所称道。这个“社会进步协会”（The Association for Social Advancement，现在广为人知的是它的首字母缩写 ASA）瞄准了孟加拉最贫困的农民，为他们提供创造更好生活的工具，其中绝大多数是妇女。ASA 的领导者们运用从现代经济学和管理学的理论中学到的基本经验，再加上重要的（且并不显著的）新思维。在这一过程中，ASA 扩大了金融市场，创造了新的方式来思考商业策略、经济学和社会变迁的方式[1]，从而取得了成功。

由于协会发展过程中遇到的阻障很多，ASA 的领导者们必须反复推敲和调整他们的计划。当 ASA 计划将工作重点作用于激发政治转型时，它的航向彻底转变了。今天，ASA 已经是一个纯粹服务于穷人的银行，它的总部则位于孟加拉国首都的新办公楼里。在这里，ASA 作为全球“微型金融”运动的一部分，致力于扩大在贫困和低收入地区的小额信贷、储蓄账户、保险及其他更为广泛金融服务业务。他们确信：微型金融可以为穷人提供强大而快速的脱贫途径，通过发展小生意释放他们的生产潜力。而他们的关注点也重点落在帮助客户为未来储蓄和创造更平稳的生活上。如此一来，ASA 和此类机构便挑战了数十年 002
来有关低收入社区市场和社会政策的传统观念。

ASA 的客户平均每笔贷款为 120 美元，在当年光景好的时候偿还。传统商业银行是不理会这些客户的。首先，贷款量少会导致很难产生利润。其次，因为借款人太穷无法提供抵押，所以借贷风险增高。然而在 2008 年末，ASA 的报告显示，他们的贷款偿付率为 99.6%，报告指出从 1993 年之后每年的收入已经完全覆盖了成本。

对很多观察家而言，微型金融无异于一场革命或范式的转变（Robinson 2001）。创新者在主要的报纸和商业杂志上得到好评（2007 年 12 月，ASA 被《福布斯》评为“全球最佳微型金融银行”），2006 年诺贝尔和平奖也授予了微型金融的先驱人物尤努斯和格莱珉银行，这意味着微型金融震撼了国际发展的世界。最振奋人心的事件则是先进的模式诞生于一些低收入国家——如玻利维亚和孟加拉国的经验，而不是发达国家的标准银行业模式。

世界各地实业家、学者、社会活动家和发展专家都被通过微型金融来做零售银行业务的经验所吸引，以及像 ASA 一类把必需品资源提供给以往得不到充分服务的人群的银行的前景[2]。大量博士论文、硕士论文以及学术研究也都开始涉及微型金融领域。其中一些人关注用于补偿风险的非传统契约和解决小额信贷商面对的信息问题。而另一些人则关注微型金融作为一种能够更好地理解在低收入经济体中市场本质的方式——有可能去学习如何通过市场而不是无效率的国有企业提供保险、水和电力。还有一些人关注微型金融在消除贫困、与性别歧视斗争以及强化社区方面的前景。而这本书则对一些最重要的新观点提供了一个批判性的引介。

这些见解是希望所在。当为削减全球贫困压力而进行的国际援助的效果出现根本性问题的时候（如 Boone 1996； Easterly 2006），像 ASA 这样的银行和
003 非赢利组织方兴未艾。世界各国的政府常常要面对关于腐败、机构臃肿、无意改革的批评。而在这样的背景下，像 ASA 这样的银行和非政府组织为消除贫困和社会变迁提供了新颖的、有经济效益的途径。

ASA 不是唯一在孟加拉农村地区兴盛的小额信贷提供商，ASA 的领导可以从格莱珉银行和 BRAC（之前是孟加拉农业进步委员会）学习经验。我们来看 2003 年末的数字，格莱珉银行有 310 万成员，BRAC 有 390 万成员，ASA 有 230 万，这些人几乎全部被商业银行列为“无法提供银行服务”的客户而核销。仅仅四年之后，到 2007 年末，孟加拉国 3 个最大的小额信贷商声称有 2000 万客户：格莱珉银行 740 万，BRAC740 万，ASA540 万[3]。即使考虑到这样一个事实，即有人可能同时不止属于一个小额信贷项目，绝对的和相对的数字都显示快速

增长的潜力和规模。

这些机构的目标是该运动的全球性和成长性。微型金融项目在多元化情境中创造了新的机会，如在亚马孙河沿岸的农村、洛杉矶市中心、巴黎外围郊区和战争蹂躏后的波斯尼亚。在玻利维亚、孟加拉国和印度尼西亚，项目也成功建立，在墨西哥和印度的势头也不错。表 1.1 显示了“小额信贷峰会运动”所进行的一个调查的结果。2007 年末，这一运动报告在全球有 3350 家微型金融机构服务于 1.548 亿微型金融客户。报告说，这些客户中 1.066 亿处于他们国家贫困线以下人群的下半部，或生活在每天每户人均收入低于 1 美元的家庭（被定义为“最贫困”，Daley-Harris 2009）。1997-2007 年间，这些数字大约年均增长 30%，该运动的领导人预期当信用合作社、商业银行等进入这一市场时，它会持续扩张。

微型金融展现了在拓展市场、削减贫困、孕育社会变迁等方面的一系列令人振奋的可能性。但它也呈现了一系列的疑惑，许多并未被广泛讨论。本书目标之一是描述制造这个运动的创新之处，另一目标是解决、澄清那些引领讨论却通常被忽视的疑惑、争论和假说。争论包括：是否贷款最好地服务了最贫穷的人，或给了他们更好的储蓄方式，补贴是利是弊，是否提供不附带培训和其 004

表 1.1　小额信贷峰会运动报告的微型金融覆盖面的增长：1997-2007

| 年份 | 机构总数 | 客户总数（百万） | “最贫穷”客户数（百万） |
|---|---|---|---|
| 1997 | 655 | 16.5 | 9.0 |
| 1998 | 705 | 18.7 | 10.7 |
| 1999 | 964 | 21.8 | 13.0 |
| 2000 | 1,477 | 28.2 | 21.6 |
| 2001 | 2,033 | 57.3 | 29.5 |
| 2002 | 2,334 | 67.8 | 41.6 |
| 2003 | 2,577 | 81.3 | 55.0 |
| 2004 | 2,814 | 99.7 | 72.7 |
| 2005 | 3,056 | 135.2 | 96.2 |
| 2006 | 3,244 | 138.7 | 96.2 |
| 2007 | 3,352 | 154.8 | 106.6 |

来源：Daley-Harris 2009。

他补充物的信贷就足够了，以及哪方面的借贷机制带来成功的绩效。从微型金融实践而来的许多见解，可以通过经济学最近的创新的来解读（特别是信息经济学、契约理论和行为经济学）。其他有关微型金融的见解指出了需要被研究的新领域，特别是围绕对穷人储蓄和评估社会效果的可能性和制约。

本书的另一个目标是处理有关微型金融对话中的一些谜团。第一个谜团是微型金融本质上是提供贷款的。在第 6 章我们展示为低收入家庭提供更好的储蓄和保险方式，这也同样重要。但我们要与一个观点争论——对最贫穷的人来说，储蓄*更加* 重要。第二个谜团是高贷款偿还率的秘密与联保贷款合同的使用紧密关联，这种合同在孟加拉的格莱珉银行和玻利维亚的阳光银行（Bank Sol）很出名（格莱珉的最初做法在 1.4 和第 4 章有描述）。联保贷款确实是一
005 个重大的创新，但其浮现出来的争议使我们产生关注，在第 5 章，我们描述了一系列在合同和银行实践上超越联保贷款的创新。我们相信微型金融的未来取决于那些较少听到的创新，包括集中关注女性客户（详见第 7 章）以及在第 11 章中描述的改进的管理实践。

第三个则是微型金融在社会效果方面有清晰的纪录，证明了它是削减贫困和性别赋权的主要工具。我们相信微型金融可以使那些受助者的生活显著改变（否则我们不会写作本书），但微型金融不是灵丹妙药，不能指望它放之四海而皆准。目前，我们在效果方面尚缺少相对严谨的研究，迄今关于效果统计上的证据也是混淆的。而且还没有被广泛认可的研究稳健地显示微型金融对受众有多强烈的影响，但是一般性研究都认为其有着深度影响的可能性。更好的效果研究有助于业界解决分歧，因此我们回顾了近期使用随机控制实验的研究结果。第 9 章描述了向前推进的途径和要面对的挑战。

最后一个谜团是今天绝大多数的小额信贷商既服务穷人，也同时营利。我们在第 8 章和第 10 章强调了赢利问题对大多数机构来说是不能回避的，我们描述了为什么好的银行实践是重要的，以及补贴应该怎样被策略性地配置，从而推动微型金融向前进发展。

与绝大多数对微型金融的讨论将其定位于参与者有所不同，我们并不从描述新的微型金融机构开始[4]。后文将涉及大量最新进展，但我们的方式是以贫困的本质、以及当前服务穷人的市场和机构作为开端。从家庭、社区和市场开始，

我们发展了分析性的工具和见解，它们可以被用来分析新的机构，以及思考目前这些手段日后的发展趋向。

## 1.2 为什么资本不会自然流向穷人？

从经济学基本常识出发，对微型金融有需求是令人匪夷所思的。经济学入
门课程的第一课就是资本的边际回报递减的原理，也就是说，资本相对较少的
企业能够获得比有充足资本的企业更高的投资回报率。缺钱的公司应当能够比 006
有钱的公司付给银行更高的利率，货币应当从有钱的储蓄者流向没钱的公司。

这个“边际回报递减原理”从假定的生产函数曲线凹性推导而出，如图 1.1 所示。凹性是一个可信的假定，当一个企业投资更多的时候（如使用更多的资本），它可以预期当期有更多的产出，但是每增加 1 单位的资本将会带来越来越小的增加的（ “边际” ）回报。当一个裁缝花 100 美元买了第一台缝纫机，相对于穿针引线的手工制作来说，其产出将大为增加。而第二个 100 美元的投资，如一台电子裁剪机，也会带来效益，但增加值将没有缝纫机带来的那么大。毕竟，如果买一个裁剪机带来的产出增长要超过缝纫机，聪明的裁缝就首先选择买裁剪机了。报酬的增加量之所以重要，是因为资本边际回报决定了借款人的偿债能力[5]。如图 1.1 所示，凹性意味着没钱的企业比有钱的企业拥有较高的资本边际回报（因此有较大能力还贷）。

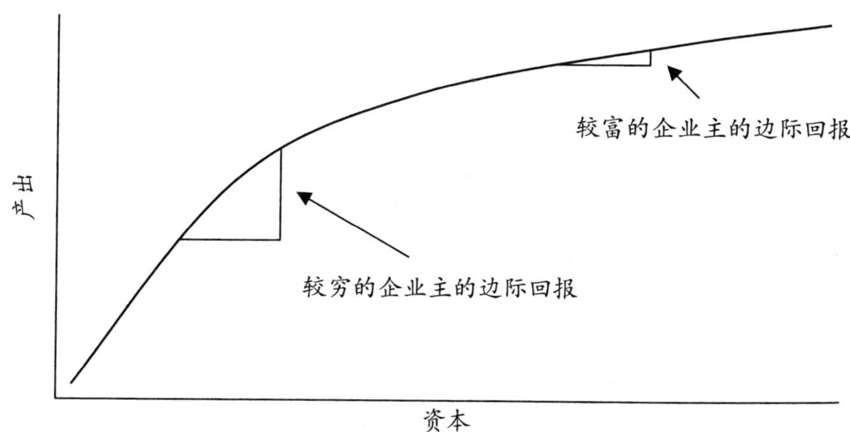


图 1.1　凹性生产函数下的资本边际回报。较穷的企业主在他下一个单位的资本上具有较高的边际回报率，比那些较富有的企业主愿意支付更高的利息率。

言重一点，如果这个入门级的经济学基本工具是正确的，那么全球的投资
007 者们就都错了。聪明的投资者不是要把更多的钱投资到纽约、伦敦和东京，而是应该把钱投向印度、肯尼亚、玻利维亚，以及其他资本相对稀缺的低收入国家。资金应当从北半球转到南半球，这并不是出于利他主义动机，而更多的是逐利行为。诺贝尔奖得主经济学家小罗伯特·卢卡斯曾经测算过跨国回报率预期差别的范围（假定边际资本回报相对于其他生产性投入仅仅决定于资本的数量）。基于他对资本边际回报的测算，卢卡斯（Lucas 1990）发现印度的借款人为获取资本要比美国的借款人愿意多支付 58 倍，资金因此应当从纽约流向新德里[6]。

这个逻辑可以继续推演。资金不仅应当从美国流向印度，按同样的道理，资本在*任何一个*国家都应该自然地从富有的借款人流向贫穷的借款人。资金应当从华尔街流向哈莱姆①和阿巴拉契亚②的贫穷的山区，从新德里流向印度的广大农村。边际回报递减的原理意味着街头的一个小补鞋匠，或市场货摊上的一个卖花姑娘都能为投资者提供更高的回报率，这种回报甚至将超过投资者对通用、IBM 或塔塔集团的投资收益——因此，银行和投资者应当相机行动。

卢卡斯的最终用意是抛出这样一个难题：假定投资者基本上是谨慎的和以自我为中心的，经济学原理怎么就错了呢？为什么投资事实上更像是从穷国到富国，而不是别的方向呢？为什么大公司更容易从银行获得融资，而自雇的补鞋匠和卖花者却不能呢？

解释这一难题的第一出发点便是风险。对很多人而言，到肯尼亚、印度或玻利维亚去投资，要比投资美国、欧洲的证券风险要大很多，尤其是对没有时间和精力去跟踪当地局势变化的全球投资者而言更是如此。这个道理对借钱给补鞋匠和卖花者，还是借给大型规范的公司也同样成立。但是为什么在穷乡僻壤的补鞋匠和卖花者不能提供那么高的投资回报率以充分补偿投资者的风险呢？

一个学派认为，贫穷的借款人在理论上是可以支付高额利率的，但政府施加的利率管制却阻止了银行征收能够吸引资金从富国到穷国、或从城市到农村转移的利率[7]。果真如此，微型金融的绊脚石就完全是政治性的了。支持者应

① Harlem，为美国纽约市曼哈顿的一个社区，在上世纪曾经长期是纽约市犯罪与贫困的主要中心。译者注

② Appalachia，美国东部的高原地区。译者注

当仅去说服政府废除高利贷法和其他对银行的管制，坐等其成，静观银行的资 008
金流到穷人那里。当然，说的容易，做起来很难，特别是因为高利贷法（如法律设定贷款利率上限）有长期历史和强大的支持者。

事实既更复杂也更有趣。即便高利贷法可以废止，提供给银行更多自由度去服务穷人、覆盖成本，这也不是唯一的答案。确实，就像我们在第2章看到的，提高利率可能通过弱化借款人的激励损害金融机构。一旦（缺乏）信息被考虑进来（和缺乏抵押一道），我们可以更充分地解释为什么出借方在服务穷人上有那么多难处，即使老百姓可能会有更高的回报。其中重要因素是银行对穷人借款者的不完全信任，和穷人借款者缺乏能给银行提供保证的抵押。

第一个问题——逆向选择——发生在当银行不能轻易地确定哪一个客户可能更有风险时。为了补偿增加的违约概率，银行希望对有着更高风险的客户收取高于低风险客户的利息。但银行分不清谁是谁，于是对每一个人都提高平均利率水平，这样做通常把低风险客户挤出了信贷市场。第二个问题——道德风险——增加了，因为银行不能确保客户付出充分的努力以使他们的投资项目成功，一旦出现当客户试图携带银行的贷款潜逃的情况，那么道德风险同样也增加了。在那些推行合同有难度、司法体系较弱的地区，这两个问题会变得更糟糕。

如果银行有廉价的渠道去对他们的客户收集和评估信息以及执行合同，这些问题就可以被潜在地消除。但当银行在穷人社区运营的时候，它们通常面对相对较高的交易成本，因为处理许多小笔交易的成本远远高于服务一个富裕借款人的一宗大笔交易。如果借款人有可用于市场交易的资产来做抵押，另一个潜在的解决方案或许可行。如果这样，银行可以无风险地贷款，它知道问题贷款可以被资产价值覆盖。但微型金融的出发点是，正因为借款人太穷以至于没有什么能用于交易的资产，才明确需要有一个发放贷款的新方式。从这个意义
上讲，出现了祖祖辈辈富生富、穷生穷的现象——于是，微型金融被视为一条 009
通过降低交易成本、克服信息问题打破这个恶毒的怪圈的途径[8]。

## 1.3 事与愿违：国有开发银行的失败

缺少银行并不意味着穷人不能够借贷，他们也可以通过非正式的资源，如向放债人、邻居、亲戚和当地的商人进行借贷。这些出借人通常信息灵通（具

备有效方式来执行合同），这正是银行所缺少的，但是他们的资源相对有限。微型金融自身对这个古老的挑战提供了最新的解决方案，它找到一个合理的途径去整合银行资源和当地信息，包括邻居和放债人的成本优势。与传统银行相似，微型金融机构可以从社区外部带来资源。微型金融不是第一个尝试这么做的，但迄今是最成功的。

微型金融的成功部分取决于它有意避免了过去的错误。当低收入国家在第二次世界大战后试图发展它们的农业部门时，农村金融也适时被高度关注了。大型国有农业银行被赋予分配资金的职责，政府希望提供附加补贴的信贷去诱发农民灌溉、使用肥料、采用新粮食品种和技术（如 1954 年的印度储备银行）。这一做法是希望增加土地生产率，从而增加劳动力需求，借此提高农业工资。

由于高昂的交易成本和内在风险可能使银行承担巨额的损失，所以大量的补贴也用于补偿银行进入它们担心的市场，而补贴同时用于对贫穷借款者保持较低的利率。例如菲律宾，在 1981 年改革前对借款人收取的利率封顶为 16%，而当时的通胀率每年高达 20%（David 1984）。负的实际利率制造了过度贷款需求，这些需求增加了给政治上受青睐的居民发放贷款的压力，而不是对于目标群体。同时，给农村储蓄存款的利率仅为每年 6%，因此通货膨胀以每年 14% 的速率侵蚀了储蓄的购买力。这种政策导致的灾难性后果是鲜而
010 易见的。戴维（1984，222）认为在菲律宾“通过低利率的信贷补贴恶化了收入分配，因为只有少数通常是富裕的农民才能获得大量廉价的信贷。当利率无法反映金融中介的成本时，财富和政治权力替代了作为配置信贷的基础的赢利性。”这种政策被指责不仅没能分配更多的金融信贷，反而制造了金融压抑（McKinnon1973）[9]。

印度农村综合发展计划（IRDP）对很多人来说是一个非常经典的无效率补贴信贷的案例。这一项目通过“社会目标”分配信贷，原则上推动 30% 的信贷给予被社会排斥的群体（被标注为“目标”部落或等级的一员），将 30% 的信贷给家庭妇女。实现社会目标变得与实现效率目标同等重要。在这样一个体系下，资本通过一系列嵌套的计划操作而被配置开来，从村计划汇总到区（block）计划，再汇总到地区（district）计划，最后到国家计划。在 1979–1989 年 IRDP 快速发展时期，补贴累计达到 60 亿美元（大概 25% 到 50% 的信

贷总量到了弱势部门），然而这些资源没有产生良好的机构表现。根据 Pulley（1989），IRDP 的偿债率降到 60% 以下，只有 11% 的借款人在第一次贷款后又拿到第二次贷款（鉴于微型金融参与者反复借贷的重要性，这非常令人惊讶）。2000 年，IRDP 贷款回收率降到仅 31%（Meyer 2002）[10]。由于机构的表现非常差，IRDP 失败了，它最终没能成为可信赖和有意义的为穷人服务的资源。

在 20 世纪 70 年代末 80 年代初，俄亥俄州立大学的“农村金融项目”对政府主导的诸如 IRDP 的开发银行和菲律宾的项目进行了一次致命性的抨击[11]。它的出发点就是：信贷不应该像肥料或种子。俄亥俄学派的批评指出，信贷应被看成金融中介的可替代的一种工具（有许多用途），而不是一个特定生产过程的专门投入。因此根据这些批评，出现了一个来自于错误地认为信贷能够被“引导”到政策制定者青睐的特定目标（如扩大高产粮食种类的使用）的问题。它与廉价的信贷政策一道，在农村金融市场制造了浩劫，并最终摧毁了削减贫困的努力（Adams， Graham 和 von Pischke 1984）。这个故事以失灵为中心充分解释与补贴相关联的激励效果和政治。它指出，补贴银行使得这些银行通过制造垄断和回避市场检验而变得孱弱。 011

因此，对受到补贴的国有银行的批评声音则认为穷人通常没有补贴将过得更好。这部分缘于：首先，被补贴的银行排挤了穷人可以依赖的非正式的信贷提供者。第二，市场利率是一个配给机制，那些愿意为贷款付出的人仅仅是那些拥有价值最高的项目的人。但有了补贴就会促使利率低于市场利率，如此一来，配给机制便被破坏了。信贷不再是被分配给最有生产力的接受者，取而代之的通常是基于政治和社会关切而进行的配给，好的项目因而丧失了得到资金支持的机会。第三，由于政府稳定的资本注入，银行家吸收储蓄存款的激励被削弱了，因此穷人只能用相对无吸引力和无效率的方式进行储蓄。第四，“银行是国有的”这样一个事实给大众在选举前免除贷款带来压力，使得有权力的人能获取廉价的资金，而它们本来要给穷人的，消除了为建立严谨、有效机构而管理的激励。Braverman 和 Guasch （1986）认为在非洲、中东、拉丁美洲、南亚、东南亚政府的信贷项目，除了少数例外，都以 40% 到 95% 的违约率而寿终正寝。在这样的比率下，借款人可以辩称把信贷项目看作提供恩惠而不是贷款。资源的错配经常性发生，以至于 González-Vega （1984）封其为“利率管制铁律”。

批评认为，这些补贴损害了穷人的利益，尽管印度的证据至少提供了更微妙的图景。例如，Burgess 和 Pande （2005）的经验研究显示了发生在印度穷人身上的正向平均效果[12]。类似地，Binswanger 和 Khandker （1995）发现，在1972–1973 和 1980–1981 年间，印度的国有银行提高了非农业增长、就业以及农业工资。然而，印度的项目很显然是无效率的，大量的资金原本要给穷人，最终却被浪费了，或到了“不当的人”手中。结果，Binswanger 和 Khandker 发现，它对农业产出只有温和的效果，而对农业就业没有效果。他们的结论是政府项目的成本太高，几乎吞噬了全部经济效益。超出任何正面的历史先例，对这些
012 负面遗产的弃绝，促使微型金融运动把目光转向了私人部门寻求灵感。

## 1.4 格莱珉银行和微型金融的发轫

我们在世界的很多地方都能找到微型金融的根基，但最广为人知的故事是关于穆罕默德·尤努斯及孟加拉格莱珉银行的成立。我们现在要简要地叙述这个故事，将在随后的章节回到格莱珉的实践[13]。

在 20 世纪 70 年代中期，孟加拉开始了建设一个新的国家的漫长征程。挑战是巨大的：在激烈的战争后，1971 年 12 月从巴基斯坦赢得独立，两年之后，洪水泛滥引发了饥荒，死亡成千上万（Sen 1981）。政府调查显示，超过 80%的人口在 1973–1974 年生活在贫困中（孟加拉统计局 1992）。

穆罕默德·尤努斯是范德比尔特大学培养出来的经济学家，在孟加拉东南部的吉大港大学教书。然而，大饥荒让他以经济学教授作为终身职业的理想幻灭。1976 年尤努斯开展了一系列的实验，在乔布拉村的邻近乡村借钱给穷人家庭。尽管从他手中借出的钱很少，但也足够一个村民来经营一份小产业，例如谷物脱壳和竹编。尤努斯发现借款人不仅通过贷款获得很大的收益，他们也能可信地还贷，即使村民不能提供什么抵押。意识到他自有的资源仅能至此，1976 年尤努斯说服孟加拉银行（孟加拉国中央银行）帮助他建立一个特别的分支机构满足乔布拉穷人的需要。它很快就扩展到另一个实验性项目，这一次是在孟加拉中北部的坦盖尔。当确定成功不是缘于个案地区的侥幸，格莱珉银行走向了全国。一个让格莱珉扩张的创新是联保贷款，这个机制的精髓是允许穷

人借款者互相担保。因为联保贷款，只要资金允许，银行可以一村接一村的扩张。早期的资金由农业和发展国际基金会、福特基金会和孟加拉、瑞典、挪威以及荷兰政府提供，确实保证了快速增长。如图 1.2 所示，在高峰时期，银行增长率达到年均 40%。到 1991 年，格莱珉银行在孟加拉有超过 100 万的成员， 013
到 2008 年 6 月这个数字飞跃到 750 万。今天，效仿者遍及 30 个国家，从东帝汶到波黑[14]。联保贷款项目也在美国 50 个州中的 30 个运营[15]。

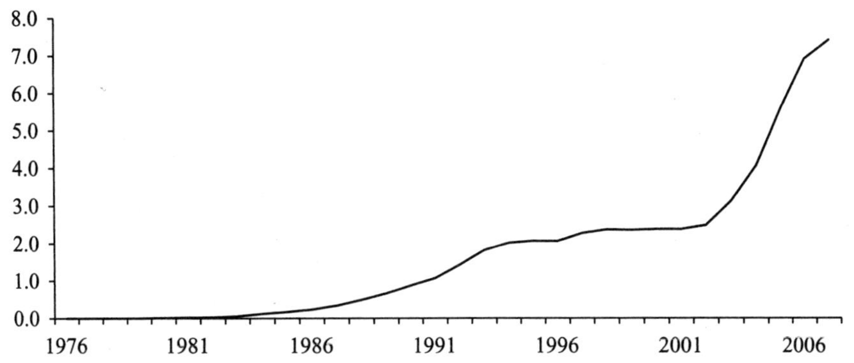


图 1.2　格莱珉银行成员数的增长，1976-2007。来源：格莱珉银行历史数据系列，参见 www.grameeninfo.org。

格莱珉的“经典”联保贷款合同与对小企业的标准化的银行合同非常不同。标准关系下，借款人给银行一份抵押品作为保证，从银行获得贷款，投资然后产生回报，再连同利息一起还给银行。如果借款人还不起贷款，他们的抵押品就被没收了。但格莱珉银行的客户绝大多数都太过贫穷，以至于无力提供抵押；而经典的格莱珉合同则利用了客户与他们社区的紧密联系，从而取代了传统的抵押贷款模式。借助于这些关系，贷款合同涉及了一个客户组，而不仅是自我行动的个人。客户组自愿形成，当银行贷款贷给客户组中的某一个人，而困难发生的时候，组内的所有成员都将被预期支持他人。

举个例子，每个客户组包含五个借款人，贷款首先给两个成员，然后给另外两个，最后再给第五个成员。在这个“经典”合同中，只要贷款被偿还，那么贷款将循环持续。但是根据规则，一旦一个成员违约，而其他同伴成员又不替他偿还债务，那么这个组的所有成员今后都将不会再得到贷款[16]。合同的这个特点给了顾客相应的激励去及时还款，去监督他们的邻居，并且当他们形成客户组的时候自动去选择责任心强的合作伙伴（Fugelsang 和 Chandler 1993）。更近一步地讲，这个五人组只是某一个“中心”的一部分，“中心”由 8 个组构成。还款行为是公开进行的，就是说，在“中心”的 40 个成员的面前，每一周要进行一次分期付款。联保贷款利用了本地信息、同伴支持，如
014 果有必要还有同伴压力。这些机制依赖于邻里之间非正式的关系，同时也便利了缺乏抵押的家庭借贷（Besley 和 Coate 1995； Armendáriz 1999a）。这个项目因此整合了标准银行的规模优势，以及长期在非正规金融模式中使用的传统机制。

“连带责任”条件是经典格莱珉合同中最显著的特点，这就是为什么微型金融会如此紧密地与联保贷款的思想联系在一起。格莱珉合同激起了经济理论家的兴趣，从 Stiglitz （1990）和 Varian （1990）开始，关于连带责任是如何起作用的研究有如潮涌般地展开[17]。但整个 90 年代，我们见证了不断增长的多元化的方式，远远超出了有连带责任的联保贷款。正如在第 5 章所示，尽管格莱珉的“连带责任”获得了很多关注，仍旧有其他的——通常被忽视的——借贷关系特征，使得格莱珉模式不同于教科书上的银行案例。与众不同的是，格莱珉创造了“动态激励”，通过发放小额贷款起步来产生信息，当客户展示出资信之后再逐渐提高贷款规模。除此之外，银行使用非常规的还款时间表：通常在第一笔贷款发放后仅一周还款就开始了，之后每周持续。这使得这个合同看起来非常像消费信贷而不是商业贷款，它改变了银行承担的风险的性质，以及银行提供的服务。在这些经济机制之外，格莱珉还发现，不仅它的客户基数中 95% 的女性改善了社会地位，同时也降低了银行的金融风险，这个问题我们第 5 和 7 章还要再讲。传统银行历史上一般只借钱给男性，已婚女性却占据了格莱珉银行借款人比重的大头，她们通常比她们的丈夫还要守信用（Khandker 1998）。

剖析各种机制如何发挥作用是很重要的，因为有些机制在孟加拉国有效但是在巴西或乌干达不一定就适合。即使在孟加拉国的农村，也有很多方式在应用。例如，ASA 在 1991 年以联保贷款起步，采用 20 个人一组（而不是 5 个人一组）和一个高度标准化的流程。一开始，ASA 的成员贷款的额度人人相等，
015 然后每周偿还同样数额，存进同样数额。但 ASA 的项目变得愈发灵活，它的

结果是降低了对连带责任合同的依赖性。ASA 的偿债率也没有太受影响[18]。不同国家采用了不同的方法，包括使用抵押——但通常是更灵活的形式，而非标准银行所用的形式。简言之，“个人借贷”方法的使用（与“联保贷款”相对）有了依据。2001 年，甚至格莱珉银行业也加入了移除连带责任合同的队伍。我们将在第 4 和第 5 章解密这些机制和模式。

## 1.5 微型金融革命？从“小额信贷”到“微型金融”

在微型金融发展的过程中，最为重要的概念偏离之一就包括从“小额信贷”——特指小额的贷款——到“微型金融”。这个更广义的术语包括了吸收低收入家庭的储蓄，并向他们提供保险（“微型保险”），以及在某些地方（孟加拉的 BRAC 走在前列）帮助分配和营销客户产出的各种努力。Robinson（2001）提供了一个对方兴未艾的“微型金融革命”丰富的描述[19]。

尽管“小额信贷”和“微型金融”两个词常常互换使用，它们却有着不同的“共鸣性”，比如在对比有关农村金融的状态和贫困本质的信念时它们的联系就不甚紧密。对一些人（金融学家）而言，语言符号中小的差别，就是观点上的大分歧[20]。小额信贷概念初创时，指的是像格莱珉银行这样的机构，它们专注于贷款给非常贫穷的人。它们关注的焦点明确放在减贫和社会变迁，组织者和参与者都是非政府组织。而“微型金融”的推动力则来自一种行业认可，即居民可以从获得金融服务中受益，这里的“金融服务”被更广泛地定义（最初主要指储蓄），而不仅仅是对小微企业的信贷。语言上的变化也导致了方向上的转变，朝向“不那么贫困”的家庭，以及商业导向、充分监管的金融实体的建立。

接纳储蓄的行动是受到欢迎的，因为它认可了被郁积的寻找安全存款场所的需求，在这个意义上讲，从“小额信贷”转到“微型金融”应当不会引起争论。但是争论还是产生了，较新的观点（在我们看来是错误的）认为事实上最
穷的顾客只需要获得储蓄便利即可——贷款给最穷的人是很糟糕的赌博[21]。（前 016
文中已经说了太多关于资本回报率递减原理的事了！）

我们从理论和经验上反对储蓄是最穷的人第一要务的言论。储蓄对最穷的人来说是困难的，但绝非不可能，信贷通常提供了一个最确定的方式来快速获得急需的大笔钱。经验证据也表明不管穷人还是富人家庭，通常都是存

与贷同时进行的，这一观点在行为经济学的新工作以及 Collins、 Morduch、Rutherford 等（2009）描述的故事中被强调。通常，主要的支出由提取储蓄、变卖资产和借债来进行融资。当人们身陷匮乏中，其借钱的能力对防止储蓄策略失控至关重要。因此，实践中，借和贷通常是互补的行为，而不是替代的关系。

面对信贷或是储蓄争论，我们需要重提旧事：一方面是“剥削性的放债人”，另一方面是受补贴的国有银行。在这个过程中，它也带来了贯穿有关农村地区家庭消费模式的学术工作方面的争执。那些把非正规放债人看作有剥削性的人，对贫穷借款人的无能为力非常敏感（如 Bhaduri 1973， 1977）。但 Basu （1997）认为，问题接踵而至：为什么穷人无能为力？如果借款人能定期储存一点钱，最终也将积累足够多来摆脱放债人的盘剥控制[22]。Bhaduri 的回应是，非常穷的人还在向温饱水平贴近，以至于不可能有储蓄行为——所有外部资源都用来维持生活了[23]。因此贷款才是基本的，而非储蓄。

与之相对立的观点是，即使是很穷的人，只要有机会，也会去储蓄。这个观点认为，他们不储蓄这个事实，缘于 Bhaduri （1973）所指的“被误导的”信念，以及被补贴的国有银行从来没有认真努力去吸收存款这样一个事实，这导致一些人错误地推论，认为缺少储蓄是因为没有能力，不是缺少机会（Adams，Graham 和 von Pischke 1984）。更有甚者，Adams 和 von Pischke （1992）声称，很穷的家庭几乎不能有效地利用贷款。与 Bhaduri 恰恰相反，他们认为储蓄的便利（没有贷款）对最穷的人来说至关重要。只有“不那么穷”的人才应当成为小额信贷的目标[24]。这一观念是早期微型金融运动的基础，现在已经转向了。

017 在第 6 章，我们尝试在两种极端的修辞之间平衡。我们的观点是：很穷的人能从更好的储蓄和贷款方法中受益，在第 6 章中我们描述新数据，解释穷人家庭的金融生活。我们也讨论来自行为经济学这一经济学和心理学交叉的新兴领域对储蓄的见解。决策理论日益增多的研究揭示：人们不论贫富都会持久性地进行储蓄，只不过少于他们意愿的数量。而这个问题不能简单地归于他们缺乏耐心和 “未来向”。反之，新的解释指向了复杂的决策局限性和在个体部分薄弱的内部自我控制机制。最终将理论转换为创新型的实践并产生产品。例如，田野调查显示了机制的能力，诸如结构化储蓄账户要求朝着一个设定的目标定期存入。拥有正确的机制则会使得储蓄在少量和大量上体现出差别。

第 6 章中，我们还考察了提供“微型保险”的新尝试。和信贷市场一样，保险市场也被信息问题、高单位交易成本和一堆契约执行上的难题所困扰。而这些问题在农村地区（穷人中的大多数居住的地方）被放大了，由于包括了洪水、干旱、作物损失和传染病在内的因素，而使风险概率增高。这使得常规险种通过传统的、本地的测算特别难以得到保障。但第 6 章中我们描述了保险条款的创新，显示出与微型金融迄今的成功相匹配的潜力。

## 1.6 反思补贴

本章开始时，我们描述了两个简单的想法，然而就是这两个想法激发了微型金融运动，并挑战了几十年的惯性思维：首先，穷人通过更多地接近银行能够从中获益；第二，为穷人服务的机构也能赢利。微型金融自身呈现了一个新的、以市场为基础的削减贫困的策略，用不着再给予国有大银行繁重的补贴。在一个寻找简单答案的世界里，这个“双赢”的组合本身就是一个赢家。发起于 1997 年的国际小额信贷峰会，已经被多国元首赞誉，2006 年的诺贝尔和平奖也引发了对这一运动的更大关注。当其他国家的援助预算已经削减的时候， 018
微型金融迄今仍保持了相对被保护的原创性，它所吸引到的国外的投资也从 2008 年起快速增长。

尽管有些时候看起来自相矛盾，因为这一运动持续地被数以百万（美元）计的补贴所驱动，而这些补贴同时又产生了许多问题。许多人希望，微型金融项目仅仅将补贴用于初始启动阶段，由于规模经济和经验会让成本下降，项目最终将不再依赖补贴而运营。人们认为，一旦脱离了补贴，该项目将不需要其他的支持（来源于政府或捐款人）也能成长。为了这么做，关注其可持续性的倡导者认为该项目需要通过吸收存款或发行债券平稳化资本，或者机构必须变得更加赢利，它们能从商业资源获得资金，像电脑制造商、全球零售商、大型银行一样在市场中竞争。

至于后一项，隶属于安信永国际（ACCION International）的拉丁美洲最大的小额信贷商康帕多银行（Banco Compartamos）在这方面是领导者，它首先通过大量的债券发售（起始就是 1 亿比索债券，在 2002 年 7 月约折合 1000 万美元）进入市场，然后再公开发售大量的股票。作为安信永国际的总裁，

María Otero 在 2002 年说："这笔销售首先对安信永的合伙人来说振奋人心，它也是微型金融的里程碑。安信永致力于扩大财务上自足的小额信贷商的增长，不依赖捐赠来抗击贫困。" 康帕多银行成长非常迅速，到 2008 年，其在墨西哥服务了超过 1 百万客户，且帮助了许多非正规商业的客户，如食品贩卖、手工制作和小额贸易[25]。

进入商业银行业是微型金融商业化这个更大的趋势的一部分，第 8 章以此为主题。伴随着一些小额信贷商从非营利机构转型为受监管的机构，以及银行重新定义了它们的运营来囊括对穷人的贷款，微型金融产业变得更像商业、更复杂。新的参与者进入这一领域，包括微型"金融投资载体"（Microfinance Investment Vehicles），投资于微型金融机构的私募基金。微型金融投资载体增势迅猛，在 2006 年末和 2007 年资产增长了 78%（CGAP 2008b），尽管增长随着时间趋向于稳健。

对商业资金的获得让微型金融机构有了自由，不再必依赖捐助支持，但也
019 有代价。一般而言，商业性的资金来源只会流向那些能够显示它们能赚取利润的出借人，通常出借人通过提高贷款利率，或服务那些能贷更大数额、有更赢利贷款的优质客户而获得赢利。这个问题——把成本转移给贫穷的借款人和"使命偏移"——是有时围绕微型金融商业化问题很热的一种反对意见的基本点。康帕多银行发现自己身处争论的中心。一方面，它在拉美比任何其他的小额信贷商获得更多的客户。另一方面，为了获得由标准普尔评定的（墨西哥）$A^+$ 的评级并获得公开发售的较高关注，它通过对借款人征收每年超过 100% 的有效利率，掩盖了相对无效率的行政结构，它的收费接近于放债人的区间，而这正是微型金融原本要改善的[26]。

正如图 1.1 所示，如果资本函数的回报是陡峭地凹的，一般穷人借款者或许能惯常性地支付高于 100% 的利率，并且仍旧有超额剩余。康帕多银行并没有遭到多大的顾客流失这个事实，意味着在墨西哥低收入的客户愿意并能够支付较高的费用。但是小额信贷商并没有收取高利率，而且试图把它们保持很低（康帕多银行近年来已经降低了费用）。一项全球调查显示，扣除价格因素，中位数平均利率是非政府组织 25%，非银行金融机构 20%，银行 13%。这些收费不算低，但是它们与处理小额交易的成本是相匹配的。

为什么不收高利率呢？剔除道德上的考虑，让我们回到资本边际报酬递减的原理。所有较穷的借款人都真能比较富的人支付更高的利率吗？图 1.1 中一个暗含的假设是，除了资本外一切都是保持不变的；这个分析内在假定，教育水平、商业悟性、商业合同以及对其他投入的可获得性对富人穷人来说是一样的。如果这个不对（很难想象这是正确的），很容易看到，拥有较少资本的企业主比较富的家庭具有较低的边际回报。我们在图 1.3 中阐示了这一点。在这个例子中，穷人将不能够惯常性地支付非常高的利率。一些人当然可能，但大量的群体将会因高利率被剔除掉。

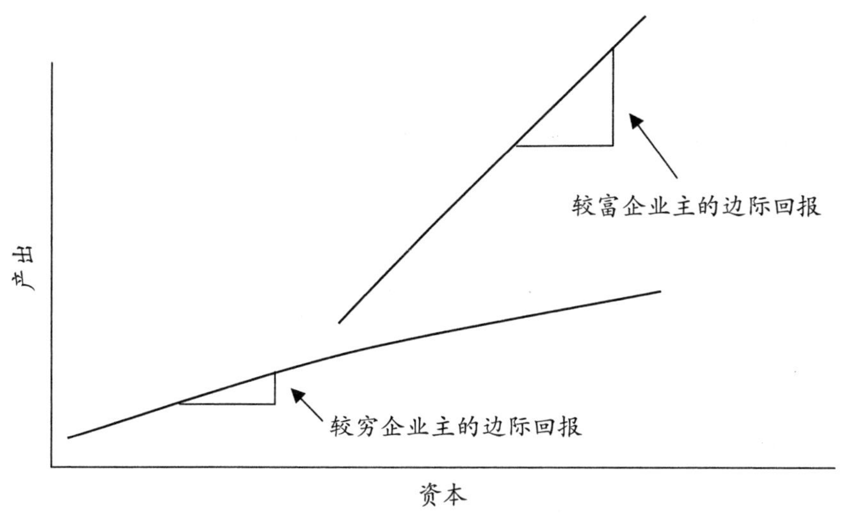


图 1.3　有不同互补性投入的企业主的资本边际回报。较穷的企业主有较低的边际回报，尽管他们有较少的资本。

即使我们想象，某一时刻穷人和富人在这些非资本的性质上都相同，边际 020
资本报酬递减的原理仍旧不成立。这是因为，生产函数不是那么“便利地”凹。例如图 1.4 所示，这种情景中生产技术超过一定的范围呈现出规模报酬递增。这里，相对于拥有较少资本的企业主，较大规模的企业主的每一美元投资可能产生更大的利润。

这里再一次指出，穷人无法为贷款支付过高的价格。这个例子的特征是，没有充足的融资，穷人企业主没有能力达到要求的规模来与禀赋更好的企业主竞争，产生了一个与信贷相关的贫困的陷阱[27]。这个在孟加拉和印尼都发生的

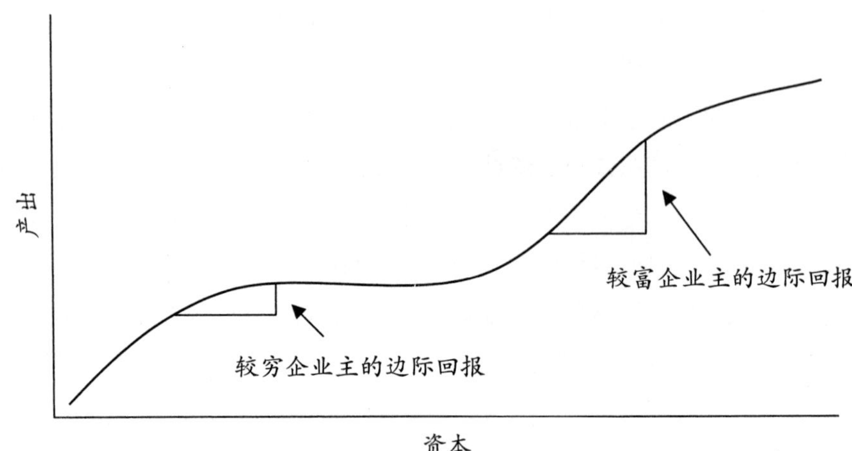


图 1.4 生产函数允许规模经济存在时资本的边际回报(其他都一样)。和图 1.3 一样，较穷的企业主有较低的边际回报，尽管他们有较少的资本。

挑战是收取相对低的利率（扣除价格因素后大概每年 15% ~ 25%），同时继续服务非常穷的客户并消化成本[28]。

孟加拉和印尼的项目在使用补贴上也讲求策略。像其他的微型金融出借者一样，康帕多银行收获大量的启动资金补贴，其他大型微型金融机构也有。对
021 于早期补贴典型的说法回应了可在国际贸易文献中找到的“幼稚产业”保护的言论。在这些文章中，有人担心一些“婴儿”将很快长成一把年纪。例如，格莱珉银行在它创建的 25 年后仍一直在利用补贴。

一个不同的问题是，是否反补贴的立场是正确的，或者更精确地说，是否对所有项目来说都是正确的立场。这又与贸易理论有共通之处。数十年来塑造了贸易理论的强烈的反贸易保护主义的情绪（Bhagwati 1988）已经让位给了更微妙的对全球化的态度，主流经济学家辨析了一些案例，它们以经济和社会发展的名义为拓展的贸易保护而正言（如 Krugman 1994； Rodrik 1997）。因此，对微型金融来说也是：严肃的争论累积着，它们建言，如果正在进行的补贴被精心配置将发挥作用。当然，这是一个大大的“如果”，第 10 章将穿越迷丛提供导引。

整理出故事要求摆脱由捐助者社区中的倡导者提出的“双赢”视角，意识到在微型金融的帐篷下各种项目多样性的碰撞。本章开始时的 ASA 的故事，

提供了与其他许多项目的明确的对比。1978 年，莎菲夸·乔杜里（Shafiqual 022
Choudhury）和他的合作者启动了 ASA，它作为一个小型草根组织，提供农村的法律援助和培训，希望提高农村家庭的社会意识。但在 1991 年，乔杜里和 ASA 分道扬镳。不再寄希望于提高意识，ASA 的领导者决定走一条道路来最快速地提高农村穷人的福利，方法是通过提供银行服务，而且银行服务是唯一的途径。ASA 精简的银行业模式赢利了，很大程度上是因为它自我施加的有限使命。

其他的机构和 ASA 在同样的地方起步，但对微型金融采取了更广义的态度。他们也注重商业成功，但它们的底线除了财务上收益，还包括医疗和教育成果的改善。与 ASA 相似，一些慈善组织，如 BRAC，天主教救济会，CARE，以及“免于饥饿”（Freedom from Hunger）组织成为主要的小额信贷提供者，它们的使命还包括改善卫生条件，赋予妇女权力，实现联合国“千年发展目标”中的目标（Littlefield， Morduch 和 Hashemi 2003）。拉丁美洲的*“扶持女性”组织*（Pro Mujer）就是一个典型案例。“扶持女性”组织在每周一次的银行为顾客举行的会议上增加关于健康主题的教育环节；它同时也提供为宫颈癌进行抹片检查和其他的基础医疗服务。“免于饥饿”组织的附属机构也提供健康教育，它们的评估显示了在母乳喂养、治疗幼儿疾病、以及完成的接种率方面的正面效果（相对于实验控制组）。孟加拉的 BRAC 或许是最充分实现了“整合”功能的供给者，它提供了金融服务，以及学校、法律培训、生产投入、帮助营销和商业计划。例如，如果你这些天在达卡，你可能买到“阿荣”牌子的巧克力牛奶，它由 BRAC 的乳制品营销联盟生产。一个不同的 BRAC 子公司生产由贫穷织工制造的“阿荣”牌纺织品，另一个子公司则经营手工艺品店，出售微型金融客户的产品。

由于有各式各样的机构，有大有小，有的在城市，有的在乡村，有的关注社会变迁，有的更注重金融发展，微型金融运动因此参与人口众多。如果关注社会变迁的项目低成本高效率地实现了目标，我们应关注它们运行的一部
分有没有补贴吗？我们应当关注为了获得财务上的成功，康帕多银行必须改 023
变非常高的利率吗——当一个研究发现它的借款人中大约 20% 平均起来比他们的邻居要更穷，它的绝大多数客户不比他们的邻居更穷（Zeller， Wollni 和 Shaban 2003）[29]？从“富人”顾客到“穷人”顾客的交叉补贴能够长期可持续

吗？不太清楚是否对每一个问题只有一个正确答案。众所周知，答案其实也简单：“普世”真理最终取决于一系列假设，需要去分解辨析。

我们在第 10 章会关注这些纠缠的假设中一个重要的主线。在那里，我们描述了设计“聪明的补贴”的可能性。这么做将意味着肯定机构提供好于现在能得到的品质服务，同时也高度关注复杂的激励、机构和员工的约束。是否这是有可能的，如果是，是否希望如此，这些争论在持续。引入一个更强的经济学框架将会使我们的理解更敏锐，在第 10 章我们分析了借贷实践中的权衡背后的概念，这一权衡是在最大化业务面的深度（如服务更多数目的贫穷顾客）和最大化业务面的广度（服务更多、但较不贫穷的客户）之间做出的。本书结尾转向对小额信贷商来说一个重要的实践问题：如何给予员工适当的激励，让他们承担经济和社会使命。在第 11 章，我们从代理理论和行为经济学中吸取教训，描述和挑战在优秀管理实践方面的传统智慧。

## 1.7 总结和结论

这一章为考察微型金融设定了一个背景。首先，我们问为什么需要“微型金融”？为什么现有市场无法很好解决既有问题？为什么当今的资本不自然地从富国流向穷国，从富人流向穷人？正如第 2 章将详述的，问题主要是市场失灵，缘于贫乏的信息，高昂的交易成本和执行合同的困难。

微型金融表明它自身就是这些问题的答案。它挑战了长期秉持的关于穷人
024 能获得什么、不能获得什么的假设，更宽泛地讲，展示了创新性合同和机构在低收入社区中改善境况的潜力。微型金融是对 20 世纪 60 年代兴起的开发银行的一个显著的改进，但在立即获得完全财务自立方面不清晰的“前景”说明离实现还差很远。我们的疑问是，是否应当首先有一个前景。我们描述了诸如墨西哥康帕多银行这样的机构，通过收取较高的利率，率先走上了商业化的道路。我们描述了孟加拉的 ASA，始终紧紧关注成本效益（因此能够保持利率相对较低），开始接近财务自足，同时保持了对社会目标的清晰认知。我们还描述了孟加拉的 BRAC 之类的机构，它们拥有拓展的使命，伴随着金融服务还提供学校、诊所和营销服务。它们也有一定的作用。贫困可以仅仅通过提供金融服务就能被最有效地削减吗？或者“补充性”服务的整合供给才能在一个合理的

成本上传输重要的额外收益?

宽广的视角将这一运动带到这么远、这么强了,还需要清晰的思路带领该运动走得更远。达到 1.75 亿人口(2015 年预期的参与者数目)是让人印象深的,但正如运动的领导者很快指出的,这仅仅是那些在可承受的利率水平上缺乏有效的和可信赖的金融服务的人口中的一小部分。全世界预计无法享受银行服务或享受不足的成人数目在 10 亿~ 20 亿之间。

展望未来,我们希望消释微型金融的“迷思”,重新回顾关于微型金融正在进展中的争论(特别是关于它如何运作的,哪些顾客可以被有赢利地服务,补贴的合适作用等)。在下面的章节中,我们将开启那些帮助我们评估迄今的经验的思想、框架的争论,并指出新方向和挑战。

## 1.8 练习

**1.** 微型金融在低收入国家传播得很快。但是,在相对高收入国家的贫困家庭同样缺少以合理价格获取金融服务的机会。为什么金融获取和约束在高低收入国家间不同?

**2.** 考察一下在纽约市的美国投资者。他试图多元化跨国资产组合。解释 025
为什么投资到肯尼亚或玻利维亚或许风险更大于投资在他自己的国家。把这个情景与一个商业银行的经理在他自己的国家决定借钱给高收入和低收入的人时面对的选择做对比。

**3.** 回忆资本边际回报的概念。当生产函数的形状是“便利的”凹,在决定对有钱的企业主和没钱的企业主收取什么利率时,这个概念因素怎么进入商业银行管理者的决策的?给出两种可信的场景,在这里对有钱和没钱的企业主的利率标准的预测都不再适用。基于这两个例子,解释为什么资本边际回报可能对有钱的企业主高,而对没钱的企业主低?

**4.** 举个例子,一个穷人没有抵押,因此无法从标准的商业银行贷款。金融排斥和道德风险在这个例子中有什么联系?画一个图,展示当潜在借款人缺乏用作抵押的资产来从标准的商业银行获得贷款时信贷市场是如何无效的。

**5.** 资本边际回报率递减的原理在现实中不一定总成立。基于这个原理的主要假设,解释为什么这是对的。对边际回报递减原理的违背如何与贫困陷阱的存在相联系？

**6.** 考察一个代表性企业主的典型的索罗模型。他的生产函数是 $y=A(k)k^{\alpha}$。他的储蓄率是 $s$，资本是 $k$，折旧率是 $\delta$，$A(k)$ 是生产率参数，由下面给出：

$$\begin{cases} A=A_1 & if \quad k \leqslant k' \\ A=A_2 & if \quad k>k' \end{cases}$$

其中，$A_1<<A_2$，且 $A_1<k^{1-\alpha}\dfrac{\delta}{s}<A_2$。不考虑资本的密集使用与高生产率水平相关联，展示对该企业主而言的两个稳态。解释为什么在这个情景的初始阶段，贫穷的潜在企业主可能掉进贫困陷阱。信贷市场如何帮助穷人企业主从陷进中出来？

026 **7.** 一个企业主有一个赢利项目，但他不确定到哪去实现它。他可以在俄国实施，在那里发生政治动乱的风险概率为 0.5。如果没有政治动乱，企业主的项目将会获得 200 欧元回报；如果有政治动乱，企业主什么也得不到。同样一个项目也可以在比利时开展，在这里企业主肯定可以得到 110 欧元的回报。企业主加是风险中性的。假定项目在任何国家成本都一样，企业主自身的唯一动机就是最大化预期利润。他将会投资到哪一个国家呢？简要解释你的答案。

**8.** 如在 1.3 节中讨论的，国有的农村信用合作社没有成功实现它们的目标。考察这样一个机构，假定信用供给无弹性，机构以受补贴的利率去贷款。简要讨论补贴信贷的潜在的负面结果：（a）信贷配给的效率，（b）偿还率。（你可以使用图来使讨论更有说服力。）

**9.** 假定你生活在一个低收入的社区，政府希望帮助你，给你以年利率 6% 的补贴利率贷款 120 美元的权利。解释下列两个策略你会选择哪一个，为什么：（1）投资 120 美元到家庭的生意中，获得 15% 的年收益，成本是 16 美元；（2）把钱存到本地商业银行，年利率为 2.5%。这个关于为帮助穷人做生意而设计政府干预的简单数学练习揭示了什么？

**10.** 一个银行被政府补贴。它贷出的每 1000 美元贷款，就会收到 200 美元补贴。银行的管理者考虑贷出 1000 美元给 2 个潜在的借款人。借款人 A 承诺他给银行用这笔贷款投资获益的 50%，而借款人 B 承诺只有他利润的 10%。但 A 获得毛收益 1200 美元的概率是 0.8，获得零收益的概率为 0.2，但 B 可以确定性地获得 1100 美元的毛收益。

a. 这两个项目中，哪一个更有社会效率，为什么？

b. 哪一个潜在借款人将会是管理者选择给予资助的，如果他的目标是最大化预期利润？为什么？

c. 比较问题（a）和（b）你的答案，简要解释关于政府干预信贷市场， 027
这个简单的数学练习揭示了什么？

**11.** 一个微型金融机构收取利率方法接近非正规的放债人收取的利率。为什么机构提供了社会效益，即使它收取的利率相对那些商业银行要高？你需要获得什么样的信息来评价是否这个机构的定价策略是社会最优的？

# 第2章



# 为什么干预信贷市场?

## 2.1 引言

世界各地的政策制定者都积极尝试改善贫困地区的金融市场状况，但结果 029
往往令人失望。正如第 1.3 节所强调的，由于国有开发银行不善于管理资源，另外利率管制政策也限制了银行在贫困地区的可持续运营，因此政府的良好愿望一再落空。在此背景下，微型金融作为一个特别有前景的方式，可以让我们重新思考如何为穷人提供金融服务。

评估早期经验的成功与失败——更重要的是考虑不断更新的理念和创新——需要对干预的目标有着清晰的认识。政策制定者和实践者们往往会跳过这个起始步骤，仓促地开始实施新项目。诚如我们所指出的，其导致的最终结果就是一直没有解决类似于是否应该干预信贷市场等这类最基本的问题。我们相信，设计合理的干预政策有利于市场发展，本章将分析其中的原因。更一般地说，我们的目标是，当考虑微型金融为何及何时有效运作（或失效）等问题的时候，我们有可使用的明确原则。为了有助于回答这些问题，第 2.3 节和第 2.4 节描述了金融市场失灵的一般原因。

当市场失灵的时候，勤奋的企业家不能获得业务经营所需的全部资本。因此，他们可能被迫转向雇佣更多劳动，或者继续留在传统农业中，或者是采取不那么可取的、低利润的其他生产方式。Paulson 和 Townsend（2004）尝试去了解什么样的人会成为一名企业家及其内在驱动因素。在调查了位于泰国中部和东北部农村和城乡结合部 2880 个家庭之后，Paulson 和 Townsend 发现样本
家庭都具有很浓厚的创业兴趣。作者指出特别有趣的情况是，三分之一的样本 030
家庭希望改变职业，而在想改变职业的家庭中，多数都希望通过创业经营生意。但是，这些家庭无法创业的原因则在于他们不具备必要的创业资金。在已经创业的家庭中，54% 的家庭则认为，如果能扩大规模，他们的生意将更加有利可图。当被问及他们为什么不抓住这类有利可图的机会时，56% 的家庭答案则是

因为缺乏足够的资金。由此可见，无论是新企业的发展，还是现有企业的运作，似乎都受到融资约束的影响。

在研究样本中，企业主的平均年收入比非企业主高三倍，该证据表明了融资约束存在的成本。当然，企业经营者可能需要比非企业经营者具备更多的相关技能。如果是这样，那么刚才的比较过度夸大了具备社会平均技能水平的个人由务农转向经商将获得的收入。但是泰国的数据足以衡量才能这一因素，Paulson 和 Townsend 发现，即使考虑了创业能力，较贫穷的家庭仍然不太愿意开始新的生意。因此他们论证说，收入差别不能完全由才能差别进行解释，信贷配给是剩下的主要解释因素。原则上，像泰国农业与农业合作社银行（BAAC）这样的微型金融提供者，事实上在扩大有才能穷人的发展机会等方面发挥了关键作用。

因此，关于直接衡量融资约束的研究促进了微型金融运动的发展[1]。对于一部分人来说，仅仅知道放债人收取的高利率就足以使他们呼吁：“必须采取行动！”但我们却认为，仅仅看到非正规部门的高利率是不够的。相反，决定微型金融是否应该存在的一个重要基础则是要求我们理解诸如以下问题：市场如何运作？非正规部门如何弥补资金缺口？市场和非正规部门在什么环境下会以何种方式失效？本章将介绍信贷市场干预的理由、市场失灵的常见根源以及诸如改进相关问题的简单的可能性措施。

第 2.2 节研究了一个不存在微型金融的经济体的基本状况。特别是，我们将描述放债人及其相关行为的证据。由于微型金融存在的一个重要理由是它有利于改善现状，所以我们将首先评估非正规信贷现存的图景。放债人放贷真是
031 剥削吗？将他们排挤出市场是会让事情变得更好还是更坏？为什么微型金融看起来可以做得更好些？

我们关注于分析两个方面的问题，即产出的效率和资源公平分配的影响。第 2.3 节和第 2.4 节转向分析商业银行在低收入社区放贷所面临的问题。尽管值得指出的是，商业银行并非在这些社区提供持续的服务，但它仍是我们所描绘的现有金融图景的一部分。对逆向选择（第 2.3 节）和道德风险（第 2.4 节）的基本分析为我们提供了两个重要案例，由此可以较好的理解正规商业金融机构在为低收入社区提供服务所面临的困难。我们通过代数和数值例子论证了以

上观点。我们在第 4 章利用了相同的分析框架，研究了微型金融发挥效用的相关机制。多数论证即使没有数学也清晰易懂，但我们使用数学分析工具则是为了推算出那些不太明显的结论。

在存在逆向选择和道德风险的情况下，提高利率可能会使贷款激励问题恶化。这反过来又将减少那些为贫困社区提供服务的银行的利润，由此制约了银行试图进一步扩大服务的力度。假如不推行保持良好激励机制的相关措施——例如，提供微型金融合同——那么商业银行避免进入那些抵押品缺乏、营业成本高昂的区域的行为也就不难理解了。在谈论小额贷款合同之前，第 2.5 节和 2.6 节描绘了非正规部门放债人与正规部门的商业银行发展成为潜在利益联盟的可能前景。

## 2.2 干预的理论基础

不难理解为什么放债人放贷被视为剥削行为：一方面，他们的客户通常很
贫穷，并且几乎没有其他获得资金的选择；另一方面，他们的利率却通常比正
规银行部门的利率水平要高很多。放债人就惯常地就被描述为全方位地压榨穷
人的剥削性垄断者。而穷人，则被视作是被逼迫支付令人绝望的高利率的受害
方。这种敌意性的描述事实上有着深厚的历史渊源。在古巴比伦，汉穆拉比法
典容忍放贷收息，但是在古希腊和古罗马——包括柏拉图和亚里士多德——则
猛烈抨击放债人并对放贷收息行为进行严厉打击（Vermeersch 1912）。《古兰经》
则明确禁止收息行为，而《旧约》的表述则是模糊不清。尽管中世纪的法律法 032
规对放债行为采取了比较强硬的反对姿态（犹太人是一个例外），但是《新约》
对这个话题却没有发表任何看法。在古印度，放贷行为是允许的，但是早期的
印度教经文则规定要根据借款人所处的种姓等级决定利率水平高低，年利率范
围从婆罗门的 2% 到普通贸易商人的 60% 不等（Reddy 1999）[2]。

如今观察家们仍旧极其担忧高利率现象。例如，在靠近印度旁遮普省阿姆利则地区的一个小村庄，Singh （1968）对七位放债人的调查发现，他们收取的年化利率在 134% 到 159% 之间，远高于商业银行的利率水平。Siamwalla，Pinthong，Poapongsakorn 等（1990）在泰国的研究发现，典型非正规部门的年利率都为 60%（与此相对应，BAAC 的年利率为 12% ～ 14%）。Siamwall

等人还报告说某些泰国落后地区的年利率甚至高达 120%。在巴基斯坦一个叫 Chambar 的集镇，Aleem（1990）的研究发现利率水平在 18% 到 200% 之间波动，其中年平均利率在略低于 70% 的水平；而与此同时，该区域的商业银行仅收取 12% 的年贷款利率。在加纳、马拉维、尼日利亚和坦桑尼亚，Steel，Aryeetey 和 Hettige 等（1997）的研究发现，放债人的利率至少比正规部门利率水平高 50%。

在如今的低收入社区中，放债人是金融体系的重要组成部分之一，与之相伴随的则是关于放债人角色的无尽争论[3]。微型金融的主要目的之一就是推动新的创业，推广新的实践。放债人的行为则被指责为与微型金融的目的背道而驰。例如，Bhaduri （1973） 指出，在印度某些地区放债人同时扮演着地主的角色，而该地区农业技术进步停滞则都拜放债人—地主的双重身份所赐。作为放债人的地主，其往往不鼓励贫穷的农民采用新技术，因为这样会使农民变得更为富有，从而减少对贷款的需求。Bhaduri 认为，只有使农民永远地背负债务，放债人才能加强自身的议价能力，从而能更好的压榨借债的农民[4]。根据以上观点，因为放债人具备垄断力量，并且这种力量在潜在竞争者缺乏必要的信息和途径打入本地市场的背景下受到进一步“保护”，因此，放债人通过放债进行剥削是可能的。以上说法不绝于耳，而消灭“剥削性放债人”几乎就成了印度和其他发展中国家信贷市场发展战略的中心目标（参见 RBI， 引自 Bell 1990）。

033 但事情并非如此简单。如果放债人提供了有价值且独特的服务或金融产品，对于村民来说，消灭放债人只会使事情变得更加糟糕。毕竟，放债人之所以能够收取高利率，正是因为“一个愿宰，一个愿挨”。而且，高利率在很大程度上也反映了放贷业务的高成本（例如，筛选借款人、监督贷款用途以及执行还款条约等关联的一系列成本）。尤其是在潜在借款人无法提供有效抵押品、法律约束机制又很不完善的情况下，以上成本可能还相当巨大。根据 Braverman 和 Guasch （1989）的估计，管理费用几乎占据了小额贷款规模的 15% 到 40% 的比重[5]。

因此，如何界定对信贷市场干预的合理性呢？对于经济学家来说，市场的两方面特征往往高于其他一切——产出效率和资源配置。第一个问题涉及“蛋糕有多大”，而第二个问题则是关于“如何分配蛋糕”。理解以上两者并做出是否干预的决定则要求我们对成本结构和市场本质有一个清晰的估计；而放债人的存在则远不够作为是否干预的依据。

**2.2.1 效率**

以下我们来分析生产性贷款的情况。如果村民想购买缝纫机来经营小型的裁缝生意，但是效率最大化并不意味着村子里的每个人都应该有机会获得贷款[6]。相反，只有那些最具备生产力的村民才应该得到有限的信贷机会；那些不具备发展前景的人应该被排除在信贷资源之外（如果效率是唯一的标准）。具体而言，只有当（且仅当）预期回报高于资金成本之时，所有的村民才会被给予购买缝纫机的机会。

想象一下，银行每年为了获得1美元的资金必须花费20美分的服务费用（也就是说，银行每年必须为了1美元的存款，要给储蓄者支付10美分的存款利息，而银行还得为这1美元的资金花费10美分的管理费用）；那么贷款只会被发放给那些投资回报率达到20%以上的资金需求方[7]。通过这种方式，经济体中产生的资金总量不断扩大了；即蛋糕做大了。相反，如果将钱借给那些只能产生15%回报的人，那么只会使蛋糕变得越来越小。

我们可以轻松地扩展上述想法以进行风险管理。到目前为止，我们都假设借款人的投资回报率是确定的。但是，更典型的情况是投资回报可能时高时低，
且大多数情况是介于两者之间。在前一种情况，我们一般只希望借钱给那些预 034
期收益大于20%的人。例如，潜在借款人在75%的时间里收益为每美元40美分，在25%的时间里收益为零，那么他们的期望收益为每美元获利30美分（75%×0.4美元＋25%×0美元）。由于资金成本仅为20%，因此借款人应该获得信贷资金。当然这仅仅是事先效率（ex ante），必须牢记的是所有决定都是在知道投资的实际结果之前做出的。假如借款人仅仅在一半的时间里能创造正的利润，事先效率仍旧存在，借款人仍旧能获得信贷资金（50%×0.4美元＋50%×0美元=0.2美元）。但是如果假定的成功率低于50%，即资金成本高于期望收益，那么就不再存在借钱的事先效率。

无论垄断的放债人是否存在剥削行为，他们的离场无疑将导致低效率的产生。以信贷市场为例，垄断者可以收取远远高于他们资金边际成本的利息（我

们仍假设一美元每年的利息是 20 美分）。因此，垄断者将不是收取 20% 的利息率（作为一家竞争性银行所该收取的水平），而是可能限制贷款的数量，并且向所有的借款人收取 100% 的高额利息；其余 80% 的收益则流入了放债人自己的腰包。如果是这种情况，那么只有极有生产能力的村民才能承担得起这笔借款的成本；一系列其他具备投资价值的项目则可能得不到资金[8]。相比较于无垄断情况下可能的潜在蛋糕大小，存在垄断者条件下的蛋糕事实上是缩小了。

高利率就意味着垄断和低效率吗？仅仅看到 100% 的利率水平并不意味着放债人是垄断的；也有可能这个利率水平真实地反映了放债人获得资金、办理生意、监督客户和应对风险的成本。当违约率很高，放债人可能要比在低违约率情况收取更高的利息。如果是这种情况，并且如果放债人是村民唯一可能的资金来源，那么把钱借给最有生产力的村民将极大地提升效率。

Adams（1984）认为事情确实如下所述：农村信贷市场的竞争性远比通常想象的要激烈，他引用的研究也表明放债人是根据交易成本和相关风险收取利息。如果 Adams 是正确的，且存在真正的竞争性市场，那么微型金融提供者
035 除非比放债人有着更低的成本，否则其对于改善信贷获取途径没有丝毫帮助。更糟糕的是，如果微型金融提供者接受不适当的资助，那么他们则可能排挤放债人，从而从整体上恶化贫困家庭获取金融服务的环境：善意的愿望往往会产生有害的后果（Adams 和 von Pischke，1992）。由此可见，对有关放债人和市场结构问题争论的梳理，将直接影响到支持微型金融是否改进效率这一问题的判断。

通过一个广为引用的假设例子，Bottomley （1975）论证了放债人的利率是在较可信的竞争条件下形成的；而 Basu（1997）则沿着以上思路研究比较了两类放债人的行为。假设存在两类放债人，一类在城市，另一类在农村。在不考虑交易成本和资金成本的假设条件下，竞争性市场的竞争力量将迫使两类不同放债人的期望收益趋于相等。第一类债主向可靠的城市客户收取每年 10% 的利息率，该客户违约率为零；因此放债人获得了 10% 的期望收益率。第二类债主预期其一半客户将违约。他的期望净收益率为［（1+ 利率）×（1− 违约概率）−1］。为了能获得与第一类债主相同的收益率，即（1+120%）×（1−50%）−1=10%，第二类债主必须收取至少每年 120% 的利息率。因此，在违约

率很高的情况下，债主收取高利率就不能被看作剥削性的行为（换个角度看，这个例子也表明，必须要以 50% 的违约率才足以解释 120% 的利息率设定）。

这个特征化的例子依赖于一个假设，那就是放债人无法从违约者那里获得任何弥补，并且也忽略了机会成本和交易成本。我们需要具体数据来化解争论。一系列严谨的案例研究表明，任何地方的典型违约率都不会接近 50%，但是交易成本和机会成本却很高。Singh（1968）的研究发现，放债人的 45 笔交易案例只有 1 笔发生全额损失，而在其他情况下基本获得了补偿。在所有情况中，29 笔交易的利息受到了部分损失，但这仅能解释整体利率收取的 23% ~ 43%。在巴基斯坦，Aleem （1990） 同样认为，贷款和利息并不总是按时支付，因此真正的成本问题往往不是全额的资金损失，而是为了追回资金所拖延的数月时间成本。与 Aleem 一致， Collins， Morduch， Rutherford 等（2009， 第 5 章）的研究发现，贷款的协议价格和实际支付价格之间差异很大——但不管是什么都高。研究人员发现，在南非农村的单月消费贷款样本中，执行的协议利率为月利 30%，但许多贷款往往到月底无法准时归还，到那时利息不会进行 036
复合计算或者延长支付。分析表明，对于那些 3 个月后无法准时归还贷款的消费者而言，这些贷款的有效利率就降到了月利 8% 左右。因此与贷款实际违约一样，是否及时还款也是决定放款人风险的重要因素。在加纳的一个调查表明，70% ~ 80% 的非正规放债人在 1990 年和 1991 年有着较完美的贷款回收率。而在尼日利亚，尽管有着 14% 的拖欠率，但放债人都对三个月之内到期的贷款回收有着非常高的信心（Steel 等，1997）。Bottomley （1975）和 Basu （1997）的分析并不能与这些数据保持完全一致。

Singh 认为，高利率主要是由于高机会成本，而不是垄断利润或高违约率。他认为，由于资金稀缺，如果放债人直接把钱投资于农业企业，他们将获得平均每年 77% 的净回报率。一旦贷款分销成本增加了（例如，14 ~ 31 个百分点），那么剩余的所谓“垄断利润”就仅只有 9 个百分点了。这显然与剥削相去甚远，但却更加合乎“机会成本”的解释。放债人对他们自己农业投资所期待的高年度回报率（77%）可能部分地归因于垄断利润（因为资金普遍稀缺）。此外，如果借款人的这些资金用于农业投资，那么他们必须能够获得两倍于放债人规定的贷款利息率，即平均年回报率 143%。在 Singh 的样本里，借款人借钱都是为了消费需求（尤其往往是在危急时刻），而不是为了生产而融通资金，这种现象的出现也就不足为奇了。市场结构是一个更大的问题。Adams （1984） 认为，由于当地人可以相对比较自由的进入（如果不是外面的银行），因此市场是存在竞争的。验证该论断合理性的一个简单方法就是检查是否由于新资金的进入而导致了利息率的降低（假如真正的竞争市场就应该如此）。Siamwalla 等（1990） 在泰国的测试发现，没有证据表明非正规部门的利率存在走低的迹象。

Aleem（1990）指出，明显的困惑可能来自于“自由进入”和“竞争”的错位组合（conflation）。例如，在巴基斯坦的 Chambar 市场允许自由进入，但市场结构似乎更类似于“垄断竞争”而不是完全竞争[9]。在垄断竞争的情况下，
037 放债人在细分市场运作，经营整个市场中的很小一部分份额。基于地理区位等的专业化造就了放债人区域垄断的特性，并且允许他们在短期内可以获得更多利润。与此同时，由于市场允许自由进入，因此长期来说放债人很难维持利润。更进一步，Aleem 认为仅仅考虑平均成本远不足以刻画事情的全貌。在一个真正的竞争性市场，利息率将被推动下降到贷款的边际成本水平。也就是说，一个额外的 100 卢比贷款，一般低于平均成本。

在 Aleem 的样本中，利率的平均水平为 79%，而平均成本（在考虑了风险、机会成本和交易成本之后）也在 79% 左右。Aleem 估计，额外的 100 卢比的贷款成本尽管大约是 48%，但这低于平均成本水平。Steel 等（1997）基于加纳、马拉维、尼日利亚和坦桑尼亚放债调查的证据表明，贷款的平均成本远高于边际成本。在非洲受访的放债人当中，其发生的费用大部分都涉及对客户的贷前审查。一旦贷前审查是严谨有效的，那么进一步贷款的管理费用——放贷边际成本的最大部分——就变得很小了（仅为贷款总额的 0.6%~3.2%）。在完全竞争的市场下，利息率应该下降到与边际成本相等，但显然在上述案例中并未发生理论所预测的结果。

事实上，垄断竞争的特点之一是边际成本低于平均成本，而另一个特点则是平均成本与利息率相匹配且内部人士进入市场相对自由。在 Chambar 市场，Aleem 所描述的是一种众多放债人服务较少客户的情况。由于不存在规模报酬，因此导致了利息率居高不下，放债人也很难回收贷款的固定成本。尽管没有 Bhaduri （1977）所强调的那种剥削的证据，但市场存在无效率，并且至少在

原则上，干预可能会使蛋糕做得更大。

Robinson（2001，170–171）认为，“如果多数非正式放债可以由一种垄断竞争的形式解释，那么可以认为，银行可以经济有效地获得有关借款人的可靠信息，而这些信息在规模上将远远大于非正规放债人所能得到的。”究其原因，她认为是由于放债人只能对自己所处那部分细分市场有真正了解（相比于放债人可以轻易的获得本地市场信息这一说法）。从另一方面说，微型金融机构旨 038
在为大规模的客户群服务，推动消除阻碍更多资源进入本地市场的现有障碍。

在结束本小节讨论之前，我们将再次对 Adams（1984）的研究进行评论。让我们接受——为了便于讨论——这样一个假设，即放债人出借 1 美元确实将花费额外 1 美元的成本。显然，放债人可以通过收取 100% 的利息率实现盈亏平衡，在这种情况下他确实不能被认为是一个贪婪的垄断者；而仅仅是一个勉强维持的勤奋的企业家。但是如果人们认为干预将无法改善效率，那么随后的疑问就是：与什么相比才*算是* 有效率，而不仅仅是局限于当下事态。假如一家小额贷款机构能够找到新的方式给同样的村民贷款，而仅仅收取 25%、50% 或者 75% 的利率，那么效率也是改进了：更多的项目获得了资金，忙碌的放债人也可以在进步的名义下歇业了。一个可以展望的前景是，微型金融确实可以比现状做得更好。

**2.2.2 分配**

分配是另外一个重要主题。从历史的观点看，经济学家们往往假设，公平分配目标的实现和资源的有效配置之间往往存在一个此消彼长的取舍关系——最近社会主义经济的持续衰退就是一个最显著的例子。但是在一个金融市场有限竞争的环境下，不见得非要存在一个取舍：扩大金融服务的受益面将不仅增加了穷人的机会，而且也提高了整体生产效率[10]。

不平等的来源之一就是基于人种、性别、少数族裔、社会阶级或宗教的歧视。与在劳动力市场一样，这种歧视在信贷市场的表现也十分明显。当市场具备垄断特征的时候，一个可能的缺陷就是市场的“自我约束”特性将更加受到限制。假如受排斥的是具备投资价值但又无法获得资金的投资项目，那么消除歧视将产生一个更为公正的社会——而且可能是一个更为富裕的社会。

原则上，将享受特权的家庭的资源转移出来用于补贴受金融排斥的家庭，这样能同时改善平等与效率。但是，正如第 1 章所描述的，政策制定者在这个问题上需要格外谨慎。正如部分接受补贴的大型国有银行的经历所显示的，一
039 些表面上有利于穷人的信贷市场干预政策是如此无效率，以至于最终每一个人都会受到损害。

本书上下文中可能存在关于效率和分配问题结论截然相反的讨论。为了看到这一点，让我们再来分析垄断的放债人。之前我们隐含地假设，放债人对所有借款人收取相同的利息率。债主为了最大化自身收益，将控制贷款发放，从而推高当地市场平均利率。由于资本数量受到限制，其结果将导致低效率。但是考虑另外一个案例，其中精明的债主能够根据借款人的不同类型而完美地调整利率水平[11]。在这种情况下，债主不会限制数量以支撑价格。相反，债主将投放出“高效率”的贷款数量，并收取能获取客户所有“消费者剩余”的利率。精明的放债人一般会将利率提高到这么一种临界点水平，即任何一个客户都处在可借与可不借的状态之间；然后债主就会通过一个小幅度的降息促使客户借款。由于汲取了所有借款人的收益，因此这个策略使放债人的剥削潜力得到了最大化。但需要注意的是，严格意义上说这种行为并非“无效率”。如果所有生产性的借款人都获得了充足的信贷资金，那么最成功的事实上是放债人——只要债主能够抓住上述收益。虽然蛋糕做大了，但借款人的份额却萎缩了。其寓意在于，即使是完全有效的非正规市场，也可以通过有利于穷人的措施改进效率。

不断涌现的现象正显示出微型金融在扶贫方面的重要影响。我们在第 10 章关于补贴的章节中将继续讨论公平和分配的相关问题。本章余下的内容将关注于正规银行部门在贫困地区放贷传统上所存在的问题，而效率则是我们最关心的问题。

## 2.3 代理问题

现代经济学在理解经济生活中无处不在的所谓代理问题上取得了巨大进步。考虑存在一个借款人和一个放债人的情形。如果借款人有一个项目，但却缺乏资金；她必须要向放债人借钱。在这里，代理问题就是指放债人缺乏能力去了解借款人的特征（例如项目的风险）、努力程度以及项目利润。这些信息

问题导致了低效率，而微型金融却可以作为试图克服以上缺陷的一种尝试。在 040
这种情况下，问题的核心就在于如何处理一个“委托人”（即放债人）及与其业务往来的一个“代理人”（借款人）之间的关系。

往往信息问题会在三个不同阶段出现。首先，在发放贷款之前，放债人可能对借款人情况的可靠信息知之甚少。虽然有时信贷员针对借款人周围情况的迅速侦查可能会获得所需的信息，但更多的时候关于借款人必要的背景研究的成本是极其高昂的。较好的信息可以防止放债人在没有充分考虑潜在风险的情况下将贷款错误地发放给“低质量”的借款人。其次，一旦贷款被批准后，放债人也无法完全知道借款人会如何使用这些资金。借款人会努力工作以保证这笔投资获得成功吗？相比较于完全自我融资的情形，贷款是不是会导致借款人不那么努力的工作？再次，在投资回报已经实现的情况下，放债人也可能会无法确定回报的规模大小。即使事实上投资已经获得高额利润，但如果借款人却骗称自己的运气并不好。尤其是在以下我们所讨论的存在有限责任的情况下，借款人的这种行为是一个非常有利可图的决策（那么他就可以申请暂缓归还贷款）。获得借款人真实利润的信息将使放债人能够要求获得全额还款，并且通过制裁以进一步防止借款人未来不良行为的发生。

上述存在的代理问题是导致农村经济中正规信贷机构缺失的主要原因。当个人无法提供合格的抵押品之时，这些问题就变得更加突出了；而法律执行机制的不完善则将进一步推高交易成本。以下我们将描述商业银行所面对的这些典型性问题，而在第4章和第5章我们将讨论微型金融针对以上问题的解决方案。

### 2.3.1 有限责任

由于传统的商业银行并非出自于它们准备服务的社区，因此其在开展业务的时候将面临一系列问题。客户对外来的银行缺乏固有的忠诚度，而贷款银行则无法掌握充足的客户资料信息。因此，传统的银行倾向于要求贷款抵押品：“没有抵押，就不办业务。”在微型金融到来之前，这往往就意味着“没有业务”。传统银行面临着两大问题：一方面，它们在贫困地区缺乏可靠且低成本的机制
去投放信贷资金，进而实现赢利；另一方面，他们往往拥有充足的可用于放贷 041
的资金。De Soto（2000）认为，从根本上解决以上问题的途径在于建立正式的土地产权和明晰的财产所有权，从而使穷人能更容易地提供抵押品[12]。

但即使有更清晰的产权，由于社会和法律的原因，放债人仍可能难以从穷人那里获得抵押资产。例如，Steel 等（1997，822）在对非洲的调查中发现，“相较于银行，地主放债人似乎能更容易有效利用被抵押的农田”。由于从贫穷家庭那里拿取资源与多数微型金融银行扶贫的使命相矛盾，因此他们从穷人那获取资产就显得更加困难。而且这种行为也可能会遭遇社区成员的激烈反对。因此，即使赤贫家庭具备拥有足够抵押品的可能性——并且他们也有使用该资产为贷款提供抵押保护的意愿——但银行却仍对这些家庭持非常谨慎的态度。

在秘鲁，Field 和 Torero （2006）发现，一场政府大规模的产权运动对信贷扩张产生了限制性影响，这可能是因为这场运动事实上降低了银行对获取财产的信心。该研究指出，大量经验证据表明拥有产权的个人在贷款违约时对失去财产表现出*更少*的恐惧。Field 和 Torero （2006）认为，“产权运动在降低信贷抑制方面失败的一个可能原因是由于他们不可避免地对放债人提供了以下暗示，即政府将优先保障穷人住房，并且在执行信贷和约上将更可能站在借款方一边。”

在后面的分析中，我们将假定责任是有限的：借款人无法支付比他们当前收入更多的财富。因此，微型金融的任务就是解决信息问题或寻找弥补借款人抵押不足的机制——或者以上两者兼而有之。

### 2.3.2 逆向选择

我们首先分析在合同安排发生之前发生的代理问题，即所谓的“逆向选择”问题。Stiglitz 和 Weiss （1981）开创性地分析了在银行对借款人项目缺乏优质信息的情况下所发生的一系列逆向选择模型。他们认为，银行由此将很难甄别出存在风险的借款人，从而导致了极高利率的出现。这样的利率反过来又使正常的借款人被驱除出信贷市场。正常的借款人参与市场是符合效率标准的，但他们事实上却没有参与到借贷市场中来，因此市场是“不完美的”。这种不完
042 美程度由于有限责任而被进一步放大了。值得指出的是，我们当前关注的是借款人天生的风险偏好，比如一些人可能会更加谨慎、更加保守或者更好地被投保了。另外一些人则可能更偏好冒险，可能缺乏自律，或者可能面临竞争性的资金需求。当在 2.4 节中讨论道德风险的时候，我们将考虑借款人采取某类行动的情况，这些行动将直接影响到他们偿还贷款的风险程度。

我们用一个简单的例子解释逆向选择问题。考虑一个由寻求自身利益最大化的个体所构成的经济体。每个个体在每一期可投资 1 美元。个体自身不拥有财富，因此他们需要通过借贷才能进行项目投资。假定潜在借款人是异质的：可能是天生的“安全型”或“风险型”个体。一个安全型借款人投资 1 美元将获得确定收益 $\underline{y}$。一个风险型的借款人投资 1 美元将获得概率为 $p$ 的收益 $\bar{y}$，其中 $0<p<1$。当他们足够幸运的时候，风险型借款人将比安全型借款人获得更高的收益。但是当风险型借款人不够幸运的时候（当相伴概率 $1-p$ 发生时），他们将获得零收益并难以偿还贷款。为了分析的简便，我们假设两种类型借款人有着相同的期望收益；也就是说，我们认为风险型借款人将比安全型借款人做得更好（$\bar{y}=\underline{y}$）；而当风险回报调整到一定程度之后（$p\bar{y}=\underline{y}$），两类借款人将做得一样好[13]。

假设放债人是一家致力于收支平衡的竞争性银行。这个假设可以使我们聚焦于那些由于信息和抵押品缺乏而导致的难题，而不必再考虑垄断问题。在竞争条件下，银行维持经营至少要覆盖其总成本。令每单位贷款成本为 $k$，该成本包括从存款人或捐赠机构获得资金的所有成本：由于银行不仅要核算贷款本金，而且还要承担交易成本和对存款人、捐赠机构、商业银行以及其他提供资金方的利息支出，因此，对于每 1 美元贷款，$k$ 将大于 1 美元。如果借款人产出的最小值仍高于资金的总成本（即 $\underline{y}>k$ 和 $p\bar{y}>k$），那么任何类型的借款人的预期的投资仍将是有效率的。我们可以发现，假如所有人都是安全型的，所有人总会及时归还贷款，那么竞争性银行将把本息准确地设定在等于 $k$ 的水平；如此也就没有了风险，并且竞争压力将促使银行将利率逐渐降低到边际成本的水平。在这个利率水平上，银行仅仅实现了收支平衡而借款人则保证了一个 043
（$\underline{y}-k$）的净利润水平。

当我们考虑冒险型借款人时，事情将变得更为复杂。当冒险型借款人也申请贷款，银行将对他们收取高于 $k$ 的利率，以更好的抵补额外增加的风险。问题的复杂性起源于银行在放贷之前不能很好的辨别借款人的风险类型。如果放债人仅仅知道安全型放债人的贷款申请比例为 $q$，而冒险型放债人的比例则为（$1-q$），那么银行实现收支平衡的总利率水平将从 $k$ 上升至 $R_b$。

现在我们将计算出 $R_b$ 到底是多少——以及它的具体经济含义。对于银行来说，其希望能够覆盖成本，即计算出它要执行的总利率 $R_b$，从而可以使对风险未知类型的贷款产出期望回报精确地等于 $k$，银行资金的总成本为：［$q+(1-q)p$］$R_b=k$。转换等式，我们发现银行意欲实现收支平衡的总利率为：

$$R_b=k/[q+(1-q)p] \quad (2.1)$$

经过一些代数运算，新的收支平衡下的利率 $R_b$ 将比原有的利率 $k$ 大 $A$，其中 $A=[k(1-q)(1-p)]/[q+(1-q)p]$，因此我们可以简写为 $R_b=k+A$。现在，无论是安全型还是冒险型的所有借款人，由于银行难以分辨其风险类型，因此必须支付更高的的利息率。

由于冒险型借款人的存在，进而导致银行提高利率的现象并不令人惊讶。问题是 $R_b$ 可能升得过高以至于安全型借款人不再愿意申请贷款，由此导致了市场无效率的出现。根据假设，冒险型和安全型借款人都持有有价值的项目，在最理想的情况下，他们都应该获得贷款资金。但是，银行的账户盈亏却面临

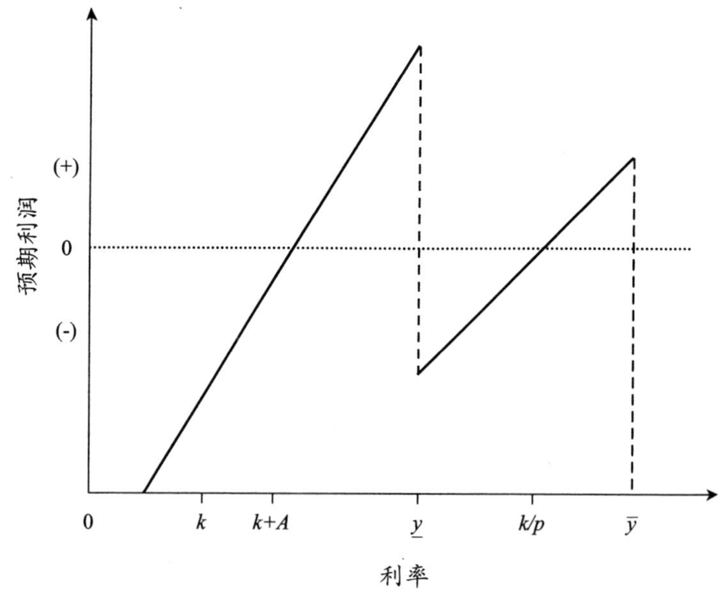


图 2.1　逆向选择的例子（a）。当本息介于 $k+A$ 和 $\underline{y}$ 之间时，银行能够赢利，而安全型和风险型借款人都有借款的意愿。一旦本息上升至 $\underline{y}$ 的水平，安全型借款人就会选择离开信贷市场，进而也导致银行出现亏损。当本息被推升至 $k/p$，银行能够再次赢利，但却只能为风险型借款人提供服务了。在本息超过 $\bar{y}$ 水平时，即使风险型借款人也会离开信贷市场。

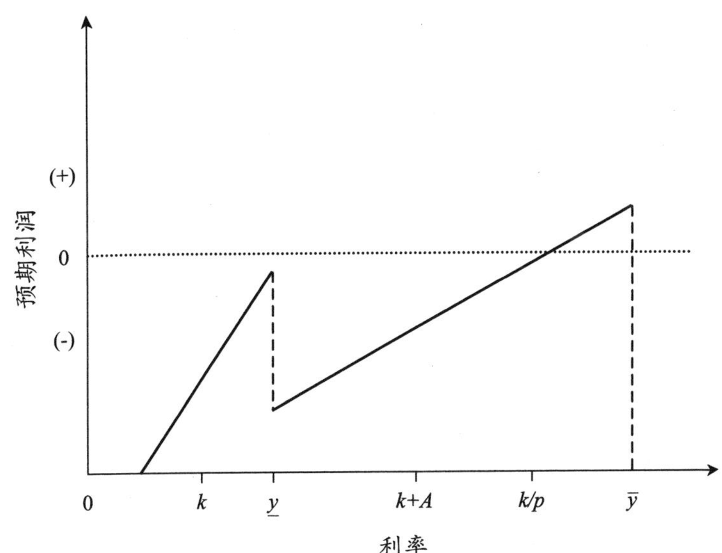


图 2.2　逆向选择的例子（b）。在这里，“风险型”借款人比图 2.1 种的例（a）有着更高的风险。现在那些存在盈亏平衡目标的银行将再也不会为“安全型”借款人提供服务了（因为即使当本息为 $\underline{y}$，利润仍旧是负值）。银行必须将本息提高到 $k/p$ 才能获利，但在这个资金价格水平上银行只能吸引风险型借款人。当本息上升到 $\bar{y}$ 之上时，风险型借款人也会离开市场。

难题，因为缺乏辨别借款人风险类型的信息，银行难以找到一个利息率水平以（a）吸引所有信誉良好的客户，并且（b）允许银行足以覆盖其期望成本。

图 2.1 和图 2.2 给出了上述案例的形象化解释。在图 2.1 中，我们看到当本息介于（$k+A$）和 $\underline{y}$ 之间时，银行将赚取期望收益，并且两类借款人都有借款的愿望。

在不存在信贷配给的情况下，假设银行的开办成本是可覆盖的，市场是有效率的，那么当期望利润上升至 $R_b=k+A$ 和 $\underline{y}$ 之间时，银行仅为实现收支平衡，将会把本息确定在 $k+A$ 的水平。值得注意的是，当银行将本息推高至 $\underline{y}$ 时，它将可能失去所有的安全型客户并迅速失去收入。在那种情况下，谨慎的银行将会降低利率——或者提高它们。假如银行进一步提高利率水平，它将不得不将本息一直提高到 $k/p$ 的水平，从而在仅为冒险型借款人服务的情况下实现预期成本的全覆盖。当本息进一步提高到 $k/p$ 以上水平之时，利润将再次上升，但当本息突破 $\bar{y}$ 时，市场将濒临崩溃。在那个极高的利率水平之上，就不会再有 044

人愿意借钱了。这个例子表明，提高利率并不必然导致利润的线性上升。正如图 2.1 所示，当本息为 $\bar{y}$ 时的利润水平可能高于本息为 $\underline{y}$ 时的值，从而表明利润最大化可能会在一个较低的利率水平实现[14]。

图 2.2 展示了“风险型”借款人比之前更愿冒险时的情况。现在“安全型”借款人再也不会被引导进入市场了。即使本息设定为 $\underline{y}$，银行业也将难以赢利。
045 假如银行将本息提高至 $k/p$，它最后将赢利，但只能为冒险型借款人服务。银行的信息不对称问题使安全型借款人被排挤出信贷市场，而这显然是既无效率也不公平的结果。

**2.3.3 一个数值例子**

以下我们将利用假定的数据，换个角度分析逆向选择问题。仍旧假设存在安全型和风险型两类借款人，而放债人只知道安全型借款人的比例，却无法分辨具体个体的风险类型。所有借款人都是风险中性的，且都缺乏可以保障贷款安全的抵押品。

在一个竞争的市场环境中，放债人会尽力去实现盈亏平衡。如果放债人 1 美元净资本的成本为 40 美分，那么他至少要从借款人那赚回平均 40 美分的收益才能实现盈亏平衡（在考虑了违约风险之后）[15]。假设一个项目需要 100 美元的投资，项目周期为 1 个月，且该项目有较好的赢利前景。借款人在不贷款
046 的情况下就无法投资，那么就只能赚取每月 45 美元的工资收入（他的“保留工资”）。在第一种情况下，让我们假设安全型借款人的投资始终成功并且获得了 1 美元贷款产生 2 美元总收益的投资回报率（在对放债人还本付息之前）。因此，该项投资的预期总收益为 200 美元，当其大于应还贷款额（100 美元）、资本净成本（40 美元）和借款人劳动的机会成本（45 美元）之和时，该投资行为就是有效率的。也就是说，上述投资产生了一个 15 美元的期望社会剩余。在归还银行贷款之后，借款人的净收入仍多于其工资收入。

考虑风险型借款人投资于较高风险的项目。当投资成功时，他们将赚取 222 美元收入；但当项目投资失败时（概率为 10%），借款人将血本无归[16]。因此，风险型借款人的期望总收益是 200 美元（即 $0.9 \times 222$ 美元），而期望社会剩余仍是 15 美元。

显然，在两类借款人都能获得贷款的情况下，效率明显提升了——因为两

者的项目都将获得高于工资收入的投资回报。那么，银行会对两类借款人都放贷吗？如果安全型与风险型借款人各占一半比例，那么人群的平均成功概率为0.95（即 0.5×0.90+0.5×1.00）。如果银行要覆盖资金成本，那么其至少收取47.4% 的利息率（0.95×147.4 美元≈ 140 美元）。在净利率为 47.4% 的情况下，因为预期净收入将高于工资收入，因此两类投资者都会有意申请贷款。对于安全型借款人而言，（200 美元 −147.4 美元 =52.6 美元 >45 美元）；而对风险型 047
借款人来说，0.90×（222 美元 −147.4 美元）≈ 67.1 美元 >45 美元。以上计算均假设借款人在投资失败的情况下不会还本付息。相比较于安全型借款人，风险型借款人显然获得了更高的期望收益。事实上，安全型借款人交叉补贴了他们的风险型同伴。即使如此，他仍获得了比工资更高的投资收益。

目前这个例子表明了一个简单的事实，即信息不对称也不必然导致无效率。信息不对称的确会产生再分配结果（安全型借款人显然更为不利），但这是在不存在信贷配给，并且没有使蛋糕自动做大的干预情形下的结论。

表 2.1 数值例子：基础数据

| *经济环境* | | | |
|---|---|---|---|
| 放债人的资金成本 | 每 100 美元贷款的月均成本为 40 美元 | | |
| 借款人的机会成本（工资） | 每月 45 美元 | | |
| 人群中安全型借款人的比例 | 50% | | |
| | 成功时的总收益 | 成功的概率 | 期望总收益 |
| 情景 1 | | | |
| 安全型 | 200 美元 | 100% | 200 美元 |
| 风险型 | 222 美元 | 90% | 200 美元 |
| 情景 2 | | | |
| 安全型 | 200 美元 | 100% | 200 美元 |
| 风险型 | 267 美元 | 75% | 200 美元 |

假设所有情况都保持不变，以下仅考虑风险型借款人变得更易冒险的情况。在第二种情况下，我们假设风险型借款人的成功概率为 75%，但其成功后的收益却高达 267 美元。最终，风险型个人借款后的期望收入仍然为 200 美元（即0.75×267 美元）。因为所有其他假设都保持不变，当两类借款人都乐于借钱时，仍将产生一个 15 美元的社会剩余。

但是放债人的情况现在却非常不同了——他将面对更多的风险。所有借款人的平均成功概率现在仅为 0.875（即 0.5×0.75+0.5×1.00），放债人的利率至少要定为 60% 才足以覆盖期望的资金成本及本金（0.875×160 美元 =140 美元）。在利率为 60% 的情况下，由于 0.75×（267 美元 −160 美元）≈ 80 美元 >45 美元，风险型个人仍旧乐意于通过贷款发展生产。但是，对于安全型借款人来说，由于（200 美元 −160 美元）=40 美元 <45 美元，那么他将放弃贷款这一融资渠道，而选择从事工资性收入的工作。

在上述情况之下，因为安全型和风险型个人都需要贷款，但银行已经不能制定满足所有人需求的利率水平，因此市场将不是完全有效率的。假如放债人能够针对不同类型的借款人确定不同的利率，情况可能会有所改善。可问题是，放债人缺乏清楚辨别相关借款人类型的准确信息。

一旦安全型借款人离开信贷市场，那么风险型借款人将会是信贷市场的唯一借款主体。放债人看到了已经发生的一切，不得不提高利率以覆盖成本（因为已经不存在任何安全型个人交叉补贴的情况了）[17]。只有利率上升至 86.7% 的水平，放债人才能保证收支平衡并愿意为风险型借款人发放贷款（0.75×［267 美元 −187 美元］）=60 美元 >45 美元，但情况显然已大不如前。

048 这个简单的例子表明，当一家银行缺乏信息，市场可能将不再有效率[18]。微型金融证明其自身是解决以上失效的一种途径，由此拓宽了进入市场的渠道，并还改善了分配状况。

## 2.4 道德风险

道德风险是指贷款银行所承担的因借款人不可观察的行为而导致的风险。放债人不仅观察不到借款人的相关行为选择（其工作努力程度或者有关项目的选择等），也对项目回报是否能够实现不得而知。在之前的例子中，我们假设借款人受到有限责任制度的保护，因此他们不必偿付多于其当前现金流的贷款额度。简而言之，主要原因在于放债人没有抵押品。

### 2.4.1 事前道德风险

事前道德风险是指在贷款发放之后和项目回报实现之前，由于借款人不可观察的行为导致的风险。这些行为影响着一个项目是否能够顺利实现的概率。

在这一节我们将说明为什么有限责任和道德风险相结合将导致出现无效率的结果。如 2.3 节所示，任何个人能够在单期项目中投资 1 美元，由于个人没有自有财产，因此他们需要通过自身努力获得一个确定性的正利润 $y$；但是，他也可以选择不努力工作，在这种情况下其赢利的概率只有 $p$（其中 $p<1$）。令 $c$ 为借款人的工作成本（设想其为非货币成本，例如，他由于不能在地主土地上工作而失去了获得工资收入的机会成本）。假设 $k$ 为一单位资本的成本，而归还放债人的总还款额（注：本金加利息）等于 $R$，其中 $R>k$。由于有限责任的原因，借款人只会在赢利的时候归还 $R$ 数量的还款额。

接下来我们将分析借款人是否在项目付出努力的决定。假如他付出努力，那么他的净回报是 $(y-R)-c$，而如果他不努力工作，那么其净回报为 $p(y-R)$（考虑了可能成功的概率）。在第二种情况下，他不需要承担 $c$ 的成本，但是他成功的几率也下降到了百分之 $p$。比较以上两种情况，当且仅当 $(y-R)-c>p(y-R)$ 049
的时候，借款人才可能愿意付出努力。以上等式求解之后将得到一个本息值的表达式：$R<y-[c/(1-p)]$。也就是说，如果本息高于 $y-[c/(1-p)]$，那么借款人将不再有激励去付出努力。一旦他投资失败，那么银行将承担违约的所有后果。因此，如果银行想降低风险，它将不得不设定一个本息值上限。正如 2.3 节中关于逆向选择的例子，提高利率并不一定增加利润。

对于银行的资金成本 $k$，假设存在 $y-c>k$ 的情况。换句话说，当借款人付出努力（并因此承受成本 $c$）之时，仍然存在一个高于银行资金成本的净回报。在一个完美的世界中，此时借款人的贷款可以准入，并且他将为投资的成功实现而付出足够的努力。在经济学的术语世界里，借款存在事前效率。

当然，问题是银行没有办法强制借款人尽其应尽的努力工作的责任。在这里，银行的资金成本为 $k$，其小于 $(y-c)$，但同时大于 $y-[c/(1-p)]$。但当 $k>y-[c/(1-p)]$ 时，银行会令 $R=k/p$。在如此高的本息值水平下，借款人缺乏付出任何努力的激励。在 $R=k/p$ 之时，尽管银行实现盈亏平衡，但其仍旧会决定不放贷。只有当借款人在某种程度上保证工作不会懈怠，银行才又有可能放款。但事实上这种承诺在缺乏抵押品或其他额外激励机制的情况下并不可信。直觉告诉我们，穷者显然会愈发贫穷。

我们在 4.4.1 节将重新讨论上述情形，以研究在缺乏抵押品的情况下微型金融如何能够克服道德风险问题。在那部分讨论中，我们将聚焦于更长期的激励问题。如果借款人拥有私人财产作为抵押品，在 2.3.1 节中所讨论的“有限责任约束”将有所缓解，之前讨论的“信贷配给”问题就得以避免了。受到抵押品可能没收的威胁，借款人将会发现不努力工作的“成本”将会更加昂贵。例如，令 $w$ 为借款人的抵押品并假定 $w$ 小于 $k$；如果项目失败（其发生概率为 $1-p$），借款人损失 $w$。虽然仍不足以完全覆盖贷款损失，但银行获得 $w$ 将有
050 助于改善放贷决策的激励问题。借款人的激励约束现在变为 $(y-R)-c>p(y-R)+(1-p)(-w)$。这表明，在考虑抵押品存在 $(1-p)$ 的概率被没收的前提下，借款人付出努力的回报将大于他逃避义务的预期回报。通过不等式调整，我们将得到一个银行可以承受的最大本息值：$R< y+w+c/(1-p)$。由于抵押品的原因，这个本息值高于之前计算的最大值。如果抵押品具备足够的价值——即，$k<w$——银行将能够设定一个允许借贷的适宜本息水平。微型金融的一大挑战就是如何尝试运用创新性的机制作为补充，以弥补抵押品缺失所导致的问题。

### 2.4.2 事后道德风险

信贷市场不完善的另一个来源就是通常所谓的“事后道德风险”或“执行问题”。“事后”指的是贷款发放和借款人投资之后可能出现的问题。即使之前所有步骤进展顺利，但一旦实现项目回报，借款人可能会决定“携款潜逃”。一是放债人不能完全观察到借款人的利润（因此借款人可以假装声称项目投资存在损失），二是即使放债人知道项目的具体回报，其也很难强制借款人还款。假设在事后任何还款都不能依法执行的极端情况下（例如，因为项目回报难以确认），除非放债人可以依赖某些机制，例如威胁以后再也不给违约人提供融资服务，否则其不可能发放一分贷款[19]。然而，当借款人可以轻松逃离甚至改变身份的时候，上述威慑也是缺乏效力的；这是对小额贷款的又一大挑战。

为了使事后道德风险概念更加明确，我们将举一个例子进行进一步说明。考虑投资 1 美元，且项目总能成功，因此产出回报 $y$ 也是确定的。让我们再假设（1）借款人拥有 $w$ 的私产，这些财产可作为贷款的抵押品，并且在违约的情况下放债人有权没收；（2）放债人的本息值 $R$ 是固定的，因此在为项目的额外成本提供融资的时候，放债人将会提高该均衡定价；（3）违约概率为“确定”的 $s$。问题是：借款人会选择在何时去偿还贷款呢？假如他按时偿还，那么其

事后回报额为 $y+w-R$；但若违约，其事后回报为（$1-s$）（$y+w$）$+sy$。第一项给出了借款人在“携款潜逃”情况下可能发生的结果；在这个例子中，其发生概率为（$1-s$），借款人未支付任何利息，其保留了所有的净回报和相关财富。051
第二项描述了银行觉察到借款人逃跑的情况，从而没收了抵押品；该情况发生的概率为 $s$，虽然借款人获得了所有的投资净回报，但却损失了抵押品。因此，当且仅当激励约束 $y+w-R<$（$1-s$）（$y+w$）$+sy$ 满足的时候，借款人才会违约并“携款潜逃”。通过代数运算，上述约束条件在 $R<sw$ 时得以满足。也就是说，在事后道德风险的高发地区，本息值一般难以超过借款人抵押品价值与其被没收概率的乘积。由于 $s\times0=0$，因此一个没有抵押品的借款人根本无法进入融资领域。进一步说，如果银行没收抵押品的概率非常之低，那么银行也将拒绝放贷。正如 de Soto（2000）的研究表明，穷人是否能获得贷款严重依赖于财产所有权和保障实现相关权力的法律体系的改进程度。

正如我们在 4.4.2 节中所讲述的，通过对事后回报进行谴责、威慑等社会监督，以及对策略性违约行为的惩罚，小额贷款将逐步放松相关的激励约束，并提高了可用的信贷额度。

## 2.5 经验证据

信贷市场上由于信息不对称产生的多数问题基本可以在理论上得到很好的解释。虽然部分假说仍有待进一步验证，但目前多数经验证据基本都支持现有的理论结论。从全球角度看，Cull，Demirguc-Kunt 和 Morduch（2007）在分析了 124 家微型金融机构的财务状况之后，认为经验证据与现有理论推论基本一致。作者主要深入分析了贷款偿还率随金融机构利率调整的变化情况。该研究考虑了不同种类的贷款主体，这其中有以传统形式对个人放贷的机构，也包括使用格莱珉银行式的联保合同，另外还有使用联保方式的“村镇银行”。研究人员发现，对于个体放债人，贷款违约率随着利率上升而上升。这个发现与逆向选择相一致。当贷款利率高于特定的临界值时，“安全型”借款人一般会选择不借钱，仅留下一部分不成比例的“风险型”借款人——进而导致贷款偿付问题进一步恶化。以上发现也与道德风险相一致：当利率变得很高，在这种情况下借款人失去了在企业经营上付出努力的激励，进而导致贷款违约率上升。052

在 Cull 等的数据中，利率临界值为 40%（扣除通胀因素）。作者没有在村镇银行或联保贷款中发现这样的情况，这可能如第 4 章所描述的，联保合同在该领域有着较大的力量。

Cull 等（2007）的研究结论指出了信息问题研究所面临的一个挑战。逆向选择和道德风险导致的结果是相似的（两者都预测，随着利率上升违约率将升高），因此很难区分彼此。Karlan 和 Zinnan（2009b）描述了一个富有想象力的试验方法，使我们可以更好地区分逆向选择和道德风险的角色。作者与南非那些从事消费信贷的人员一起工作，这些人一般通过直接邮件申请的方式受理信贷需求方的申请（这些人也并非典型意义上的微型金融机构，尽管他们的多数顾客都是寻求小额贷款的低收入人群）。在这个实验中，放贷人向先前的客户邮寄贷款发放通知。通过随机抽取的方式，一些客户会被选择在利率高点时接到贷款发放通知，而另一些则会在利率低点时收到。当个人拿着通知去银行申请贷款时，他们的合同贷款利率不是比通知中约定利率高，就是比通知中的约定利率低。试验的关键在于，一些借款人得到的合同利率低于他们之前认为会得到的通知约定利率。另外，银行会通知部分借款人仅能享受一次优惠的合同利率，而另外一部分人则会被给与一个动态的激励——在按时偿还初始贷款的条件下，可以在下次贷款时再享受优惠利率。

在选择客户之前或之后随机确定利率将区分出逆向选择和“偿还负担”（repayment burden）的不同角色（作者将“偿还负担”定义为事后道德风险加上合约利率的收入效应）。为了检验逆向选择，Karlan 和 Zinnan（2009b）比较了那些收到不同贷款利率通知，但最后获得相同合约利率的个人的贷款偿还率。高风险类型和低风险类型的个人会在贷款利率通知变化中被逐渐筛选出来。在偿付负担（由合约利率决定）保持不变的情况下，不同的贷款偿付率主
053 要是因为借款人风险类型的差异。通过比较那些收到相同的贷款利率通知但最后获得不同的贷款利率的个人，作者分离出了道德风险。当偿还负担出现变化的时候，风险度或借款人类型是不变的，进而允许作者去寻找偿还负担对偿还率的影响。最后，动态偿还激励的随机安排允许作者鉴别纯道德风险。假如那些期望未来获得低利率的个人比那些期望未来获得高利率的个人更少违约，那么我们就预期道德风险存在，且动态激励通过缓和道德风险完成了任务。

Karlan 和 Zinnan（2009b）找到的逆向选择和偿还负担效应的证据是相当微弱的，但道德风险的证据则相当稳健。当偿还激励被改变的时候，他们观察到偿还率陡然上升，由此显示是借款人的选择行为而非其风险类型决定了偿还状况的变化。在第 5 章，我们将对道德风险和动态激励问题进行更为详尽的讨论。

Karlan–Zinnan 的结果与 Mel、McKenzie 和 Woodruff（2008）的发现是一致的。在这项研究中，作者调查了斯里兰卡微型企业的投资回报情况。研究人员随机抽取微型企业，并考察了这些企业获得帮助其业务发展的资金之后所发生的情况。作者能够界定额外资本对业务利率的影响，并进一步确定以上效应与所衡量的风险厌恶度之间的关系。他们发现企业家的风险类型对资本回报几乎没有任何影响。由此表明，并非如逆向选择理论所假定的那样，企业家对待风险的态度对利润的决定具有重要作用。

我们将以最近的一个反例结束本节的讨论。Klonner 和 Rai（2008）的研究显示，某些在印度的金融机构的行为明显受到逆向选择的驱使。这些机构通过筹集资金运作，类似于正规化的、商业化运作的合会（ROSCA），我们在第 3 章将会进行更加深入的分析。Klonner 和 Rai（2008）的研究在两个时间节点上检验了上述机构运作变化情况，一是 1993 年印度最高法院对从银会（chit funds）获得资金的最高偿还价格做出限制，二是 2002 年这些限制被废除之后。根据逆向选择理论，当价格上升，消费群体将更具冒险精神。从这点上看，现实经验证据与逆向选择和道德风险导致银行服务受阻的一般推论不一致。但正如 Klonner 和 Rai 的研究所表明的，所谓的一般推论也可能是在某些特殊假定下推出的并不足信的结论。

## 2.6 与本地市场联系：一个可能的解决方案

在进入下一章之前，我们将对目前提出的问题给出一个潜在的解决方案。 054
代理问题解释了资源和能力的错配现象。一方面，银行有可放贷的资金，但它们却缺乏充分的信息和有效的成本方式去执行合约。另一方面，放贷机构、中介人员和那些生活和工作在贫困区域的人则需面对与银行截然不同的问题：他们有充足的信息和执行机制，但却没有足够的资金。本节尝试解决以上问题：

为什么银行和放债人不联合起来呢？最著名的微型金融模式讨论的都是诸如孟加拉的 ASA 或玻利维亚的阳光银行等新机构与当地放债人激烈竞争等问题，那么为什么会存在这些麻烦呢？为什么银行不可以简单地雇佣放债人作为它们的代理人呢？为什么不能为放债人贷款发放和回收的业务支付费用呢？

Aryeetey 和 Steel（1995）考察了西非“苏苏”（susu）工作人员的基本情况。在加纳，“苏苏”工作人员每天拜访客户，收取 25 美分到 2.5 美元不等的固定分期存款。除了一小部分被借给客户，他们收集的多数钱（日均大概 218 美元）都会被存到一个有利息收入的银行账户中[20]。“苏苏”工作人员事实上已经是贫穷客户和商业银行之间的一个中介。

尽管 60% 的客户会要求更高的额度，但工作人员认为他们仅能发放 13% 的客户信用资金（Steel and Aryeetey 1994）。为什么不雇用“苏苏”工作人员作为银行的放贷员呢？这个主意事实上具有特殊的吸引力，因为“苏苏”工作人员值得信任并且对客户的财务状况相当了解（在缺少放贷员的情况下）。根据 Aryeetey 和 Steel 的估计，由于这些工作人员已经深入了解了潜在借款人的基本情况，因此如果他们扩大贷款范围，也仅需要承担贷款总额 3% 的边际成本。这个想法是非常有前景的，但正如我们所了解的，银行在不用考虑代理问题的同时，则要面对一个难度更大的问题：如何保证工作人员诚实可靠地执行银行的意愿？

一个较为简单的解决途径是间接地创造与本地放债人的联系。问题可以更加简化是因为本地从事高利贷的人员缺乏资金。因此，在不直接雇用本地个人
055 的情况下，一家银行可以简便的将可用资金给放债人和其他小规模的中介组织，以期待通过增加供给而降低利率，并使贫困家庭获得更多的贷款。该行为的目的在于缓解本地放债人的资金约束，也为了避免合约直接联系不足的问题。这种“滴入式”的方法有着相当的前景，但最新情况则显示增加信贷资金可能会比增加可用资金的产生更大的副作用；它可能会不经意地改变市场态势，进而提高利率并最终危害处于贫困线下的借款人。

虽然这里的讨论带来了值得注意的问题，但上述想法由于其简单明了而仍具有相当的吸引力。正如下面将展示的，印度是世界上最大的微型金融市场之一，其政策制定者已对银行和区域金融机构的联合寄予了很高的期望。但有趣

的是，这个联系却是由贫困妇女的“自助社”建立的，它们绝大多数是非政府组织。截至2007年3月，290万的自助社已为4100万成员提供了服务（NABARD，2007）[21]。

### 2.6.1 雇佣掌握充分信息的本地代理人

以下我们将分析银行雇佣放债人作为代理人的情形[22]。当贷款资金被发放出去之后，放债人一般会有着一种强烈冲动去收回贷款。但是作为银行代理人之后，放款人还会有积极性吗？什么原因会促使放债人与借款人串谋私吞贷款，并伪装告诉银行借款人是因为运气不佳而无法偿还贷款呢？自从因为缺乏可靠的本地信息而雇佣放债人之后，银行如何才能对放债人进行有效约束呢？

相对于简单的发放固定工资，银行对放贷人的激励措施事实上能做得更好，例如可以根据贷款偿还率这一标准给放债人发放奖金。如Fuenets（1996）所展示的，当借款人的还贷概率与放债人的努力程度之间有较高敏感性之时，奖金应该作为放债人薪酬中较小的一部分。既然放贷人不需要通过较大努力就可以提高偿还率，那么提供较强激励的必要性就降低了。但是当偿还概率对努力不敏感的时候（例如，当放贷人需要努力工作去实现预期的结果），奖金应该占到薪酬中更大的份额。

如果银行知道借款人还贷概率与放款人努力程度之间的敏感性大小，那么上述计划的执行就较为简单了。但是如果银行关注的事情不仅仅包括钱款回
收问题，那么事情将变得较为复杂。例如，当银行关心贷款对象问题（可能存 056
在对妇女或穷人的贷款偏好），那就需要对放债人做额外的监督。如果银行担心放债人会使用策略性手段（例如，放债人不顾及暴力惩罚，铁了心与借款人合谋），那么一个类似的问题又出现了。那如何才能构筑最后一道的安全墙呢[23]？显然，如果要求银行近距离地监督代理人，那么其与放债人联合的优势就不再了。

这个问题解释了为什么放债人通常不是银行合作的目标[24]。在印度自助社的例子中，与非政府组织性质的妇女组织的联合使参与者对政府政策制定者的恐惧感大大减轻。与之类似，因有自身的计划和成本，非政府组织成为了实现简单扩大基本金融服务目标的完美渠道。我们在第11章将重新讨论这些问题，在那里我们将解决微型金融的管理激励问题。

### 2.6.2 与本地市场的间接联系

增加金融资源供给是扩大金融服务范围的另一方式。微观经济学基本理论认为，增加资本供给将缓解信贷约束，降低对贫困借款人的利率水平。原则上，补贴资本投入将对利率产生较为强烈的下行压力。但在不完全竞争的本地市场中，由于获取信息存在成本，因此上述推论就不一定能成立。通过对泰国和印度农村银行体系的研究，Hoff 和 Stiglitz （1998）发现大量且持续的资金投入确实降低了利率，但商业银行和农村放债人却并不执行该利率水平。

Hoff和Stiglitz（1998）、Bose（1998）对上述谜题进行了深入探索。他们认为，补贴项目的进入恶化了非正规部门中放债人提供贷款的条件和有效性。因为补贴资金改变了借款人的激励，降低了对放债人来说的最优规模，排斥了最符合条件的借款人，导致风险较高的借款客户群体留在市场之中，并使激励成本比之前更为昂贵，因此这个政策的影响是负面的。

Hoff 和 Stiglitz（1998）讲述了三个故事。在第一个故事中，新资金投入增加了市场中放债人的数量，新的放债人会与原有的放债人形成竞争，最后每个放债人只获得了一小部分的客户。由于边际成本上升，因此对借款人的贷款利
057 率就提高了。在第二个故事中，借款人激励受到新资金的逆向影响。借款人知道，如果不能按期还款给某些放债人，他们现在仍有很多获得贷款的可替代选择。由此弱化了通过努力工作以避免还款困难的激励机制。第三个故事关系到借款人的内在品质。如果市场包含不同信用等级的借款人，那么在一般情况下，放债人会更加偏爱与那些已建立起可靠信誉的借款人开展业务。但是，一旦银行有更多的可用资金，那么更多数量的潜在放债人将进入市场。当市场中有了更多的放债人之时，借贷双方的紧密程度将降低，导致借款人先前建立的信誉重要性就削弱了。随着更少依赖于信誉，放债人必须花更多的努力寻找其他形式的激励措施；由于这种探索存在成本，因此利率会再次被提高。Hoff 和 Stiglitz（1998）的结论是，新的资金投入将导致放债人的过度供给，进而促使单位成本上升。补贴事实上并未惠及小农户，相反却被非正规部门的效率损失所抵销了。

在类似的标准下，Bose（1998）讲述了一个相关的故事。在他的模型中，因为高质量的借款人已经跟现有的放债人建立了联系，所以新进入的资金必须贷款给低于平均质量的借款人。服务于低质量的借款人提高了平均违约率，并

且使需要承担的风险贴水上升。Floro 和 Ray（1997）则提供了另外一个关于菲律宾的案例。他们重点研究处于垄断竞争市场的交易型放债人。在他们的模型中，区域内放债人之间都希望通过合谋以保持较高的利率水平，而"信用战争"的威胁导致合谋进一步强化。当信用战争发生的时候，放债人迅速扩大贷款规模，降低利率导致退出合谋的放债人的利润被削减。但限于资金的稀缺，这种冲动会马上消失，并导致合谋更为困难。但是在资金注入的情况下，爆发信用战争的概率则会上升。在这样的威胁下，合谋就变得较为容易了。在更大的合谋概率下，利率会更快上升，而贫困借款人的处境则会因此变得更加糟糕。

## 2.7 总结和结论

对于是否干预金融市场，总会有好坏不同的原因。如果市场运作相对完善，
干预总不会使情况太糟糕甚至恶化，但却可能削弱市场所提供服务的质量和广 058
度。放债人获取高额利息不足以成为干预的充分条件。相反，干预（像建立一个微型金融机构）应该建立在对效率和结果公平的清晰理解之上。只有这样，我们才可能对市场失灵有较好的评判标准。

道德风险和逆向选择为分析市场不完善提供了两大工具。两者均起因于信息不对称——即借款人比银行更了解其自身的信用和风险承受能力。在道德风险的案例中，如果银行不能使借款人远离高风险性的行为，那么将导致违约概率上升，由此产生无效率。问题是通过违约，借款人可以逃避承担他们行为所导致的所有后果的责任。当银行不能充分辨别借款人风险类型的时候，逆向选择导致的无效率也就产生了。一旦问题发生，所有借款人必须接受相同的利率水平，而安全型借款人最终会交叉补贴那部分风险偏好更高的借款人。假如问题继续恶化，那么安全型借款人将会放弃现行利率水平上的贷款，而留下银行独自承担那些高风险客户的行为后果。逆向选择和道德风险显示了银行在低收入社区所面临的严峻挑战——尤其是在缺乏抵押品的情况下。在这些案例中，如果银行提高利率作为对所感知风险的反应，则可能在一定程度上恶化激励问题，导致利润下降，而非上升。由于这个市场不仅缺乏抵押品，而且交易成本异常高昂，因此商业银行不愿意开展相关业务也是可以理解的。

如果借款人能够提供保障贷款安全的合格抵押品，那么逆向选择和道德风

险的问题将会被解决。但是此处我们分析问题的逻辑起点恰恰是借款人缺乏足够的抵押品。那么最终的结果就是，银行如果要做好，就需要探索新方式以获得更多的信息——但是，理论上又存在一个重要障碍，即商业放贷机构如果要获得更多的信息，那么将面对高昂的成本。

第 4 章和第 5 章描述了微型金融的部分做法，它们为解决上述问题提供了创造性的解决方案。对于这些微型金融手段，其中引人注目的一点就是在放贷机构不能获得更多信息的情况下，相关问题仍存在改善的可能。相对于银行的优势，这些合约则充分利用了区域内信息，其激励借款人利用他们自身掌握的信息去推动金融机制的运转。这并不是说早先对信息问题的研究是错误的，它
059 仅表明之前的分析忽视了通过新思维去解决信息不对称问题的可能性。

本章的讨论还帮助解释了为什么微型金融的推动者主要是新兴金融机构，而不是那些实力较强的本地大型银行。这个现象很大程度上能用现代企业理论解释。该理论致力于解释企业存在的原因，而不是仅将企业看作一个从事所有交易的单独契约个体——包含了从会计到秘书各类角色（例如，Hart 1995）。尽管如此，如 Fuentes（1996）所指出，激励契约原则上有助于促进雇佣本地放贷机构作为银行代理人，但要落实于实践则是一个挑战。多数小额信贷商的任务是存在选择性的，其往往会寻找廉价的、简单的机制去改善非正规部门——而不是尝试直接去改善非正规部门自身。

最后，道德风险和逆向选择的分析为利率设定的争论提供了一个重要的视角。在《理解有廉价信贷的农村发展》一书中，Adams， Graham 和 von Pischke（1984）让人明白，往往是政治原因才导致利率被过低设定，进而威胁到微型金融发展。在与此相关的一场争论中，政策制定者通常都认为利率应该被提高到尽可能高的水平，以完全覆盖成本，否则项目将在财务上不可持续（例如，Consultative Group to Assist the Poorest 1996）。这是一场辩论非常激烈，且持续了很长时间。我们认为，谨慎地提高利息率是确保微型金融成功的关键之一。但是本章的分析警告我们，利率过高也会导致部分问题。先前关于道德风险和逆向选择的分析展示了提高利率将怎样损害金融机构信贷组合的质量，并降低了金融机构利润。如果在利率过低情况下决定提高利率，这样的良好意愿也会让其他人觉得无比丑陋。微型金融的挑战就是将灵活的利率政策与能够

确保消费者良好激励的新的商业手段联系起来。我们将在第 10 章重新对利率问题进行讨论（从社会福利最大化的角度）。

## 2.8 练习

**1.** 如果像很多观察家所描述的那样，放债人能够实现赢利，那么请对放债人在低收入国家竞争性的环境下不开展相关业务的现象给出至少两个解释的理由。

**2.** 高利贷放债人往往因为收取极高的利率而被人所知。 060

a. 给出三个可替代的原因，解释为什么上述情况会存在。

b. 根据你的解释，简要评估非正规信贷市场的效率和权益问题。

**3.** 对于贫困社区的家庭来说，依靠来自于家族或邻居的贷款是很普遍的现象。这些贷款往往有着非常低的利率，有些甚至为零利率。

a. 在存在较为典型的信贷约束的区域，为什么家族和朋友愿意以如此低的利率放贷?

b. 人们该如何逻辑一致地解释零息贷款和年利高于 100% 的高利贷共存的现象?

**4.** 考虑一个作为垄断环境中的信用个体的放债人。

a. 为什么放债人边际成本低于其平均成本的时候是垄断竞争的临界点?

b. 解释在上述情形下所存在的社会无效率现象。

**5.** 市场自由进入往往被看作是市场完全竞争的标志之一。为什么本地信贷市场自由进入仍不足以作为判断该市场是否是完全竞争的依据?

**6.** 考虑 Ghatak（2000）所使用的分析框架。假设存续一期的经济体有着标准化值为 1 的人口数。经济体中的每位企业家都拥有一单位的劳动，并且有一个需要一单位劳动和一单位资本投入的风险型项目。该项目可能成功也可能失败，在成功情况下会产生回报 $R_i$，而在失败情形下则只有“零”回报，其中 $i$ 代表着企业家的类型（例如，风险型或者安全型）。人口中风险型企业家的比例为 $\theta$，而安全形企业家的比例则为 $1-\theta$，其各自项目成功的概率分别为 $p_r$ 和 $p_s$，$0<p_r<p_s<1$。为了分析简便，假设 $p_rR_r=p_sR_s=\bar{R}$，且每一个企业家的保留赢利为 $\bar{u}$。经济体中存在一家银行，其单位资金的放贷成本为 $p>1$，目标是实

现盈亏平衡。所有的银行清楚安全型和风险型企业家的比例，以及与之对应的
061 成功概率。假设不存在债务偿还的执行成本，并且不存在任何事后道德风险问题。

a. 执行一个项目并要实现社会效率的条件是什么？

b. 假设满足你所列举的条件。现在假定存在完美信息，因此银行能够准确区分企业家的类型（例如，银行知道任何一项贷款是存在风险还是安全的）。找出完美信息下的最优合约，并简要解释你的答案。

c. 在完全信息的合约下，什么类型的企业将会进行投资？为什么？

d. 现在假定银行不能区别贷款的风险类型。找出不完全信息下的最优合约，并将你的结果与完美信息的结果进行比较。

e. 再一次，在不完全信息的合约下，什么类型的个人会进行投资？请计算 $\bar{R}$ 触发值的大小，在该触发值下安全型借款人将退出信贷市场，或者说该借款人处于想借款和不想借款的临界状态。如果 $\bar{R}$ 低于触发值，那么将会发生什么？

f. 为了证明自己的风险属性，使自己获得利率为的贷款，安全型借款人愿意付出的成本是多少？在什么样的必要条件下这是可能的（与风险型企业家的激励相匹配）？将其与（d）习题中不完备信息情形下的结果进行比较。

g. 解释本练习与微型金融机构特殊案例之间的相关性。

**7.** 考虑一个经济体，其由风险中性的企业家、意在实现盈亏平衡的竞争性银行和两类潜在的借款人组成。启动一个项目的成本为 100 美元，而项目即使成功，也需要一期时间实现正回报。如果项目失败了，回报为零。项目由不同类型的企业家进行管理，且都存在风险，项目的执行则需要有银行贷款的支持。如果该经济体中企业家的项目未能获得银行贷款，那么她可以作为日常工人以赚取正的工资收入。只要银行能够覆盖 100 美元贷款的成本 $K$，其中 $K$=145 美元，那么银行就能够实现盈亏平衡。不管是否以及何时获得银行的贷款，假设经济体中所有的潜在企业家都受到有限责任的保护。关于借款人和她们项目的其他信息如下表所示：

| 企业家类型 | 比例 | 成功的概率 | 成功后的总回报 | 外部工资 |
|---|---|---|---|---|
| 1 | 0.6 | 0.9 | 230 美元 | 52 美元 |
| 2 | 0.4 | 0.5 | 420 美元 | 55 美元 |

a. 经济体中两种类型企业家获得贷款是否都存在社会效率？简要解释你的 062
答案。

b. 假定银行能够观察到企业家的类型。那么银行给不同类型企业家所收取的利率将分别是多少？简要解释潜在的企业家在该利率水平上是否会决定进行她们的投资项目？

c. 如果银行不能区别类型 1 和类型 2 的借款人，那么哪类借款人将获得贷款？

d. 简要解释该练习与微型金融机构案例的相关性。

**8.** 考虑一个与前一习题相类似的经济体，但却存在三类企业家。在该情形下的项目仍旧存在风险，并只有在成功的情况下才会产生正回报。启动一个项目的成本是 150 美元，这也是一个竞争性银行所能发放的最大贷款额。对于这家银行来说，每 150 美元贷款的资金成本是 204 美元。关于企业家及其项目的其他相关信息如下表所示：

| 企业家类型 | 比例 | 成功的概率 | 成功后的总回报 | 外部工资 |
|---|---|---|---|---|
| 1 | 1/3 | 0.9 | 300 美元 | 55 美元 |
| 2 | 1/3 | 0.75 | 333.33 美元 | 40 美元 |
| 3 | 1/3 | 0.5 | 500 美元 | 40 美元 |

除了企业家的类型属于私人信息之外，其他所有相关信息都是公开的——也就是说，追求盈亏平衡的银行在决定是否发放贷款的时候，不能区别企业家的具体风险类型。请计算该经济体中的一般利率水平，并简要评价该练习与那些面对不同类型企业家的微型金融机构的关系。

**9.** 道德风险往往因为贫困借款人缺乏抵押品而成为一个问题。如果他们 063
有抵押品，那么就可以通过没收抵押品以作为对违约者的惩罚。

a. 如果贷款人有严厉惩罚那些不努力工作的借款人的权利，那么它们是否能够避开道德风险？

b. 你认为借款人会承担这些风险吗？

c. 在什么情况下，上述特定的策略能够被认为是对信贷配给和金融排斥现状的改进？

d. 为什么上述负债人的囚徒策略可能会对微型金融机构带来激励问题，并且为什么它对公平和权益的直觉形成了挑战？

**10.** 一家金融机构的目的是实现盈亏平衡。它的经理人不能辨别不同企业家的类型，但是她知道人口中潜在借款人包含风险型和安全型企业家的比例分别为 0.5 和 0.5。安全型企业家签约获得 100 美元贷款，随后通过投资能够确定性地得到 200 美元回报。风险型企业家获得 100 美元贷款，通过投资能够在 0.9 的概率水平上获得 222 美元的回报，但在 0.1 的概率水平上存在一无所获的风险。如果该金融机构每笔贷款的资金成本是 40 美元，那么其需要收取 40% 的利率，才能在无补贴的情况实现盈亏平衡。通过简单清晰的语言，解释上述结果的原因。

**11.** 考虑一个由风险中性个体组成的经济体。存在一个借款人，需要 100 美元的投资运作一个项目。如果借款人在项目上投入足够多的精力，她将有 0.9 的成功概率并获得 $y$=150 美元的总回报。否则，她将失败并一无所获。但是如果借款人不努力工作，那么她获得 150 美元回报的概率就只有 0.75。对于借款人来说，努力是存在成本的，为 $c$=18 美元。银行贷款的总成本为 115 美元。假设贷款人仅希望能够实现盈亏平衡，而借款人则不能支付多于其当前收入的金额。

a. 请证明在本案例中，只有借款人给出“足够”的努力，投资项目才会实现社会效率。

b. 计算贷款利率的触发值（最大值），在该利率水平下贷款人能够引导借款人付出足够的努力。

c. 借款人能够从贷款人那里获得所需要的资金吗？（假设借款人的机会成本是零）

064 d. 简要解释这个事后道德风险的练习对特定情况微型金融机构的意义。

**12.** 假设借款人拥有部分抵押品，因此他们并非很贫穷，但却仍然遭受金融排斥。现在考虑两个借款人拥有不同抵押品的情形。借款人 1 拥有 $w$=20 美元的抵押品，而借款人 2 根本没有抵押品。借款人 1 和借款人 2 有着相同的生产能力，如果他们都进行一个需要 100 美元的投资项目，两人都可以确定地生产 $y$=190 美元的总产出，在上述情况下两人都会投入足够的努力，每人因此付出了 $c$=30 美元的成本。如果借款人不努力工作，那么成功的概率将下降至 0.5。

每 100 美元贷款资金的总成本是 $K$=140 美元。

a. 请证明如果放贷人能够观察到任何一个借款人的努力程度，那么其给两个借款人贷款将具备社会效率。

b. 从另一方面看，如果借款人的行为不能被观察，然后请证明只有具备抵押品的借款人才能获得借款（注意，这里的抵押品不能投入生产）。

c. 与使用抵押品以获得信贷的情况相比，请评论本习题中经验教训的特点。

**13.** 考虑两个具有相同生产能力的借款人的情形。借款人 1 由于口袋里有现金 $A$=50 美元，因此被认为是“富裕的”。借款人 2 由于口袋里没有现金，因而是“贫穷的”。两个借款人都对一个需要 100 美元起始资金的投资项目感兴趣。如果两人都付出足够的努力，那么他们都能确定地获得回报 $y$=300 美元。否则，两个借款人均只有 0.25 的成功概率。两个借款人付出努力的成本均为 $c$=145 美元。项目所需资金可能来自于借贷，也可能来自于潜在投资者的自有资金。对于一家竞争性的银行来说，每 1 美元贷款资金的总成本为 $k$=1.50 美元。

a. 请证明只有富裕的借款人才能进行投资，并对该结果的效率问题进行评价。

b. 不同财富水平的人具有获得金融服务的不平等权利，请对本练习所揭示道理进行评价。

**14.** 考虑一个需要固定投资 $I$=100 美元的投资项目，其能获得确定性总产出 $y>I$。一个风险中性的借款人希望投资该项目，但是她只有 $w$=58 美元的个人财富可用于投资。她可以选择向一家风险中性的竞争性银行贷款，以弥补投
资项目正常执行所需资金缺口，（$I-w$）。一旦项目产生正回报，借款人可以 065
选择携款潜逃或者选择偿还贷款。贷款人能够在 $s$=0.7 的概率水平上观察到该特定投资者的项目结果。如果借款人拒绝偿还贷款而银行则已经知道项目成功的消息，那么银行可以获得没收所得 $w$。你是否希望在这种事后道德风险的情况下银行能够获得贷款偿还，请解释你的选择及其原因（为了分析的简便，你可以假设银行的资金成本为零）。

**15.** 考虑一个需要固定投资额 $I$ 的项目，其产生总回报 $y>I$ 的概率为 $p$，而零回报的概率则为（$1-p$）。一个拥有私人财富 $w$ 的风险中性的借款人，愿意为了项目投资申请贷款（$I-w$）。贷款人知道 $y$ 和 $p$ 的大小，但是却仅能够在 $q$ 的概率水平上了解到最终回报。如果借款人拒绝偿还贷款，而贷款人又知

道她的项目回报是 $y$，那么贷款人将没收 $w$。假定贷款人的资金成本为零，且其为竞争性机构，并只想收回与贷款相关的剩余金额（$I-w$）。计算触发值 $\omega$，在该值下贷款人就不愿意对该项目提供资金；并请就该触发值与微型金融机构的关系做评价，这些金融机构往往面对未享受银行服务但却很富裕的潜在客户。

**16.** 如果银行不了解本地基本情况，而且贷款偿还的约束又是有限的，那么他们为什么不通过雇佣了解情况的个人作为员工，以克服上述问题呢？

**17.** 对以下表述进行评论：“如果一个借款人能够向银行隐瞒自己的收入情况，那么她总会过得更好。”

**18.** 假定存在两类潜在的借款人，各占人口的一半比例。当他们获得 100 美元的贷款，风险型借款人将在 0.5 的概率下获得 150 美元回报，而在另外 0.5 的概率下将一无所得。安全型借款人并非完全安全：他们获得 150 美元的概率是 0.9，而零回报的概率则为 0.1。假定两类借款人均无初始财富积累，并且都可以在劳动力市场选择工作赚取 10 美元。两个借款人都属于风险中性。

a. 假定有一家银行能够区分借款人的不同类型。为了分析简便，假设银行资金的总成本是 $k=1$——也就是说，银行贷款 100 美元的成本就是 100 美元。假设银行处于完全竞争状态，那么其会贷款给哪类借款人？

066 b. 现在假定银行不能区别借款人类型。那么银行会给哪类借款人贷款？

c. 现在该社区存在另外一种贷款选择：高利贷放债人。这个高利贷放债人提供的贷款有个新特征：如果你不能偿还贷款，那么他将打碎你的膝盖。对于借款人来说，膝盖被打碎的代价是 −200 美元。而对高利贷放债人的价值则为零。在其他方面，高利贷放债人与银行几乎没有区别。那么高利贷放债人会愿意立刻贷款吗？会有人愿意接受高利贷放债人这种危险的贷款合约吗？请简要地解释你的答案。

d. 假设不管是银行还是高利贷放债人均不能区分借款人的类型，那么在打碎膝盖合约有效的前提下，借款人是会过得更好还是过得更坏？请解释为什么，并给出打碎膝盖合约所能够解决的问题。

e. 如果借款人拥有部分财富，请简要解释事情可能会出现怎样的变化。

f. 这是一个典型的逆向选择的练习题。假如这是一个关注道德风险的题目，那么请解释相关论证将发生怎样的变化，或者还是保持不变？

# 第3章



# 微型金融之源：合会和信用合作社

## 3.1 导言

即使没有微型金融，穷人没有抵押也不意味着他们彻底与金融中介绝缘。 067
相反，在乡村经济中，穷人有很多的信贷资源，以及一些非正规的储蓄和保险方式。例如，Mosley（1996a）在1990年印尼农村进行的一次调查报告显示“70%的受访家庭从非正规的放债人那里借钱”，这个数字与其他对非正规经济的研究相吻合。

人们对非正规金融的集中认识从孟加拉、印度、南非贫穷家庭的“金融日志”中获得，它们由Stuart Rutherford，Orlanda Ruthven和Daryl Collins（在Collins等2009中描述）所收集。这一研究中的家庭一年内每两周被访问一次，几乎记录了所有的金融交易，无论是非正规的、半正规的还是正规的[1]。Morduch和Rutherford（2003, 5）总结了在孟加拉发现的活动：“平均而言，孟加拉的家庭每年通过金融服务和手段进出一定数量的资金（839美元），等于他们2/3的全年现金收入。在孟加拉的案例中，家庭进入一个新的金融安排——在其他人中间，有放债人、财产保管者、储蓄社，或正规的提供者——平均每两周一次。在孟加拉，在一个只有42户家庭的样本中被发现他们一年内使用了33种服务或手段：没有家庭使用少于4种，1/3的人使用超过10种。”Collins等（2009）认为家庭拥有活跃的金融生活是因为他们贫穷，而不是富有。

使用的手段通常是多元的和重叠的。在成本谱图的一端是家庭、亲戚和朋
友间的贷款。因为这些贷款通常交互地发生（你现在借给我，你下回需要用钱 068
的时候我借给你），它们通常不给利息，是广义的非正规保险关系的一部分（Ray 1998）。在另一端是放债人，他们拥有持久的、并不明确的“高利贷者”的名声。循环储蓄信贷协会（合会）、储蓄俱乐部和信用合作社居于中段。微型金融的前景是，这些机制离完美还差很远，它们被当地资源所限制，在放债人的例子中，通常成本很高。但理解非正规机制仍可以提供关于如何设计可行的微型金融合

同的引导。

像很多微型金融的模式，合会和信用合作社都分组组成。但合会更简单，分组建立在朋友和熟人的非正规的了解上，而合作社需要正规的章程和一定程度的法律地位[2]。理解这两种机构的运作方式，可以为理解微型金融的联保贷款铺平道路（例如，组是如何帮助降低成本、让资金流动、改善监督，和贯彻非正规的基于社区的执行机制）。他们同样也启示了微型金融中联保贷款的局限。

了解合会如何存续也让我们对储蓄约束看得更清楚。尽管合会和信用合作社通常被视为对上一章中描述的市场问题的弥补方式，新近的研究工作认为它们仅仅在提供简单的储蓄方式上有价值。确实，它们的内在逻辑可能很重要地依赖这样一个事实：合会可以为低收入家庭提供比通常可得的方式更有效的储蓄方式。我们在 3.2 节中介绍合会，描述它们克服信贷市场问题的方法。然后我们解释为什么合会不会分崩离析，为了回答它，我们将讨论储蓄约束（第 6 章再捡起这个主题，更广泛地描述储蓄和储蓄约束）。

3.3 节转向了 19 世纪的欧洲信用合作社，我们转到了微型金融的早期先驱——它是一致的尝试，通过创造定位于无抵押低的收入家庭新的金融机构去抗击农村的贫困。对信用合作社的讨论显示，这些基于组的正规的机制如何有助于克服传统银行当把钱借给穷人的时候面对的麻烦。特别地，信用合作社可
069 以诱发成员间有益的“同伴监督”。这些经验已经成为现代微型金融的组成部分，我们在第 4 章和第 5 章中将继续讨论相关的合同创新。

## 3.2 合会

一种避免被放债人收取高昂费用的方法就是从邻居和朋友那里借钱，但当利率很低的时候（或甚至为零），社会成本和义务可能显著。合会提供了一个替代性的方案，它建立在汇聚邻居和朋友形成的广泛的组的资源的基础上，并以系统化的方式进行，它们几乎在哪都能被发现，从喀麦隆农村地区“通蒂”到台北组建的“会”，墨西哥的“坦达”和智利的 “波拉”[3]。一些案例表明了它们有多么重要。例如，在一个构成表 3.1 基础的调查中，大约 40% 的家庭不仅通过印尼人民银行稳定地参与微型金融，他们也参与了合会。Bouman（1977）报告，上世纪 70 年代早期在埃塞俄比亚合会构成了其 GDP 的 8% ~

10%，在印度的喀拉拉邦，合会占所有银行存款的 20%。Bouman （1995）指出在喀麦隆、科特迪瓦、刚果、利比亚、多哥、尼日利亚至少有一半的农村居民参与了合会。Levenson 和 Besley （1996）发现 1977–1991 年间大概 1/5 的台湾人口在某一特定年份参与到合会中，让他们惊讶的是，数据很好地显示出参 070
与度伴随收入而增长[4]。

表 3.1 印度尼西亚的合会参与度

| 分位数 | 曾经是合会成员的比例（%） | 参与者每月人均收入中位数（卢比） | 罐子的中位数规模（卢比） | 收入的中位数和罐子的中位数之比（%） | 频率（百分比） | | |
|---|---|---|---|---|---|---|---|
| | | | | | 每天，每周，或每两周 | 每月或每季度 | 其他 |
| 底部 | 33 | 40260 | 3000 | 7.5 | 38 | 49 | 12 |
| 第二个 | 44 | 75000 | 3000 | 4.0 | 45 | 41 | 14 |
| 第三个 | 60 | 134150 | 3500 | 2.6 | 45 | 52 | 3 |
| 第四个 | 71 | 241667 | 5000 | 2.1 | 26 | 70 | 4 |
| 第五个 | 63 | 600000 | 10000 | 1.7 | 24 | 71 | 5 |

来源：由印尼人民银行在2000年秋季收集的1066户家庭调查数据。由乔纳森·默多克计算。贫困线平均为每人每月 90901 卢比，在 1999 年末汇率为 7855 卢比兑 1 美元。

合会趋向于具有简单结构。基本要素是由单个人形成的组，他们都同意定期贡献资金到一个共有的“罐子”中，然后在每一期配置给组中的某一个成员。例如，20 个人，每人都同意在 20 个月内每月贡献 15 美元，于是产生了一个每月有 300 美元的“罐子”。以月为间隔，组集会来收集份额、分配收益，过去拿过罐子的下一次分配罐子时就被排除掉，直到每一个人都轮流得到这 300 美元（除非这是一个“竞标”的合会，后章详述）。合会因此成功地将少量的富余资金收集到家庭中，聚少成多，可以用来资助大宗购买。

简单具有优势。合会的生命有清晰的开始和结束，核算是一目了然的（人们只要跟踪谁已经获得了这个罐子，谁还在排队等待），资金不需要被储藏，因为钱直接从一个人的口袋到另一个人的口袋。合会的形式多种多样，每一个都涉及合会提供了什么，它是如何持续的，谁被吸引加入了。主要的变化形式包括组决定谁取得罐子的方式。获得的次序可能预先决定好，一个循环接一个循环地不变，顺序也可能在每一个循环开始前随机选择，第三种情况，成员可能被允许对某一特定的罐子进行竞价，而不是简单地等候他们的位次（例如，在台湾这是主要的形式；参见 Levensonand Besley 1996， 以及 Calomirisand Rajaraman 1998）[5]。

和放债人一样，合会是非常本地化的机构。例如，在孟加拉，合会作为“劳特利 · 萨米蒂”为人所知，在 Rutherford （1997）调查的 95 个“萨米蒂”中，70% 由临近地区的人组成，其他的则是拥有共同的工作场所。合会的成员数从 5 个人到超过百人不等， “罐子”从 25 美元到 400 美元不等。孟加拉较大的合会为成员投资提供充足的资本，例如购买黄包车，让司机们不用再支付高额的租金。大约 2/3 的合会每天都筹款，数量小到 5–25 美分（较少被花掉），大约 1/4 按月收集，这个特别通行，因为服装工人按月得到报酬。

071 Gugerty （2007）报告了肯尼亚西部的 70 个合会，它们临近乌干达边界。绝大多数的合会以朋友和邻居的组成的组而形成，一般而言，参与者报告说，其他的成员每个月访问他们的家 14 次（除去合会集会的缘由）。这一地区是农村，主要依赖小规模的生计农业，一些经济作物（棉花、烟草和糖），以及本地集市贸易。日均农业工资少于 1 美元，故平均 25 美元的罐子就很显著了，通常按月分配（每人平均贡献 2 美元）。典型的合会循环持续大概 1 年。罐子大约是 1/4 的月均家庭支出，足够用于支付小学学费，或购买两包玉米、两个铁的屋顶盖、床垫或毯子（Gugerty 2007）。

如表 3.1 所示，相关的形式出现在印尼人民银行进行的一项调研中。这个研究覆盖整个国家超过 100 个家庭，几乎一半的家庭都包含在当前的合会成员中（另 7% 包括之前在合会中的人）。在台湾，参与的概率与收入一起增加——尽管罐子规模的中位数平均值没有能够跟上收入的上涨，于是当家庭变富裕之后，合会变得越来越不重要了。在孟加拉，较富裕的家庭喜欢较少频率的募集：最富的两个五分位数强烈地倾向于月度或季度的罐子，而较穷的组倾向于每天、每周或每两周的罐子。（我们将在 5.3 中说明这个结果的政策含义，那里我们描述较不曾听说的、但相当重要的微型金融创新，以及周和月度贷款偿还时间表。）

### 3.2.1 合会的简化分析

为了看看合会是如何工作的，我们给一个例子，这里每个人获得罐子的次序是预先确定的。我们在3.2.2中还将继续讨论：为什么合会不会分崩离析。我们先从一群个人定期自愿贡献资源到一个共有的罐子中说起。在每一次集会上，每一个参与者把他的份额放到罐子中。谁获得罐子的次序在第一次会议时就通过从帽子里抽取名字的方式确定了。

为了看看合会的吸引力（继续我们之前的例子），假定有20个人，每个人都希望获得一台价值300美元的缝纫机[6]。（除了缝纫机，希望的物品还有 072
收音机或一件农具——真正关键的是它是*不可分的*，也就是说一半或2/3的缝纫机都是没有价值的——你必须获得完整的东西。）结果，每个人都必须等待直到他在购买前有300美元完全在手，他购买得越早，福利改善得越好。

每个参与者每周赚50美元，但一旦缝纫机被买到手，拥有者就可以每周获得额外的20美元的收入。每个人都需要至少35美元来满足基本生活需要，于是在购买缝纫机前至多每月15美元可以留下来作储蓄。如果一个人没有参加合会，他每月可以存15美元，在20个月之后可以购买到缝纫机（可简化起见，假定储蓄没有利息）。他的消费形式将是20个月内每月35美元，之后是50+20=70美元每月。拥有一台缝纫机将使得他的消费翻番。

现在让我们考察加入了有20个邻居组成的合会的一个人，每个人都愿意也能够每月贡献15美元，他获得这个罐子的次序在1–20之间的一个数字。在排序确定前，他可以先验地以相等的1/20的概率结束这个排序，但平均而言，他将是第10个接受者。如果他的确是第10个接受者，他将在前9期消费35美元，然后在第10期得到这个罐子。此时，他可以在以下的10期中消费35+20=55美元，此时，合会循环结束了，他的义务也完成了。从那时起，他获得了每月50+20=70美元。通过提前预计购买到缝纫机的日期，合会是比个人自己存款更明智的选择。事实上，除了最后获得罐子的人，对每个人而言都改善了，而最后一个人也不会比他们自己储蓄来的更差。

Anderson，Baland和Moene（2009）称之为参与合会的“先得罐子动机”，但就像我们在3.2.2中描述的一样，还有其他的解释，包括两个非常不同的基于储蓄动机的解释。一个是Anderson，Baland和Moene（2009）青睐的“家

073 庭冲突动机”，在这个解释中，参与者通常是女性——寻找家庭以外的财源，不依靠她们的丈夫。另一个是“储蓄承诺”的动机，由 Gugerty 提出（依赖于这个事实：合会呈现了一个积累资金的清晰、公开、讲规则的方式）。

### 3.2.2 执行协议与便利储蓄

合会的存在原则上使每个人变得更好，但实践中它们如何运作呢？我们刚才描述的合会模式依赖于三个重要的假设：第一，所有人都希望购买一个不可分割的耐用品；第二，他们迫不及待想这么做；第三，合会的参与是强制的，所有较早获得罐子的人保持这个轮次，并贡献给这个罐子，直到所有的参与者都有机会购买到耐用品。

如果产品不是不可分割的，参与者可以开始买一点，当即收获回报。反之，不可分割性意味着没有合会，人们被迫储蓄直到他们可以足额地支付[7]。不可分割性的作用与两个非常不同的文献中的证据相吻合。例如，Besley 和 Levenson （1996）使用台湾的数据表明合会参与者的确比其他人更喜欢购买耐用品，如微波炉、录音机、空调，即使控制住了收入和参与的内生性。在内罗毕的贫民窟，Anderson 和 Baland （2002）近似地发现，合会参与和大宗购买相关联（在这个例子中，是学费、衣服、租金和医疗费用）。

这些结果仅仅具有启示意义。Gugerty （2007）反驳道，在肯尼亚西部，为多于一件商品使用罐子并非不寻常，最贵的不超过罐子平均规模的 2/3。更进一步，合会参与者青睐的支出往往是可分的。例如，学费可以分期付款，食品可以每次少量购买，家居设备如杯子、盘子可以单个购买。当然，批量购买可以削减成本，所以先得罐子动机对合会而言仍成立。但 Gugerty 也指出一个事实证据：绝大多数的参与者并不把先得到罐子看得很有价值，反倒是在收获季节获得罐子将是一个更大的奖赏。

急不可耐的假设对先得罐子的故事同样重要。否则，家庭将满足于自我储蓄。假定无耐心是常见的，经济学家一贯假定某一程度的不耐心（如今天给一
074 定数量的钱比明天给相同数量的更受欢迎）。在实践中，我们认为，不耐心的约束没有缺少有效的储蓄方式那样严重，这个观点与 Gugerty 从肯尼亚获得的证据一致，并由 Karna Basu （2008a） 做了正式论述。

为看清这一点，我们需要首先回到执行问题。在我们对该模式的简单描述

中，我们已经强调相对于他们单打独斗而言，参与合会的收益。但是一旦获得罐子的次序确定之后，执行问题产生了。考虑一个处于非常靠后次序的参与者。为什么他要待在这个协议里面呢？毕竟这与自我储蓄相比，他的福利改善得最少。合会将不会比他自己储蓄获得耐用品来的更早。事实上，合会可能强加了成本，因为它强制他固定额的储蓄、每期定时添加，而他可能更喜欢在决定如何积累时的灵活性。如果最后一个人拒绝待在协议中，整个协议将解体，因为总有一个人在最后。为什么它还在运作一个理由就是，事实上，合会成员没有更好的方式去储蓄了。对小额储蓄来说，缺少良好建立的储蓄机构可能对合会的运作是一个关键。

对第一个获得罐子的参与者而言，激励问题可能更糟。什么能阻止他们拿到这个罐子后拒绝对后期做贡献？第一个拿到罐子的参与者实际上从合会其他成员那里借钱了；他们因此必须在以后的历次集会中偿还负债，就像任何借款人一样。Rutherford（2000，34）注意到当他向人们宣讲合会的思想时，早期潜逃者的风险是最经常被听到的担忧。为了运转，合会必须依赖于对那些不履行义务的人以潜在的惩罚。

一个可能的惩罚是拒绝潜逃者参与未来的合会循环，但 Anderson，Baland 和 Moene（2009）说这是不够的；惩罚将不会奏效，因为潜逃者可以轻易地自我储蓄和行事。再考察一个有 20 成员的合会的例子，每人 15 美元的贡献额，300 美元的罐子。同时假定获得罐子的次序从一个循环到另一个循环是不变的——一旦一个 20 期的循环结束了，下一个立即开始。排除于以后的循环的对执行问题真的有帮助吗？如果一个人待在合会中，为了接下来的 19 期，他
必须对这个罐子贡献 15 美元，直到循环结束。在接下来的各期，新一轮合会 075
产生。由于我们的假定这个人还是第一个获得罐子，他将支付 15 美元贡献，然后再获得配发的 300 美元。然后他必须为下一个 19 期再一次支付 15 美元，如此往复。

执行问题产生了，因为个体可以通过违约变得更好。在第一轮的第一期之后，他携带“免费”的 300 美元潜逃了，而不是履行他的义务，他可以很容易地在 20 期中每期为自己存 25 美元。20 期之后他就有另一笔 300 美元到手，就像如果他遵守合会的规则他也会有的一样。不仅如此，他还可以灵活地储蓄，

不用受合会的固定筹款日程表的限制。果真如此，合会将因此而解散，正如一个在内罗毕的合会成员所说的：“你不能在钱的事情上信别人。人们趋向于撒谎”（Anderson，Baland，和 Moene 2009）。Collins 等（2009）的金融日志给了许多有关在孟加拉、印度和南非密集使用合会的案例——但也有失败的合会的悲情故事。

合会的设计方式会影响执行的难易程度吗？具体而言，如果我们放弃从一个循环到另一个循环获得罐子的次序不变这个假设，将会怎样？设想一下，在每个 20 期循环的开始用随机抽彩的方式决定次序[8]。这将只会使得排在第一的人的激励问题变得更糟。他不再保持真诚以固定次序在下个 20 期获得第 2 个罐子，他将不期望获得另一个 30 期的罐子（因为在下一轮中平均抽彩的数字将会是 10）。违约的好处变得更大了。

为什么我们经常看到随机抽彩的设计呢？首先，它看起来更公平。其次，它为序列里最后一个人提供了最大的激励。他这一次可能数字是 20，但下一次预期数字平均为 10。因此在“公平”和为序列的第一个人提供正确的激励之间存在着冲突。一个在肯尼亚采用的解决方案是使用固定的次序，把人们都知道最不守信用的人放在组的最后面；这被认为是最公平的（除了那些被指责为不守信的人！），有助于解决激励问题。为了使其更便利，合会的管理者投入大量的精力去事前审查未来的成员。即使成员之间不是很熟悉，要求从现有的成
076 员中获得推荐这很管用，声誉可以随时间积累（当保持良好的记录后，一个人获得罐子的位次可以提前）。

其他保持合会不解体的方法包括处罚问题参与者，不让他们获得其他的关系，比如贸易信贷、信用合作社，或获得原材料投入。肯尼亚合会参与者也说有时使用强制手段从违背义务的成员那里获得物品，再转卖掉（Anderson，Baland，和 Moene 2009）。社会制裁也可能被使用，例如那些违约的人会被从村庄中放逐出去，或被社会和宗教活动所排斥（例如，Ardener 1964）。

Orlanda Ruthven 对德里贫民窟居住者的研究清晰地揭示了这些紧张关系：

> 对德里的被访者而言，缺乏“正确”类型的人加入合会是一个关键性问题。纳西尔……喜欢运行良好的合会，但他的两个邻居说他们邻里之间，甚至在德

> 里，都没有充分的信任关系可以依靠他们还债。另一个贫民窟的受访者说他多次尝试加入合会，但发现没有一个愿意接纳他的。最终，他见到一个合会的管理者，告诉他他只有同意最后拿到罐子才能够加入。他的两个邻居是出色的合会成员，但他们必须自始至终每月穿梭德里参加集会。没有人觉得他们在自家周边能找到任何合适的。（Collins 等 2009， 125）

不完善的替代方式意味着储蓄也可以解释为什么合会保持在一起。在这一点上我们已经假定，不在合会中的人在储蓄上没有什么约束；这就是为什么指出潜逃者离开合会后也一样好是有意义的（通常还会更好些）。但是 Rutherford（1997）发现，当被问及时，最常被引用的理由是在德里贫民窟的居民参加合会实际上是为了储蓄，特别是鉴于他们在家里储蓄的困难[9]。Daryl Collins 在南非有关合会和储蓄俱乐部的工作也得到类似的结论。她在金融日志研究的一部分中描述了一个妇女：

> 在我们认识她时，罗姆莎在两个不同种类的（储蓄）俱乐部中……罗姆莎在俱乐部的身份有两个困惑。毕竟，她在银行有自己名义的账户，也被用来交易。为什么罗姆莎不把钱存放银行，避免俱乐部的各种麻烦（她必须参加集会）和毫无疑问存在的风险（如果钱从秘书家里被偷走了怎么办）？许多南非日志的家庭属于这种类型的俱乐部，他们对这个问题最为常见的答案是，俱乐部成 077
> 员身份是最为确定的方式让他们为特定目的而强制储蓄。“你感到有压迫感来交你的份额。如果你不那么做，你就会陷朋友于不利。所以它比较好，因为你无论如何都得交钱。”（Collins 等 2009，113–114）

Anderson 和 Baland （2002） 近似发现，女性青睐合会，因为参与合会帮助她们从家庭以外获得资金（也不用从丈夫那里）。这种情况下，这种张力由对“配偶控制”的需求提供，而不是自我控制[10]。在内罗毕的样本中几乎所有的合会参与者都是女性，在全世界这也是常见的。Anderson 和 Baland 在他们的数据中发现了一个有意思的“倒 U”形：对于丈夫缺乏自主性的女性不太会加入合会，有很大自主性的也不会（由于她们不需要合会提供的保护）。参与最广泛的是中间阶层，这些妇女有一定的自主性，也寻求额外的杠杆来使家庭管理更便利。我们在第 7 章讨论性别时会回到这个话题上来。

只要有储蓄，合会都有一个重要的优势，这是其他非正规机制所没有的：合会的好处在于不需要一个物理空间来储蓄资金，因为在同一天，资金会被收集，再被分配。与参加合会相联的公开性和预先承诺也成为有助于贯彻纪律、鼓励储蓄的策略，这是其他方法都做不到的。这些优势遵循行为经济学新进展提供的逻辑，即当自我控制较弱时，承诺策略占优（如 Thaler 1994；见 6.6 节）。参加合会因此提供了一个确定的、结构性的方式来储蓄，否则储蓄将流失。即使不是特别无耐心的家庭，也会加入合会，仅仅因为它有助于储蓄（Basu 2008a）。

Gugerty（2007）对肯尼亚西部 1066 个合会成员的详尽调查分析，强化了对解释个体为什么形成合会的储蓄观点的坚持。正如一个合会成员在调查中反馈的："你无法独自储蓄，很容易就滥用钱。"另一个强调："在家储蓄会让人大手大脚。"另一个说："在家里很难存住钱，因为需求很旺盛。"Gugerty 分析了 308 个合会成员对问题"什么是你加入这个合会最重要的原因"的反馈，
078 她发现 37% 的报告说"很难在家里储蓄，因为钱会在小额的家庭用度中被消耗光。"另外 22% 的人报告说，"很难独自储蓄，他们和别人在一起'才有力量储蓄'"。只有 10% 的人报告他们加入的理由是"作为对家庭冲突、惧怕窃贼和亲戚需求的回应"[11]。

合会遍布广泛，形式多变，以至于没有一个对它存在的合理性解释能够普适性地超过别的解释。我们在此考察的每一种解释中都看到了真理：先得罐子动机、家庭矛盾动机、储蓄承诺动机。但我们强调后面的动机，因为它们仍未被重视，又因为——正如第 5 和第 6 章中所讨论的——它们意味着微型金融的重要转折。

### 3.2.3 合会的局限

合会的普遍存在证明它们的有用性，但它们也存在局限性。首先，在每一个给定的合会的生命周期中，不论是罐子的规模还是份额的大小都是灵活的。创造一个更大的罐子可以通过缴纳更多份额（对一些成员来说有困难）或者招募更多的成员。但增加成员会导致管理问题，延长合会的生命周期（因此也延

长了成员们必须等待他们下一次获得罐子机会的平均时间）。

其次，或许更重要的是，合会很好地使用了本地募集的资金，但不提供常规的方法来使得来源于一个既定的组之外的资金流动。因此，从微型金融的角度而言，合会显示出一个使用组来配置资源的有意思的先例（联保贷款的前身），但它们没有能展现出一个有效的方式来使资源跨越独立的社区而流动，或较容易地扩张规模。

一个偏颇的方式来解决第一个问题就是通过“投标合会”。这里，分配罐子不是通过一个预先设定的次序，每一期的罐子都分配给愿意支付最多的人。其他参与者获得这个竞标收益。对于那些首要目的是储蓄的人，投标合会提供了一个对储蓄的回报，它通过其他形式无法获得，成员无须在一个预先设定的时间获得罐子。对那些中标罐子的人，合会提供了在急需时拿到资金的方法，尽管有一定的成本。用这样的方式，投标合会可以有助于弥合在困难时期的风险（有关合会和风险更多的内容见 Calomiris 和 Rajaraman，1998）。

这种处理方式的问题在于之前的章节中讨论过的信息问题。我们预期有风 079
险的参与者为了获得这个罐子比安全的参与者愿意支付更多，于是最早的罐子到达最有风险的借款人手中。由于风险借款人同样也更倾向于违约（如停止缴纳份额），在循环的后期拿到罐子的参与者可能最终从合会中获得少于他们往里面投入的。果真如此，投标合会就是比随机合会更缺乏效率的设计。在 2.5 中提到的 Klonner 和 Rai（2008）关于投标合会在印度的研究，支持了这些预测。作者发现较早的借款人违约率偏高。由于违约率是风险的代理指标，这意味着风险借款人确实有较高的意愿去支付。他们也检视了政策冲击对违约的效果，在本案例中，1993 最高法院决定把合会投标的上限定在 30%。投标上限使得投标合会更像随机合会：多个参与者进行最大化可允许的投标，获得罐子的人是从最高投标者中随机决定的。Klonner 和 Rai 检视了在印度政府设置上限前后的违约形式，发现早期投标者的违约在设定上限后较不明显了。

多个投标者都在寻求罐子的另一个时间是经济低迷时期。一个投标战争紧接着发生了，导致结果是可能经济上有效率了，但并不必然公平，因为急需钱的、更穷的家庭将更容易落标。鉴于此，信用合作社展示了它们是一个更灵活的机构方案，以下我们转而讨论它。

## 3.3 信用合作社

合会展示了一种正规化、系统化使用组在穷人社区中分配资源的方式，但它们的简单性也存在缺陷。正如 3.2 中所述，许多使用合会的人更多是作为储蓄的手段，而不是借贷的手段。在为一定复杂性的付出代价后，合会的结构可以被修改，来允许一些参与者主要储蓄，其他参与者主要借贷——一次超过一个人借贷。在这种方式下，合会转型为 ASCA（积存和信贷协会），在 Bouman
080（1995），Rutherford（2000）和 Collins 等（2009）中有所描述。ASCA 最正式的模式基本上是一个信用合作社（或在美洲通常被称为储蓄互助社——我们交替使用这两个术语）。一个主要的优势就是储户不再被要求借贷，贷款的规模可以随需求而定。代价就是资金必须现在被储蓄，记账和管理变得更复杂。

进入这一方向，我们朝现代微型金融走近了一步。的确，合作社分享了一些“村镇银行”的特征，后者由微型金融的非政府组织推动，如 FINCA，“扶持女性”和“免于饥饿”组织，在当代微型金融图景中，信用合作社发挥了日益重要的作用。2007 年世界储蓄互助社理事会（2007）统计出 49134 个储蓄互助社服务于全世界 1.77 亿成员。它们中超过一半都在非洲和亚洲运作，分别占总数的 24% 和 41%。但是信用合作社的根源要更久远一些。不像现代微型金融的“革命”，在微型金融变为全球性运动前的一个世纪，一名叫弗里德里希·拉菲森的村长已经在德国农村做类似的推动普及；他的目标是推广基于组的新方式来为穷人提供金融服务（Banerjee，Besley 和 Guinnane 1994；Guinnane 2002；Ghatak 和 Guinnane 1999）。通常，拉菲森合作社的一笔贷款有 10 年的期限，用于农业投资。拉菲森信用合作社运动建立在 19 世纪 50 年代开始的一个更广泛的运动基础上，到世纪之交，它已经传播到了爱尔兰、法国、意大利和日本（之后到韩国、中国台湾、加拿大、美国和部分拉丁美洲国家，见 Adams 1995）。在法国，信用合作社运动在 1885 年获得了推动力，当时刘易斯·米森特创建的信用合作银行“农业信贷银行”成为法国最大的银行之一[12]。在德国，1910 年超过 15000 家机构在运作，服务于 250 万人口，占据德国银行业市场份额的 9%（Guinnane 2002，89，表 3）；到 20 世纪初，接近 1/3 的农村家庭都是信用合作社的成员（Adams 1995）。

英国人也被激发了，他们在印度也培育了信用合作社，创造了现代微型金融在南亚的先驱[13]。在19世纪90年代，当时在英国统治下的印度南部马德拉斯政府，借鉴德国经验来解决印度的贫困问题，并于1904年颁布《信用合作社团法》，沿袭拉菲森的基本模式创建合作社。到1912年超过40万的印度人加入新的信用合作社，到1946年成员数超过9百万（Bedi，引自 Woolcock 081
1998）。合作社在孟加拉邦建立起来，这一地区在1947年独立后变成巴基斯坦的东部，现在则是孟加拉国。后来，信用合作社在孟加拉国式微了，但联保贷款的概念已经深入人心[14]。

信用合作社像合会一样发挥功效，它们从有能力储蓄的社区居民那里筹钱，把这些资金分配给那些希望进行一笔大宗投资（或消费）的人。但与合会不同的是，信用合作社具有以下共同特征：第一，成员借款不用排队，也不需要为贷款而投标。第二，不论是储蓄者还是借款者，参与者都是合作社的股东。有关现行利率、贷款规模上限、对信用合作社机构设置图的变化等核心决策，由所有成员基于一股一票的规则民主决定。与合会参与者一样，他们共享相同的约束——居住在邻近地区，进出同一个教堂，或在附近工作——因此在执行契约上社会惩罚是可行的（除了违约的借款人将损失他在合作社中股份的可能性）。在此后的章节中，我们分析这些不同特征如何有利于一个信用合作社的成功，特别是让储蓄流动、引导同伴监督和解决风险。

**3.3.1 信用合作社和储蓄**

在对德国1850-1914年间农村合作社的研究中，Prinz（2002）分析了基于拉菲森模式的信用合作社的起源。拉菲森模式主要的特征是：（a）成员必须属于同一个本地教区；（b）承担无限责任，因此违约人将损失他们现有财产，并遭受社会成本[15]；（c）低收入的人不应被歧视，当他们变成合作社的一员时应当被给予相同的权利；（d）合作社不仅仅是一个金融中介，它还扮演着其他的功能，例如便利成员为生产投入的购买等；（e）合作社可以发放短期和长期贷款。

尽管 Prinz 在储蓄上没有直接的证据，他认为成员的此类储蓄更像长期储蓄，因为利率是稳定的，在1897-1911年之间的整个时段基本保持不变（在大 082
约4%）。这个论断继续指出，这个利率的稳定性是非常显著的，特别对于在农村地区运作的信用社来说，自然的解释就是成员的储蓄也是平稳的。

在这种农村背景下成员的储蓄是怎么维持长期稳定的呢？Prinz 强调了他称之为“面对面”关系和农村间信任纽带的重要性。经过长期的过程，这些纽带变得非常强大，即使在世纪的拐点出现了很强的竞争，拉菲森合作社仍持续保有平稳的储蓄水平。用 Prinz 的话说：“虽然在 19 世纪 60 年代农民通常没有别的选择只能在拉菲森的合作社存款，但他们的孙子或孙女却有选择机会。暂不谈他们最初的怀疑，看起来是村民们认为拉菲森合作社越来越是他们自己产业的延伸。”（2002, 15）我们在附录 3B 中将拉菲森合作社的这个特征规范化。特别地，我们显示当社会惩罚足够高，或投资到别的地方机会成本足够高时，合作社成员愿意将他们所有的储蓄投资到合作社。原因是在这些情境中，通过合并社会承诺、无限责任和利率稳定，违约率急剧下降。于是较低的贷款违约概率鼓励了储蓄。

### 3.3.2 信用合作社和同伴监督

同样被拉菲森信用合作社经验所启发，Banerjee，Besley 和 Guinnane（1994）发展了一个信用合作社模型，强调成员间的同伴监督。模型深入研究为什么借款人的同伴有激励来监督和执行合同。这些见解也被应用到微型金融中的联保贷款。

考察一个只有两个成员的合作社（这不是一个现实性的假设，但它允许我们以一个简单的方式展示一些关键性的特征）。其中一个有新的投资机会，需要为之融资。借款人的项目是有风险的：借款人获得总收益 $y$ 的概率为 $p$，获得 0 收益的概率为（$1-p$），其中 $p$ 是成功的概率。实现这个机会要求投入 $F$，
083 其中部分由向外部出借人借贷融资。于是这个项目将取决于从外部出借人和信用社内部的出借人获得的保障资金。

首先假定两个合作社成员均无财富。于是借款人和外部出借人之间的贷款合同就是一个的简化的标准债务合同，明确借出数量为 $b$，毛利率为 $R$，不管项目何时成功有 $R \cdot b<y$。简言之就是外部出借人不能收取一个大于借款人收入的毛利率——在这种情况下，借款人才能赢利。当项目失败了，借款人被有限责任所保护，不用偿还。

现在考察一个设计良好的信用合作社怎么促进这件事情。考虑这样一种情

况：借款人的合作社伙伴成员（“内部人”）有资金来借给借款人，弥补项目全部成本 $F$ 和外部人愿意出借的数额 $b$ 之间的差额。因此，内部人的一个作用简单说是借一个数目 $F-b$ 给借款人。内部人第二个作用就是担任一个担保人，可能会提供抵押品从而保障从外部的贷款。我们将显示为什么提供抵押将在这里有意义，即使贷款去往内部的伙伴那里。内部人发挥的第三个作用就是作为监督者，他采取措施鼓励借款人去努力工作，增加成功的概率。逃避责任的借款人会遭受罚金或他同伴施加的社会惩罚，逃避责任被抓住的概率与监督的努力成正比。

问题是：什么将决定内部人对他的同伴监督的多少呢？提供抵押的效果将会是什么？内部人向同伴收取多高的利率来为同伴提供“内部贷款”？

为了简化问题，我们做一对一的假定，借款人越努力，成功概率越高——于是我们能使用一个符号 $p$ 同时表示努力和成功的概率。问题是：$p$ 是怎么确定的？借款人成功的概率是他如何努力工作的函数，这进而变成内部人监督多少的函数。为了刻画这些因素，努力的成本被假定为一个特殊的形式（1/2）（1/$m$）$p^2$，$m$ 表示内部人监督的松紧程度。这个函数显示努力的成本是监督程度 $m$ 的减函数。思考这一点的另一种方式，就是考察该关系相反的一面：逃避责任的成本是监督程度的增函数，因为更多的监督意味着借款人更容易被抓住和 084
惩罚。在成本函数中 $p^2$ 的作用意味着努力的成本增长的幅度比例上少于增加的努力（因为 $p$ 是概率，必须小于 1）。

决策的时间如下：首先，借贷人与内部和外部出借人签订贷款合同。我们假定在潜在的外部出借人之间有完全竞争，于是合同将保证外部出借人预期获取市场利率 $r$ 加上风险补偿。其次，内部出借人选择对借款人监管多少（挑选 $m$）。第三，借款人决定付出多少努力 $p$ 投入到项目中。第四，项目实现收益。

给定这个顺序，借款人在已经知道内部人将对其监督多少的条件下选择努力程度。于是对于一个给定的内部人的监督强度 $m$，借款人选择努力程度 $p$，来最大化他的预期净成本：

$$p(y-Rb)-(1/2)(1/m)p^2 \qquad (3.1)$$

求解结果是最优水平努力 $p$ 等于 $m(y-Rb)$[16]。我们立刻看到，一个更高的监督强度 $m$ 提高了 $p$，就像之前描述的那样。这是因为一个更高的监督强度

$m$ 降低了借款人努力的边际成本，导致借款人更多的努力和更高的成功的概率。我们假定利率 $R$ 是给定的，但我们知道它必须高于可以作为替代品的、安全投资（如政府债券）的市场利率。这是因为外部人必须承担一定的违约风险[17]。

问题是内部出借人没有激励来投入到同伴监督上。于是，什么能保证 $m$ 将实际是正的呢？为了看明白，我们必须略微修改我们的假设。假定内部合作社成员有私人财富 $w$ 可以用来作为贷款合同的担保。也就是说，一旦借款人没有偿还毛利率 $R$，内部人将承诺给外部出借人 $w$。更进一步，假定 $w$ 足够大以至于外部出借人总是被全额偿付[18]。现在，外部出借人在放贷时面对零风险，于是他不再要求风险贴水。假定是完全竞争，$R$ 将会降到等于 $r$，这是安全投资的市场回报率。于是，下降的利率，意味着借款人的努力上升，因为 $p$ 现在等于 $m(y-rb)$，比之前更大了。

085 显然，内部人提供担保的意愿有助于借款人，但为什么内部人要这么做呢？如果项目失败了，内部出借人损失 $w$。内部人可以通过获得一个回报被补偿——有效的利率——如果项目成功的话。如果内部人有较强的讨价还价权力，他将能够获得剩余回报（$y-rb$）的绝大部分，即借款人在偿还外部出借人后的剩余。于是在这种情况下，内部人有激励来提供担保。

此外，为了提高成功的概率，内部人现在也有激励投入到监督中[19]。为了从借款人那里诱发更高的回报，内部人所做的监督的努力，$m$，应当以担保的数量 $w$ 增加——因为更多的担保意味着当借款人逃避责任时更多的损失。但是，外部出借人收取的利率的上升，在监督上倾向于产生负面的效果。这是因为外部出借人被优先偿付，于是当外部人收取的利率增加时，内部出借人采用的任何额外的监督的收益将越来越多归于外部人。

模型显示了在增加贷款上组可以运作的方式。这里，内部人表现为担保人和监督人，拥有激励，基于的事实是内部人也是出借人。在微型金融的情况中，组的同伴成员也表现为担保人和监督人。但在这个情况中，他们的动机被激发，是基于如果所有的组员都偿还了贷款，他们未来能获得信贷的前景。

在展现监督如何作为制度设计的功能而产生上，Banerjee，Besley 和 Guinnane（1994）的模型是重要的。监督的最优化是另一回事。结尾时，我们注意到，相较于一个仁慈的社会计划者在做决策可能发生的结果，完全有可能出现内部人监督得太多、太经常惩罚借款人的情况。

## 3.4 总结和结论

在这一章中我们分析了合会和信用合作社，它们二者是现代微型金融机构的先驱。信用合作社（或储蓄互助社）如今在微型金融市场也发挥日益积极的作用。

在我们描述的模型中，合会能够帮助有信贷约束的个人通过一个简单的共
享机制购买不可分割的物品。这个主意美好简约，却不太灵活。方法可以变得 086
更复杂，但它仅仅充当本地资源的中介仍将是有局限的。

虽然合会通常被认为是社区用以克服信贷约束的本土的方法，人们观察得越近，合会就越表现出作为储蓄手段的重要性。确实，我们展示，原则上讲，一个非常普通的合会形式将会分崩离析，如果它不能比其他替代性机制提供更有吸引力的方式来储蓄。在实践中观察到的合会多种多样，对它们的使用没有任何单一的解释具备普遍有效性，但最近的证据特别强调了储蓄的一面（如 Collins 等 2009；Gugerty 2007；Basu 2008a）。对合会的讨论因此导向了在第 6 章中对储蓄的更广泛的讨论——同时提供了在第 5 章对联保贷款讨论中也适用的见解。

信用合作社是另一种让本地资源流动的方法，在 3.3.1 中我们引用证据显示德国 19 世纪的信用合作社也作为重要的储蓄手段而运作。德国信用合作社的模式在 3.3.2 中转变为合作社制度设计的本质。合作社的设计鼓励同伴监督和为邻居的贷款担保。但是，从全社会的角度来看，同伴监督的水平并不必然是最优的——这是一个带入微型金融中联保贷款的教训。分析引出一个问题，是否小额信贷商鼓吹的 98%（以上）的贷款偿还率，从社会角度来看太高了？借款人被迫变得太厌恶风险，而不是寻求需要承担风险的更高的赢利？这些问题目前在微型金融社区里几乎没有受到关注。

对信用合作社的讨论也引起了实践的复杂化。当合作社增加灵活性到合会可以实现的程度，运作合作社就愈发具有挑战性。确实，为了借款，参与者必须承诺帮助机构运转[20]。这对于一些人来说显然有吸引力，但绝大多数微型金融项目其实追求更传统的银行 – 客户关系。基于对拉丁美洲现代储蓄互助社经

验的调研，Adams（1995，11）得出的结论是：

> 087 低收入国家中的绝大多数储蓄互助社都是脆弱的。它们一般有薄弱的资本金基础，通常缺乏资金渠道来应对流动性不足，在分散它们的风险上存在困难，很容易被通货膨胀所致伤，当它们的成员有经济逆境时很快就被损害。储蓄互助社在它们的成长中也同样也面对两难困境：它们失去了信息优势，被迫依赖于受雇的而不是自愿的管理者，必须不断指望正式的惩罚来执行合同……随着储蓄互助社的成长，委托代理问题、交易费用、审慎监管也变得更加重要。

现代微型金融增加了什么？在下一章，我们将会看到更多细节，微型金融不仅是一个为了提高效率机制而汇集风险、交叉补贴借款人的手段，它同时也增加了借款人获得外部金融资源的途径，从一开始就建立了一个专业的管理结构。微型金融机构通常从本地区以外（通常从国外）借款（或者获取资金）来满足借款人的需求，但是合会和储蓄互助社主要依赖于本地储蓄。在下一章中将出现的一个迫切的问题是，当借钱给没有抵押的穷人时，如何吸引外部融资？

## 附录 3A：一个简化的随机合会模型

本附录用数学方法展示合会的合理性所在，它建立在 3.2.1 提供的直觉的基础上。这些讨论是针对那些已经熟悉经济学学术文献的读者，以及那些适意于用微积分来解决约束最大化问题的人。

考察以下由 Besley，Coate 和 Loury（1993）提出的合会模型的简化版本。假定有 $n$ 个人，都希望获得价值为 $B$ 的耐用和不可分的产品。这些人贡献资源到一个共有的“罐子”中，然后以固定的时间间隔分配给组中的一名成员。每次集会时，每个参与者把他们的份额放到罐子中，罐子被分配给组中的一名成员；次序在第一次集会时就确定。

每个人对耐用和非耐用品的消费都附加偏好：没有耐用品是 $v(c)$，有耐用品是 $v(c)+\theta$。假设每个人在每期的收入为 $y$，他生活在 $T$ 期内。简便起见，我们假设个体有线性效用 $v(c)=c$，恒有 $c \geqslant \underline{c}$，其中 $\underline{c}$ 为基本生存消费水平，

088 于是 $v(c)=-\infty$ 如果 $c \leqslant \underline{c}$。如果个体不加入合会，他将解决以下问题：

$$Max\,(T-t)\,(y+\theta)+tc \qquad (3A.1)$$

满足以下生存约束

$$c \geqslant \underline{c}$$

和预算约束

$$t\,(y-c) \geqslant B$$

其中 $t$ 是获得耐用品的日期，$c$ 是在积累期的消费流。优化表达式中的第一项表示获得耐用品之后的时间间隔，第二项表示购买耐用品之前的时间间隔。预算约束提醒我们为了买得起耐用品，在 $t$ 期购买前储蓄必须被充分积累。

个体的最优解是最小化他的非耐用品消费，以便削减等待购买耐用品时间：也即：在每一期消费 $c=\underline{c}$，储蓄（$y-\underline{c}$）。在 $t^*$ 后，他能享受他全部收入流的消费（如，消费 $c=y$）而同时享受耐用品带来的好处。

从这里我们可以写出，个体在“自给自足”中相应的效用，也即，当他决定不参加合会时：

$$U_A=(T-t^*)\,(y+\theta)+t^*c=\left(T-\frac{B}{y-\underline{c}}\right)(y+\theta)+\frac{B}{y-\underline{c}}\,\underline{c} \qquad (3A.2)$$

第一项刻画了自耐用品购买之日到最后一天消费 $y+\theta$ 的效用；第二项刻画了从开始直到储蓄足够多来购买耐用品消费 $\underline{c}$ 的效用。

现在，考察加入合会的人；他的获得罐子的次序是 $i$，这个值介于 1 和 $n$ 之间。在次序被确定前，他可以先验地以任何次序 $i$ 结束，伴随相同的概率 $1/n$。如果他在时间（$i/n$）$t$ 获得罐子，他的生命周期效用将是

$$u_i=\left(\frac{i}{n}\right)tc+\left[t-\left(\frac{i}{n}\right)\right](c-\theta)+(T-t)\,(y+\theta) \qquad (3A.3)$$

其中第一项表示在获得罐子前的个体效用，第二项表示一旦他获得罐子因 089
而获得了不可分的商品，但在完成他对合会其他成员的偿还义务之前的效用，第三项表示当所有人都购买了不可分的商品于是不再需要更进一步的偿还和储蓄时他的效用。

相应的事前预期效用（对不知道什么时候将获得罐子的人）是

$$U_R=\frac{1}{n}\sum_{i-1}^{n}u_i \qquad (3A.4)$$

或等价的，

$$U_R=\left(\frac{n+1}{2n}\right)tc+\left(1-\frac{n+1}{2n}\right)t\left(c+\theta\right)+\left(T-t\right)\left(y+\theta\right) \qquad (3A.5)$$

其中，跟前面一样，$t$ 是每个人积累充足的储蓄去覆盖购买不可分商品的花费的时间，即

$$t\left(y-c\right)=B \qquad (3A.6)$$

这个等式也意味着在每个集会日罐子里有充分的资金来购买一单元的不可分商品。再次使用个人将最小化他们对非耐用品的初始消费，以便加速对耐用品购买这个事实，加入合会的人最大化的生命周期效用等于

$$U_R=\frac{B}{y-c}c+\left(1-\frac{n+1}{2n}\right)\frac{B}{y-c}\theta+\left(T-\frac{B}{y-c}\right)\left(y+\theta\right) \qquad (3A.7)$$

比较 $U_R$ 和 $U_A$，我们发现 $U_R>U_A$。这就是说，合会参与对其成员者提供了较高的效用。原因是成员身份降低了为获得一单位不可分商品而储蓄的效用损失。即使在缺乏合会时，同样的储蓄形式维持着，参与合会给每个成员更早获得罐子的可能性。

## 附录 3B：信用合作社和储蓄：一个简化模型

在本附录中我们更正式地展示信用合作社如何能吸收并使长期储蓄流动。
090 在附录 3A 中，讨论针对了那些已经熟悉经济学学术文献的读者，以及那些适意于用微积分来解决约束最大化问题的人。为了保持与学术文献中标注的一致，读者应当注意较之于本书的主体，我们这里使用了一套不同的标注。

考察以下标准化事实。假定在一个信用合作社中有一系列的储蓄 – 借款者，总数标准化为 1。每个成员都有相同的初始财富 $w$，他可以投资在合作社中或在别的银行中。投资在合作社中产生毛利率 $\theta$，投资别的地方每单位投资时产生机会成本 $\delta$。简便起见，我们这里假定合作社的成员是风险中性的，$\delta$ 只是从本地合作社到城市中银行的转换成本[21]。每个成员都能进入一个项目，在它成功的情况下产生回报为 $R$，在它失败的情况下则是 0。因此，成功发生的概率是 $e$，$e\in[\varepsilon, 1]$，乘性函数 $Ce$ 表示借款人的努力成本。无论何时失败发生，借款人将被迫违约，此时他将损失他作为储蓄投资于合作社的财富，同时也产

生了非货币的成本 $H$，即被排斥在社区外。最终，利率 $r$ 被设定，使得信用合作社作为一个整体为所有成员购买资本品（这里我们认为是外生给定的）。

决策的时间在期限内如下：首先，借款人决定把多少财富投资到合作社中。然后，给定他们投资到合作社中财富的多少，借款人付出努力。

我们采用逆向演绎来推理，首先把个体借款人投资到合作社中的财富的一定份额 $\omega_i$ 看作给定的。借款人将选择他的努力 $e$ 来

$$\max_{e\in[\varepsilon,1]}\{e(R+\theta\omega_i-r)+(1-e)(-H)-Ce\} \tag{3B.1}$$

于是，一阶条件是：

$$e(\omega_i)=1 \text{ if } R+\theta\omega_i-r+H>C \text{ or } e(\omega_i)=\varepsilon \text{ otherwise} \tag{3B.2}$$

然后我们看到违约的概率被降低（这里到 0），借款人投入到合作社中的储蓄越多，非货币惩罚 $H$ 就越高。

现在，我们回到第一步，借款人将选择把多少财富 $\omega_i$ 投资到合作社中，以便

$$\max_{e\in[\varepsilon,1]}\{e(\omega_i)(R+\theta\omega_i-r)+[1-e(\omega_i)](-H) \\ -Ce(\omega_i)+(\theta-\delta)(\omega-\omega_i)\} \tag{3B.3}$$ 091

这个非常简单的模型推出了一些结论：首先，给定以下“非违约条件”，

$$R+\theta\omega-r+H>C' \tag{3B.4}$$

也即，在均衡状态，所有的借款人将把他们所有的财富投资到合作社中。的确，一旦他投资自己的财富，一个借款人将发现投入最大化的努力是最优的

$$e(\omega_i)=1 \tag{3B.5}$$

鉴于非违约条件的特征，于是对合作社的每单位投资将产生一个预期毛利率，等于 $\theta$， 而每单位投资到合作社外面，将产生 $\theta-\delta$。当 $H$ 大时，非违约条件更容易被满足，因此可见社会惩罚和 / 或无限责任的重要性。

值得指出的是，在非违约条件成立时，连同以下的“承诺”条件：

$$R-r+H<C' \tag{3B.6}$$

把所有的财富投资到合作社中，对借款人而言充当了承诺机制。也即，没有这笔投资，借款人将发现努力最少是事后最优的，而把所有财富投资到合作社增加了借款人在贷款上的违约成本，一定程度上，为了避免成本高昂的违约，

投资最大努力到项目中对他而言是最优的。这能够让借款人最小化破产的概率，因此利用合作社提供的在（风险调整后的）储蓄利率上更好的条件。

最后，如果非违约条件不成立，借款人将始终最小化努力，也即选择 $e=\varepsilon$，这意味着他将以（$1-\varepsilon$）的概率违约，因此将也以概率（$1-\varepsilon$）损失他的内部储蓄。于是，当

$$\theta\varepsilon<\theta-\delta \tag{3B.7}$$

借款人选择把他所有的储蓄投资到信用合作社之外。

总之，足够高的社会惩罚 $H$，和 / 或投资到别处高昂的机会成本 $\delta$ 将鼓励
092 合作社成员的内部储蓄。这可以解释拉菲森式社团通过它们对独特的社会承诺、无限责任（违约成员损失一切）和利率平稳性的整合，在使长期储蓄流动化方面的成功。

## 3.7 习题

**1.** 评价以下言论："执行是循环储蓄信贷协会（合会）中的一个主要问题，但合会在实践中却不容易分崩离析。"解释为什么？

**2.** 再次考察在附录 3A 中的问题，显示合会参与者的预期效用与参与者的数目 $n$ 递增。合会的参与者太多会产生什么问题？

**3.** 考察一个村子有 $n$ 个信息对称的风险中性的借款人，每个人都生活在 T 期中。在每一期，一个借款人可以赚得一个数量 $y$，生存消费水平是 $\underline{c}$，且 $y>\underline{c}$。每个借款人对耐用品和非耐用品消费有附加的偏好，在附录 3A 的模型有详细描述。假定一个借款人希望自我储蓄来购买耐用品，他每期能储蓄的最大数量是 $y-\underline{c}-\varepsilon$，其中 $\varepsilon$ 是他为了自我储蓄而产生的成本。但如果他参加了合会，这个成本就消失了，他最大可储蓄的数量是（$y-\underline{c}$）。

a. 显示，事前（即相对于其他参与者，在他知道他什么时候获得罐子之前），每个储蓄 – 借款人都希望加入合会。

b. 为了使合会顺利开展，组织者决定那些在所有参与者都获得罐子前退出合会的成员将面临惩罚 $P$：

i. 如果 $P>B$，展示合会的机制将存续，没有人愿意潜逃。注意，正如附录 3A 所示，$B$ 是用合会的罐子要购买的产品的价值。

ii. 如果 $P<1/2B$，展示这个让合会成一体的机制失败了。

iii. 再一次使用附录 3A 中的标注，考虑 $T=100$，$\theta=\$10$，$y=\$20$，$\underline{c}=\$12$，$\varepsilon=\$3$，$B=\$80$，$P=\$79$，$n=\$78$，参与者可以从合会中借钱吗？当 $n=120$ 呢？

**4.** 考察 3 个村民生活，生活在 10 期，有线性的、附加的效用函数如下： 093

村民 1：$U_1=\sum_{i=1}^{10} 0.6^i c_i^1$

村民 2：$U_2=\sum_{i=1}^{10} 0.8^i c_i^2$

村民 3：$U_1=\sum_{i=1}^{10} c_i^3$

其中 $c_i^n$ 是村民 $n$ 在第 $i$ 期的消费（耐用品和非耐用品）。0.6. 0.8 和 1 分别是村民 1. 2. 3 的折现因子。注意到村民 1 是最没有耐心的，村民 3 是最有耐心的。假定在每一期，每个村民赚取 $y=\$140$，生存水平消费对他们所有人都是 $\underline{c}=\$80$，于是每个村民在每一期最大可以储蓄数量是 $y-\underline{c}$。一个耐用品的价值是 $B=\$360$，如果村民购买它，他从中获得的效用等同于在两期内每期消费 $\theta=\$2500$。

考察一个如下组织的合会。第一次集会发生在第 2 期的末尾，此时罐子将给予投标出价最高的人，至少是。没拿到罐子的村民将得到投标价的 1/2。第 2 次集会中，在第 1 次会见时获得罐子的村民将被排除在竞标之外。这一轮中，罐子仍将给予投标出价最高的人，至少是 $A_2=\$200$，然后给另一个参与者。在第 3 次集会中，剩下的村民将获得罐子，合会结束。每两期集会一次，每个村民每期给罐子贡献 \$60。

a. 哪个村民将分别在第 1 次、第 2 次和第 3 次集会时获得罐子？

b. 假定如果村民在获得罐子后不再为其贡献，他们将受到严厉的惩罚，以至于他们的效用将会是 $-\infty$，所有的事情都在期末发生。这个练习告诉我们，在紧密联系的乡村经济中，有关微型金融运作中惩罚的哪些事情？

**5.** 相对于信用合作社，合会具有一些缺点。 094

a. 比较合会相对于信用合作社的主要缺点。

b. 鉴于这些缺点，解释为什么合会在当今几乎所有低收入经济体中仍这么常见。

**6.** 合会通常被认为是今天微型金融机构的先驱。

a. 采用什么方法，微型金融机构解决了合会的局限？

b. 假定微型金融机构解决了合会的主要局限，为什么合会在那些微型金融很兴盛的国家也存在呢？

**7.** 考察一个村庄，居住着 3 个风险中性的居民：借款人，内部出借人和外部出借人。前两个是信用合作社的成员。借款人希望投资一个项目，成本是 $K$=\$100。如果他努力，项目将会以 0.9 的概率成功，产生的回报是 $y$=\$240，否则项目失败，他的回报是 0。如果他“逃避责任”（如，如果他不投入足够多的努力），他成功的概率只有 0.5。他努力的成本是 $e$=\$30。内部出借人可以最多借出 $b$=\$60 用于投资，毛利率为 $R$=160%。外部出借人将借出启动项目所需要的剩余资金，毛利率为 210%。在违约的情况下，外部出借人可以拿到一笔 $\phi$=\$50 的数量，它由内部出借人提供作为担保。由于对项目的结果关切，内部出借人可以选择是否监督出借人的行为，这意味着监督成本是 $P$=\$20。如果他监督，他就知道出借人的行为。在错误行为被发现的情况下，借款人将被惩罚，罚金是 $A$=\$9。假定所有的人都是理性的，他们明白以下的时间轴：首先借贷发生；然后做出是否监督的决定；接下来做出是否努力的选择；最后，实现回报，借款人决定是否偿还。

a. 借款人和内部出借人会选择什么策略？为什么？

b. 如果内部出借人提高利率到 $R$=200%，这些策略会改变吗？简要解释你的答案。

**8.** 考察一个经济体，有一个内部借款人，一个内部出借人和一个外部出
095 借人，假定 3 个人都是风险中性的。内在借款人有一个项目，产生回报 $y$ 的概率是 $p$，回报 0 的概率是（$1-p$）。这个项目需要一笔投资 $b$，它可以从外部出借人那里借。由于内部借款人没有财富，内在出借人给他提供了以下合同：内部借款人给内部出借人提供财富 $w$ 作为抵押，以及他项目扣除债务偿还之后一半的回报。内部出借人把必需的资金 $b$ 借给内部借款人，如果项目成功，收获 $R_b$，如果项目失败则只能收获 $w$，其中 $R$ 代表毛利率（本金加利息）。最终，内部借款人可以选择他的努力程度，改变他项目的成功概率，产生的成本是

$$c_e(p)=\frac{kp^2}{2m}$$

其中 $m$ 是内部出借人监督的成本。这个监督成本表示为

$$c_m(p)=\frac{tm^2}{2}$$

假定 w 足够大，能消除任何事后道德风险问题。

a. 解读努力和监督成本函数

b. 在本情境下，假定利率是外生的，解出均衡的努力水平和最优监督努力水平。简要评价你的结果。

c. 如果内在借款人采用了新技术，对每一个 $p$ 的水平，努力的成本不再那么高，将会发生什么？这种情况下，对你预期将发生的事情进行评价，更一般地，如果内部出借人采用新技术使得对每个 $m$ 的水平监督更廉价，对你预期将发生的事情进行评价。

**9.** 考察一个经济体，有事前信息对称、风险中性的居民，总数标准化为 1，生存在 2 期内，对消费品（耐用和非耐用品）有附加的、线性的效用函数。在第一期初始，经济体的一个比例 $f$ 将幸运地获得高收入 $y_1$，而经济体其余人将获得低收入 $y_0$。一个人的收入水平是私人信息。假定经济中每个人都希望购买一个耐用品，成本是 $B$，每期多消费 $\theta$。该经济体中，生存消费水平是 $c$（如， 096
在耐用品和非耐用品上，总消费必须大于或等于 $c$，假定 $\theta-B \geqslant c$）。不幸运的人在第一期没有足够的钱来购买耐用品，但幸运的人有。但是在第一期经济体有足够的资源作为一个整体为每一个人购买耐用品，对耐用品消费可能有一个信贷市场。在第 2 期，每个人将有同样的回报 $y$，且 $y-B>0$，于是每个人的收入都足够高，能覆盖生存消费和购买耐用品

a. 假设事前，经济中的个人可以签署一个合同来明确在第一期末，成员可以以利率水平 $R$ 借出 $l_1$ 和借入 $l_0$，其中

$$l_0=B-y_0$$

$$l_1=\frac{1-f}{f}(B-y_0)=y_1-B$$

b. 定义 $R$ 的范围（在第 2 期要支付的），使得在此区间内幸运者愿意出借、

不幸运者愿意借入。每一个人都从这个交易中获得改善(假定 $\theta$ 不能用于出借)。

**10.** 如果允许折现率是正的，前面练习中的结果仍旧正确吗？在这个特殊情况下，折现率较低一侧边界的是多少？

**11.** 对上个练习，继续你的答案：折现率的上限是多少？简要解释你的答案。

000

# 第 4 章



# 联保贷款

## 4.1 引言

在孟加拉国广袤的农村地区，数目众多的联保组每周都要召开一次内部碰 097
面会，而每个联保组大概由40位农民组成。会议持续时间为半小时左右，其中有一位来自微型金融机构的信贷员参加。这位信贷员一般会坐在组（“中心”）成员们的前边开始他的工作[1]。大的村民组一般会被分成8个5人的小组，其中每个小组会有一名组长，然后这8名组长将上交他们小组的存款簿给中心负责人，而负责人则会将这些存款簿交给信贷员。信贷员通常会在账本上记录个人交易情况，包括每周到期贷款偿还额、储蓄明细和相关费用。计算器的快速运算保证了账目加总的准确度，一旦发现计算有问题，信贷员就会筛选出不一致的地方。在离开之前，信贷员还会为不同的客户提供关于如何从支行申请新贷款的建议并做出相关安排。所有这些都是在公共场合完成的，由此确保了过程的透明度，进而使村民清楚他们中间谁正在不断努力进步，而谁则可能陷入了麻烦[2]。

受到格莱珉银行的启发，孟加拉国微型金融机构的员工和成员们每周会不断重复上演上述场景近40万次，而且格莱珉的效仿者们正因地制宜地在全世界推广这种模式[3]。部分机构则不同，他们探索自身的方法，例如玻利维亚阳光银行开发的“团结小组”，非洲、拉美和亚洲（包括FINCA、“扶持女性”组织，和“免于饥饿”组织）等70个国家的小额贷款机构探索出来的“村镇银行”模式[4]。另外还有许多。这些类型的“联保贷款”基本已经成为微型金融的代名词[5]。

联保贷款一般是指对那些没有抵押品的个人进行的一项制度安排。这些人聚集在一起形成小组以从贷款机构那获得贷款。“经典”格莱珉银行模式的特 098
别之处在于贷款是单独发给小组中的个人，但是当任何成员出现贷款偿还困难，那么小组中的所有人都得承担相应后果。在格莱珉银行的原始案例中，联保小组由 5 人组成，阳光银行的联保小组则可以小到 3 人，而村镇银行系统的小组则安排了 10 到 30 人不等的妇女[6]。在所有模式中，通过小组会议保证“小组责任”（有时候称“连带责任”）落实的做法相当普遍。

格莱珉银行与其他微型金融最大的不同在于，其极力否认发放附有连带责任的贷款，而阳光银行则并没有相关举措。我们在下一章将描述为什么会出现上述现象，本章则主要解释联保贷款的内在逻辑和其对许多机构具备持续重要性的基本理由。例如，联保贷款仍被格莱珉在孟加拉国最大的竞争对手 BRAC 推行使用，特别是被那些为较贫困的客户服务的机构所亲睐（Cull，Demirgüç–Kunt 和 Morduch 2009b）。

值得指出的是，尽管放弃了连带责任，格莱珉银行却保留了小组会议的形式。对于放贷机构和客户来说，每周的小组会议具备非常明显而简单的优势。这种形式使银行能够通过最迅速的方式为村民提供便利；银行上门服务，任何问题（例如，丢失了一份文件，缺乏少量可使用的现金）都能被当场解决。银行因此可以提供与本地合会组织或放款者相仿的便利。与此同时，对于信贷员们来说，因为 40 多个人的重复储蓄和贷款业务能在短时间内完成，因此交易成本被大幅度降低了。

通过联保小组开展业务还具有更深层次的优点（但也存在一些缺陷）。特别的，那些使用连带责任的合约转移消除了早先外部金融机构开展信贷业务时产生的道德风险、逆向选择和激励约束等一系列问题。在第 2 章我们描述了这些问题产生的原因是信息不对称，而其中一个重要启示则是，在获得更多信息的情况下，银行应该能做得更好。因此，针对问题的一个解决方案就是设计一个能产生更好信息的合约[7]。

但是本章所描述的合约的确极大地改善了信息不对称问题，但唯一不变的就是银行自身的业务经营管理没有新的变化。相反的是，这些合约利用了联保小组成员对危险成员具备更多信息的事实——和这些合约使小组成员们按有利
099 于银行的方式去使用他们掌握的信息。上述机制能在不同的潜在方式下运作，随后我们将一一陈述。

在联保贷款发挥其自身优势的同时，问题也就出现了。小组成员们会不会通过集体不还贷的方式合谋对付贷款机构呢？如果联保小组的成员不自愿对小

组内部施加社会道德上的谴责，那么这种联保小组的模式还能发挥效用吗？另外一系列问题则是与小组成员间的监督有关。如果潜在借款人分布较为分散，相互之间获取信息成本高、掌握信息量少，那么将会发生什么情况呢？如果联保贷款在城市地区推行，由于这些地方人口流动性很高且个人对可能的合作者缺乏足够信息，这样联保小组还会有任何优势吗？再者，如果借款人不能观察任何其他人的努力程度（或不愿意惩罚消极不努力的成员），那么联保贷款机制将鼓励“搭便车”行为而削弱激励机制。借款人将问他们自己：现实中小组成员的某些行为不是自己所能控制的，但他们不努力工作却会使自己受到惩罚，因此自己为什么还要努力工作呢？第 4.5 和 4.6 节探讨了联保贷款促使外部贷款机构扩大在低收入社区金融服务的方式，但我们也指出了这种方式存在的难点和问题——因此建议转向使用在第 5 章将讨论的其他可替代方法。

## 4.2 联保贷款的方法论

通过联保组的方式获得金融服务并非什么新方法。第 3 章合会的例子展示了组如何发挥功能使参与者获得来自社区的资金；另外，与信用合作类似的功能也使组成员能够从其他成员那获得贷款资金。但是，联保组目前在微型金融中的地位事实上是加强和拓展了其早期的功能（尽管并未增加额外成本）。

为了更好的理解上述观点，我们将具体分析“格莱珉式”的联保贷款。虽然不同的地方模仿该类模式的方式存在差别，但基本都保留了原有模式的主要特征。格莱珉银行自成立以来，在过去 25 年中经历了较大变化（在经过较大变革之后，目前已被称为“格莱珉二代”），我们将描述格莱珉“经典”模式的基本构成（Yunus 2002）。早期模式在经济学研究中具有极高的知名度[8]，而在第 4.6 节我们将讨论格莱珉二代。

格莱珉银行起初是作为一家试点银行在靠近吉大港大学附近的吉布拉村 100
运营，其第一笔贷款事实上是发放给了一位并没有小组担保的个人（Yunus 1999）。然而，规模经济为联保小组的创造提供了灵感和激励。但尤努斯与他的合作者们马上意识到，要求潜在的借款人形成组还有另外的优势，即监督贷款的成本和督促债务偿还的成本被大幅度降低了[9]。

为了使这个想法能被系统地推行，银行首先让五人小组中的两个人获得贷款[10]。如果所有到期贷款能准时偿还，那么在首笔贷款之后的 4–6 周后将给其他成员放款；再过 4–6 周，银行才贷款给小组的召集人（这种模式被称为 2：2：1 节奏）。起初，小组仅仅被看作是成员之间遇到困难之时相互帮助的方法。例如，如果一个小组成员错过一次会议，小组召集人将替该成员偿还贷款，因此缺席者和小组的信用记录都将保持良好。起初的设想就是考虑弥补某些人可能在获得贷款之后因事出现迟付的情况，那么小组就可以化解这个人的困难而不至于受到惩罚[11]。

然而自那开始，正式惩罚变得越来越普遍。原则上，如果严重的偿还问题出现，所有的小组成员在未来都会被禁止借钱。初始的设想并非是强制小组成员为其他人的付钱，而仅仅是使他们丧失获得贷款的权利。但在实践中，不愿失去获得小额贷款机会的借款人不得不接受为那些违约成员兜底的可能性。也存在这样的情况，即一个信贷员在那一周时间里会一直守候在村庄，直到小组成员能够偿还所有到期贷款为止（但早期那些优秀的格莱珉银行信贷员们不会这么做）[12]。

在一般情况下，如果所有贷款的偿还状况良好，借款人将在下一个“信贷周期”被授予一个更大的信用额度（信贷周期——从初始发放到最后一笔到期资金回收——在“经典”的格莱珉系统中，一般说来为 1 年左右时间）。因此，如果格莱珉银行与借款人的关系持续，在接下来的几年时间里贷款规模将不断增长，而信用记录历史也会被建立起来。最后贷款可能会大到足以进行不同种
101 类投资的程度，例如，建立或修复一座房屋，或是购买一辆人力车，抑或是供孩子上大学，等等。

## 4.3 减轻逆向选择

逆向选择往往容易在放债人难以内在地辨别借款人风险类型的情况下发生。如果放债人能够辨别出风险类型，那么他们就能够对不同类型的借款人收取不同的利率。但是在仅拥有少量信息的情况下，放债人的选择就非常有限。正如我们在第 2.3 节中所看到的，由于逆向选择容易引导放债人对每位借款人收取高额利率，以补贴顾客群中存在高风险借款人可能产生的损失，那么其就可能导致信贷配给。当安全型借款人最终选择不再申请贷款，那么麻烦（无

效率的根源）就出现了。原则上，有连带责任的联保贷款能够消除这类无效率[13]。当顾客通知银行关于潜在联保的可靠性时，最直接的机制就会发生作用，银行能够据此调整形式。我们描述了一个可能运作的较不直接的机制，且该机制不依赖于银行是否需要掌握充足信息。在某种程度上这个结果比较令人惊讶，以下我们将逐步进行解释。

考虑一家微型金融机构或一家银行，其仅仅能够覆盖成本，实现盈亏平衡[14]。假设银行引入了这里所描述的联保贷款的方法，并且其对借款人的特征知之甚少。从另一个方面说，银行对于借款人，就是要考虑如何对安全型借款人收取较低的利率，而对风险型借款人收取较高的利率的问题；但是，一旦银行不能简单的分别借款人的风险类型，那么每个人只能支付相同的利率。然后在实践中，安全型借款人——当他们事实上决定按通行利率去申请一笔贷款的时候——隐含地就补贴了风险型借款人（为银行的服务支付更高的成本）。当这种隐藏的补贴是如此之大，以致于安全型借款人离开市场而不是继续承担这个负担，那么就会产生无效率的情况——也就是说，风险型借款人的存在使利率提高到一定水平，从而使安全型借款人无力负担。因此问题的关键是，联保贷款是否能够隐性地对安全型借款人收取更低的利率，进而让他们继续留在市场。

鼓励小组成员相互明确自身风险特征是解决这个问题的关键；潜在的借款
人然后能够使用他们的信息去寻找最好的伙伴。他们如何将自己归类，取决于 102
贷款合同的特性。面对贷款连带责任的前景，人们很清楚与安全型借款人组合优于与风险型借款人组合。因此，给定选择，安全型借款人会组合在一起。风险型借款人由于没有可替代选择，只好与其他风险型人员组合在一起，由此导致一个分割的结果，其往往被劳动经济学文献称作为“聚类匹配”[15]。

这样将会有助于使银行对安全型借款人收取更低的价格吗？因为风险型借款人的投资项目的失败频率比安全型借款人的项目更高，而联保贷款又附有连带责任，因此其同伙不得不更为频繁地为风险型借款人偿还贷款；另外，他们未来也将被禁止获得贷款。安全型借款人将不再用承担这种由风险型借款人造成的违约负担。由此产生的结果就是风险从银行转移到了风险型借款人自己身上。这也意味着，安全型借款人比风险型借款人支付更低的利率——因为他们不再需要交叉补贴风险型借款人了。令人吃惊的是，结果是联保贷款方法论实现了目标，尽管（1）银行仍旧不知道借款人的风险类型；（2）所有顾客都被提供相同的合约。所有这些行为都是通过连带责任与聚类机制的联合作用实现的。

另外，由于银行在违约方面得到了更好的保障，因此在银行的盈亏平衡点，其对风险型和安全型借款人的平均利率已被降低。而较低的利率随后又带来一种附带的正向效应。在 2.3 节分析的逆向选择问题中，因为高利率，“安全型”借款人被无效率地排挤出市场；在这里，由于所负担的利率降低，安全型借款人会再次进入市场，进而有助于消除市场失灵。

为了正式理解这一点，假设银行要求借款人形成两人小组，并且每个人自身对另外一个组员负责[16]。如 2.3.2 所述。这个分析简单的假定个人在不关心风险的情况下都尝试最大化其期望收入。与之前类似，我们将先利用数学模型表达这个分析过程，然后再提供一个简单的数值例子。

我们将再次假设，每个项目均持续一期，且需要 1 美元的投资。人口中安全型个人的比例为 $q<1$，而风险型个人的比例则为（$1-q$）。安全型借款人的
103 1 美元投资将产生确定的 $\underline{y}$ 的总回报[17]。另外，一个风险型借款人投资 1 美元，
在 $p<1$ 的成功概率下，总回报为 $\bar{y}>\underline{y}$。如果不成功，他们就不能赚钱，这种情况发生的概率为（$1-p$）。为了使分析简化，我们再次假设所有类型的个人都有相同的期望回报，即 $p\bar{y}=\underline{y}$。不同类型的个人如何将他们自身分类呢？因为借款人知道彼此的类型，安全型借款人将会与其他安全型借款人成组，而风险型借款人也会与其他风险型借款人成组（例如，将产生一个聚类匹配的均衡）。现在考虑所有类型的借款人都参与借贷市场的情形，这样更加贴近现实。因为人群中安全型借款人的比例为 $q<1$，这部分人将是产生（安全型，安全型）组合的那部分人。如果说四分之一的人群是“安全型”，那么四分之一的两人小组也会是“安全型”双人小组。

那么银行该将本息 $R_b$（本金加利息）制定在何种水平才能保证实现盈亏平衡呢？为了使这个问题更加有趣，假设 $\bar{y}>2R_b$，那么在幸运的情况下，风险型借款人能够永远为组员偿还贷款。如果银行设定的盈亏平衡点本息 $R_b$ 是可以直接计算的，那么银行的预期收入：在 $q$ 概率下银行面对一个（安全，安全）的借款人组合，而偿还贷款也是确定的；在（$1-q$）的概率下，银行面对一个（风险型，风险型）的组合，除非所有借款人都失败了，否则在那种情况下银

行也总是可以回收贷款；我们说在该情况下银行获得贷款偿还的概率为 $g=1-(1-p)^2$。来自于一个给定的借款人的预期偿付即为

$$[q+(1-q)g]R_b。\qquad(4.1)$$

该等式反映出 $q$ 比例的小组经常性的回报率为 $R_b$（例如，安全型小组），而（$1-q$）比例的小组却只能在 $g$ 比例的时间内才能获得 $R_b$ 的回报率。为了能够实现预期中的盈亏平衡，银行预期的支付必须等于银行的资金成本 $k$。解方程得到 $R_b$：

$$R_b=k/[q+(1-q)g]'\qquad(4.2)$$

其低于第 2 章中在没有联保贷款情况下的利率水平（在那里，没有联保贷款，我们发现 $R_b=k/[q+(1-q)p]$）。较低利率水平的出现是因为 $g>p$；也就是说，相比较借款人以个人力量处理银行事物，匹配的过程意味着使风险型借款人能够更经常地偿还贷款。这个风险因此从银行被传递到风险型个人身 104
上。银行因此能够降低利率，因而也值得安全型借款人重回市场。

这个安排的美妙之处在于所有借款人都面对同一个合同，但是由于聚类匹配的存在，风险型借款人将支付更高的成本。银行在不需要知道所有借款人风险类型的情况下能够有效的实行差异定价。

### 4.3.1 数值例子

我们将重新回到 2.3.3 节中的数值例子，以更好地从数字角度理解联保贷款运作的机理。在之前我们展示了一个不对称信息导致无效率的案例，而在此处我们将基于联保合约给出相关问题的解决方法。

基本步骤与之前类似。从贷款人的角度看，人群中一半是安全的（他们总是成功）且一半是危险的（他们有 25% 概率会失败）。所有安全和风险型借款人都是风险中性并需要 100 美元承接一个为期一个月的项目。他们的一个可替代选择是从事一份报酬为 45 美元的工作。如果银行贷款，每笔贷款每月大概需要 40 美元的成本。安全型借款人的总收入是 200 美元，而风险型借款人的总收入是 267 美元。基本数据如表 4.1 所示。

给定上述情况，我们在 2.3.3 节中所看到的是，在使用单一的标准个人贷款合约的情况下，不存在一个既能保证银行覆盖成本，又能保证每个人都能借到钱的利率水平。这里我们将介绍一种带有连带责任的合约，看看它是怎样帮

表 4.1 联保贷款的数值案例：基础数据

| *经济环境* | | | |
|---|---|---|---|
| 贷款资金的成本 | | 100 美元贷款每月为 40 美元 | |
| 借款人的机会成本（工资） | | 每月 45 美元 | |
| 人口中安全型借款人的比例 | | 50% | |
| | 成功情形下的总收益 | 成功的概率 | 期望总收益 |
| 安全型 | 200 美元 | 100% | 200 美元 |
| 风险型 | 267 美元 | 75% | 200 美元 |
| *联保贷款合约* | | | |
| 在借款人成功情形下到期毛利息 | | 155 美元 | |
| 在借款人失败情形下到期支付 | | 0 美元 | |
| 在借款人成功但合作者失败情形下的额外支付 | | 45 美元 | |

在上述合约下借款人的预期净收益：

| | | 合作者类型 | |
|---|---|---|---|
| | | 安全型 | 风险型 |
| 借款人类型 | 安全型 | 45 美元 | 84 美元 |
| | 风险型 | 34 美元 | 75 美元 |

助银行做得更好。给定一个合约，假设其提供给二人小组中每位借款人的利率为 55%，借款人只有在项目成功之后才会偿还贷款（例如，他对银行的总还款金额为 155 美元，其中已包含本金）。该契约也细化规定了当借款人成功而其另一位组员失败的情况，借款人需要承担另外 45 美元（成功的风险型借款人将总是宣称自己是安全的，给定安全型借款人的总收入为 200 美元，那么 45 美元就是银行对借款人所能榨取的极限）[18]。

接下来会发生什么呢？借款人被要求去选择他们的伙伴。聚类匹配会发生吗？是的。不同类型的小组将永远不会混合在一起。为了知道原因，我们将考虑在合约下的期望净回报。在表 4.1 中展示了四个可能的情形。如果一个安全型借款人匹配另一个安全型借款人，那么所有借款人知道他们在月末将赚得 155 美元，留下 45 美元的净利润。如果一个风险型借款人匹配一个风险型借款人，他们知道他们成功概率为 75%。而 $0.25 \times 0.75$ 的时间里，他们将因“连带责任”而支付 45 美元。他们的期望支付因此是 $0.75 \times (155+0.25 \times 45)$
105 =124.69 美元，留下 75.31 美元的期望净利润。混合的双人组是否会做得更好呢？

风险型借款人明显愿意与安全型借款人成组（期望净利润 =83.75 美元，大于 75.31 美元），但风险型借款人能否补贴足够多的钱以引导安全型与其合伙呢？不行，因为安全型将要求一个额外的“单方支付”至少 11.25 美元（45−33.75 美元）以补贴与风险型借款人成组的行为。但是，风险型借款人能从与安全型借款人成组过程中获得的期望净收益仅为 8.44 美元（即 83.75−75.31 美元），因此，风险型借款人喜欢匹配也仅只能是喜欢而已，而不会成功。

上述分析逻辑的启示就是，安全型借款人只要借款就能获得较高赢利。因此，每个人都想借钱，效率也因此复原了。在这样的合约下，只要稍稍计算就知道银行也愿意贷款，因为其至少能实现盈亏平衡。

### 4.3.2 村庄之外的联保贷款

不是所有的微型金融项目都是以相互熟悉的借款人为基础的。例如，
Karlan（2007）介绍了关于秘鲁南部的阿亚库乔市（人口约 15 万）安第斯镇村 106
镇银行的相关情况。FINCA 的合作传播了村镇银行的影响，而感兴趣的借款人则被邀请至 FINCA 办公室登记名字；一旦名单超过了 30 人（一般是在 2 周内），一个小组就可以形成了。登记过程简单高效，但在加入村镇银行之前，小组成员彼此很少知道相互之间的状况。

相反，在 4.3 节则展示了当借款人对彼此之间的风险类型具备完美信息的情况下，银行是如何通过联保贷款以避免逆向选择导致的信贷配给。阿亚库乔市的村镇银行则展现了在典型城市地区的不同景象，例如，在墨西哥城或波哥大①，城市人口高度流动且对彼此之间的信息知之甚少。联保贷款是否还有助于克服逆向选择问题？在联保小组成员“尝试了解彼此”的过程相当缓慢且不完善的情况下，联保贷款还能带来利益吗？

以下我们的分析将基于一个极端的假设，即潜在借款人是完全匿名的；也就是说，他们没有关于同伙特征的任何信息。联保贷款不再能导致聚类匹配；相反，它将形成安全型与风险型借款人相混合的典型组合。这是否足够促使安全型借款人不再申请贷款了呢？一个架构合理的联保贷款合约能否改善标准的“个人贷款”契约？

① 波哥大，今称圣菲波哥大。译者注

在 4.3.1 中，风险型借款人将获得与总是为其偿还贷款的安全型借款人相匹配的可能性。但是安全型借款人有收益吗？是的，如果合约充分发挥了风险型借款人足够幸运的可能性，他们将会比安全型借款人获得更高的汇报。在实践中，当一个风险型借款人很幸运，但其却很不幸地跟另一位失败的风险型借款人匹配成组，那么最优的联保贷款合约应该会使风险型借款人支付更多成本；而当一位安全型借款人与一位失败的风险型借款人相匹配，其所支付成本相较而言应该小得多。其中原因就是之前讨论的所谓“有限责任”。这里的联保贷款将使风险型借款人间接地交叉补贴安全型借款人。相比较于没有联保贷款的情形，安全型借款人将被允许在一个较低的利率水平上获得贷款。再一次，通过提高安全型借款人在信贷市场的参与度，较低的利率缓和了信贷配给问题。

基于 Armendáriz 和 Gollier（2000）的研究，我们在这里将使用一个典型的
107 案例来分析联保贷款对改善社会福利的作用。该案例承袭了第 4.3 节开始部分的精神，且在之前我们的目标是讨论获利的可能性，而不是声称总是能获得利益。更正式的是，再次让 $R_b$ 代表由银行制定的本息（该水平仅能让银行实现盈亏平衡），并且再次假设回报率被设定为 $\underline{y}<2R_b<\bar{y}$。在这种情况下，$\underline{y}<2R_b$ 意味着安全型借款人不能为一个失败的小组成员的行为进行全额赔偿。小组现在是随机匹配的。因为人群中安全型借款人的比例为 $q$，通过随机匹配，出现（安全型，安全型）组合的概率为 $q^2$ [19]。类似的，出现（风险型，风险型）组合的概率为（$1-q$）$^2$。而（安全型，风险型）组合出现的概率因此就是 $1-q^2-$（$1-q$）$^2$，或者简化为 $2q$（$1-q$）。

然后，银行在（安全型，安全型）的组合中获得的预期总收入为 $2R_b$。这是因为所有贷款都是以确定的利率进行偿还。因为匹配的（安全型，安全型）期望比例是 $q^2$，在 $q^2$ 的情况下银行期望获得 $2R_b$。在（$1-q$）$^2$ 概率下组合为（风险型，风险型），如果两人都比较幸运，那么银行将得到 $2R_b$，这种情况的概率是 $p^2$，其中 $p$ 是其中任何一人独立成功的概率（就像在第 2 章中所描述的）。因此两个风险型借款人都失败的概率为（$1-p$）$^2$，在这种情况下银行将一无所获。而其中一人幸运而另一人倒霉的概率为 $2p$（$1-p$），此时幸运的人能够为另一位失败的小组成员偿还贷款，因此银行再次获得 $2R_b$ 的收入。最后，在 $2q$（$1-q$）的概率下，银行面对一个混合组合（安全型，风险型）。我们知道安全型借款

人往往做得不错，因此问题是：对风险型借款人将发生什么呢？如果风险型合伙人是幸运的（概率为 $p$），银行得到 $2R_b$，但是（$1-p$）的时间里风险型借款人的坏运气将导致失败。注意，在这里安全型借款人不能为风险型借款人（根据假设 $\underline{y}<2R_b$）进行完全支付。相反，根据有限责任的假设，银行仅能够从安全型借款人那提取数量为 $\underline{y}$ 的收入（例如，银行不能提取对于安全型借款人现期收入）。

在均衡的情况下，本息 $R_b$ 一定是在这样一个水平，即能够使每位借款人的期望偿还金额覆盖银行资金的成本 $k$。由于我们是在两人组合中分析对每个成员的贷款，期望偿还贷款额一定至少为 $2k$。现在我们可以把所有的信息放在一起，得到

$$q^2 2R_b+(1-q)^2[p^2+2p(1-p)]2R_b+2q(1-q)[p^2R_b+(1-p)\underline{y}]=2k。\tag{4.3}$$

上式也可以除以 2，简化为：

$$q^2R_b+(1-q)^2[p^2+2p(1-p)]R_b+2q(1-q)[pR_b+(1-p)\underline{y}/2]=k。\tag{4.4}$$ 108

下一步就是求解使等式成立的均衡本息 $R_b$。问题是 $R_b$ 是否会低于在没有联保贷款情况下的本息 $k/[q+(1-q)p]$（在第 2 章求解得到）。在一系列代数运算之后，我们看到盈亏平衡的本息值确实低于之前的利率水平。这一最终结果是令人惊讶的：原则上，联保贷款合同能够帮助放贷机构降低利率——即使银行或客户都不知道相互之间的风险偏好！在这个过程中，逆向选择问题被缓解，而更多具备商业价值的借款人将能够获得贷款。

直觉上，如果风险型借款人比较幸运，那么其总是能够偿还其违约伙伴的贷款——不管是安全型还是风险型。但是安全型借款人由于他们相对较低的回报率以及所有借款人受有限责任保护的事实，所以难以为其他人偿还贷款。风险型借款人在事实上就承担着所有违约的成本。由于风险被特定地传递给风险型借款人（而不是平均地分配到所有借款人），进而银行就能够设定足够低的利率去赢回安全型客户的生意。基于特定的风险特征和有限责任的假设前提，我们通过为读者分析潜在收入问题结束了本节的讨论，这事实上又重新回到了开头的问题。总之，联保贷款合约有助于改善贷款前景是一个令人震惊的例

子——而这本被认为是完全不可能的事情。

## 4.4 克服道德风险

第 4.3 节讨论了联保贷款由于附带连带责任，因此在小组形成阶段可以缓解逆向选择导致的信贷配给问题。但是正如我们在第 2.4 节中所指出的，一旦贷款被发放出去，因为监督借款人的行动非常困难，因此银行可能需要面对道德风险问题。在这一节中我们将讨论附带连带责任的联保贷款如何消除贷款中的道德风险问题，以进一步减轻信贷约束。我们此处的分析主要依赖于这么一种可能性，即经常生活在一起的小组成员能够对彼此施加社会或经济的惩罚，但这对于外部的银行来说是几乎不可能的。

### 4.4.1 事前道德风险与连带责任的角色

109 在联保贷款的早期理论研究中，Stiglitz（1990）和 Varian（1990）构建了一个针对联保贷款的事前道德风险的分析框架。他们的主要观点是通过引导借款人去监督他人的项目选择，联保贷款合同将会消除事前道德风险，并且对那些选择过高风险项目的行为施加惩罚。如 Laffont 和 Ray（2003）所指出的，小组的成立受其他成员行动影响的事实意味着他们将采取步骤去惩罚那些只付出少量努力而使小组承受过度风险的人。

为了理解联保贷款怎样解决道德风险问题，我们重新回到第 2.4.1 节的事前道德风险模型，但仅考虑包含两个借款人的联保贷款合约的情形。与 2.4.1 节类似，我们假设项目要求 1 美元的投资。一个不偷懒的借款人产生确定的总收入 $y$，而此时偷懒的借款人产生 $y$ 总收入的概率则为 $p$，而收入为零的概率则为（$1-p$）。再考虑一个借款人是否会决定为其项目付出努力。如果 $R$ 代表支付给放贷机构的本息（利率加本金），而 $c$ 是努力的成本，然后一个借款人在他投入努力时候的期望回报等于（$y-R$）$-c$。小组成员行动的目标是最大化小组收入，任何一个想偏离小组目标的人都会以群体谴责的方式加以惩罚。

在 2.4.1 节中，借款人有这样的选择，即按要求努力并获得净回报（$y-R$）$-c$。或者另外的选择就是可以尝试偷懒；在第二种情况下，借款人仅有 $p$ 概率获得成功，但不需要承担努力的成本。因此，只有当（$y-R$）$-c>p$（$y-R$）的时候，人们才会努力，其内在地表明本息值必须为 $R<y/[c/(1-p)]$。如果本息值

高于上述水平，那么借款人就会被鼓励偷懒。这些不等式被称为激励相容约束（或者简称为 IC 约束），他们在理解合约功能方面发挥着重要的作用。

联保贷款促使放贷机构可以做得更好：在不损害良好激励的情况下，利率被提高到更高的水平。为了明白这一点，考虑一个“小组的 IC 约束”，我们认为银行能够从借款人那收取尽可能高的利率，但却不致于引起违约率的上升，110
因为 IC 约束比之前描述的个人 IC 约束“更为宽松”（例如，容易被满足）。

我们再次考虑一个两人小组的情况。如果两个借款人都努力工作，那么他俩都能偿还贷款，但却会因此承担努力的成本。两人获得的总收益为（$2y-2R$）$-2c$。另外一方面，如果他们都偷懒，那么其期望有能力承担起完全连带责任（$2y-2R$）的概率为 $p^2$。如果两个借款人都偷懒且一个成功另一个却失败了，幸运的人将担负起两个人的全部还款额，结果导致其没有留下任何利润剩余。

因此，在连带责任下的小组 IC 约束反映出这么一个事实，正回报仅在两个项目都成功的情况下才会获得，即：

$$(2y-2R)-2c>p^2(2y-2R) \quad (4.5)$$

或者等价条件就是 $R<y-c/(1-p^2)$。因为 $p<1$，它必须是 $p^2<p$，也就意味着（$1-p^2$）>（$1-p$）。因此，在联保贷款下最大可得的本息值为 $R$，即 $y-c/(1-p^2)$，严格大于在无连带责任下的最大可得本息值 $y-c/(1-p)$。

联带负债合约的有效执行依赖于小组惩罚偷懒成员的能力。在 Stiglitz 和 Varian 的模型中，惩罚无成本。但是，后来的研究表明，监督和激励成本是决策框架的重要组成部分之一（Armendáriz 1999a）。给定一合约，原则上所有小组成员都不会偷懒，因此惩罚从来没有实际使用过，而其提供的只是威慑作用。

### 4.4.2 事后道德风险与同伴监督的角色

如果每个人都努力工作，那么第 4.4.1 节中所关注的问题就减轻了。以下将分析在完成生产和实现利润之后可能发生的几个问题。首先出现的新情况就是借款人可能会尝试将尚未偿还贷款的收入纳入自己的口袋（例如，“携款逃逸”）。问题然后变成银行不能分辨哪位借款人是确实无力还款——相对于那些千方百计准备携款逃逸的借款人 20。为了使分析更加明了，我们假设在没有同伴监督的情况下，一个借款人将会确定对贷款违约（不管他事实上是否有资

金去偿还）。假设其他情况都相同，我们在 2.4.2 节中看到这种事后道德风险
111 排除了放贷的可能性，因为如果银行预期借款人肯定将不会偿还贷款，那么银行也就不会发放信贷。

然而，附带同伴监督的联保贷款能够引导任何一位小组成员去承受一个事后的监督成本 $k$，以核实其同伴实际实现的收入。我们假设在拥有这些信息的情况下，小组成员将被促使还款。正如 Armendáriz（1999a）的研究所展示，假设通过承担一个成本 $k$，借款人愿意观察其他成员实际收入的概率为 $q$，令 $d$ 代表一个社会惩罚，其能对那些尝试逃避到期还款责任的借款人发挥作用。然后，如果 $R$ 代表银行的本息值，那么一个借款人将选择偿还贷款当且仅当

$$y-R-k>y-k-q^2(d+R)-q(1-q)(d+y) \quad (4.6)$$

也就是说，这个支付是基于一个借款人不违约的立场，并假设两个借款人都会选择监督对方。借款人的总收入 $y$ 减去本息（本金 + 利息），减去监督成本 $k$；另一方面，如果借款人决定“携款逃逸”，他的支付为他的总收入 $y$，减去监督成本 $k$。如果两位借款人发现任何一人已偷懒的概率为 $q^2$，就需要减去（$d+R$）；但是，偷懒仅被借款人的同伴发觉，其发生概率为 $q(1-q)$，那么就需要减去（$d+y$）[21]。这些能被类似的表述为：

$$R<q(d+y)/(1-q) \quad (4.7)$$

这个反过来意味着借款人将会签订任何规模小于或等于 $q(d+y)/(1-q^2)$ 的贷款。在无同伴监督的情况下，我们有 $q=0$（0 可能观察到借款人的实际收入），并因此在均衡条件下不会有贷款行为发生。现在，为什么在均衡下还会有监督？答案自然类似于 Banerjee，Besley 和 Guinnane（1994）构建的逻辑（详见 3.3.2 节）。他们对信用合作社的研究表明，内部人会害怕丧失他所拥有的抵押品 $w$，因而他被引导去监督他的同伙借款人。在这种情况下，借款人只是存在最小程度遭受连带责任的可能性，但其却激励借款人对同伴进行监督（提供监督的成本 $k$ 是充分小的）。连带责任通过引导同伴监督使贷款行为可持续，并克服了激励问题及其相伴随的事后道德风险。

112 因此，联保贷款合约再次比传统的个人贷款合约做得更好。但小额贷款机构能够做得再好些吗？ Rai 和 Sjöström（2004）在一个重要的理论文献中认为是可以的——我们将在本章末尾重新讨论这个问题。

## 4.5 来自联保小组与合约的经验证据

联保贷款理论上的可行性分析有点类似于“纸上谈兵”，那么其在实践中是否有效呢？联保贷款机制是保证小额贷款机构实现较高贷款偿还率的关键吗？在过去几年中，研究人员一直在寻找相应的证据，并已得到一系列相互矛盾的结论。部分结论支持这里陈述的理论，但也有一些则指出了联保贷款方法中存在的问题。

Cull，Demirgüç-Kunt 和 Morduch （2007）从机构角度对联保贷款的影响做了分析。作者用微型金融信息交换项目（MIX）搜集的数据分析了 124 个主要的联保贷款机构、个人贷款机构和村镇银行的绩效。研究显示，个人贷款机构在面对较高违约率的时候倾向于收取较高的利率，而联保贷款机构则没有这么做，由此表明联保合约缓解了信息不对称理论所揭示的激励问题。

Richard Montgomery（1996）从贷款机构个人借款人这一相反的角度考察了联保贷款的作用。他以批判性的眼光审视了孟加拉国的 BRAC 银行，而这家银行是格莱珉的复制者（至少从信贷运营上）。Montgomery （1996）认为，BRAC 执行联保贷款“导致了借款人形成不必要的排他性的纪律，这与团结一致的联保贷款的广覆盖的（社会的）目标是冲突的”。这是一个重要的提醒：目前的讨论都集中于联保贷款能改善银行绩效的方式上。虽然联保贷款对个人缺乏抵押品而难以获得信贷的状况进行了改进，但是目前我们几乎没有关注实践怎样影响借款人的生活，而仅仅是假定存在改善效果。联保贷款使最穷的人和最脆弱的社区成员感受到了来自同伴的压力，这是 Montgomery 的主要关注点。为了提高偿还率，Montgomery 认为，信贷员甚至在借款人面对其难以控制的困难之时仍旧对其施加了异常大的还贷压力。他提到了“强制性”没收违 113
约成员的家庭用品、牲畜与其他财产的故事。在一个涉及妇女的案例中，因为她不能偿还一笔建房贷款（Montgomery，1996），结果她的房子就被推倒了。在第 6 章中我们将要讨论的就是要为信贷提供保险的问题，只有这样，借款人才会有规避风险的方式。没有保险，就会产生一个法律问题，即微型金融（不管是以联保贷款还是其他方法）是否会使部分借款人更容易比之前受伤害[22]。我们在第 5 章中建议，在没有这些不良情况的背景下可能会有其他方式去发挥联保贷款的优势。

Montgomery 还认为，“现实”中孟加拉国的联保贷款是五人一组，但其对保证最终偿付率只发挥了很小的作用。相反，村庄级别的联保小组却扮演着更大更关键的角色。Montgomery（1996）对“村庄组织”描述如下：

> 村庄组织的领导一般将到期还贷作为村庄组织的一项重要事务。如果个人的到期贷款无法偿还，且到期数量增加或者贷款期限已过，村庄组织的领导和该组织都将会受到来自于放贷机构工作人员的压力。信贷员不是提倡由小组其他 4 人为这笔到期贷款联带还债，而是威胁将直接回收村庄所有成员的贷款权利。在 5 个推行试验的地区办公室，项目人员随意使用这种惩罚措施；因为广泛使用这种惩罚，村庄组织，而不是村庄组织中正式的下设小组，在实践中成为了真正的连带责任小组。在现实中，5 ~ 6 人的连带责任小组并不存在。根据BRAC关于村庄组织结构的设计，特别是对于那些具有一定历史的村庄组织，一般成员不能被任命为下属小组的领导。

类似于格莱珉银行的故事经常发生且广为流传，以致于某些观察家称其为“开会日连带责任”。这是因为，当那些在较大的、村庄级别的联保小组借款人将结束现有贷款且将申请新贷款（一般会更大数量）的时候，贷款工作人员对这些人会异常关注。而压力往往会促使这部分人去帮助问题贷款户。贷款工作人员因此将尝试告诉这些即将借款的客户，如果对问题客户的救助毫无效果，那么其期望中的贷款会被推迟。为了加大问题解决的力度，不排除出现贷款工
114 作人员直到贷款完全收回才离开村庄的现象。如 Martin（1997）指出，延滞贷款发放有利于保证小组中的某些人能更仔细的审查那笔贷款[23]。

“开会日连带责任”的实践并不普遍，而且它也不必然是件坏事。的确，对五人小组是最优小组规模的质疑算不了什么。另外，从 3 人到 9 人的团结的小组也都存在。并且如前所述，由 FINCA、“免于饥饿”、“扶持女性”和其他组织所使用的村镇银行模式甚至都包含了成员高达 30 多人的村庄级别的联保小组。Ghatak（1999）所讲述的逆向选择的故事，事实上暗示一个村庄中多重小组的功能（因此借款人能够基于风险的考虑而自由地将自己归类），先

前道德风险的故事并不严重依赖于村庄中可选择小组的数目。的确，更大的小组可能会更好地处理风险并较少地受合谋的伤害（Armendáriz 1999a）。

实证研究者已经尝试界定清楚联保小组的角色，但是获得清晰的结论并非一件容易的事情。在完美的世界中，经验研究者或许能够直接地比较联保贷款与传统贷款合约下不同情形的差别。最好的检验方式则是针对拥有一系列合约的单个放贷机构。但在实践中多数小额贷款机构仅使用一种主要类型的合同，因此很难对不同类型合同带来的变化进行清楚界定。当使用多个不同的合约时，一个问题就产生了：为什么某些消费者总是自愿选择某类合约而放弃另外一类呢？为什么某个放贷机构对不同的借款人提供不同的合约版本呢？通过比较的方法，我们可以较好地讨论贷款项目是“自我选择”还是其他因素（例如，管理类型、训练政策和信贷员行为）促成等问题。最好的证据将来自于良好的设计、深思熟虑的实验。一般来说，在其他条件不变的情况下，贷款合约在实验中都会调整变化（例如，Giné 和 Karlan 2008）。

**4.5.1 实验室的试验**

在所设计的实验室环境中，由于背景能够根据实验的规则、参与者被对待的方式和最后参与者收到的报酬进行较为一致的设定，因此在实验室环境下研究合约是一项较为简单的工作。通过改变一个方面（小组形成的方式）并保持 115
其他条件不变，实验可以研究相关变化。这是 Abbink， Irlenbusch 和 Renner（2006）在一项联保小组形成的实验中使用的方法。参与者被邀请到实验室去参加研究实验。在一种情况下，他们必须注册进入一个 4 人小组，因此参与者被假定可与其熟人一起注册。这个案例反映出自我选择成组在格莱珉银行模式中的核心地位。在其他例子中，个人单独注册并随后被研究人员随机安排进小组，这有点类似于 Karlan（2007）研究中所提到的 FINCA 村镇银行在秘鲁 Ayacucho 地区的实践模式，其是使名单外的人员独立注册并形成小组。

Abbink，Irlenbusch 和 Renner （2006）通过比较自我选择小组与被安排编组人员的表现，重点测试社会关系的角色。为了实现研究目的，他们创造了一个尝试去模仿连带责任借贷条件的游戏。他们假设认为，更强的社会联结应该提高贷款偿付率。但他们却发现了相反的结果，两组之间的结果并没有太多的差别；事实上，若以偿付率衡量的话，在某些情况下自我选择小组做得更差。

陌生人小组和熟人小组做得一样好（在某些情况下甚至更好）的情况与微型金融中社会资本与社会惩罚的论调是冲突的。但是这个发现在理论上则有一些支持[24]，Wydick（1999）在危地马拉对联保贷款的研究促使他相信任何社会关系对偿付率几乎没有影响：朋友并没有比其他人更加可靠。事实上，在他的研究中，参与者有时候对朋友更加软弱，甚至使平均偿付率更加恶化（这跟另一实验结果形成了有趣对比，即在不诚实被发现之后，朋友对彼此会显得更为严厉）。在泰国的联保贷款的经验证据中，Ahlin 和 Townsend（2007b）发现强势社会关系的代理人与较差的偿付绩效相联系。尽管 Karlan（2007）认为社会资本在秘鲁起作用，并且 Wenner（1995）发现社会融合在哥斯达黎加的联保小组中是一股积极的力量。Wydick 也发现，即使友谊会导致特定的紧张，但社会融合也发挥着作用（当由相邻而居的人或者在加入微型金融小组之前彼此了解对方的人进行代理）。Gómez 和 Santor （2003）发现如果有更多的信任和社会资本，以及小组成员在加入小组之前已经相互了解，那么贷款违约率会显得较低。

116 类似于 Abbink 等（2006）进行的实验室试验能够帮助研究人员理解合约的基本逻辑，但他们能够提供的信息数量和品种还是存在局限。当然，实验室试验的缺点是他们在一个不自由的人工设定环境下完成的。例如，在 Abbink 等（2006）的研究中，对“微型金融”只字未提，以避免可能产生与特定类型行为的联系。实际的贷款也并未发放，并且实际业务也没有运作。此外，参与者不是实际的微型金融需求者，而是德国爱尔福特（Erfurt）大学的学生。在知道了所有情况之后，我们对这些特定实验如何被设计还是持保留态度[25]。

### 4.5.2 可控的实地试验

克服实验室试验局限的一个方法就是将试验地点从实验室转移到田野实地。与通过大学生揭示微型金融客户行为的方法相比，“可控的实地试验”则通过更直接的方式探究微型金融的运作机制。Giné，Jakiela，Karlan 等（2009）就是那么做的。为了研究一般意义上的微型金融以及特殊的联保贷款的构成机制，研究人员在秘鲁利马的一个大型城市市场创建了一个实验经济学实验室，邀请微型企业主和员工参与到实验中来。这个实验包含了一系列“微型金融博弈”，这些博弈最高会持续十轮。在每一轮博弈的开始，参与者被给予一项“贷款”

并被指导去选择两个项目中的一个进行“投资”：一个项目产生确定的低回报，而另一个项目在高回报和没有任何回报之间有着均等的概率。从概念上理解，前一个选择等同于安全投资，后者则是风险投资。结果是，研究人员能够使用参与者的项目选择去界定他们的风险类型，即是安全型还是风险型。在参与者选择之后，电脑会通过推算贷款数量、项目回报来计算本轮的博弈支付（payout）。那些选择风险型项目并赚取零回报的参与者将无法偿还贷款，因此他们将不得不违约。

在其中某些博弈中，参与者被组成两人小组以形成联保责任，因此如果一位成员违约，那么另外一人不得不偿还两人的贷款。这些博弈产生了一些有趣的现象。首先，正如理论上预示的，“通过借款人为彼此为对方担保”（Giné 等，
2009），连带责任提高了贷款偿付率。一个结果是当较安全的博弈方与风险较 117
大的博弈方相匹配，相比较于其他结果，他们更容易选择风险型项目，从而提高了整体的风险选择偏好。

这些发现较广泛地与其他一些关于连带责任的可控实地试验的结果相一致。Fisher（2008）建立的实验拓展了 Giné 等（2009）的研究：他根据不同的合约类型，为印度一家微型金融机构客户的“借钱”和“投资”行为设计了一套博弈模型。回报是随机的，且参与者被成双分组，他们可以通过转移组内成员收入来分担风险。Fisher（2008）发现连带责任导致“搭便车”：如果小组伙伴仅能知道项目成功与否的结果，那么风险型参与者将进行更有风险的投资。然而，在充分信息的情况下——当所有的参与者行为和决定是可观察的——连带责任并不鼓励更大的风险选择行为。

受限制的实地实验更进一步的回答了关于联保合约对真实生活影响的问题。与实验室试验不同，参与者将不再根据研究人员的偏好进行分组。然而，可控实地试验的条件仍具有一定的人为性。

### 4.5.3 实地研究

在任何以调查数据为基础的研究中（基于真实的借款人和真实的贷款人，而不是一个实验室的设定），研究人员的工作就是要说服人们相信，对不同合约情形下的比较是有意义的——当然不是拿苹果与橘子做比较。Gómez 和 Santor（2003）在他们的研究中努力比较了两个加拿大小额贷款机构（加拿大

多伦多的卡密多地铁基金（Calmeadow Metrofund）和哈利法克斯的卡密多新斯科舍（Calmeadow Nova Scotia Halifax）的合约。两个项目都使用个人贷款和联保贷款的方式进行贷款投放。个人贷款规模相对较大（中值是 2700 美元，相比较于联保贷款的 1000 美元），但都按年均 12% 的基准利率加 6.5% 封顶管理费的方式执行。值得怀疑的是，绝大多数不同类型的人们都选择了联保贷款而不是个人贷款。联保小组的成员更多的是女性、西班牙裔和其他外籍移民。而个人借款人更多的则是男性、加拿大本地人和非裔后代；他们可能具有更高的收入和更大、更稳定的生意，且较大程度上依赖于自我雇佣的收入。通过对
118 不同小组间的表现比较，我们可以发现联保贷款的偿还率更高（相比较于 40% 的个人贷款违约率，仅超过 20% 的联保贷款客户出现违约），但是这个比较并未考虑其他社会和经济的差别。

Gómez 和 Santor 采用的方法沿袭了 Rosenbaum 和 Rubin（1983）使用的“匹配方法”[26]。在一个近 1400 位借款人的样本中，这个方法首先包含了所有数据并估算了一个借款人将采用联保贷款（而不是一个标准个人贷款）的似然值。影响因素包括年龄、收入、邻居、教育水平和种族。估计产生了一个选择联保贷款的概率指数，并发现借款人在相同指数水平下具有相似的可观察行为特征。在相似水平指数下，对借款人行为的比较是相对可靠的。原则上，同类特性的事物才具有可比性。使用这种方法，Gómez 和 Santor 发现联保合约下的借款人偿还贷款更为频繁。他们认为，这个结果是由于更可靠的借款人更喜欢选择联保贷款导致的。因为一旦有了联保合约，借款人必须更加努力工作。

这个估算方法简单且直观，但是它是建立在一个重要的假设基础之上，即合约的选择行为能完全被他们等式中的变量所解释（年龄、收入、邻居等等）。如果有重要的变量被从等式中删除（例如，企业家才能或内生性风险），该方法就很难保证一致的估计结果：更愿冒险的借款人可能更加喜欢选择个人贷款的方式，例如，他们可能倾向于最终违约。在这个假想的案例中，选择任何贷款合约与有一个更坏的结果之间的相关性并不是合约引致行为的结果。较理想的是，我们希望能够考察借款人被随机分类之后的结果——但这种情况相对较少。

在对秘鲁阿亚库乔地区的 FINCA 村镇银行的研究中，Karlan（2007）较为

巧妙的利用了某些异常性行为，进而将随机性引入小组的形成过程中。在那里， 119
仅有一个主要的贷款合约（FINCA 村镇银行合约），但借款人被安排在哪一个小组则是随机的。FINCA 合约规定，联保小组由 30 位每周需要会面的妇女组成；每周她们获得新贷款，支付现有贷款的当周还款额，并且（或者）存在储蓄账户里。不像其他模式，会议不是在本地邻里间或村庄里举行；相反会议被安排在 FINCA 在城镇中心的办公室。另外与其他模式不同的是，在阿亚库乔是由 FINCA 主导形成联保小组。FINCA 广泛宣传其开办村镇银行的初衷并大力发展较有潜力的客户。墙上会公布一份名单，每次列出 30 个名字，这样一个小组就形成了。依此类推，下一拨 30 人将组成另外一个小组。工作人员发现这是组建小组最快的方式，他们希望在陌生人之间建立社会联系，进而传递出独立的好处。一般来说，在小组形成之后不会再加入客户，并且多数人在加入 FINCA 之前彼此并不认识。从计量经济学的角度看，由于不可观察的特性，FINCA 通过人为的方式，使小组选择的偏倚最小化[27]。特别的，当研究人员比较为什么一个小组比另一个小组有更高的偿还率的时候，对不可观察的因素导致同类选择有偏这一原因的关注明显减弱了。根据 Karlan 的检验，小组显示出更多人群的普遍特征——小组看上去就像你所预计的一个随机的涂鸦。

Karlan 对社会资本的角色最感兴趣——客户之间的联系是信任与合作的基础。不像真实的资本（现金、机器和设备），“社会”资本不能被观察和简单的计算。为了对社会资本进行近似估算，Karlan 开始分析语言、发色、衣着或帽子风格等所反映出来的文化相似度，并考虑地理近似度（有多少比例的小组成员能在 10 分钟之内到彼此家中）。这些“社会资本”较好地衡量了与社会经济的相关度，也从一个侧面解释了小组成员的聚类行为。

通过测量获得的社会资本是否对贷款偿还率的差别存在影响呢？事实上有两种类型的贷款偿还率。第一种是指那些由 FINCA 总部发放给本地联保小组的贷款；在问题时期（1998–2000 年）这些贷款都被及时偿还。第二种是指那些通过小组成员自身储蓄池发放出去的贷款；这种情况的贷款偿还率就比较低，大约为 20%。Karlan 发现地理近似度和文化相似度对较低的违约率具有较大的
影响，该发现基本与我们在之前章节中的理论推论相一致，即社会惩罚的威慑 120
有助于提高偿付率（并且也与 Stiglitz [1990] 的研究结果相一致）。有趣的是，

Karlan 发现，借款人在违约之后会被剔除出原项目，而这种现象在拥有更多社会资本的客户群中更为明显。上述发现表明，承担部分可能的风险是有益的：也就是说，在客户与小组其他成员具有较强的社会关联之后，那些因难以预料的因素导致被迫违约的客户其实不愿意离开项目。

从 Karlan 的研究结果看，小组合约能够以传统信贷合约所不能的方式利用本地关系。诚如论文题目所揭示的，这个结果的不足是不能确定更多的信任（并且更有效的使用社会惩罚）是否有利于改善“社会资本”所带来的压力——或者，换个角度看，通过这个事实中是否能发生简单的改进，使那些更相似的人们以及那些住得更近的人比其他人有一个更简便的方式去监督彼此。后一种解释与 Wydick（1999）的研究相一致，他在危地马拉几乎没有发现更为明显的证据来支持社会关系有助于联保贷款的观点，相反却发现了这么一个现象，即随着小组成员监督能力和小组关系的加强，贷款偿还率上升了（例如，随着对小组成员每周交易量的了解，偿还率上升了）。以上两种解释的差别可能在实践中不起作用（当合约有用的时候，人们可能会对制度持欢迎态度），但是这个尚未回答的问题指出了未来对合约问题的研究方向[28]。

Ahlin 和 Townsend （2007a， 2007b）富有雄心的研究对合约提供了一个不同的视角。他们以 Besley 和 Coate（1995）、Banerjee， Besley 和 Guinnane（1994）、Ghatak（1999）和 Stiglitz（1990）所构建的联保贷款的理论模型为基础。在将这些模型置于一个可比较的理论框架之后，Ahlin 和 Townsend 将其应用于数据，尝试决定哪一个能更好地解释实践中的联保贷款的不同类型。他们的数据来自于在泰国农业和农业合作社银行（BAAC）的 262 个联保小组，以及同一个村庄的 2880 个家户。Ahlin 和 Townsend 没有尝试对联保贷款和可替代合约进行判断。而是如其他论文所描述的，他们的目的是去发现那些促使联保贷款运转的因素。他们发现，上述问题事实上没有一个全能的答案。在泰
121 国东北部更穷的地区，当村庄的社会惩罚增加的时候，期望的贷款偿还率也随之上升。但是在更加富裕的中部地区，连带责任的程度都会发挥作用，并且连带责任支付越高，违约率也就越高。而且，小组成员间合作的程度越大（例如，更多的家庭成员在一个小组），违约率也会升高。这些结果显示，太多的社会责任会导致借款人合谋，进而与银行形成对抗，这将会是一件糟糕的事情。

### 4.5.4 在菲律宾的一个随机试验

据我们所知，Giné 和 Karlan（2008）在菲律宾进行的试验是全世界截至目前仅有的通过随机化设计小组合约的实地试验。与一家名为“绿色银行”的农村贷款机构合作，作者设计了一个随机控制的试验，以检验连带责任的重要性。

绿色银行将其联保贷款中心的随机样本的贷款形式转换成个人负债，因此所有客户被选择进入连带责任合同，但有一些客户还是“惊讶于”个人负债形式。在研究小组不断变换的过程中，负债是贷款仅有的特征——借款人在个人负债小组仍旧参加常规的会议，根据小组设定进行每周例行贷款偿还。在 1 年时间和 3 年时间之后，那些转换成个人负债的贷款偿还率与那些与银行仍旧保持联保负债合约的贷款偿还率没有太大区别。这是个重要的开始，重复试验是必要的，以决定这个结果在多大的范围内起作用。

### 4.5.5 联保小组的形成

经验证据支持分类匹配理论，该理论预测当小组基于风险类型进行自我选择的时候，将会产生一个有效率的结果。Ahlin（2009） 使用 BAAC 在 50 个不同村庄的 87 个小组数据，以寻找小组基于风险类型分类的证据。对于小型贷款，BAAC 使用连带责任替代抵押物，并且对于多数小组都是通过自我选择形成的。Ahlin（2009）为每一个小组创建了“分类的百分位”，其用更高的级数显示相对同质的风险类型，而较低的级数显示异质的风险类型。研究表明，相对于随机组成的小组，自我选择小组的同质性更为显著。尽管小组远非完全同质，但这个结果表明当小组是自我选择的，借款人将根据风险类型形成小组。

在某个标准之下，上述发现与 Giné 等（2009）所讨论的可控实地试验相 122
一致。该作者发现，在一个连带责任的合约中，如果参与者被允许选择他们的同伴，那么在特定的条件下风险厌恶的借款人更易于形成小组。特别的，风险厌恶型借款人在现有贷款偿还条件影响未来贷款获得时更容易匹配组合。将未来的获得贷款的可能性建立在当前偿还状况的基础之上，这种机制设定事实上是一个“动态激励”，下一章我们将仔细讨论这个问题。

最后一个经验问题是关于小组中多元化的角色。强调社会资本和社会惩罚积极作用的理论认为，多元化程度较低的小组将做得更好。从另一方面说，在具备合谋可能性的地方，相反的结论也有可能成立：更高程度的多元化可能通过降低合谋的机率有助于贷款偿付。Sadoulet（2003）提供了另外一个支持多元化的原因：更高程度的多元化意味着小组成员的收入水平将会出现更低程度的同步波动，由此增强了小组成员保障彼此的能力（例如，在需要的时候存在较大的可能性去提供相互救助）。既然保险有助于提高偿付率，那么多元化也是有利的[29]。并且，正如 Sadoulet 和 Carpenter（2001）在危地马拉的一项研究中所发现的，如果多元化发挥作用，那么借款人应该尝试形成更为涵盖不同类型成员的小组。尽管在泰国，Ahlin 和 Townsend（2007a，2007b）发现在其他条件不变的情况下，收入与选择小组合约呈正相关关系，并且 Ahlin（2009）在自我选择的小组也发现了风险相关性的互补证据。

综上可见，不同地区的结果显示出不同（甚至相反）的关系。对联保贷款理解的深化将更好的认识本章第一部分所描绘的积极结果——当然也会了解联保贷款潜在的负面影响。

## 4.6 联保贷款的局限：隐性成本、合谋与凸显的矛盾

我们在本章首先回顾了联保贷款方法（由格莱珉银行在 1970 年代发明）
123 的标准特征。理论家们至今对利用本地信息和社会关系方式的模型特别感兴趣。但是，世界其他地区尚未成功复制孟加拉农村地区成功经验。通过介绍不同的运作情形，第 4.5 节的证据给出了一个混合的结果。

特别的，社会惩罚具有很多的局限性。典型的社会惩罚包括让“问题”借款人难以获取公共资源，例如不能获得进一步的贸易贷款，不能参与社会和宗教活动，难以参与日常的仪式。商业银行希望进入这个“微型金融细分市场”，但要在其客户中利用这些机制却特别困难，非政府组织也存在类似的问题。例如，在小型村庄或社区中，社会惩罚和威胁对那些关系亲密的朋友和亲属有效吗？或从另一个极端看，在那些借款人来来往往且相互陌生的城市环境中，社会惩罚能够发挥作用吗？因此实践者们需要进一步完善合约并因地制宜地进行设计。

完善和再设计需要解决联保贷款内生的成本问题。联保贷款的本质是将银行工作人员的责任转移到借款人。传统上，贷款工作人员选择客户、监测绩效，然后执行合约。客户的收获是在一个合理的价格上获得贷款（和其他金融服

务)。但是给定选择，多数客户并不能通过贷款业务使一家银行正常运转。例如，Ladman 和 Afcha(1990)认为，在玻利维亚的小农信贷计划(PCPA)中就很难找到自愿领导小组的潜在借款人，因为小组领导人需要花大量时间去说服借款人接受联保贷款合约。在一个村庄，相比较于传统个人信贷过程所需要的时间，小组领导人不得不花 4 倍多的时间准备初始贷款的投放[30]。

另外一个问题则与小组会议有关。作为联保贷款模型核心组成部分，针对小组会议的评价存在较大矛盾。其中有就有一种声音认为，小组成员在居住较为分散的情况下，参加小组会议和监督小组成员的成本太高。在 Albert Park 和 Changqing Ren （任长青）(2001)研究的 3 个中国项目中，两个项目中有 8% 的客户不得不走多于 1 小时的路程去参加会议。总之，每位成员在在参会途中就花费了超过 100 分钟时间。针对乌干达和孟加拉国联保贷款项目后续阶段的 124
调查，“女性世界银行”(2003)的研究发现，在孟加拉国放弃联保小组的人群中，有 28% 是因为过高的开会频率；而在乌干达的客户调查中，这部分人的比重为 11%。从另一方面看，几乎所有的现存乌干达和孟加拉“女性世界银行”的客户都认为他们喜欢参加会议(女性世界银行，2003)。在乌干达，被广泛引用的原因(65%)是他们喜欢这个机会去分享观点并且相互学习；在孟加拉，最广泛引用的原因(43%)是会议的社会性。

第二个问题则与这样的事实有关，即联保贷款是通过将银行的责任转移给消费者的方式实现的。正如我们注意到的，这些责任能够承担隐性成本。一些借款人可能会想：我只是想获得一笔简单的贷款，为什么我还需要去帮助运作一家银行呢？在这些成本种类之外还有另外一个方面的原因。正如 Giné 等(2009)所着重指出的，联保贷款能够对借款人带来额外的风险，如果借款人是风险厌恶型的，那么就会赋予这类风险较大的权重。风险被嵌入到了合约之中：现在不仅借款人自身存在违约风险，而且她也将面对其同伴可能违约的风险。如果监督和激励合约没有成本——正如 Stiglitz(1990)和 Varian(1990)所假设的——借款人就能够有效的解决道德风险问题，并将风险最小化。这是联保贷款合约最大的希望。但是正如前所述，即使对那些生活在相近区域的个人而言，监督也并非毫无成本。另外，监督也是不完善的，其将促使道德风险回归到我们所讨论的问题框架之中。但是在联保贷款合约下，不会是银行，而将是小组承担相应风险。如前所述，社会惩罚的威慑具有一定作用，但在实践中它们也是不完善的。

Madajewicz（2004）的论文贯穿着对该问题的权衡分析。在一个重要的理论模型中，她认为联保贷款的益处——本章第一部分已经详细介绍——在成本因素的作用下将会被抵销掉。当借款人厌恶风险并且监督存在成本，那么就将导致相关成本的出现。另外，因为随着借贷规模增加，违约率将随之上升，进而导致成本增加。Madajewicz（2004）认为在小组联合担保的情况下，贷款规模被限制了，因此有不断扩大商业需求的客户或那些规模比同业领先的人可能发现小组合约使所有人都受害了。在一个确定的规模下，相比较于个人借
125 款，联保贷款占据优势地位。但是她的分析表明，如果借款人的生意规模超过一定层次，那么他会更偏爱个人贷款。基于对孟加拉国调查数据的深入分析，Madajewicz（2005）估算到，对于持有 1.25 亩地的家庭，其会转移到具备更大净收益的个人贷款。虽然大部分这类家庭仍处于较为贫困的水平，但它们一般不会被认为是“功能性的失地”农户[31]。

一个启示是相对较富有的客户在发展过程中更倾向于申请个人贷款，从而促使玻利维亚的阳光银行和格莱珉银行这两大联保贷款的倡导者给成功的客户介绍新的个人贷款合约。一个相关的问题是，某些客户不会简单地接受为其他人负责这一强制要求。正如女性世界银行业（2003）的研究报告说：

> 这个问题通过以下问题被进一步检验：“你的选择偏好将决定你获得保护的程度，你是喜欢在自己不能偿还每周还款之时由小组帮助你解围，还是倾向于仅完成自身贷款责任而不必为其他人的贷款进行偿付？”两个机构的多数客户都表示更加渴望独立并且放弃了小组的保障。在孟加拉，76% 的现有所属机构的借款人与 82% 的退出者回答他们想仅自己的贷款负所有的责任。在乌干达，87% 的现有所属机构的借款人和 84% 的退出者表达了类似的独立渴望。

第三个问题是，联保贷款合约中的借款人在一些条件下可能会合谋对抗银行，进而损害银行利用“社会抵押品”的能力[32]。正如我们在 4.5 节中所见，在小组中更强的社会关系能够在某些地方提高偿付率，但是在另外一些地方，

社会关系也增加了违约的可能性。

Laffont 和 Rey（2003）从一个理论的视角研究了这些问题，并得到了部分积极的结论。他们对道德风险和联保贷款的分析表明，借款人之间亲近的社会关系和信息共享行为打开了改进传统个人贷款合约的途径。但是另一方面，当借款人分享知识和社会关系的时候，其针对放贷机构合谋的数量也增加了。Laffont 和 Rey（2003）研究表明（在一个典型的模型中），如果借款人不合谋，联保贷款合约比个人贷款合约更具优势（因为合约利用了借款人的知识和社会关系——正如本章开始所描述的）。原则上，更好的合约仍旧存在，当然这需
要使用有条件的竞争（判断一个成员相对于其他人的表现）和信息披露机制（类 126
似于交叉报道安排）。

但如果借款人合谋又将导致什么后果呢？在那种情况下，Laffont 和 Rey（2003）的研究显示，联保贷款优于其他可替代机制。虽然合约导致的结果比不上放贷机构拥有借款人充足信息的情形，但却也优于其他任何可替代机制。即使借款人针对放贷机构进行合谋，但是只要他们不断追求挖掘更多的信息（关于部分借款人，或者直接关于部分放贷机构），那么现有标准的个人借贷合约仍会有较大的改进空间。

最后一个问题是，即使联保贷款合约自身成功了，它是否会比其他可替代的方式更具效率。在 4.4.2 节最后一部分，我们提了这样一个问题：即使联保贷款合约比传统个人贷款合约做得更好，那么小额贷款机构是否能做得比其他金融机构更好？Rai 和 Sjöström（2004）给出了肯定的答案（在其他或多多少不同的情况下也是，Laffont 和 Rey［2003］）。正如我们在某些论文中所看到的，对联保贷款合约的批评主要是因为惩罚太严厉。例如，在广为复制的格莱珉银行的五人联保小组合约中，当一个借款人违约，其他 4 个人都将被剥夺未来申请贷款的权利。正是这样的威胁驱动着“同伴监督”、“同类选择”和“同伴强制”机制的形成。但是如果违约人是因其丈夫生病而陷入麻烦，那又该怎么办呢？或者是她的奶牛死了？或者她所卖商品的价格下降了？尽管有着良好的监督、选择和激励，当这些问题发生的时候又该如何？

Rai 和 Sjöström 有针对性的批判并非因为道德原因，而是考虑到效率问题（某种程度上如第 2 章所用的）；在经济学乏味的术语中，惩罚意味着一个毫无意

义的"自重"（deadweight）损失。他们认为惩罚不需要被上升到如此高的地位，而可以通过使用交叉报告系统（详见第 5 章）解决问题。Rai 和 Sjöström 认为，不应该通过一纸合约而消极地遵循规则，而是应该在危机出现时，银行（以及借款人）能够采取积极的步骤去搜集更多的信息。他们关于交叉报告的想法是为了成功获取已经发生的真实事实信息（例如，由于偷懒导致的违约或者一个更深层次的原因？）小额贷款机构能够通过有问题的借款人及其邻居的报告成
127 功获取上述信息，并在各方报告一致的时候施加惩罚。因此某些过于严厉的惩罚能够被及时避免。交叉报告系统仅是一个改善合约的途径，其在特定的理论背景下可能会运作良好。通过修正它也可能在实践中运作，但是即使没有交叉报告，小额贷款机构也正采取措施去解决无效率问题。

小额贷款机构应该认真严肃地对待 Rai 和 Sjöström 的批评，当然它们也正如我们所期待的那般做了。根据拉丁美洲和亚洲的一手观察资料，联保贷款合约从来没有像论文所描述的那样发挥激励作用。贷款工作人员在调查中认为，没有任何理由支持一个人犯错，其他所有人自动受罚的机制。相反，贷款工作人员一般会花大量的时间去调查和管理"有问题"的案子。在如此操作的过程中，工作人员要求违约人员的邻居提供建议和信息（从较为宽松的定义上看，即所谓的"互相举报"）。并且一旦问题被调查（如果违约者的同伴被发现是相对无辜的），小额贷款机构的工作人员尝试收回尽可能多的问题贷款资金。然后仅将这个违约人从联保小组中除名，并用一个新的借款人替代。即使损害了我们所了解的联保贷款合约，但这却是一个自然地改善效率（和公平）的方式。

作为格莱珉银行一项令人瞩目的突破性再创造，"格莱珉银行二代"认识到了理论与实践之间的距离，并构建了贷款工作人员能不依赖惩罚所有成员而解决个人贷款问题的新机制（Yunus 2002；Dowla 和 Barua 2006）。格莱珉银行二代的核心包括两类贷款。首先借款人开始一项基本贷款（在孟加拉语中，它指的是"轻松贷"）。新的系统允许申请任何期限的贷款——从 3 个月到 3 年——并且允许分期的还款额可以因季节或因人而改变大小。但是，仍旧保留每周还款的传统。一旦借款人陷入麻烦，他们将被提供一个弹性贷款（在贷款规模限制上有一个额度迅速下调的惩罚）。弹性贷款在长期有一个更为简单的形式，并且它允许借款人回到正常轨道，最后回到基本贷款状态。贷款额度的

一半被提供给那些被转化为弹性贷款状态的人。仅当消费者不能偿还弹性贷款且被除名了，贷款才会被完全记为坏账。在看到格莱珉银行二代的想法之后，部分人士认为这是对联保贷款合约先行者思想的背离[33]。

## 4.7 总结和结论

本章讨论了微型金融运动的一个主要创新——联保贷款。从放债人的角度 128
看，合约吸引人之处在于他将本应由放债人承担的工作转移给了（整个或部分）借款人。这些工作包括审查潜在客户、监督他们的努力程度并且执行合约。作为回报，借款人将获得贷款，当然这些贷款本是难以获得或至少难以在如此低的利率水平下得到。

从经济学的角度看，联保贷款解决了第 2 章提出的问题，尤其是信息不完善导致的道德风险和逆向选择问题。原则上，即使当放贷机构一直被蒙在鼓里或不能有效实施合约，联保贷款合约仍提供了一个获得有效率产出的方式。更多的是，原则上联保贷款方法能够潜在地促进社会资本，并因此更好地提高效率。

但是当借款人也对彼此缺乏有效信息之时——例如，在人口稀少的区域和城市地区人口流动频繁的情况下——银行使用联保贷款可能较其他合约取得的效果更糟。在下一章我们将介绍需要使用或不使用联保贷款的可替代的贷款机制。我们相信，微型金融的未来需要立足于对这些可替代机制的理解，挖掘其内在价值，重新改进它，并且尽可能地融合吸收创造性的、不断涌现的新思想。

基于 4.5 节的调查实证和 4.6 节的经验证据和理论分析，我们要加强对可替代合约的重视程度。因为现有的联保贷款合约已导致一系列问题的出现，其中包括借款人对参加例会成本日益增长的不满，贷款工作人员拒绝惩罚那些不巧被分到“坏”小组的优质借款人，以及小组成员各种各样的想法所带来的阻碍。虽然还处于理论研究的阶段，但是格莱珉银行已通过其贷款项目进行了一系列重要的探索，并创造了一个更富弹性的联保贷款机制。虽然联保贷款的经验研究滞后于理论进展，但是目前实证发现却已然对乐观的理论结论带来了巨大的挑战。

## 4.8 练习

129 **1.** 请评价以下说法："相对于那些要求抵押的标准合约，联保贷款合约能够使银行更多的得知与借款人信誉相关的信息。"

**2.** 考虑一个存在两类风险中性借款人的经济体。假设借款人都受到有限责任的保护。有一个持续时间为一期的项目，需要 100 美元投资。银行在竞争性的环境中运营，并且仅仅需要实现盈亏平衡。特别的，该银行希望覆盖每 100 美元所形成的总成本，$K$=145 美元。如果能够借款，类型 1 个人能够产生确定的总回报 $y_1$=230 美元；如果被拒绝授予贷款，她能够在劳动力市场寻找工作并获得 28 美元收入。对于类型 2 的借款人，如果其能够借款并把贷款投入项目之中，存在 0.5 的概率获得总回报 $y_2$=420 美元，或者 0.5 的概率一无所获。如果不能获得贷款，类型 2 的潜在借款人通过在劳动力市场工作能够赚取 55 美元的收入。假设经济体中 40% 的人口属于类型 1，而其余人口则属于类型 2。然后：

a. 如果银行不能分辨两类不同的个人，并且不能执行附带联带责任的联保贷款，那么哪一类借款人将被给与贷款？计算该情景下的毛利率 $R^*$。

b. 现在假定只要所有借款人能够形成双人小组，并且任一小组都接受贷款偿还联带责任的条款，那么银行就愿意给任何一人发放贷款。条款特别规定，如果一个人违约，那么其同伙就需要偿还余款；否则，两个人在未来就不会再享有申请贷款的权利，这是无限期的成本。请问你对潜在借款人形成两人小组的看法。

c. 计算上述情形下的毛利率 $R^{**}$。

d. 假定银行收取 $R^{**}$ 的毛利率水平，并且有一个类型 1 个人在缺乏选择的情况下与类型 2 的个人组成二人小组。那么在联带责任的条款下，类型 1 的个人愿意申请贷款吗？简要解释你的答案。

**3.** 考虑一个与上道习题类似的经济体。但是在本案例中，假设存在 3 类潜在借款人，且都受到有限责任的保护。如果借款人 1 成功了，他会在 0.9 的概率下获得总回报 $y_1$=300 美元；如果他失败了，那么将一无所获。借款人 2 在 0.75 的概率下获得总回报 $y_2$=333.33 美元，而在失败的情况下回报为零。借款人 3 在 0.5 的概率下获得总回报 $y_3$=500 美元，而失败情况下则将一无所获。三类借款人占经济体人口的比例均为 1/3。对于任一潜在借款人来说，其机会成本（例如，劳动市场工作）为 40 美元。所有三类潜在借款人需要 150 美元去执行他们的项目，并且贷款人每 150 美元贷款的成本是 54 美元。

a. 如果联保贷款不是一个可行的选择，那么所有潜在借款人能够获得贷款去推动他们的投资项目吗？请解释你的答案。

b. 现在假定附带联带责任合约的联保贷款是可行的，而小组匹配则通过自由选择实现，并且银行能够观察到所有借款人的最终回报。假如小组伙伴违约，那么银行将会拿走另一小组成员的所有收入。请计算利率 $R^{**}$，并简要解释你的结论。

c. 本练习与实践中小组抱团现象有什么联系？

**4.** 请从微型金融机构的角度出发，解释联保贷款中选择性匹配的概念，要求将你的解释要点立足于消除逆向选择的无效率。

**5.** 一家银行正考虑将贷款发放范围人群扩大，其中这部分潜在借款人可以由 A、B、C 和 D 标记。其中借款人 A 和 B 属于类型 1，而借款人 C 和 D 则属于类型 2。银行难以观察到借款人的类型，但却知道存在类型 1 和 2 两类借款人。一旦获得 100 美元贷款，类型 1 借款人就能进行项目投资并得到了 $y_1$=200 美元的确定性回报，而类型 2 借款人则在 0.75 的概率水平上能获得 $y_2$=360 美元的总回报。类型 1 借款人的机会成本为 18 美元，而类型 2 借款人的机会成本则为 20 美元。如果被拒绝贷款，类型 1 的潜在借款人能够在劳动力市场赚取 18 美元的工资收入，而类型 2 的潜在借款人则能赚取 20 美元。对于银行来说，100 美元贷款的成本为 160 美元。该银行是竞争性的，目标仅在于实现盈亏平衡。借款人受到有限责任的保护。

a. 如果不存在联保贷款的可能性，那么所有的潜在借款人是否能够获得贷款？在上述情况下，请给出银行所应该收取的毛利率，并简要解释你的答案。

b. 当银行愿意给附有联带责任的双人小组发放贷款，并能够观察所有借款人的最终回报，请计算此时银行愿意放贷时候的利率水平。简要解释你的答案，并将其与（a）中的结果进行比较。

c. 请问该练习提供了哪些与具备联带责任的联保贷款相关的经验教训？ 131

**6.** 本习题与前一道题目类似，但却更加注重时序发生状况。考虑以下情形：银行在阶段 0 发放贷款，而在阶段 1 才清楚借款人的类型，而借款人的回报要到阶段 2 才能能实现。在阶段 0 的时候，借款人想要进行一项成本为 100 美元的投资项目，但是他们自身不拥有任何财富。到了阶段 1，借款人的类型信息才会被披露，此时其与银行之间才实现信息对称；在此之前借款人是类型 1 和类型 2 的概率均等（均为 0.5）。其余的情况与之前的习题类似。

a. 如果经济体中的联保贷款不能被执行，所有的个人是否还能借款？如果他们能借款，那么银行应该向他们收取多少的利息？简要解释你的答案。

b. 现在假定银行能够给附带联带责任的双人小组贷款，并能够观察到任一借款人的最终回报。计算在此情形下银行愿意贷款时的利率，并将你的答案与（a）中的答案进行简要比较。

c. 解释本习题所强调的信贷市场无效率情形，以及通过联保贷款转移此类无效率的途径。

**7.** 再次考虑习题 6 中注重时序发生状况的经济体情况，但现在假定在阶段 1，借款人有着均等的概率成为类型 1、类型 2 和类型 3（即概率均为 1/3）。类型 1 能够确定地获得 300 美元的总回报，类型 2 能够在 $p_2$=0.75 的概率水平桑获得 360 美元的回报，类型 3 能够在 $p_3$=0.5 的概率上获得 400 美元的总回报。假设银行按照习题 5 所设定的情形运营，而所有借款人的机会成本都为 0。如果联保贷款在阶段 0 执行，请计算银行所应该收取的利率水平，并解释是否所有的潜在企业家都会决定借钱。

**8.** 考虑一下时序发生顺序：首先发放贷款；然后决定进行监督；再然后，潜在的借款人做出努力工作的决定并在他们的项目中付诸实践；最后，企业家获得了回报。假定经济体中所有的企业家都是相同的。这些潜在的借款人希望在成本 $I$=100 美元的项目上进行投资。如果成功，项目将产生 $y$=300 美元的总
132 汇报。如果借款人投入足够的努力，成功的概率高达 100%；如果他们不努力，那么成功的概率 $p$=0.75。假设努力的成本为 $c$=40 美元，而借款人的机会成本是 80 美元。银行是完全竞争的，并且一项贷款的总成本是 $R$=150 美元。

a. 当该经济体不允许开展联保贷款的时候，一个潜在的借款人是否能够获得贷款？

b. 现在假定银行能够给自我选择的双人小组发放贷款，并且银行施加了联保责任的条款。一个借款人能够监督她们的同伴，其将促使组员努力工作以实现回报最大化，但是监督的成本 $k$=20 美元。假定存在同步监督且借款人受到有限责任的保护，计算银行将收取的利率水平。是否两个企业主均能获得贷款？简要解释你的答案。

c. 对称性假设是指借款人能够同时监督彼此，那么该假设是否重要？

**9.** “微型金融中的联保贷款方法能够潜在提高效率的唯一原因就是其降低了交易成本”，上述表述是否正确？请详细解释你的答案。

**10.** 假定事件发生的时间顺序如下：首先发放贷款；然后借款人获得回报；再然后开始监督，借款人会评估其同伙获得回报的情况（例如，他们将确认其同伙所报告的回报是否真实）；最后，借款人会对其同伙的真实回报情况给出一个鉴定报告。在这样的情景设定下，对于追求盈亏平衡的银行来说，其发放贷款的对象都无区别。银行知道任何一个借款人都能够投资 $I$ 并获得 $y$ 的确定性总回报，但是在借款人的回报实现之后，银行却不能确定借款人回报数额。贷款的毛利率是 $R$；因此，当一个项目产生回报，借款人或者是能够偿还 $R$，或者就撒谎（例如，声称她无力偿贷款）。如果一个借款人撒谎但却被揭穿，那么她将受到一个 $B$ 的惩罚。

a. 在个人贷款合约不存在监督的情况下，如果 $B<R$ 会发生什么情况？

b. 现在假定，银行在联带责任的条款下给一对借款人贷款，并且借款人能够潜在地确认另一个人回报的实现情况，即使对方宣称她无力偿还。对回报情况进行监督将产生的成本 $k<B<R$。如果小组违约，那么其成员将失去未来从银行贷款的权利。该情况所导致的损失折现后为 $c$，其中 $c<k$。为了分析简便，假设 $y>2R$。在这种情况下，潜在的借款人是否能够获得贷款？结合对 $B$ 的理解， 133
请给出你的答案。

**11.** 考虑与习题 10 相同的情形，并假定个人仍旧有机会监督她们的同伙，但现在存在监督不完善的问题：一个借款人仅能在 $q$ 的概率水平上确定其同伙的回报实现情况。如果她能够证明她的同伙撒谎，违约的同伙就需要向银行偿还 $R$ 并将受到 $W$ 的社会惩罚。请制作一张借款人所有可能应对策略的表格。相比较于所有人不能偿还贷款且被排除出信贷市场的情况，针对借款人隐瞒回报的惩罚效率问题，上述练习又揭示了什么？

**12.** 理论研究显示，对于微型金融借款人和银行来说，联保贷款是改善和提高产出的有效途径。但即使如此，经验和实验研究却在该问题上发现不一致的证据，并且部分银行对于个人贷款的积极性也不高。如何解释联保贷款所展现出的不同表现？

**13.** “如果借款人不能比银行更好地监督彼此，那么联带责任也不能解决道德风险问题”。请对上述表述进行简要评价。

**14.** 假定存在两个完全相同的个人，风险偏好均为中性。给定规模为 1 的起始资金，他们的项目如若成功，将获得 $y$ 的回报。我们假定 $y$ 的大小在 1 和 2 之间。项目成功与否的概率依赖于他们的努力程度 $e$。选择努力程度 $e$（在 0 和 1 之间变动）就相当于选择成功的概率，但是付出努力却是有成本的。个人必须支付成本 $e^2$。因此，自我融资的个人通过以下最大化问题，以选择努力的程度：

$max\ [\,ey-e^2\,]$

a. 请解释上述等式的含义，并求解在自我融资情形下的努力程度 e。这个努力程度是有效率的吗？

b. 我们现在假设个人由于自身贫困而难以对项目进行自我融资。她必须获得一笔贷款以为项目提供资金来源，贷款利率为 $R$。短期内假设，借款人虽然贫困，但却仍拥有一套价值高于 $R$ 的房产，其可以作为抵押品。解释并求解新的最优化问题：

134 $max\ [\,ey-R-e^2\,]$

该努力程度是有效率的吗？

c. 现在假设我们的借款人根本没有抵押品。解释并求解以下最优化问题：

$max\ [\,e\,(y-R)-e^2\,]$

该努力程度是有效率的吗？随着 $R$ 的改变，该努力水平将如何变化？

d. 假定贷款机构已将 $R$ 降到尽可能低的程度，但其仍担心借款人的努力会低于最优水平。于是它尝试利用联保贷款解决上述问题。借款人将他们自己组成双人小组，而银行则使所有借款人都需要为另一个同组伙伴的债务负责。我们将第一位借款人的努力程度记为 $e_1$，第二位为 $e_2$。假设此刻监督是不可能的，请解释为什么新的最优化问题（从个人 1 的角度看）是：

$$\max_{e}\left[e_1e_2(y-R)-e_1^2\right]$$

求解 $e_1$。请将其与之前的努力程度进行比较。如果不存在监督，联保贷款下的联带责任还会有效吗？还是它会对追求有效的努力水平的目标带来负面影响？

e. 我们现在假设个人能够监督彼此。他们在 0 到 1 之间选择监督的强度。你可以将其想象为借款人之间对不努力工作情形的限制。当个人 1 选择 $m_1$，如果个人 2 选择 $e_2$，那么她将承担成本 $m_1(1-e_2)$。她工作得越少，成本将越高。监督本身是存在成本的，而个人支付成本 $\alpha m^2$ 进行监督，其中 $\alpha$ 是小于 1 的数字。解释以下最优化问题中的各个部分：

$$\max_{e_1}\left[e_1e_2(y-R)-e_1^2-m_2(1-e_1)-\alpha m_1^2\right]$$

f. 求解上述最优化问题是可能的，但却需要用到很多的代数运算。问题之所以复杂，这是因为最优化的努力水平不仅依赖于另一位个人的监督，也与其他个人的努力程度相关（因此一个人自身的监督行为将影响其他人的努力程度）。为了避免过度运算，我们将对以上问题进行些许修正，以避免所谓的交互作用。新的最优化问题是：

$$\max_{e_1}\left[e_1e_2(y-R)-(1-e_2)P-e_1^2-m_2(1-e_1)-\alpha m_1^2\right]$$

其中 $P$ 是在你同伴不支付情况下你所要承担的惩罚。不管你自身的项目是 135
成功还是失败，该惩罚必须承担。为了解决上述问题，假设个人首先选择 $m$，然后选择 $e$ 作为反应。请求出上述背景下两个个人的最优监督和努力程度。与之前我们已经求得的努力值相比，这个努力水平又如何呢？

g. 解释以下问题：（i）随着联带责任（$P$）增大，努力程度会怎样变化？（ii）随着监督成本的降低，努力程度又会怎么变化？（iii）在本模型中，实际努力程度是否有可能永远比有效率的努力程度要高？（iv）在现实中这可能会是一个问题吗？

**15.** （基于 Laffont 和 Rey［2003］）考虑一经济体中不拥有任何初始财富的两个人，其项目成功将获得 z 的产出，而失败时将一无所获。项目成功的概率分别为 $p_H$ 和 $p_L$，其依赖于个人努力程度的打消，其中 $0<p_L<p_H<1$。付出较大努力的成本为 $c$。经济体中存在一个利润最大化的银行，其资金成本为 $k$。

银行目前只开展个人贷款业务，却计划从事双人的联保贷款项目。其中存在的唯一障碍就是个人可能串谋的事实，当借款人不努力工作，但其却仍宣称自己尽了最大努力，这对于借款人来说不需要任何成本。请给出一个能够防止串谋威胁的合约，在其中如果借款人及其同伴的项目均获得成功，他们都将获得一个 $x^*$ 的混合支付，并计算该合约中 $x^*$ 的大小。

# 第5章



# 超越联保贷款

## 5.1 引言

对联保贷款的“发现”开启了微型金融的可能性。它是迄今最著名的微型 137
金融创新，并且理所当然。联保贷款显示了非传统契约如何在那些屡试不爽的银行实践一次次失灵的地方运转的，在理解上的转移引发了其他新的观念，它们从传统放债人那里借用来的和从现代银行实践借用来的一样多。如今，联保贷款仅仅是使微型金融不同于传统银行业的一个因素。

在践行联保贷款时，许多新的思想同样被机构采用。但机制并没有内在的关联，机构越来越发现它们可以挑选不同的元素。一个很贴切的例子就是“累进贷款”，这是“经典”格莱珉银行模式的主产品，但本身不依靠联保贷款。累进方式贷款意味着对处于良好状态的组和个人承诺越来越多的贷款。其他的创新已经在经典格莱珉模式中有所表现，包括周或月度的分期付款的偿付日程计划、公开偿还，以及定位于女性。此外，小额信贷商对抵押已经采用了更灵活的态度。新兴的合同并不必然包含组，它们在低人口密度或人口多样性较大的地区已经特别管用——这些情况下更有信誉的客户寻求更大的灵活性。

例如，孟加拉的 ASA 钟情于最大化效率，在它的贷款方式中削弱了连带责任，甚至格莱珉银行也已经在“格莱珉银行二代”条款中删除了连带责任，
允许问题贷款被程序性地再协商，而不引发组的压力[1]。在玻利维亚，阳光银 138
行把它资产组合中很大的一块份额从“团结的组”合同转移到个人合同。“团结的组”合同仍旧用于小额贷款（从 50 美元到 2000 美元），提供给信誉不佳的客户，但个人合同（最高达 25000 美元）是对有信誉客户的标准形式[2]。另一个微型金融的领导者印尼人民银行，从一开始就避开了联保贷款，拉美和东欧的城市小额信贷商也加入了这条道路。

表 5.1 提供了《微型银行简报》中被调查的 890 个项目的比较数据。在这些“出类拔萃者”中，277 个是针对个人的出借人，其余的或是通过格莱珉银

行 3–9 个借款人为一组的形式——通过与村镇银行的方式相关联的更大的组，或兼用个人与联保贷款策略[3]。相对于使用联保贷款方式的出借人，关注于个人的小额信贷商倾向于（a）服务于较富裕的客户，反映在贷款的平均规模上；（b）稍多一些自力更生，代理指标是由它们财务成本的覆盖率——它们 106%，联保贷款机构 103%；（c）服务较少的女性客户——个人小额信贷商平均 51% 的客户是女性，而联保贷款商是 67%，村镇银行是 86%；（d）收取较低的利率和手续费，这反映在实际资产组合收益率：村镇银行 32%，联保贷款商 26%，个人信贷商 23%。但是关于后一点，应当注意到村镇银行和联保贷款商也拥有与贷款规模相应的较高成本。当服务个人的信贷商把 1 美元中的 21 美分花在运营成本上，联保贷款商必须花费 29 美分，村镇银行则要 35 美分。

底线是联保贷款商和村镇银行——格莱珉或 FINCA 模式——倾向于服务较穷的客户，有与贷款规模相应的较高成本。当小额信贷商成熟和分化后，它们服务较富的客户和降低成本的动力，开启了针对个人贷款方式的大门。但针对个人的借贷方式在人口稀疏地区、有人口差异性的地区，以及有社会分化的地区也有吸引力，这些地方同伴监督成本高，对不守约定的社会惩罚更难以执行。针对个人的借贷方式因此可能在服务非常贫穷地区上也非常关键[4]。

在 5.2 中，我们首先讨论关于双边契约和它通过累进借贷技术对动态激励的强调方面最近的趋势。通过隔离这些借贷方法，我们目标是阐明在第 4 章中
140 描述的经典联保贷款模式的替代性变体。这可以为微型金融扩张进入那些曾经被认为门槛太高的领域开启大门。我们也讨论了抵押要求的使用，用公共支付作为一个更简单的保持同伴压力的方式取代连带责任条款，以及这些创新如何重新塑造了微型金融的图景。在本章末尾，我们重新审视联保贷款的方法，和当微型金融产业向前进的时候它所面对的挑战。

## 5.2 创造动态激励

即使没有同伴监督、抵押、社会惩罚的资源，小额信贷商仍可以通过威胁禁绝违约的借款人在未来获得贷款的机会给借款人以激励。这样，小额信贷商就拥有了过去失败的国有银行所不具备的武器。这些银行通常被迫基于政治紧迫性发放贷款，不能被指望为小企业提供平稳的融资。例如，对印度陷入困境

表 5.1　不同借贷方法的绩效比较 139

| | −1 标准差偏离 | 平均 | +1 标准差偏离 |
|---|---|---|---|
| *平均贷款规模（美元）* | | | |
| 个人 | −2409 | 2720 | 7848 |
| 团结的组 | −1216 | 867 | 2949 |
| 混合 | −191 | 242 | 674 |
| 村镇银行 | −150 | 304 | 758 |
| *妇女比重（%）* | | | |
| 个人 | 30 | 51 | 71 |
| 团结的组 | 43 | 67 | 92 |
| 混合 | 62 | 86 | 111 |
| 村镇银行 | 70 | 86 | 103 |
| *财务自足率（%）* | | | |
| 个人 | 79 | 106 | 134 |
| 团结的组 | 74 | 103 | 131 |
| 混合 | 59 | 92 | 124 |
| 村镇银行 | 67 | 105 | 142 |
| *资产组合收益（实际，%）* | | | |
| 个人 | 9 | 23 | 38 |
| 团结的组 | 10 | 26 | 42 |
| 混合 | 5 | 27 | 49 |
| 村镇银行 | 10 | 32 | 55 |
| *运营成本 / 信贷资产（%）* | | | |
| 个人 | −2 | 21 | 44 |
| 团结的组 | 0 | 29 | 58 |
| 混合 | 1 | 35 | 71 |
| 村镇银行 | 7 | 35 | 63 |

来源：微型金融信息交换“2007《微型银行简报》数据库”（参见 www.mixmbb.org），作者本人计算。分布的偏斜度导致平均贷款规模和运营成本 / 信贷资产出现负值。

的“联合乡村发展项目”（IRDP）有一个令人吃惊的发现，IRDP 全部借款人中只有 11% 借款超过 1 次（Pulley 1989）。如果你推测你将只从一个机构获得一次贷款，你不遗余力还款的概率就剧烈下降，毫不奇怪 IRDP 的偿还率长期低于 50%[5]。小额贷款商通过给借款人获得更多贷款机会的良好信誉，制造把创业企业转为平稳企业的前景，逐渐提高激励。

在这一节，我们展示一个不含抵押的简化债务模型，用来分析双边合同如何发挥作用的。然后我们探索作为额外的工具“累进贷款”的作用。尽管一个兴盛的、竞争的微型金融市场应当是微型金融的梦想，我们还是描述一些案例，其中竞争损害了微型金融中的动态激励（导致玻利维亚、孟加拉国的微型金融危机）。我们也描述为什么征信管理局也需要改进这件事是重要的。

### 5.2.1 停止贷款的威胁

Aleem （1990）的调查中，几乎所有的放债人基本上依赖于两个机制来引
141 起客户的债务偿还：与借款人建立起长久往复的关系，确保既定的借款人不与其他出借人签订新的贷款合同[6]。这两个机制让不再为该客户融资的威胁成为一个强有力的武器。我们从分析这些“非再融资威胁”开始。

假定监督成本非常高以至于出借人不能通过同伴联保来诱逼偿还[7]。像以前一样，我们保持假定借款人没有抵押。更进一步，我们假定此刻社会惩罚不能被用于对借款人施加压力来实现他们合同的义务。从这些基本的假设出发，我们展示 Bolto 和 Scharfstein （1990）的模型的一个简练版本。这个模型由 20 世纪 80 年代的“主权债务”问题所启发，涵盖“外国”商业银行和主权国家之间的借贷关系[8]。

假定生产分为 2 期，一个投资项目需要 1 美元。假定当前项目从银行融资，在每一期结束时，借款人都能产生一个偿还本息前的毛收益 $y>\$1$。但是，在偿还阶段，借款人可以简单地通过不偿还贷款决定策略性违约。为了打消借款人“拿了钱就跑”的念头，银行可以视第 1 期债务的足额偿还情况，发放第 2 期的贷款。在第 1 期后，借款人违约的惩罚因此就是他无法在第二期投资。这个威胁足够促使借款人还款吗？

假定借款人决定违约。在本例中他预期回报是 $y+\delta vy$，其中 $\delta$ 是借款人的折现因子，$v$ 是虽然违约仍被银行再贷款的概率。折现因子刻画的事实是大多

数人衡量未来的收益少于现在的收益。为了使问题的假设前提更完善，我们简便假设即使借款人把第 1 期的全部收益都放入自己口袋里，还需要银行为第 2 期投资贷款[9]。

现在设想，投资进展不错，借款人决定偿还。本例中，他的回报是 $y-R+\delta y$，其中 $R$ 是支付给银行的毛利率（本息合计）。这里，银行肯定再为借款人的第 2 期投资贷款，设 $v=1$。我们认为，这是一个均衡策略。

显然，由于时期数目是有限的（本例中为 2），借款人在第二期末没有激励来偿还。

于是如果他在第 1 期偿还，确定可以再次获得贷款，他在第 2 期的预期净 142
回报——在第 1 期评估——等于 $\delta y$[10]。 近似地，如果他在第 1 期违约，结果再次获得贷款的概率 $v<1$，他在第 2 期预期回报（从第 1 期评估）等于 $v\delta y$。

现在回到第 1 期，很容易发现当且仅当 $y+\delta vy \leqslant y-R+\delta y$，借款人将决定履行他在第 1 期的债务。在契约理论的术语中，这被称作“激励相容”约束，我们在 4.4.1 中用过这个概念。正如在第 4 章中看到的，约束决定最大可行利率，该利率银行可以从借款人的组中收取而不会导致违约。约束意味着，银行应当确保在借款人不违约时他们的的净现值回报至少和违约时一样大。银行能这么做的很明显的方法是设定一个不“太高”的利率。

从这里，我们使用激励相容约束来推导最大化毛利率 $R$——在第 1 期末银行可以从借款人那获得的利率——等于 $\delta y(1-v)$。 这个表达式最大化是通过对违约者设定 $v=0$，就是说，完全禁绝未来再获得融资的可能[11]。因此，银行在第 1 期末可以要求的最大化回报简化为 $R=\delta y$，这就是借款人策略性违约的机会成本。在这个系统中，借款人偿还超过 $\delta y$ 将一无所获[12]。如果借款人的折现因子是 0.90，借款人的毛收益是 160%，最大可行毛利率是 144%（或最大净利率是 44%）。当运营成本高时，约束将会充分制约。当借款人有较低的折现因子，或尽管有违约仍存在较高的获取再融资的机会，银行将会更加受约束。正如 5.23 所示，无协调竞争——没有征信管理局给违约者贴标签禁绝于其他银行——结果将是推动有效的再融资概率 $v$ 超过 0。

这个简单的框架也表明为什么保持稳定性的表象对出借人来说是重要的。如果借款人开始认为银行会在未来数期破产，他们更愿意现在违约，因为不清楚是否未来还会有贷款。不管这是否基于事实，这样的揣测会触发“借款人挤兑”，从而变成了一个自我实现的预言。例如 Bond 和 Rai （2009）描述了一
143 个厄瓜多尔的小额信贷商“援助儿童”（Childreach）所遭遇的违约的暴增，这缘于有谣言称该组织面临逼近的财务危机。

### 5.2.2 累进贷款

表 5.2 显示格莱珉银行不仅提供持续性的贷款，而且贷款的规模也快速增长。该表显示从 1991−1992 年格莱珉银行 30 个借款人的样本中随机选择的 3 个人的数据，他们每一个都有 6 笔贷款到期。第 1 个借款人第 5 笔贷款时贷款规模就翻番了；第 2 个借款人在第 4 笔贷款的时候翻番。最后一列显示了整个样本的平均贷款规模，从第一笔贷款的 2124 塔卡（1991 年折合 57 美元）到第 6 笔的 4983 塔卡（135 美元）。对该出借人来说，累进贷款削减了平均成本，因为提供 4000 塔卡的贷款服务的成本并没有达到提供 2000 塔卡的贷款服务的 2 倍。累进贷款也使得出借人能在一开始用小额的贷款“测试”借款人，以便在扩大贷款规模之前筛掉最差的人选对象（见 Ghosh 和 Ray 1999）。

从之前的分析中，累进贷款有第 3 个与激励相关的重要功能。通过提供给借款人更大规模的贷款，小额信贷商可以获得更大的回报，只要他们能还债。具体而言，累进贷款策略提高了不还贷的机会成本，因此进一步抑制了策略性
144 违约。为了看清楚，假定银行在第 1 期和第 2 期之间决定以因子 $\lambda>1$ 增加它的短期贷款规模，生产技术规模报酬不变。在两期之间策略性违约的机会成本将以同样的因子增加。特别地，不偿还毛利率 $R$，借款人承受损失 $\lambda\delta y>\delta y$。这放松了激励相容约束，银行可以获得最大化利率，等于 $R'=\lambda\delta y>R=\delta y$。 利率提高了，而借款人仍乐意[13]。

但注意到，之前分析基于的假设不一定完全靠得住——如果借款人在第 1 期违约，他仍需要一笔贷款才能在第 2 期投资。原则上，借款人可以从第 1 期保留至少部分本金，用它来投资到第 2 期。如果这样，动态激励更难保持；如此，借款人将预期一个回报 $y-R+\lambda\delta y$ 如果他们偿还第 1 期的债务。如果他们不这样做，他们的回报就是 $y(1-\phi)+\phi\delta y$，其中 $\phi<1$ 是第 1 期毛收益中投资到第 2 期的比例。假定，如果借款人违约，他的选择是控制比例 $\phi=R/y$。就是说，从第 1 期毛收益中，他为下一期的储蓄正好数量上等于他原本要付给银行

的（如果他选择偿还银行贷款本息的话）。本例中，如果 $1>\phi$ 人们将不会违约。由于贷款规模在增长 $\lambda>1$，且由于并非所有的贷款都被扣压 $\phi<1$，这个不等式一定成立：借款人将不会违约。但如果贷款规模缩水，或如果借款人能比银行更快地按比例增加他们自己的资源，激励将消失，（更多内容参见 Bond 和 Krishnamurty 2004）。

这导致了另一个观察结果。一个倾向于策略性违约的借款人将在最终选择违背贷款合同前等待，直到贷款规模平稳增长。出借人（如果也表现为策略性）为了把违约降到最低，将以此仔细决定贷款日程。更详细地，考察一个在借款人和出借人之间的多期债务关系。如果增长因子 $\lambda$ 最初较大（如，初始贷款增长很快，然后增长率下降），较之于更平稳的贷款规模增长路途，借款人有激励去更早违约。激励问题给贷款规模跨期的理想增长率施加了一个上限。另一方面，借款人方面的声誉考量（在前面的简化模型中没考虑）应通过降低借款人违约的激励削减这个效应（如 Sobel 2006）。

表 5.2　贷款规模增长（塔卡），格莱珉银行，孟加拉国

| 贷款笔数 | 借款人 A | 借款人 B | 借款人 C | 全样本平均值 |
|---|---|---|---|---|
| 1 | 2000 | 2000 | 3500 | 2124 |
| 2 | 2500 | 2500 | 4000 | 2897 |
| 3 | 3000 | 3000 | 3000 | 3656 |
| 4 | 3500 | 3500 | 4000 | 4182 |
| 5 | 4000 | 4000 | 5000 | 4736 |
| 6 | 4000 | 4000 | 4000 | 4983 |

来源：作者根据《世界银行－孟加拉发展研究所 1991–1992 调查》计算。数据为现行价格塔卡（1991 年，\$1 ＝ Tk. 37；1986 年，\$1 ＝ Tk. 30）。最后一列计算数据库中格莱珉银行借款者全样本贷款规模的平均数（剔除用于土地和建筑的贷款），样本规模随贷款笔数而减小；从第一行往下，分别有 319， 286， 250， 168， 89 和 30 个观测值。

### 5.2.3 竞争和激励

经济学家通常把竞争视为好事，绝大多数理论模型假定存在完全竞争。迄 145
今我们事实上假定小额信贷商或是完全竞争的或它们仅仅希望收支平衡。但在本节我们指出，激烈的竞争可能损害动态激励。如果一个小额信贷商是垄断者，

它威胁削减违约者再次获得信贷的机会将产生最大的刺痛，因为它们是唯一的信贷来源。当替代性的出借人进入市场时（假定违约者有机会从它们那借钱），动态激励会减弱。不仅如此，竞争也弱化了声誉效应[14]。

竞争的问题已在各种文献中予以研究。例如，McIntosh 和 Wydick （2005）报告了乌干达、肯尼亚、危地马拉、萨尔瓦多、尼加拉瓜等地有关竞争的问题。关注于乌干达 FINCA 的案例，McIntosh，de Janvry 和 Sadoulet（2005）显示增加的竞争导致偿还率和储蓄率的下降。问题在两个国家呈现的最为明显，它们都是微型金融的发源地：玻利维亚和孟加拉国。玻利维亚的危机源于雄心勃勃的消费信贷的提供者进入市场。本例中，新进入者是外部人，特别是“通途 FFP”——智利一家大型金融公司[15]。“通途”实行扁平化的运营，有超过 1000 名受到高度激励的雇员（他们中的大部分都以某种形式的激励获得报酬，而不仅是底薪）。在三年之中，“通途”拥有 9 万笔待偿付的贷款，这个水平是阳光银行在过去 20 年的历史中未曾达到的。1999 年，危机中最严峻的年份，阳光银行损失了 11% 的客户，受监管的小额信贷商的逾期偿付率从 1997 年末的 2.4% 上升到 1999 年中期的 8.4%。阳光银行见证了它的股本回报率从 1998 年的 29% 到 1999 年的 9%[16]。

在玻利维亚，伴随竞争的直接问题是借款人同时从不同的出借人那里拿到多笔贷款。借款人于是变得过度负债，从一家出借人那借钱给另一家偿还分期付款，导致债务螺旋上升，经常出现财务风险。卡门・维拉斯科——“扶持女性”组织的共同执行总监——讲述了访问科恰班巴①的一名客户，她从两个不同的机构获得贷款，并在重负下沉陷。这名客户的丈夫提出了一个建议方案——接下来的一天他们计划从阳光银行寻求贷款，帮助偿付头两笔贷款[17]！虽然我
146 们这里的讨论关心的问题发生在借款人依次从一个出借人转到另一个（而不是同时），问题的本质是相同的。只要借款人相信他们有多重选择，没有哪个单独的出借人有力量取缔和保持完全的纪律。

“扶持女性”声明持有其他银行贷款的客户今后将不能从它那里借贷，但跟踪客户和他们家庭的所有金融活动在实践中成本很高。然而，玻利维亚的总

① 玻利维亚中西部一省。译者注。

体情况改善了，监管者收紧了规制，智利的金融家退出了，早期的微型金融提供者——如阳光银行和“扶持女性”——采取额外的方法去保持客户满意度。前瞻性地看，最有效的方法可能是征信管理局，它保存所有借款人的跨国信用历史记录。

玻利维亚的危机发生的时间大致和孟加拉国相同。上世纪 90 年代中后期见证了格莱珉银行、ASA、BRAC 和普罗西卡的扩张性增长。虽然不大可能精确地计算（因为借款人从一家机构借款也从其他机构借款），但在这 10 年中，大概 1000 万新的微型金融客户签约了。主要的微型金融提供者签署了协议，不与同一个客户合作，但这并没有阻止沿着玻利维亚的老路发生同时借债的危机。这个问题被称为“重叠”，Chaudhury 和 Matin（2002）报告说，在这个 10 年的末尾，在孟加拉发展研究所的研究人员调查的 80 个村子中的 95%，都有多于 1 家的小额信贷商在运营。马丁认为，基于孟加拉发展研究所的研究，预计 15% 的借款人从超过 1 个机构获得贷款。伴随着借出超过客户所能充分吸收的更广泛的格局，结果出现偿还危机，格莱珉银行报告的偿债率从超过 98% 下降到低于 90%，在像孟加拉坦盖尔地区这样被密集服务的地区，困难就更大[18]。

从这些经验中学到的不是垄断应被保护。在孟加拉和玻利维亚，竞争已经带来一轮有益的全面反思，否则不会这么快就有[19]。主要的经验是小额信贷商之间的合作行为能有助于缓和问题。通过创建征信管理局，更好地分享有关借款人信贷准入和既往表现的信息，项目将会受益。征信管理局能够让出借人解 147
决过度负债问题，让借款人面对着策略性违约的后果（这并不是说，在孟加拉等国成立征信管理局是容易的事，这些国家连一个社会保障号或国家身份识别号码的系统都没有）。

对征信管理局影响效果的实证研究表明，它们为出借人提供了实在的好处。De Janvry，McIntosh 和 Sadoulet（2008）利用自然实验，并结合随机实验，分析了征信管理局在供需两端的影响。危地马拉的一个出借人开始使用征信管理局，逐渐把技术传播到它的分支机构，但它的客户却了解。一年后，作者组织了一门培训课，对一组随机选择的客户解释征信管理局的存在和功能。他们发现出借人能获取有关借款人的信息导致被驱逐的客户数量显著增加，以及新的个人贷款的数量和规模的增加，从而带来资产质量的改善。效率也改进了，信贷办公室平均批准 55% 多的新借款人。当借款人了解征信管理局时，有良好偿还记录的大型“公社银行业”组的成员，和那些有较少借债经历的人都寻求获得更多贷款，但那些没有经验的借款人在偿还上陷入困境。所以虽然使用征信管理局的效果对出借人来说是重要的和正面的，从借款人的立场来看，它是利弊兼而有之的。作者用此例子支持连带责任的作用，作为一个有效的筛选机制。

没有任何人可以强迫小额信贷商加入征信管理局，但没有充分监管框架的存在，推崇激烈竞争的观点站不住脚[20]。在玻利维亚，受监管的金融中介——如阳光银行——被法律要求向银行和金融机构监管局报告拖欠债务的借款人的姓名和身份证号（González-Vega，Schreiner，Meye 等 1997）。作为回报，所有受监管的金融中介都被允许查看由其他人提供的信息，并与不受监管的小额信贷商使用非正式的机制分享信息。这些方法强化了动态激励，但出借人必须在处理“重叠”客户时保护好自己。

## 5.3 高频分期还款

148 迄今一个经常被学术界忽视的重要问题是微型金融合同的一个新奇的（至少是非标准化的）方面。这就是出借人通常希望贷款以小额分期偿还的方式归还，在贷款发放之后很快就开始。在格莱珉银行模式中，分期偿还是每周一次。近似地，1987-1995 年间玻利维亚的小额信贷商“安第斯山储蓄银行”要求它的一半客户每周偿还，另 42% 的客户隔周还款，剩下的 6% 每月分期还款。它的竞争对手阳光银行，1/3 以上的客户被要求每周偿还，1/4 的每两周偿还，其余的每月偿还[21]。

尽管对商业银行发放的消费贷款而言，有一些分期付款并非不寻常的事，但发放用于商业投资（至少字面上这么说）的贷款这么做却是不常见的。在传统商业银行发放的“标准”的商业贷款中，过程就是你的想象的那样：企业主借款，投资并发展产业，然后一旦获得足够的赢利就偿还本息。这里，期望从下一个月或一周开始还款是多么正常的事情！

表 5.3 提供了俄亥俄州立大学的研究团队从玻利维亚收集来的更多的数据。对安第斯山储蓄银行和阳光银行来说，较小规模的贷款要求用每周偿还的时间表，而较大的贷款则每两周或每月分期偿还。平均而言，越是穷的客户越是被

要求以更高的频率分期还款，因为较穷的家庭趋向于获得较少的贷款。

一个困惑是为什么还款要按照这种日程安排。一种解释是它创造了一个早期预警系统。每周一次会见，信贷员通过常规的面对面的接触了解他们的客户。这个信息可以给信贷员提供对即将发生问题的早期预警，提供给银行员工一个备忘录，通过它更有效地了解借款人——在需要的时候能更快地强制施压。个人化的关系和常规的监督机会因此建立起来了，就像本地的放债人一样[22]。根据他们在玻利维亚的研究，González-Vega 等（1997，74）强调早期预警特征 149
的价值，声称“在这些信贷技术中监督借款人的最重要的工具是要求高频分期偿还，伴之以对拖欠还款的及时反应”。这个观察通过一个案例被强化：“在阳光银行创立后，客户月度偿还的比例上升了。几年后，阳光银行审视这一政策，在 1992-1993 年间绝大多数趋向于较高的拖欠。因此，按周偿还的贷款比重增加从 1993 年的 27% 上升到 1995 年的 47%。”（González-Vega 等 1997，74）

表 5.3　玻利维亚的阳光银行、安第斯山储蓄银行贷款项目和条件，1995

| 偿还频率 | 初始发放的平均量（$） | 离到期的平均期限（月） | 有效的实际年利率（% 每年） |
|---|---|---|---|
| *安第斯山储蓄银行* | | | |
| 每月 | 37 | 1 | 35 |
| 每周 | 62 | 3 | 35 |
| 每周 | 106 | 5 | 34 |
| 每两周 | 309 | 5 | 33 |
| 每月 | 309 | 6 | 26 |
| 每月 | 309 | 6 | 23 |
| *阳光银行* | | | |
| 每周 | 62 | 3 | 59 |
| 每两周 | 72 | 4 | 53 |
| 每月 | 82 | 6 | 48 |

来源：González-Vega 等 1997，表 15，49-50。数量以美元计价，汇率是 1 美元兑 4.93 玻利维亚诺。有效的实际年利率计算方式是对平均规模、离到期有平均期限的贷款，12 倍的合同内部月回报率（实际值）。数据仅显示以玻利维亚诺标价的贷款；两个信贷商都提供美元标价的贷款——以更大的规模（如安第斯山储蓄银行的平均规模为 2500 美元），按月或按周分期偿还，较低的实际利率（每年 30% 或以下），1 年期。

Silwal（2003）也注意到在偿还问题和分期付款的频率之间的相关性，他比较了尼泊尔 9 个“村镇银行”的偿还表现，发现当分期付款是按周时，11% 的贷款在期限末了没有被偿还，而在贷款到期（通常 3–4 个月）作一次单笔偿还时，拖欠的比率翻番了（19.8%）。相似地，当孟加拉的 BRAC 把每周偿还
150 变成每月还款两次，拖欠债务的很快就上升了，BRAC——就像阳光银行——迅速地退回到它按周的策略[23]。

困惑依然存在。毕竟，“早期预警系统”的解释没有回答为什么在投资可能产生收益*之前*要求偿还是有道理的。更进一步，如 González-Vega 等（1997，74）所说：“虽然高频偿还在保持低违约率方面是重要的，它们招致借款人交易成本的增加，因此降低了服务客户的质量。”乍看起来，必须频繁地偿还似乎的确在借款人身上强加了额外的约束。但我们下面将指出，这太简单了。对难以储蓄的借款人而言，高频偿还日程可以提高对客户服务的质量。

在我们讨论它之前，我们论述为什么银行在贷款发放之后要求尽早开始分期偿还是有意义的。一个答案是它帮助银行遴选风险较低的客户。通过挑选更容易偿还债务的借款人，高频偿还日程降低了银行风险，即便他们的投资失败了。这是因为家庭必须拥有其他的收入流能被提取，以便偿还较早的分期付款[24]。于是，要求高频和较早的分期付款意味着银行有效地借贷，部分依赖外部收入流，而不完全是项目的收益。银行因此利用了借款人从家庭成员或与指定投资项目无关的家庭活动中获得资金的能力。

例如，如果在借贷前，家庭在消费之后有每周 10 美元的净收入，它来自丈夫的工资，微型金融机构可以在一年内安全地借给妻子一笔 520 美元以内的贷款（52 周乘以每周 10 美元），相信该家庭原则上有资源去偿还，即使项目失败了。这个例子假定丈夫乐意帮助妻子还贷款，某种程度上不是这样，银行可能必须降低它对贷给他妻子的最大可行贷款规模的计算。但是本例子刻画了信贷员评估客户偿债能力所用方式的口味。令人称奇的是，在 Churchill（1999）调查的大多数项目中，出借人评估偿债能力，*不考虑*从问题贷款那获得的预期收入，而考虑所有家庭成员提供的收入流[25]。

151 我们必须推进一点，更令人满意地解释高频分期付款的要求。一个问题是：为什么不像之前那样，基于家庭的收入评估偿债能力（而不是预期投资收入），

而不要求高频分期付款呢？一个回答是偿还日程对于小额信贷商来说是“抓住”那些其他家庭收入流（在整个年份获得的）最容易的方式，并且保证它们被拿出来偿还银行贷款。

与这个故事相关的部分是高频分期还款对有困难于把收入储蓄起来的家庭特别有价值。这将让我们回到了储蓄约束的问题，我们在第3章合会执行的内容中涉及过，在第6章我们将更多讨论。如果借款人在分期偿还贷款前必须等待数月，他们收入的一部分可能通过邻居和亲戚来寻求施舍、配偶沉溺于宠物猫、分散购买需求注意力等被挥霍掉。几个月后，资金可能不在那儿留着给银行了。一个有高频分期的偿债日程，在一个家庭刚获得的钱后就拿走。核心见解就是，通过把偿债日程尽可能地与借款人家庭现金流的可行性相匹配，每个人都获益。这种方式下，贷款产品变得更像储蓄产品，结果就是我们在实践中所看到的、乍看让人困惑的杂合体[26]。这也是为什么我们之前断言，对储蓄有困难的借款人，高频分期日程能提高从小额信贷商那获得服务的质量。

对最优偿还日程的计算将包括时间和家庭获得的收入的数量，家庭存住它们收入的难度，银行对问题早期预警的意愿，以及银行和客户与偿债相关的交易费用。其他条件不变，如果家庭能无障碍地储蓄，高交易成本，最优分期的数目就会下降。例如，玻利维亚的一家农村信贷商PRODEM，要求按月偿还，因为它发现在它经营的人口密度低的地区，每周偿还一次成本太高（González-Vega 等 1997）。但在储蓄很困难、交易成本相对低的地方，每周偿还一次就更有吸引力了。后一种情况将在更穷的居民那成立，他们那里时间的机会成本相对低，执行财务纪律的机制相对有限。这些趋势通过这样一个事实被强化了： 152
小规模的商业——如小额贸易——趋于以每天或每周为基础产生收入流，使得高频偿付在缺乏令人满意的储蓄设施的情况下特别受青睐。但在较富裕的家庭中，机会成本可能更高，收入的花销没那么频繁，于是产生较低频率的贷款偿还分期。这些表述与表5.3中见到的周与月度偿还的对比形一致。在那里，较大的贷款趋向于流向较富的客户，更多的是以较大的数额、较低的频率被偿还。

考虑到偿还频率增加、交易成本也增加这个事实，对出借人来说一个重要的问题是，是否更多的分期真正降低了违约？ Field 和 Pande（2008）在他们的田野实验中探究了这一问题。他们使用了印度城市小额信贷商的数据，它们采用联保贷款和连带责任。作者们发现按周分期偿还和按月分期偿还的组在违约率上并无差异，两组几乎都表现完美。乌干达的证据与之吻合。McIntosh（2008）发现村镇银行从每周转向每两周一次的偿还日程，偿债率没有下降（客户保留有大的增加）。

根据 Field 和 Pande（2008），他们的发现表明：通过转而使用更低频率的偿付日程，小额信贷商能够增加它们的服务范围，而不会增加成本。但是他们承认他们的发现应当被谨慎理解。首先，对较大的贷款，高频偿还带来的财务纪律可能更重要。同时，出借人主要的偿还激励是禁绝未来的贷款。出借人是实验进行地区周边一带主要的信贷来源，但那里也有替代品，更频繁的偿还计划也可能对拖欠和违约有影响。最后，在研究中借款人是预先选定的，基于他们接受每周或每月的日程借贷的意愿，于是造成了选择偏倚。尽管有这些提醒，结果也是研究偿还频率和偿债率之间关系的一个重要起点。

一个显著的问题是，这些常规的偿还日程难以适用到一些以高度季节性职业——如农业种植——为主的地区。的确，季节性对微型金融在一些地区的传
153 播施加了最大的挑战，如主要靠天吃饭的农业地区，包括南亚和非洲最不发达的一些区域在内的地区。（在农业贷款上另一个主要的挑战是协变风险：一场干旱、一个虫灾或诸如此类可以毁掉整个地区，也使小额信贷商变得虚弱。）

格莱珉银行的新模式“格莱珉银行二代”试图部分解决这个问题，方法是保持按周偿还的日程（基于之前讨论过的所有理由），但允许信贷员根据季节区别按周分期付款的规模（Yunus 2002）。在淡季里，借款人可以要求少偿还一些，而在旺季多偿还一些。

我们以一个问题结束本节的讨论：既然许多出借人似乎评判偿债能力时不用考虑基于贷款投资去向的预期收入，为什么这些借款人不是仅仅储蓄所需的钱，而是去获取有利息的贷款呢？答案肯定部分地取决于折现率（借款人宁愿尽早地拥有财产，见 Fischer 和 Ghatak［2010］），部分地取决于储蓄约束（储蓄不是那么容易）。我们推测，如果更多家庭确实拥有更好的方式去储蓄，对贷款的需求将显著下降。这带给我们一个让人兴奋的想法。正如 Rutherford（2000）所言，高频分期偿还的要求不仅在信贷产品中建立了储蓄困难的意识，也意味着在储蓄上有特殊问题的顾客可以逻辑上寻求新的微型金融信贷产品作

为“储蓄”的替代品——也就是说，作为一个有用的机制把进入家庭的小额、频繁的少量资金转变为一笔大额的可以用来大宗购买的投资。对这些消费者而言，这个特殊的金融产品被构造和贴上“信贷产品”的标签，可能是次要的考虑。

## 5.4 补充激励机制

在这一章的余下部分，我们描述小额信贷商用来保证偿还的额外的方法。我们描述正在使用的重要的机制，以及一个有意思的提议（关于“互相举报”策略），这理论上可以对既有的机制改善或补充。

### 5.4.1 对抵押的灵活态度

微型金融的一个前提就是大多数顾客太穷而不能提供抵押。贷款因此是靠非传统的方式来“保障”的，如联保贷款。但在实践中，一些微型金融出借人
不要求抵押，最知名的要属印尼人民银行（BRI）。例如，在阿尔巴尼亚农村， 154
小额信贷商要求拿出有形资产，例如家畜、土地、住宅（除了任何用贷款购买的资产），如果客户不能偿还，在执行协议时项目保持警惕。在阿尔巴尼亚农村，借款人的家或产业通常被当做抵押（Benjamin 和 Ledgerwood 1999）。

像 BRI 这样的小额信贷商对待抵押采用了非传统的观念。尽管 BRI 一般要求抵押，但银行在它接受的资产上是灵活的，实践中，抵押品不是寻求贫困客户时主要的约束。例如，2000 年完成的一个调研显示 88% 的非客户拥有可接受的抵押品[27]。同样，研究显示非客户或多或少有可用于抵押的方式。表 5.4 显示了由 BRI 借款人持有的可抵押资产价值的中位数，大概 2.5 倍于那些相同地区非客户随机样本中的人所拥有的抵押品价值的中位数。为了接近更穷的客户，BRI 引入了不需要抵押的产品，贷款额可达 2 百万卢比（2003 年合 225 美元），它们由基层单位经理自主决定发放[28]。

BRI 的观念是抵押品的转售价值远没这样一个判断重要，即抵押品应当是家庭放弃它们时会特别有问题的东西。因此，如果家居物品对借款人来说有充足的个人价值，它们可以被视为抵押品，即使它们在 BRI 手中相对不值钱。这个观念打破了传统银行家的认识，即抵押品应当有足够的价值，这样银行可以
出售抵押品来覆盖问题贷款的成本。换言之，对 BRI 来说，抵押品的价值由资 155
产的*概念*价值决定，而不是预期销售价值。例如，一块没有所有权证明的土地，

如果没有借款人和当地社区的合作是几乎不可能拿去出售的。因此，如果顾客是有恶意的，对 BRI 来说它的价值有限。但 BRI 仍旧可以把这个抵押看成有潜在价值的。一定程度上，这是一个借款人意愿和保证的指标，表明如果陷入偿还困境，他们有资源能够使用[29]。

表 5.4 抵押品价值（卢比 x 10,000,000）

| | 前 25 百分位 | 中位数 | 前 75 百分位 |
|---|---|---|---|
| 价值 × *10,000,000* | | | |
| BRI 借款人 | 1.1 | 2.3 | 4.1 |
| BRI 储户 | 0.9 | 1.9 | 3.8 |
| 非客户 | 0.4 | 0.91 | 2.1 |

来源：BRI 调查，2000。默多克计算。

注：对 BRI 借款人的单元大小，n = 175；对只在 BRI 储蓄者，n = 170；对非客户，n = 741。在 2000 年 6 月 1 日，1000 万卢比折合 1160 美元。

更正式地，我们扩展了这个框架来展示抵押要求如何阻止借款人违约的。假定 w 是银行在合同期没收的抵押品。回到 5.2 的体系，$\nu=0$ 是站在银行角度最优再融资策略。借款人的激励相容约束变为 $y-w \leqslant y-R+\delta y$，或等价地，$-w \leqslant -R+\delta y$。这意味着银行最大化毛利率可以大到 $R=\nu\delta y+w$。因此，伴有抵押要求，银行现在能够收取一个较高的利率，而不担心更高的违约概率。但注意到银行不需要存有和出售抵押品来让约束满足；它只需要拒绝借款人再获得抵押品。结果也是，在给定利率下，平均违约率将下降，降低银行损失。这种方式下，增加抵押要求可以帮助银行改进赢利性，而不用提高利率——或甚至降低索取。

### 5.4.2 金融抵押

刚才描述的对抵押的灵活态度是当借款人缺乏资产时的一种方案。另一种解决方案是直入主题——给借款人提供积累金融资产的方法，然后基于这些资产发放贷款。例如，许多小额信贷商要求借款人在他们有资格借债之前，表明他们能够定期地储蓄一定时期。展示储蓄的能力，也就展示了纪律和资金管理技术这样的特征，它们与成为一个好的借款人相联系。储蓄也让银行里有了存款，它可以为贷款提供保证而直接发挥作用。

在达卡的贫民窟的“安全储蓄”——第一个被开发出的信贷产品——要求借款人在被批准借款前，持有一个为期 3 个月的储蓄账户。最大贷款规模的决定于：（当前储蓄余额）+（10 乘以过去 3 个月中最小的每月储蓄净流 156
入）[30]。当贷款未偿付时，在一些“安全储蓄”信贷产品中存款的支取将受限。

在格莱珉银行，2003 年末的政策是持有贷款的借款人必须每周存 5–50 塔卡到强制性的个人储蓄账户（在 10 美分 –1 美元之间，2003 年 12 月），数量取决于他们的贷款规模[31]。对大多数贷款，强制性的储蓄等于贷款价值的 2.5%，直接从贷款中扣除，进入借款者的个人储蓄账户。另外 2.5%，进入一个“特殊存款”账户。除此以外，借款人获得贷款超过 8000 塔卡（约为 145 美元），就被要求开立一个格莱珉养老金计划（GPS）账户，每月至少存 50 塔卡。GPS 要求在 5 到 10 年的期限内，每月都要存款。情况好的借款人可以任何时间从他们的个人储蓄账户中提支，只要他们带着存折到网点。但“特殊存款”账户有更严格的限制，例如，在前 3 年都不被允许取款。GPS 是一个固定期的账户，如果对它欠款，它将会被关闭，资金退还，但利息会被扣减。贷款上限部分地预先决定于这些不同贷款余额的大小。

这些种类的存款怎么发挥好抵押品功能的呢？一方面，如果借款人陷入偿还困境，小额信贷商原则上能紧紧抓住储蓄存款，来最小化它们对完全违约的风险敞口。储蓄并不容易，因此借款人危如累卵时必须小心。另一方面，如果逾期贷款大于存款资金，出借人保持对不同违约可能性的风险敞口。从这个有利情况来看，使用金融抵押比有效地减少借款人能够获得的资本金好不到哪去，因为借款人的储蓄与出借人紧密相关，不能够被借款人用于投资。由于借款人必须在借款上支付较高的利率，超过他们在存款上的利率，这个策略也增加了借款的基本“隐性”成本。

但这个讨论假定，借款人把 1 美元看成 1 美元，1 比索看成 1 比索，1 塔卡看成 1 塔卡。换言之，它假定储蓄的货币和借入的货币是“等价”的。但如果借款人赋予长期储蓄的货币以特殊价值，小额信贷商可能对金融抵押和它在 157
借款人心目中的“特殊”地位进行资本化——以更低的风险提供更大的贷款。例如，通常注意到个人偏好借款——即使在相对高的利率下——而不是从长年逐渐积累起来的储蓄中支取[32]。底线是使用金融抵押可以成为便利借贷的有效方式，但它取决于特别的关于借款人心理的假设，以及不大可能对所有人、所有时刻都适用的约束。

### 5.4.3 使偿还公开化

在对原始模型的一个重要突破中，孟加拉的 ASA 在信贷实践中最终削弱了它对联保贷款机制的坚持。顾客通常仍旧以组集会，进行公开的偿还。与“格莱珉银行二代”相似，关注点从组转移到借款人和信贷员之间的个人关系。但顾客仍旧以组集会，进行公开偿还。

有关公开偿还重要性的一个生动的故事来自格莱珉银行在肯尼亚的复制品——它在使借款人每月公开集会制度化方面陷入困境。最初，出借人指示借款人把他们的分期偿付直接存到银行账户中，但违约率飙升。只有在银行职员开始每月在村镇中与借款人会面，并面对面收取分期付款，偿债率才处于控制中[33]。

公开偿还策略对出借人来说有许多优势。首先，由于没有能力去保证抵押，小额信贷商可以使用消除社会污点的方法作为个人借款人偿还贷款的诱惑（Rahman 1999）。公开偿还强化了产生污名的可能性——或更强有力地，污名的威胁。第二，通过在一个规定的地点、规定的时间会见一群借款人，一些银行员工的交易可能被削减，即使它增加了客户的成本。第三，组通常是一个有用的资源，通过它，员工可以直接获取有关问题借款人的信息，如有需要制造压力（如在 5.4 描述的“互相举报”）。第四，组的集会能便利教育培训，
158 这特别有助于有较少的商业经验，和 / 或文化水平较低的客户。教育可以有助于财务表现，或它可能本质上被看作一种改进健康和知识水平的方法。第五，通常认为，通过鼓励他们和邻居接近银行，客户的舒适度（他们中许多人与商业银行都没打过交道）被提升。第六，通过保持交易公开化，公开的偿还可以有助于银行改善内控，降低欺诈的机会[34]。

### 5.4.4 定位于女性

格莱珉银行已经让微型金融为贫困妇女提供机会成为义务。许多关于格莱珉银行的文献都关注了性别问题，我们把第 7 章贡献给这个主题。但格莱珉银行开始时并没有如此强烈地关注女性。除了女性之外，这家银行最初贷给了大量的男性，组和中心都以性别划分隔离。关注点在 20 世纪 80 年代早期发生转移，部分缘于在男性的中心里日渐严重的偿还问题，到这个 10 年的末尾，超

过 90% 的客户是女性。到 2000 年末，95% 的客户是女性。

正如第 7 章所述，在归还她们的贷款的时候，女性似乎比男性更可靠（在控制其他变量之前，如社会地位、教育水平）。例如，Hossain（1988）认为孟加拉的女性是更可信的客户，引用的证据是 81% 的女性没有偿还问题，而男性则是 74%。相似的，Khandker，Khalily 和 Kahn（1995）发现 15.3% 的男性借款人在 1991 年“挣扎”过（如在到期日前，损失了一些偿还款），而仅有 1.3% 的女性有困难。Malawi， Hulme （1991）发现女性客户的按时偿还率是 92%，而男性只有 83%。Gibbons 和 Kasim （1991）发现在马来西亚，偿还率的比较是女性为 95%，男性为 72%[35]。

证据表明，对银行来说，不去考虑性别平等的其他问题，借钱给女性是让赢利最大化的。为什么女性看起来是更可靠的客户，这值得讨论。Todd（1996，182）在坦盖尔两个格莱珉乡村的经历，使得她认为可能是因为女性比男性“更谨慎”，后者更倾向难于维持长期的成员关系。在随后的村庄研究中，Rahman（2001）发现，当偿还困难发生时，女性趋向于对同伴成员和银行职 159
员口头的恶意更敏感，而男性更易于争辩的和不合规。在印尼，一个格莱珉银行的复制者的经理说，女性是更好的客户，因为她们倾向于待在家里而不是去工作。平均而言，这使得女性更容易发现何时问题发生，几乎不给她们逃避压力的方法；另一方面，男性更容易从不同的环境中自我转移[36]。

鉴于 5.2 中讨论的动态激励，如果她们有较少的替代性信贷资源，女性将更容易于偿还（比男性）。由于男性可以有较大的获得正规信贷和从商人、放债人那里获得非正规信贷的机会，男性可能比他们的妻子和姐妹有较差的偿还记录。

这些观察肯定不是普遍的，也易于随时间变化。并非所有成功的小额信贷商都关注于女性。例如，BRI 并不特别关注于女性，但他们仍自豪于接近完美的偿债率。对性别的关注因此被看作处于出借人态度和目标的更广泛的内涵中，以及更广泛的社会、文化和经济约束——在第 7 章将深入讨论的问题。

### 5.4.5 银行员工收集信息

在 19 世纪的德国信用合作社里——在第 3 章已分析——借款人被要求从邻居那里获得贷款担保。通过引入连带责任，贷款担保成为联保贷款的先驱。

最近的经验显示，即使没有正式的贷款担保，把邻居纳入信贷决策中，也能改善银行业绩。

对传统银行实践另辟蹊径，在进行贷款决策时，许多小额信贷商花费大量时间与潜在借款人的邻居和朋友谈话。例如，俄罗斯的一个小额信贷商大量地依赖员工访问申请人的企业和家庭，而不仅仅是商业文书（Zeitinger 1996）。依赖外部担保人的思想被重新引入到一些微型金融机构中，如巴西的“万岁信贷”（Janaux 和 Baptiste 2009）。在阿尔巴尼亚农村，申请人通常必须从当地“村镇信用委员会”的成员那里获得贷款担保和品格证明。相似地，Churchill（1999，55）描述了印尼 BRI 的实践：

> 160 在 BRI 的基层单位，大多数的贷款被拒都是基于品格，而不是商业评估。如果信贷员了解申请者不能被社区所尊重或在申请中错误表述了自己，就会被拒绝。几乎没有例外，在这个研究中被调查的基层单位员工把邻居对申请者品格的评价作为最重要的手段来预测新申请者未来的偿还行为——比商业评估更重要。

在多米尼加共和国的 ADEMI，信贷人员也审查家庭生活的稳定性，这缘于他们发现“问题家庭经常变成问题借款人”（Churchill 1999，56）。在萨尔多瓦的“卡比亚金融”，农业推广人员是关于借款人品质的重要的信息来源，因此信贷人员与推广人员建立了持续的关系。

因此，即使不用联保贷款，新的机制也会产生了信息。信贷人员从网点办公室走出来，去了解他们工作的周边地区。小额信贷商发现，售货员、酒保、教师和社区中其他中心人物的想法，也能像一摞商业计划一样有助于评估借款人的可信度[37]。

### 5.4.6 互相举报

在贷款过程中，从邻居那获得信息在很多阶段都是有用的，不仅仅只在申请阶段。小额信贷商面对的一个问题是，对违约者威胁不给予再融资是一个很强的惩罚。当它伴随着联保贷款时，惩罚就更强，因为至少原则上，当任何一名成员不能偿还时，整个组都应当被免除。Rai 和 Sjöström（2004）认为这些惩罚太苛刻，甚至无效了，而“互相举报”可以改善绩效[38]。

互相举报指一个借款人举报其他人。如果哈克夫人主观上拒绝偿还（尽管有必要的资源），而拉赫曼夫人举报了这件事，银行就可以采取合适的行动。如果哈克夫人的麻烦并非自我施加的，拉赫曼夫人也可以提供有用的投入（防止银行对哈克夫人太严厉）。Rai 和 Sjöström 描述了互相举报如何能可信和增进效率。虽然他们关注点在改善联保贷款策略上，但互相举报可以有更广泛的应用。

为了运转，银行必须令人信服地对奖励真实举报的系统进行承诺，银行必须自己检查它的借款人的监督行为。一个担心是，把这套体系正式化可能制造
个人借款者之间的紧张关系，或一个强烈的激励让他们合谋。然而交互举报似 161
乎在许多场合下仍有前景，如 Rai 和 Sjöström 所言，它已经是银行业关系的一个非正式特征，特别是与联保贷款相关。

## 5.5 总结和结论

有连带责任的联保贷款远不是微型金融唯一的创新。成功地创造动态激励和创造围绕家庭现金流设立的产品也重要。好的动态激励通过有吸引力的长期关系而创造。当前瞻性的顾客知道违约意味着失去关系的风险，努力工作的激励被强化了。帮助客户管理现金流也一样重要，因为它帮助了银行，让银行在顾客的资源被花掉或浪费掉之前获得了它们。尽管是对传统银行实践的一个显著的突破，按周或按月的偿还日程在允许顾客以一个可管理的小额数量归还贷款方面特别地重要。讲策略的小额信贷商通常试图把分期付款分解成足够小的份额，如果需要的话，顾客就可以用家庭的资金偿还贷款，而不用从投资项目收益中拿钱归还贷款。银行的风险因此显著地下降了。

为了在人口分散的农村地区、高度流动的城市地区，以及与更成熟的客户之间有效运作，有必要发展附加的机制。即使联保贷款作为主导的地方（如在孟加拉人口稠密的农村），附加的机制也被良好使用。这些附加的机制包括对抵押的灵活的态度（这里最重要的是，它的价值与顾客失去它联系起来，而不是出借人希望出售该物品获得的价值），让偿还公开化，即便连带责任并非信贷合同的一部分。并不清楚最终联保贷款对微型金融的持续成功有多重要。我们预期未来将见证更多的创新，起点应当是对当前的机制有更好的理解。

但至今我们对这里描述的创新的研究远少于联保贷款，我们了解到，很少

162 有系统性的尝试来筛选什么机制在实践中最有效力，或这些机制如何共同运作。进展可以通过用不同的机制进行实验而获得，这种方式将允许研究者正确地推导因果关系——通过在不同的、随机选择的分支机构中使用不同的方法。可以理解，小额信贷商会不情愿把它们的决策拱手让给一个随机数生成器，但构造一些随机化的元素到研究和发展中，能允许更系统化的产品实验和试点——以及更清楚地回答什么真正驱动着微型金融的绩效。

## 5.6 习题

**1.** 参阅表 5.1。在微型金融中的个人借款合同和联保借款合同有什么区别？为了得出更精确的比较，你还需要什么样的附加信息？

**2.** 给出至少两个理由，为什么联保贷款策略可能比个人借贷更好，至少两个理由为什么它们又更差？

**3.** 解释微型金融机构提供的合同和商业银行提供的标准合同之间的 3 个差异。

**4.** 评论以下言论的正确性："竞争一般被经济学家视为好事情，而微型金融机构通常对此表示异议，即使它们并不追求利润。"

**5.** 评论以下言论的正确性："发放个人贷款的微型金融机构通常要求某些种类的抵押，因此歧视了穷人。"使用表 5.4 作为参考。

**6.** 考察一个经济体有 3 种类型的风险中性企业主。如果第 1 种类型的企业主投资 200 美元，他确定地获得毛收益 400 美元。如果第 2 种类型的企业主投资 100 美元，她确定地获得 200 美元。最后，如果第 3 种类型的企业主投资 100 美元，他获得 300 美元的概率是 0.75，获得 0 收益的概率是 0.25。一个风险中性、竞争性的出借人考虑给这些企业主发放贷款。这家银行可以确定是否潜在借款人属于第 1 类（后文称"高等级借款人"），但它不能区分第 2 和 3
163 类企业主（后文称"低等级借款人"），然而它知道一半的低等级借款人属于第 2 类，另一半属于第 3 类。另一方面，所有的借款人可以辨别互相的类型。在这些条件下，银行决定给高等级借款人发放个人贷款，给低等级借款人发放有连带责任的联保贷款。结果，低等级借款人可能必须为违约的同伴而偿还。借给高等级借款人的成本是 20 美元，而借给低等级借款人的成本是 30 美元（因为银行必须花费额外的时间和精力去确保组的形成，以及执行债务偿还）。假定借款人被有限责任所保护。

a. 如果银行的目标仅仅是收支相抵，计算对高等级和低等级借款人分别收取的利率。比较这两个利率。

b. 现在假定银行拥有一批贷款合同。它贷给了 3 个高等级借款人和 4 个低等级的配对，组合方式是（2，2），（3，3），（2，3），（3，2）。假定在第 2 组中的一个借款人成功了，而类型 3 的借款人在第 3 和第 4 个配对中失败了。计算银行将分别从高和低等级贷款中收到的偿还率。比较这两个偿还率，解释你的答案。

**7.** 考察一个经济体有竞争性的银行和风险中性的企业主，后者唯一的资金来源就是银行。银行和企业在 2 期内互动，事件的时间顺序如下：在 0 期，企业主希望借入数量 $I$，投资到一个项目，在第 1 期确定产生毛收益 $y$。对企业主的项目，银行无法校验它回报的实现，但它知道应当是 $y$。如果借款人在第 1 期偿还一个数量 $R$，银行将在第 1 期发放新的贷款 $I$。借款人然后投资从新贷款 $I$ 中获得的全部收入，在第二期确定地获得 $y$。但如果借款人在第 1 期违约，银行在第 1 期就不会发放新的贷款 $I$，于是借款人无法投资。出借人贷出 $I$ 的毛成本是 $K$。令 $\delta<1$ 表示借款人的折现因子。同时假设借款人的消费在第 1 期就开始。

a. 定义毛偿还额 $R$ 的区间，在其中银行会发放贷款，出借人会偿还。假定 $y>\delta y>I$。

b. 如果 $I$=100 美元，$y$=200 美元，$K$=150 美元，$\delta$=0.9，借出和借入存在限制范围吗？解释你的答案。

c. 现在假设 $y$=360 美元，在本练习中剩下的假设和（b）中一样。你预期借入和借出在本例中会发生吗？解释你的答案。

**8.** 考察一个经济体，一个代表性的企业主在 3 期内都是活跃的，假定以 164
下的事件时间顺序：在第 0 期，银行给企业主（后文称“借款人”）借出一个数量 $I$，他把全部贷款投资到一个项目中。在第 1 期，借款人获得了一个回报 $y$。如果借款人在第 1 期偿付 $R_1$ 给银行，他将能确定地从银行获得新的贷款 $I$。否则，他将被拒绝给予新的贷款，因此将无法再执行项目。在第 2 期，借款人面对相同的情景：如果他在第 1 期投资，他将确定地获得一个回报 $y$，否则他将一无所有。仅当他偿还 $R_2$ 时，他能在第 2 期获得一笔贷款，再投资 $I$，在第 3 期确定地获得回报。借款人的折现因子是 $\delta$，$\delta<1$，$\delta y>I$，借款人的消费决策从第 1 期开始。银行借出 $I$ 的毛成本是 $K$。假设银行设定 $R_1=R_2$，折现因子等于 1，它只希望收支相抵。假设银行不能校验借款人在第 1 和第 2 期的回报，但知道它们应当是 $y$。

a. 对每一笔 $I$ 的贷款，最小的毛偿还利率 $R^*$ 是多少，在该利率下银行愿意借贷？

b. 对每一笔 $I$ 的贷款，最大的毛偿还利率 $R^{**}$ 是多少，在该利率下借款人愿意在第 1 和第 2 期偿还？

c. 如果 $I$=100 美元，$y$=300 美元，$K$=120 美元，$\delta$=0.8，银行在第 1 和第 2 期愿意贷款给借款人吗？借款人在这两期愿意偿还给银行吗？

**9.** 考察一个经济体，它与前面练习中的同质，除了在该经济中存在道德风险问题：在 0 期，假定借款人投入充足的努力水平，成本为 $e$，他可以在 1 期确定地获得一个毛收益 $y$。如果借款人不投入任何努力（于是 $e$=0），他能以概率 $p<1$ 获得 $y$，以概率 $1-p$ 获得 0。银行不能校验借款人项目回报的实现，但它知道回报应当是 $y$。银行在第 1 期设定了一个毛偿还利率 $R^*$。如果借款人在第 1 期偿还，银行自动发放新的贷款，期限与前面的那些一样。如果获得一笔新贷款，借款人在第 2 期确定地获得一个毛收益 $y$。他的折现因子是 $\delta$， 他只在第 1 和第 2 期消费。假定 $\delta y>I$，借款人被有限责任保护。银行出借 $I$ 的毛成本是 $K$，$K>I$，$py<K<y$。

165 a. 银行应当对 $R^*$ 设定什么条件，以便在第 0 期促使借款人努力，同时保证借款人将愿意在第 1 期偿还？

b. 如果 $K>\delta y/2$，银行会借钱给这个潜在的企业主吗？

**10.** 考察习题 7 中的同样的经济，但假定我们现在有 $y$=380 美元，$\delta$=0.75，$K$=150 美元。假设银行完全竞争，借款人被限责任保护，生产技术边际报酬不变（如果贷款以因子增加，借款人的回报也以因子 $\lambda$ 增加）。

a. 在本例中，银行愿意发放贷款吗？

b. 现在假定不在第 2 期发放相同的贷款，银行可以在第 2 期以因子 $\lambda$=1.5 增加贷款的规模。你预期银行事实上会提供这个合同吗？简要解释你的答案。

**11.** 考察一个两期经济。假定在第 0 期，风险中性的借款人获得贷款 $I$，投资到项目中，在第 1 期产生毛收益 $I\cdot y$ 的概率是 $p$，0 收益的概率是 1−p，其中 $p$ 是外生的。如果借款人偿还他的负债 $R$，银行将在 1 期提供他一笔新的贷款，$\lambda$ 倍于之前的那笔。如果借款人在第 1 期投资，他在第 2 期毛收益为 $I\cdot y\cdot\lambda$ 的概率是 $p$，0 收益的概率是 $1-p$。假定借款人的生产技术存在边际报酬不变，他的折现因子是 $\delta<1$。借款人唯一的收入来源是他项目实现的回报，他被有限责任保护。

a. 计算银行设定的最大的毛偿还利率 $R^*$，在该利率下不会损害借款人在 1 期偿还的激励。

b. 考察这样一种情况，$I$=100 美元，$\lambda$=1.5，$y$=3.5，$\delta$=0.8，$p$=0.9，银行出借 1 美元的毛成本是 1.2 美元。假定银行只希望收支相抵，你预期双方会达成贷款合同吗？解释你的答案。

**12.** 考察一个习题 9 中的相似经济，但在本题中，预期每个借款人拥有财富 $w$，可以被用于抵押。换言之，如果借款人在债务上违约，银行可以获得 $w$。定义毛偿还利率 $R^*$，在该利率下银行能激发借款人在第 1 期的努力和债务偿还。 166
在哪些地方这个结果不同于习题 9 中的得到的结果？解释你的答案。

**13.** 考察一个两期经济，其中风险中性、没有财产的企业主开展项目。这些项目的回报为 $\pi$ 概率是 $p$，回报为 0 的概率是 $1-p$。有一家银行愿为企业主的项目融资，只要银行能至少收支平衡。时间顺序如下：在 0 期，银行发放贷款，借款人投资。在第 1 期，项目实现回报，如果他偿还合同上的负债 $R$，他被发放一笔新的贷款，然后他投资到项目中以便在第 2 期获得回报。定义 $\omega_p$ 和 $\omega_n$ 为第 1 期社区施加的正面奖励和负面惩罚，分别针对借款人偿还或违约的情况。定义 $v$ 为借款人获得在第 1 期投资所需贷款的概率；如果在第 1 期借款人偿还他第一笔贷款的债务，$v$=1。假定银行的净出借成本是 0，借款人被有限责任保护。此外，借款人折现因子 $\delta<1$。假定概率 $p$ 是外生的，这意味着存在事前道德风险问题。

a. 在微型金融机构实践的语境中理解参数 $v$，$\omega_p$，和 $\omega_n$。如果在社区中微型金融机构以这种特征运作，那么社区的城市化水平有什么作用？

b. 阐述借款人的激励相容约束。理解 $v$，$\omega_p$，和 $\omega_n$ 在这个约束中发挥的作用。

c. 如果（b）中的激励相容约束的假设成立，阐述借款人的个体理性约束。

d. 银行可以收取的最大的 $R$ 是多少，而不会损害借款人还款的激励？考虑到银行能控制 $v$。

e. 假设 $p$ 不再外生。借款人现在能选择他们的努力水平，它决定他们项目成功的概率。借款人努力的成本是

$$c(p)=\frac{kp^2}{2}$$

在这个系统中，借款人在均衡状态将选择多大的 $p$？银行将会设定多大的 R？同前面一样，考虑到银行可以控制 $v$。

167 f. 微型金融机构如何操控 $v$，$\omega_p$，$\omega_n$ 和 $\pi_{t+1}$ 为借款人提供偿还他们贷款的动态激励？对每一个参数提供具体的例子，把你的答案和（e）中获得的均衡值联系起来。

**14.** 考察借款人每周有可支配收入 x 的例子。这个数量来自于外部来源——如并非来自家庭寻求微型金融支持的投资。这个外部收入每一期由折现因子 $d$ 折旧，如果它不被用于偿还贷款，它就流向了各种各样的消费支出，概率是每周（$1-d$）。假设这些支出没有效用。

银行必须设定分期付款的期数（$n=52/T$），每一期贷款将被偿还。$T$ 是分期付款之间的时间量，由周数来衡量。如果贷款期限是一年，分期付款可能是一次（$n=1$，$T=52$），按月（$n=12$，$T=52/12$）或按周（$n=52$，$T=1$）等。本息合计为 $L$。交易成本 $\gamma$ 与每个分期付款相关，它由借款人承担——换言之，每个时间点借款人偿还一个分期付款额，产生的成本是。假定对收入的线性偏好，以及贷款不大于可以用于贷款偿还的外部收入，借款人将选择分期偿还的频率 $T$，来最大化他的贷款规模。这是他预期对银行的总偿还额减去总交易成本：

$$f(T)=\max_T\left\{(1+d+d^2+\cdots+d^T)\frac{52x}{T}-\frac{52}{T}\gamma\right\}.$$

假定 $\gamma=0$，展示 $\forall T\in[1;52]$，$T\in N$，函数将在 $T=1$ 时达到最大值。解释结论的背后经济直觉。

**15.** 考察前面的问题，假定 $\gamma=\$8$，$x=\$20.5$，$d=\$0.6$。展示函数将仍旧在 $T=1$ 时达到最大值。

# 第6章



# 储蓄和保险

## 6.1 引言

在 20 世纪 70 年代小额信贷发展初期，一群有影响力的农村金融专家认 169
为，扶贫的关键在于帮助贫困家庭建立储蓄，而不是给他们发放贷款（例如，Adams1978）。小额信贷往往被视作“小额债务”。专家们问，如果家庭在外界帮助下积累资产而不是背负债务，那岂不是更好的事情？但是上述观点不仅与小额贷款对经济社会产生积极影响的事实不一致，也不符合大多数贫困家庭缺乏存款资源经验事实。除此之外，一国法律往往允许多数非政府组织发放贷款（甚至有时还能获利），但却禁止其吸收客户的储蓄存款。

呼吁帮助穷人储蓄的观点并未引起太大的反响，本书前两章的讨论内容显示出贷款仍是微型金融领域的重点。但 30 年多年过去了，之前支持储蓄的呼声一直未消失，最明显的标志就是“*微型金融*”替代了“*小额信贷*”这个说法。通过发明新名词，人们尝试以较全面且最能为众人所接受的方式刻画银行服务穷人所做的努力。

这个名词所蕴含的意义已经远超术语自身的表面含义：从*小额信贷*向*微型金融*的过渡使这个领域的发展前景出现巨大变化。人们日益认识到，除了信贷服务，低收入家庭事实上还可以从其他更广泛的金融服务中受益。其中导致的一个结果就是，银行开始为低收入群体建立存款账户，并积极完善相关条款和服务功能，以吸引更多的低收入客户群。例如，在达卡贫民窟就有一个名为“安全储蓄”（SafeSave）的合作性项目，该项目每天派出 64 位工作人员走访客户家庭，了解客户的生意状况。客户在每一天可以选择存款、偿还贷款或者根本
不进行任何交易。项目对客户是否交易以及交易额大小没有任何限制。在这种 170
情况下，银行实现了与客户的直接对接，并将服务的便利性和灵活性置于更重要的位置。截至 2008 年 9 月，在达卡的贫民窟地区，“安全储蓄”项目的客户群已经发展至 13000 人。该项目每月需要处理超过 100000 笔小型交易[1]。

作为一家有着悠久历史的大型国有控股银行，印度尼西亚人民银行（BRI）通过降低最低开户金额和法定账户余额标准，到 2007 年底发展客户超过 2100 万，并且建立了一个近 4100 个分支机构的营销网络。印尼人在多数城镇都可以找到 BRI 的网点[2]。泰国最大的国有银行泰国农业与农业合作社银行（BAAC）与 BRI 的发展路径类似，而目前中国和印度也准备借鉴印尼模式，将其作为本国银行业改革的可能方向。在其他国家，邮政储蓄服务使客户能非常便利的在当地邮局进行存款。总部位于布鲁塞尔的世界储蓄银行协会（WSBI）目前正致力于在全球 92 个国家建立 2000 家区域储蓄机构网络。

随着居民储蓄日益受到重视，人们开始重新定位微型金融的发展方向，这为经济学打开了一条新的研究路径。作为以心理学为基础的经济学分支，行为经济学对微型金融的影响远远大于其他领域（Thaler 1990； Thaler 和 Sunstein 2008）。其放弃了作为经济学灵魂的核心假设。经济学假设，人们对未来总是有着完全的预见能力并且能够有效地执行他们的储蓄策略。但是，行为经济学家们坚定地指出，人们在自律方面存在问题。我们仅仅是人：我们犹豫不决，我们容易被诱惑，我们不愿接触复杂事物。因此，行为经济学家认为，人们通常所做的选择都是不符合新古典经济学的最优原则，也不符合我们自身的理想标准。

“时间不一致”（和其所暗示的自我控制冲突）可以解释为什么这么多人——不管是富人还是穷人——的储蓄金额小于他们期望的储蓄额。但是更有趣的现象是，行为经济学给出了隐藏在成功财务策略背后的逻辑。通过严谨的心理学分析，我们可以发现各种类型的自我负责机制在发挥着作用（例如，第 3 章的合会就是一个约束机制的案例），并且我们也可以解释很多看似不合理但却普遍存在的行为（像使用昂贵的贷款，而不是使用自身储蓄账户的存款）。
171 基于行为视角的最新研究为改进储蓄产品指明了方向，其促使贫困家庭进行更多的储蓄。这项工作表明，机制还是发挥作用的：可用金融工具的数量部分地决定了居民储蓄倾向的高低。根据定义，贫困意味着一个人拥有比富人更少的钱。在实际中，贫困也意味着你缺乏更加可靠和有效的途径去使自己的财富保值增值（Collins， Morduch， Rutherford 等 2009）。

认识到储蓄机制的不完善有助于解释一些重要的谜团——正如信贷市场不

完善解释了其他长期未解的难题一样。我们认为本章所讨论的储蓄不完善问题有助于解释微型金融领域中最重要的难题之一：长期存在的信贷市场不完善问题。基本经济学理论武断地认为，只要有充足的时间，前瞻性的家庭应该能够不受信贷约束并以自身的方式进行储蓄。事实上，更深层次的问题来自于一些在储蓄中被忽视的困难。这种思考方式从根本上转变了微型金融的概念框架。

部分学者沿着上述想法进行了更为深入的探索。例如，Robinson（2001）认为，对于穷人来说，存款服务比贷款更有价值。也就是说，不管是富人还是穷人，任何家庭拥有资产都是有益的。但是它却忽视了小额信贷背后所隐含的深意——例如，储蓄是有难度的，但对于信贷来说，其不像储蓄资金那样需要5年、10年甚至20年的积累才能提供可使用的资金。在Collins等（2009）所研究的金融日志中，不同收入水平的家庭——人均日收入分布在1美元到10美元之间——都积极地进行储蓄和借贷。这两项活动一般都可以同时进行：一个家庭如果有储蓄，他们往往会先使用储蓄资金进行投资或应对危机，然后再转向信贷资金。正因为如此，我们认为储蓄比信贷重要的观点是不可取的。两者都很重要，即使对于那些最贫穷的人也是如此。

根据最贫困家庭的金融日志，我们发现他们多数的借款并非用于商业性用途，储蓄资金也存在类似情况。要理解借款和储蓄对于穷人的重要意义，那就不能将借贷的目的仅仅局限在商业性领域。在这一章的末尾，我们介绍了微型金融机构正在开发的新型应急贷款和其他多样化的信贷产品，它们正不断扩大小额信贷的内涵并促进消费的平滑化。

有关机制设计理论的很多深层次想法引起了人们对保险的研究兴趣，并再 172
次对产品创新问题给与了高度重视。例如，相对于传统的作物保险，农民抵御降水量变化风险的保险则展现出了更好的发展前景。降水量保险较好地化解了第2章所说的道德风险和逆向选择所带来的问题。沿着上述思路的产品创新一直在继续，但在我们写本书第二版的时候，“突破性”的实践尚未发生。从行为的视角看，其中存在的一个问题就是，如何克服由于产品的复杂性而导致的需求不足。健康保险不乏新想法，但是其规模却都较小。“微型保险革命”有着令人激动的发展前景，但却有待在实践中进一步实现。

我们先在第6.2节介绍基本情况。本章的第一部分详细地分析了储蓄问题，并从现代家庭经济学的视角解释了贫困地区存在的一系列问题。第 6.3 节讨论了储蓄的不同动机，而第 6.4 节则认真分析了进行储蓄的约束因素。这么做将有助于解释第 6.5 节所引出的谜团：为什么作为非正规金融机制的合会这么受欢迎，而储蓄约束如何解释合会的内在运作机制？第 6.5 节和第 6.6 节介绍了行为经济学的相关研究成果，认为创新将鼓励储蓄，而第 6.7 节则介绍了供给方的挑战。第 6.8 节转向讨论微型保险而第 6.9 节则介绍了信贷作为风险管理工具的情况。

## 6.2 小额储蓄

从一开始，像格莱珉银行这样的小额信贷机构就为客户开通了储蓄账户，但由于这些账户附带了很多其他功能，以至于其看起来并不像储蓄账户。更重要的是，客户需要将所获得的贷款资金按一定比例存进这个储蓄账户之中，且只有在结束这个项目之后才能使用这笔资金。例如，2000 年夏克提（Shakti）妇女基金——类似于格莱珉银行在达卡和吉大港贫民窟推行的模式——强制性储蓄包括两部分，一是按 5% 的比例对贷款收取小组税，另外就是每周要求客户强制储蓄 10 塔卡，上述资金的一半会进入“中心资金”账户，另一半则进入个人账户[3]。个人账户的资金随时都可以动用，但其他账户的资金却只有在
173 离开项目时才能动用——并且要求客户参与项目时间必须在 5 年以上。对 900 位妇女的调查显示，现有客户中仅有 13% 对该项目持不满意评价，而那些退出项目的客户不满意比例则高达 40%。

原则上，强制性储蓄项目意味着帮助客户在一定时间内积累资产并培养储蓄的习惯。但对很多人来说，这些非自愿的储蓄账户看上去倒像是银行吸收相对廉价的资金的一个手段，并且还可以从借款人那获得抵押保障（因为一旦借款人退出项目，小额贷款机构就能够没收客户之前所积累的资金）。对于微型银行来说，它的客户不会像传统商业银行的有钱客户那样进行完全自愿储蓄，因此强制储蓄的安排是非常精明的选择（例如，印尼人民银行就存在类似情况）。这些强制性的储蓄项目也与委托储蓄机制存在较大不同，因为后者往往会规定客户回收储蓄资金的明确日期。由于目前市场上仍旧缺乏客户可自愿选择的储蓄产品，因此不难理解很多人仍然愿意将“微型金融”称作“小额信贷”。

今天，微型金融的这一称呼的使用频率已明显增加（甚至本书的名称也采用了这个名词），并且多数实践者承认低收入家庭应该有更好的储蓄方式，并且有获得贷款的更佳保障渠道。例如，格莱珉银行就较为激进地转变了路线，在 2001 年引入了“格莱珉二代”（Dowla 和 Barua，2006）。在灵活的贷款产品之外，“格莱珉二代”开发了崭新又灵活的储蓄产品（包括一种大众的长期储蓄，即格莱珉养老金计划）。除了现有的借款人，这些储蓄产品还被营销推广到更广泛的区域。截至 2009 年 2 月，格莱珉银行储蓄规模已是其贷款总规模的 139%。这使其从根本上摆脱了对外部资金的依赖[4]。显然，这些安排的巨大潜在利益开始显现。

储蓄账户能为客户带来实实在在的好处，在肯尼亚就有一个非常好的例子。
2004 年 10 月，在肯尼亚首都内罗毕通往乌干达首都坎帕拉高速公路旁的布马
拉（Bumala）市场，一家银行开业了。但是一年后，拥有日收入的居民在这家
银行的开户比例不到 1%。人们普遍认为开户费用过高（大约 450 肯尼亚先令，
约为当时的 7 美元）且银行营销水平太差。总体而言，仅有 2% 的当地居民在 174
银行开立账户。在 2006 年和 2007 年，一个研究小组愿意为随机抽取的 122 位
男人和妇女支付所有的开户费用。一小部分人拒绝了这项提议（13%），而更
多的人则接受开设账户的提议但却从未存一分钱（42%）。余下的人则经常使
用该储蓄账户。Dupas 和 Robinson （2008）将这个特殊的样本小组与另外一
个随机抽取的 81 名没有账户的控制小组样本人群进行了对比，发现储蓄账户
的使用对妇女的投资行为产生了积极影响，其提高平均日常生产性投资近 40%
（1.6 美元）。但是样本个体之间还是存有本质性差异：仅有一半的妇女在开
户之后的前 6 个月做出了不少于 1 次的交易，而男性则在投资上则没有表现出
太大差别。

上述变化对于妇女来说极其重要，尽管投资增长的同时平均消费支出也保持了同步上涨。例如，平均日常食品支出上涨 13% ~ 28%，涨幅基本与投资增幅一致。妇女在拥有储蓄账户之后，能够更好地处理疾病等问题。对于这些妇女来说，相对于依赖合会、牲畜养殖以及其他非正规手段，拥有一个安全、便捷的银行账户显然存在着根本性不同。因为提款需要支付高额费用，因布马拉的银行账户变相地执行负利率，但上述发现仍旧是积极的。上述证据不是说储

蓄比贷款更重要，而只是说能够储蓄本身就有着深远的意义。

## 6.3 为什么储蓄？

支持储蓄的传统观点注重强调资产积累的重要性，但这种看法显得过于狭隘。根据传统观点，储蓄存款往往被视作是一个家庭进行投资、退休养老和若干其他重要用途的持久的资金来源。为了长期目的进行积累显然很重要，但这个观点却忽视了贫困家庭进行储蓄还可以满足很多短期性的应急需求：即使普
175 通家庭年度之间难以积累到大量资金，但是储蓄仍可以作为家庭进行年度性或季节性资源管理的一个重要途径。储蓄不仅可以作为家庭资产和抵押品，而且还能够更好地平滑季度消费，为学费、突发事件保险以及自我融资型的开支提供资金支持。

表 6.1　储蓄的报告用途

| | 占比 |
|---|---|
| *商业用途* | *16* |
| 工作资本 | 13 |
| 为新生意融资 | 0 |
| 购买建筑设备 | 2 |
| 购买车辆 | 1 |
| *非商业消费* | *35* |
| 学费 | 14 |
| 医疗费用 | 3 |
| 家庭消费 | 13 |
| 购买珠宝 | 0 |
| 婚礼 / 殡仪支出 | 2 |
| 宗教活动 | 3 |
| *理财和资产* | *6* |
| 购买土地 | 1 |
| 购买房产 | 5 |
| 支付贷款 | 0 |
| 其他用途 | 39 |

资料来源：2000 年对 201 位 BRI 客户的调查。计算过程由 Jonathan Morduch 完成。样本都取自有代表性的地区；但结果并未根据样本单元不同的人口水平进行权重调整。

例如，表 6.1 是对印度尼西亚家庭调查的基本情况，其中低收入家庭的储蓄资金主要使用于商业投资、建立资产以及未来消费。工作资本的投入（13%）与学费支出（14%）的比重差不多。储蓄主要使用于保障短期或中期内发生的大额突发性支出，但也会被用于长期需求。针对储蓄的多数经济学研究都建立在“生命周期”模型之上，因此相关模型主要立足后一种需求，分析较长时期内的“低频”储蓄行为。以下我们将先讨论这个问题，而在第 6.3.2 节则再讨论短期视角下的“高频”储蓄问题。

### 6.3.1 “低频”储蓄

在高收入国家的多数家庭基本遵循以下人生轨迹：接受教育（可能通过助 176
学贷款方式完成），获得第一份工作，开始为之后的生活储蓄，组建一个家庭，工作上不断晋升（或者换到其他工作）、养育家庭、继续储蓄、退休，然后消耗储蓄或者将储蓄作为遗产留给继承人。这个完整的模式暗示着家庭应该在非常年轻的时候借钱，在中年的时候大量储蓄，而在老年的时候则使用掉储蓄。家庭消费在最优行为的作用下应该会相对平滑，而不是由于收入变化或者退休出现大幅波动（Ando 和 Modigliani 1963）。

这个模型能够合理解释中等收入和高收入国家家庭的储蓄行为，但其中仍存在不足之处。例如，当模型预测家庭应该为退休存储最多钱的那段时间（在中年时期最赚钱的时候），家庭将受到小孩上学费用、结婚费用等大额资金需求的冲击。由于许多储蓄表现为个人自有住房投资，因此仅仅追踪账户上的资产会错过很多有用信息。另外，即使一个人在年轻的时候能够合理预测未来收入的上涨幅度，但是风险规避型家庭一般也不会大幅提高自身当期生活水平。但不管怎么说，经典模型提供了一个合理的基准框架[5]。

上述模型对低收入国家的预测成功率并不理想。一个广为引用的原因就是这个模型被设计用来描述核心家庭的行为，而不是复杂的多代共同生活的家庭，而后者往往以所有家庭成员共同吃住的形式出现在传统的（低收入的）经济体中。与双亲加孩子的标准家庭不同，我们可能看到的是包含了祖父母、父母和孙辈都住在同一屋檐下或同一个院子里的家庭。因此所谓“多代同堂”的家庭中，由于家庭成员之间的年龄分布存在较大差距，往往会出现在一部分人出生的同时另一部分人离世的现象，因此家庭的平均年龄可能一直处于相对稳定的水平。

一个典型家庭所经历的收入波动（由于退休）很难代表多代同堂家族的现金流状况。另外一个原因是，由于在一些不发达地区的退休时间较晚，老年人可能一直工作到生命的尽头，因此生命周期模型在这些地区不具有代表性。

177 Kochar （1996）深入分析了世界银行生活水平评估调查项目组（LSMS）所收集的 4734 个巴基斯坦家户的调查数据。她发现，从长期看，多代同堂家庭的收入不会像核心家庭那样出现先增长后下降的趋势。事实上，多代同堂家庭的收入散点图看上去像一个有着稳定收入的单一的无限期家户。那是因为，这种模式的家庭在有成员离开的时候又会有新成员诞生，它就好像在不断的进行重新组织，进而通过最小的变化而维持了家庭的平均年龄和人口结构。它看上去不是通过借款与储蓄，而是通过再组织来实现消费的平滑化；在这么一个案例中，如果家庭在任何一个时点花完所有的收入，那么它的消费曲线还是平滑的。如果一个家庭能够平滑它的收入，那么它就不会因为生命周期的原因而进行储蓄；也就是说，它也几乎没有通过借款和储蓄实现消费平滑的需要。简单的家庭内部财富转移（例如，从一个成年孩子转移给共同生活的父母）必将成为实现最优消费模式的最佳选择。如果上述案例确实存在，那么这部分人群就不会有为了应对生命周期而进行储蓄的动机。

值得指出的是，上述证据均为家庭的截面数据。散点图的纵轴是家庭收入而横轴则是家庭人口的年龄；散点图实际上没有刻画出同一家庭在时序上的变化趋势——因为很不幸运，我们缺乏相关数据。相反，散点图展示了在同一个时间点上不同家庭的类型。问题是这种横截面数据散点图是否能较好的描绘单个家庭一直以来所发生的事情呢？ Kochar（1996）认为不能。如前所述，内在原因是由于几乎只有极少数人能在一个多代同堂的家庭度过一生。特别的，Kochar 发现年龄在 45 岁以下的家长更喜欢核心家庭生活，而在年龄 30 岁以下的人群中有近 80% 的比例选择了核心家庭的生活方式。但是在 45 岁之后，这种情况出现了明显改变；那些年龄在 50–60 岁的家庭成员有 80% 是生活在多代同堂的模式下（定义为父亲至少与一位成年的儿子或女婿一起生活）。核心家庭平均有 7 个成员，而多代同堂的家庭平均有 9 个成员（平均有 3 位是成年
178 男性）。在一个典型的模式中，新近结婚的男子会与其父母共同生活（也可能是妻子和孩子），但是到 30 岁的时候，将会与父母分家形成自己的核心家庭。

然后，当小家庭中的孩子们长大成人并且结婚之后，一个多代同堂的家庭又形成了。最终结果就是，一个家庭在生命周期的某些特定时点（特别是在一个人 30–40 岁时）存在着为长远打算的较为迫切的储蓄需求——即使像巴基斯坦这样多代同堂情况较为普遍的国家也一样。

上述观察有助于我们解释为什么在孟加拉国多代同堂的情况相当普遍的情况下，格莱珉养老金计划（GPS）还是如此受欢迎。2001 年 GPS 创建，尽管其被称为“养老金”，但 GPS 事实上可以由任一年龄段的人士使用。在 GPS 中，每一位贷款多于 8000 塔卡的借款人必须要每月支出 50 塔卡。10 年以后，借款人将收到接近两倍于投入额的资金数量（Yunus 2002），赚取了年均 12% 的复合利率，最终获得相当于其存款额 1.87 倍的资金（Grameen Bank 2002）。如果在较低的通胀背景下，这样的回报还是较为丰厚的，客户也能够通过复利储备一笔较为可观的资金。

另外还有一个对比案例，开始于 2000 年 1 月的格莱珉固定存款储蓄计划为存期为 1–3 年的储蓄支付 8.75% ~ 9.5% 的年利率（Grameen Bank 2002）。ASA 的存款利率是 6%（Ahmed，2002），而若以外部资金作比较，孟加拉国 *Palli Karma Sahayak* 基金（PKSF）提供给小额信贷机构的资金年利率是 7%。商业贷款利率每年至少为 10% ~ 11%（而某些生意上的支付则达到 14% ~ 15%）——而这并不涵盖吸收和管理数百万小额存款的成本。因此 GPS 是比较慷慨的，但是其高回报必须与存款提取限制实现平衡。

GPS 的强制属性因符合客户自身利益而大受欢迎——该项目由于月度还款额较低，且有着一个固定责任进行储蓄的机制，因此非常吸引人[6]。在这里，GPS 完全借鉴了在第 3 章中所描述的合会的特性。但是跟合会所不同的是，GPS 不是一种短期的责任。10 年是一段较长的时间，但截至目前 GPS 尚未运作至这么长的时间，因此也不能知道一个家庭在遇到困难时如何去履行其项目
所约定的责任。从金融的角度看，根据早期报告披露的信息，该计划每月为银 179
行带来了超过 1 亿塔卡的稳定现金流（Yunus 2002）。如果格莱珉银行能够合理地降低运营成本，那么它的客户必将受益于这笔存放于银行的资金——由于存款账单短期内不会到期，因此格莱珉银行将再次获得一个新的资金来源[7]。

### 6.3.2 “高频”储蓄

低频储蓄（平稳的、长期的积累）仅仅是储蓄问题的一部分。另外一个重要的内容是“高频”储蓄，其为短期投资提供资金，并且平滑月度或季度的消费。例如，孟加拉国一家名为布罗（BURO）的微型金融机构的经验表明，即使在平均余额未出现大幅上涨的情况下，一个可以任意使用的储蓄账户也会广受欢迎并被经常使用。在 2000 年末，布罗仅有 2700 万塔卡（约合 29 万美元）的储蓄存款余额，年度新增储蓄不到 200 万。但是持有这些账户的客户并非无所作为——他们在这一年中的存款总计超过了 6200 万塔卡而取款总额也达到了 6000 万塔卡。类似的，如 Deaton（1992）模拟消费平滑的结果表明，即使只有较低水平的平均资产，有效且积极的消费平滑也能实现。

由 Collins 等（2009）所介绍的金融日志也清楚地印证了上述观点。他们对孟加拉、印度和南非家庭进行了长年持续跟踪，研究发现家庭储蓄账户余额一直处于较低水平。在关于孟加拉的样本中，储蓄账户年末中值仅为 68 美元，该值在印度为 115 美元，而在南非则为 472 美元。即使通过不同国家的购买力平价进行调整之后，这样的资产水平也是相对较小的。当使用“购买力平价”（PPP）汇率将这些现金转化为可等值购买美国商品和服务的金额之后，孟加拉样本的资产价值中值上升为 293 美元，印度为 637 美元，而南非则为 1128 美元。但是 Collins 等（2009）认为年末余额隐藏了储蓄在“日常”家庭经济生活中的重要性。研究人员将周转资金额作为衡量所有进出储蓄账户资金的指标，发
180 现在孟加拉农村地区的周转资金额是年末资产价值的 10 倍，而该比值在南非农村是 16 倍，在印度农村则是 33 倍。该比值在城市地区要低于农村地区，但实际值还是比较高的。

在 Deaton（1992）的开拓性研究之后，这种高频储蓄现象引发了学术界对低收入经济体储蓄行为的极大研究兴趣。总体来说，多数研究发现家庭希望通过储蓄以应对现实中可能出现的冲击，但在具体操作中却又都遇到了困难。

主要证据来自于家户调查数据对持久收入假说的检验。持久收入假说由米尔顿·弗里德曼于 1950 年提出，其抽象地刻画了一个富有前瞻性的理性家庭在面对不确定的未来收入之时如何选择借钱和储蓄的行为。弗里德曼观察到收入的升降波动现象，但其中某些变化则是永久性的（例如，由于个人获得新技

能而使工作得到提升），而一些则是暂时性的（例如，公司在销售年景非常好的时候将会发放一份丰厚的年终奖）。弗里德曼认为，个人应该通过提高消费支出的方式享受这种永久性的变化（假设这种变化是积极的）。但一个谨慎的家庭应该在暂时性收入上升的时候进行储蓄，因为这笔收入未来将会减少[8]。当暂时性收入减少发生的时候，理性的家庭可以通过提取存款或通过借钱的方式维持未来相对稳定的消费水平。家庭在面对一系列的收入变动过程中——例如，生活在非洲和南亚半干旱地区的农民——将会发现自身需要花费很多的时间去平滑消费。

他们做得怎么样呢？在给出经验证据之前，我们首先介绍一下实证方法的基本思路，然后再将其运用于实践。基本思路如下：如果你知道在某一年将赚到 4000 美元，而在下一年则将赚到 6000 美元——而要使两年中的消费需求都
相等——那么你将通过借 1000 美元实现每年 5000 美元消费的最优安排。在经 181
济学术语中，其可以表述为你想要“使任何一期消费的边际效用均等化”。这并不是基于你必然会使消费均等这样的想法，而是立足于这么一种考虑，即现在花费这 1 美元的效用大于你未来持有这 1 美元的效用，因此你应该在今天花掉它。而你今天的消费应该达到这么一种状态，即你在花费额外 1 美元与储蓄 1 美元之间没有任何差别。在我们简化的例子中，这是解释你在两年中每年消费 5000 美元的关键。然而，在更加复杂的模型中考虑了需求的变化，消费水平不再需要均等化——但是消费的“边际效用”在所有时期则应该相等。相反地，如果你会从未来的消费中获得更大的效用，那么你应该在今天进行储蓄——这就再一次触及所有时期边际效用都应该相等这一核心假设。

当然你的选择不能超过你人生中所拥有的资产总额，即个人的所有收入和资产以及你在未来所能得到资金的现值。为了使这个例子更加贴近现实，我们需要进一步考虑（a）贷款和储蓄的利率；（b）导致未来消费不如当前消费有价值的贴现率；以及（c）这样的一个现实，即你在今天做选择之后并不会知道明天将会变成怎样——你仅有你最美好的预期[9]。

将所有这些假设条件放在一起，就对贷款和储蓄的具体数额给出一个正式解。如果你能完美地平滑消费，那么你将会思考如何使在第 $t$ 期的消费边际效用等于第（$t$+1）期的预期消费边际效用（注：预期是在第 $t$ 期形成的）：

$$MU_t = (1+r)/(1+\delta)\,E_t(MU_{t+1}) \qquad (6.1)$$

其中 $MU_t$ 是第 $t$ 期消费的边际效用；$r$ 是贷款或储蓄在两期中的净利率（假设其在两期中都相等）；$\delta$ 是贴现率；而 $E_t[\cdot]$ 则是表示我们期望效用的形式。

上述等式产生了一个惊人的结论：如果你的选择不受限制（例如，只要在你的一生中不通过超出自身所赚或遗赠的资金结束消费，那么你就能无限制地贷款或存款），那么你的消费选择应该完全独立于你的收入水平所能支持该消费的时点。如果该时点是通常意义上的坏年景，那么你就应该贷款——或者动用你的储蓄——以维持自身需要的消费水平。类似的，在收入水平超常的好的时候，你应该进行储蓄。如果市场完美运行，等式（6.1）应该完全成立。但是想象这么一种情况，你在贷款和储蓄时遇到了问题（可能因本书中所讨论的所有原因），然后：

$$MU_t = (1+r)/(1+\delta)\,E_t(MU_{t+1}) + \lambda_{t+1} \qquad (6.2)$$

182 其中 $\lambda_{t+1} \neq 0$ 反映了问题的难度。当你在借钱或储蓄上遇到问题的时候，你一直以来的消费模式将超乎你所能想象的方式反映出你的收入模式。在这样的情况下，$\lambda_{t+1}$ 衡量了你消费选择与最优平滑度之间的偏离度，这与你的暂时性收入相关。假如能设定效用函数的形状，那么在实际中对 $\lambda_{t+1}$ 进行更深入的分析是可能的。

问题是我们在事实上不能观察到 $\lambda_{t+1}$，因此我们不得不进行间接地推断。有两类相关的案例。第一，你在获得自己意愿贷款数额上存在约束。回到我们开始讨论的例子中，令这一年你的收入为 4000 美元，而下一年为 6000 美元——并再次忽略利率、贴现率和期望误差。你想借 1000 美元，但是却找不到愿意借钱的人。因此，在根本不存在借钱可能性的极端情况下，你在这年只消费 4000 美元而下一年消费 6000 美元。在边际效用的术语中，今年消费额外 1 美元的边际效用超过了明年 $MU_t=E_t(MU_{t+1})$ 消费同样美元的效用。你愿意设定 $MU_t=E_tMU_{t+1}$，但实际中却是 $MU_t>E_t(MU_{t+1})$。因此在等式 6.2 中必须使 $\lambda_{t+1}<0$。反之，如果你储蓄存在困难，那么当今年收入为 6000 美元而明年为 4000 美元，$MU_t<E_t(MU_{t+1})$，根据等式 6.2，则必须是 $\lambda_{t+1}>0$。

根据上述情况，我们发现在你面对一个借贷约束时——也就是像第一种情况——你初始收入越低，消费水平将在跨时间内更快的增长。在这里，如果第一年收入为 4000 美元，那就意味着存在一个从 4000 美元到 6000 美元的近 2000 美元的跨期跳跃。如果第一年收入只有 3000 美元而第二年为 7000 美元，那么就有 4000 美元的期望跳跃。因此，较低的初始收入与较大的消费跳跃相联系。在衡量借贷约束这个问题上，初始收入和消费增长的负相关越大，$\lambda_{t+1}<0$ 的可能性就越大。如果初始收入和消费增长之间没有关联，那么假设 $\lambda_{t+1}=0$ 也就合理了，并且不存在系统性的借贷约束。有一个重要的假说认为，在那些借贷约束最紧张的地区——对于那些缺少抵押品的最贫困的市民来说——初始收入和消费增长之间的负相关应该是最大的。对于较高收入的家庭，这一相关性将会明显变小。

这个确实是我们看到的典型情况。它表明，对于较高收入家庭，即使他们 183
在靠天吃饭的印度南部农村这样的低收入地区，约束也比较小。但是对于较贫穷的家庭，约束就会比较大，正如之前的回归分析结果显示，初始收入系数为较大的负值。Morduch（1994）的研究表明，那些在印度南部地区无地或少地的家庭仅能够平滑一小部分暂时性收入的冲击。这就促使家庭尝试通过做出更为保守的农业决策以平滑消费，由此导致他们更可能放弃那些高风险高产出的品种，转向更加传统的耕作方式。在中国农村地区也存在类似情况，Jalan 和 Ravallion（1999）发现，仅有 10% 的底层家庭能够应对 60% 的负面收入冲击，而 10% 的上层家庭则能够处理高达 90% 的外部收入冲击。综合世界各地的经验证据，我们发现有一个近似的情况：最贫困的家庭通过尝试各种方法以应对高频波动的冲击，但是这些方法却存在很多不足[10]。

## 6.4 严肃对待储蓄约束

通过对孟加拉、印度和南非的研究，Collins 等（2009）发现储蓄机制正在被积极的使用，然而该机制在很多重要的方面却存在不足。特别是，这些机制一般不够可靠便利（一个非正规部门的储蓄俱乐部随时会解散，存储的钱财也可能会失窃）、并且缺乏弹性，同时组织也不合理。

如果我们回到对储蓄平滑正规检验的讨论，那么就会发现分析储蓄约束的角度。在消费平滑的文献中，多数研究人员将初始收入的负系数作为解释借款约束存在的证据，其实这个现象也可以被解释是存在储蓄约束的结果。在储蓄约束的例子中，$\lambda_{t+1}>0$，当家庭获得暂时性收入，那么其会消费多于其所需要的数量。而在随后一段时间的消费增长是负的，那么当前收入和随后的消费增长将出现负相关。这个负相关往往被认为是存在借贷约束（$\lambda_{t+1}<0$），但是经
184 验证据与 $\lambda_{t+1}>0$ 的情况也很一致。上述实证结果也为未来更好地辨别不同的情况预留了空间[11]。

在现有对穷人持续性贫困原因的学术研究中，储蓄约束并未获得应有的显要地位，原因在于该领域存在着两个冲突矛盾的观念，而它们的准确性都值得商榷。其中之一是对低收入家庭没有储蓄意愿的假设：也就是说，非常贫穷的家庭被简单地认为由于太贫穷以至于不能储蓄（例如，Bhaduri 1973）。在某种程度上，这个逻辑看上去很严谨：对于在生存边缘挣扎的家庭来说，突发的消费需求必须占据优先地位，那么也就没有为明天进行储蓄的剩余了。根据这一逻辑，储蓄需求远不如借贷需求重要。

相反，另外一个假设则认为对于那些想储蓄的人总会有很多非正规的途径；因此，再一次认为缺乏正规的储蓄银行不是一个值得迫切关注的因素。家庭的确使用了一系列广泛的非正式资金积累机制，包括使用资金保管人（通常是一个值得信赖的邻居，他对多余的现金保持克制，更重要的是，把它从某人家里拿出来并远离诱惑），在这里和第 3 章描述的合会，购买珠宝和其他某些流动资产；另外最简单的方式就是将钱存放在家中某个隐蔽的地方[12]。

更重要的可能是某些隐蔽的储蓄方式，例如生意上的自我融资与所购买的设备和牲畜——类似于珠宝——都能够在需要的时候及时出售。原则上，如果低收入家庭受限于其借贷的能力，那么他们应该简单而直接地将额外的现金投放至自己的生意上，这种方式一般会比在银行存款获得更多回报。对于这些原因——并且对于借贷相比于等待自身积累会产生更快更多的回报的事实——被广泛地认知，也就是说改善借贷的能力比改善储蓄的能力更加重要。

那么为什么这些观点直到现在才引起大家的关注呢？首先，即使非常贫困的家庭也有进行储蓄的理由。Basu（1997）指出了 Bhaduri（1973）观点中的逻辑缺陷：如果他们是前瞻性的，那么即使穷人也应该看到储蓄的好处（即使在某个时候只有一点点的量），因此他们在长期中才能够摆脱在生存线附近挣扎的命运。可能在实践中，更重要的是这样的一个事实，即在贫困线之下的大多

数家庭已经远离了生存线的边缘。如果教条式地按照贫困线标准进行衡量，那 185
么这些家庭几乎没有储蓄的余地（贫困线往往被严格地界定为一种最低的生活需求），但是衡量贫困的标准仅仅是一个大概的估计。很多家庭生活在贫困线之下，但其对储蓄存在兴趣的证据也很明显。大量达卡地区的居民日复一日地将他们的便士存储到“安全储蓄”账户就是最好的说明。显然，只要某地有设计良好的项目，那么就会产生对储蓄服务的需求。

第二，家庭有充足的非正规方式进行储蓄这样的说法也是不准确的。许多家庭不愿意将所有的钱投入到自身的风险型生意之中。这些生意可能全年都难以正常运作，在之后一段时间也可能很难回收投资成本。而通过其他非正规方式进行储蓄则存在风险，或者可能存在其他负担。一个地区会受到外部冲击，例如，当一个家庭在拼命赚钱的时候，突如其来的一场洪水淹没了本地市场，并冲走了所有的珠宝和财产。根据 Dercon（1999）在非洲调查的数据，家庭进行储蓄的资产回报与收入一般正相关。因此，当收入减少，资产的价值随之减少，进而储蓄策略也就终结了。当某地许多人都同时受到外部冲击影响时，在床垫下的隐秘之处存放现金将是一个较好的策略。但是，现金却容易因通胀而贬值，更重要的是也会因为小偷或者因为无法抵御物质诱惑而很快减少。在乌干达的一项研究（Wright 和 Mutesasira2001）显示，大概 99% 的家庭平均年储蓄损失为 22%[13]。

来自乌干达的数据有助于深入观察存款收集人所承担的隐性利率情况。考虑 Rutherford （2000）关于印度东南部城镇维杰亚瓦达一个叫 Jyothi 的存款收集人的案例。Jyothi 主要为贫民区的妇女服务。她的主要工作是吸收客户多余的资金并进行安全地保存，然后在规定的期限内将这些资金（扣减费用）归还给客户。在一个典型的模式下，Jyothi 的客户在 220 天中每天仅会存储很小量的资金。每天的数量是固定的，在 220 天之后 Jyothi 将归还客户其积累的全部款项——但需要扣除资金总额 9% 的费用。因此，如果在 Rutherford 的案例中，如果每位客户同意在 220 天中每天存储 5 卢比，那么她在最后将有 1100 卢比。Jyothi 将收取 100 卢比作为管理费用，而余下的 1000 卢比则将归还给客户。与
此同时，Jyothi 持有这些储蓄资金。她服务的有效成本（考虑将交易的时间和 186
数据转化为年化形式）等同于储蓄的年利率，大概为每年 −30%。维杰亚瓦达

贫民区的妇女们非常精明，她们愿意支付相关的费用以保证获得安全、便利的储蓄服务。

## 6.5 储蓄和自律：来自于行为经济学的启示

小额信贷的支持者们坚定地认为，信贷约束是贫困家庭所面临的根本问题。那么贫困家庭为何不通过储蓄来摆脱信贷约束呢？在经济学理论中，家庭储蓄的理由是相似的，正如 Basu（1997）所说的，家庭应该进行储蓄以摆脱生存压力的约束。Bewley（1976）的理论研究表明，一个面对信贷约束的家庭具有前瞻性，其将总是缓慢和平稳地积累财富，直到信贷约束被克服。Meza 和 Webb（2001）在信贷市场逆向选择的情境下做出了相似的论述。De Meza 和 Webb 认为当家庭由于逆向选择（如第 2 章所描述）而面对信贷约束之时，如果其在投资之前再等待一段时间，那么家庭将总是能够做得更好。等待将允许家庭积累更多的财富，并因此在更长的投资期获得更高的收入。De Meza 和 Webb 的研究表明，延长等待时间直到所有信贷约束消失是谨慎可行的选择[14]。在实践中，如果家庭能够储蓄，那么在均衡状态下将不会出现信贷约束问题。这些结果来自于理论模型并依赖于对现实的抽象，但它们却需要面对一个重要的挑战：为什么现实看上去如此不同？ 为什么在实践中信贷约束现象会如此普遍？

从理论角度分析，一个简单的解释就是因为家庭不够耐心以至于未完成足够储蓄。如 Deaton（1992，6.2 节）所证明的，只要家庭乐意于在今天消费而不是等到明天，那么信贷约束就会持续存在。特别的，Deaton 关于不耐心的想法来自于这么一个假设，即家庭对未来的消费的折现率大于存款利率。在等式（6.1）和（6.2）中，就意味着 $\delta>r$。

在这种情况下，家庭将更加倾向于将多余的美元消费掉，而不是将其存储
187 起来。但为什么要假设家庭耐心不足呢？如果家庭通过大规模的“储蓄”进行自我融资，且投资具有真实可靠的巨大资本边际回报（这个假设与小额贷款机构所收取的贷款利率相一致；例如，“安全储蓄”每年收取 36% ~ 48% 的年利率），那么该假设的可信度将有所提高。另一方面，如果我们认真严肃地对待这么一个观点，即家庭在寻找合适、可靠的储蓄方式上存在困难，并且正如 Jyothi 这一例子所表明的，存款收集人甚至准备通过“负利率”的方式吸收存款，那么

Deaton 的解释方框就变得非常可信了。折现率超过存款利率是因为有效利率是如此之低，而不是因为折现率是如此之高。

风险是另一个解释家庭不能按照自身方式进行储蓄以摆脱信贷约束的原因。持续的负面冲击能够使资产减少并使所有的积累变得不可能。从理论上说，家庭通过一定时间储蓄就能完成充分的资金积累，但在一个充满风险的环境中，这可能会是一个难以置信的时间长度。

最后一个解释是由 Platteau（2000）在观察非洲农村组织之后提出的。Platteau 认为，储蓄的困难可能源自于社会安排。例如，考虑基于相互承诺的非正规风险分享安排，你同意在你邻居家需要帮助的时候出手援助，而他们也同意帮助你作为回报。然而问题出现了，当你的邻居家认为他们需要帮助并对你的盈余资金提出要求，那么这将再次阻止你的储蓄进程。这样的激励机制可能会使你远离储蓄行为，因为一旦你变得足够富裕，自我激励机制的作用将促使你摆脱相互保障的安排，并追求自我保障。为了使这些安排共同发挥作用，你的剩余资金将会被社区“征税”，使个人很难在长期内进行储蓄[15]。

这些较早的研究解释了家庭因个人或社会原因而导致积累困难的情形。部分问题是由于家庭缺乏安全、可靠、便捷的储蓄机制。将两个问题放在一起，会促使我们进行产品设计创新。由于个人储蓄的目的和所面对的约束和目标不同，因此单个产品的设计肯定不适合所有人。部分人适合于使用灵活性最大的储蓄账户，而另一部分人可能更偏好拥有一个较为严格的账户。来自于行为经济学的研究表明，如果有些人同时拥有上述两个账户，那么他们会有着更好的表现。

### 6.5.1 对合会的再解读

在非正式机制运作方式上，我们已经看到了来自于行为经济学的深刻见 188
解。以下我们将再次对第 3 章中合会进行分析。在那里，我们认为合会是储蓄方法的一个具体应用，而不是单一的借钱方式，这个判断得了来自于孟加拉（Rutherford 1997）和南亚地区（Guérin 2010）合会参加者的相关数据的支持。但是，深入研究发现，合会之所以长期存在原因——为何这种形式至今仍未消失——在于其具备作为储蓄工具的价值（至少对于我们看到的各类合会是这样的）。

在第 3 章所介绍的合会中，一组相邻而居的人聚在一起集资，个人每月或每周会将一个固定数额的资金投放到货币资金池中。小组成员都拥有一次使用该资金池资金的机会。这个资金计划存在的问题就是最后的参与者可能缺乏参与其中的激励——因为她简单的通过自己一周又一周的存款积累也能达到最后其在合会中所获得的资金额度。对于最后的接受者来说，通过自身积累甚至可能是更好的选择，因为这可以摆脱合会规则和结构的严格约束。因此，合会对于最后一位参与者不会存在非常明显的经济收益。

问题是总会有一个最后参与者。如果没有人愿意做最后那个人，那么也就不会有合会，而这种机制就会消失。但是，作为非正规经济的主要依靠，合会却在全球普遍存在。这又是为什么呢？一个解释就是如前面所假设的那样，最后的参与者可能无法“简单地通过自身方式进行储蓄”。正如 Anderson 和 Baland （2002）所展示的（基于在内罗毕的调查），已婚的合会女性成员由于其丈夫的掠夺之手，她们在保护储蓄方面存在困难。或者，如 Gugerty（2007）所指出的（来自于肯尼亚的数据），纪律和社群性质帮助合会参与者通过正规、有组织的方式积累储蓄。Collins 等（2009）也报告了相似的结果：在非洲南部地区，即使人们在本地银行有储蓄账户，他们也通过参与邻居的合会实现自身的储蓄目标（然后可能将其部分资金存放于银行）。简单的说，合会对于那些渴望储蓄的贫困家庭来说，可能拥有其存在的必要性——可以作为她们非常不
189 完美的替代选择。因此，合会可以说是对“市场化储蓄”失灵，也是对信贷市场失灵的一个反应（Basu 2008a）[16]。

**6.5.2 缺乏耐心与双曲线贴现**

只有在自律不发挥作用的情况下，纪律才会派上用场。一系列的学术研究（在微型金融范畴之外）对如何发生上述状况进行了分析——例如，Laibson（1997），Gul 和 Pesendorfer（2004），Thaler（1990），Thaler 和 Sunstein(2008)。其中的一个核心想法就是“双曲线贴现”。该想法认为，人们可能会对在今天与未来某一天之间进行分配的选择具有不同的想法。在考虑储蓄的时候，这个区别非常重要。为了分析其如何发挥作用，我们将考虑 Bauer， Chytilová 和 Morduch （2009）所描述的印度 Karnataka 地区的情况。研究人员询问村民对下述两大选择的倾向：明天获得 250 卢比（大约相当于一周的工资），还是 3

个月之后获得 265 卢比。多数人选择马上获得资金而不是等到未来。然后研究人员问关于明天 250 卢比与 3 个月后 280 卢比之间的选择时，一部分人愿意开始等待了。不断提高 3 个月后的金额，并继续相似的选择试验；最后的选择是今天 250 卢比对应于 3 个月后的 375 卢比。在那种情况下，大多数人愿意为了获得较大的金额而等待三个月时间。研究人员发现村民变得相对耐心，而妇女和家庭条件较好的人则比其他人更显耐心。

当研究人员提及第二类问题的时候，“双曲线”贴现问题出现了。同样是关于在相同的时间范畴内进行相同数额金钱选择的问题，只不过此时问题已被表述成 1 年后的 250 卢比与 1 年零 3 个月后的 265 卢比。随后的问题则是 250 卢比相对于 280 卢比的选择，等等。除了选择的特定时间，每一样事情都与之前的问题保持一致。

然而相对于之前问题的答案，在这个时候有 32% 的受访者更愿意去等 3 个月以获得更高的回报。在其他某些地方以及更富裕的人群中也发现了类似的结果。选择的变化可能并不令人惊奇，但是这却与标准的“线性”贴现假设相冲突，该假设可是储蓄基本经济模型的核心假设。在线性贴现的情况下，选择之间的距离应该受他们的相对价值的影响（在这里，一个选择在另外一个之后的 3 个 190
月），而选择的性质则不会受到选择是在现在或明年的干扰。然而，当被问及未来某时的消费时，32% 的受访者转变了他们的抉择，他们做出的决定与所谓的双曲线贴现相一致，这类现象有时也被称作为“现值偏见”。

在某种程度上，32% 这部分人所展现出来的“现值偏见”时间存在不一致性。当这部分人思考未来的选择结果时，他们认识到当下的价值。但是当展现出一个相似但却是当下支付的选择集时，他们都倾向于选择现在就支付。因此想象这么一个场景，当一个人在今天被问及是选择 1 年后的 250 卢比还是选择 1 年 3 个月之后的 300 卢比之时，他决定为了较大资金而进行等待。至少在这种抽象的方式上，这个人看到了储蓄的现值。但是如果研究人员将等候期缩短一年，即当下获取 250 卢比还是 3 个月之后获得 300 卢比，这个相同的人也容易改变他们的观点。对于储蓄来说，这个转变揭示了“时间的不一致性”。如果这样，那么 Bauer 等（2009）认为那些有着“现值偏见”的人在储蓄上存在困难的观点就不值得惊讶了：从对假设问题的回答中就可以推测出实际的财务行为。样本中有着现值偏见的村民往往会很少储蓄，但却会借很多钱——并且他们更倾向于接受像自助组之类的约束机制。

## 6.6 责任机制、储蓄提醒和心理账户

对于上述问题有一个解决办法：面对在现在自我和未来自我之间的冲突，人们只要束缚住自己的双手就可以避免焦虑。他们能够寻求结构与责任。Bauer 等（2009）认为，所谓的结构就是印度自助组模式仍未展现出来的优点之一。Ashraf， Karlan 和 Yin（2006）进行了一项将该结构和责任塑造成标准商业储蓄产品的重要研究。与菲律宾棉兰老岛①地区一家名为卡拉加绿色银行的小型村镇银行合作，他们进行了一项地域试验以验证该责任型储蓄产品的有效性。
191 研究人员对 1767 位银行客户进行了全面的家户调查。然后，这些客户中的一半通过随机选择的方式被提供一种称为 SEED 账户的新产品。

在账户开通之后，该账户会依据客户指令对存款的使用进行限制。这个过程不提供额外好处，也不会收取额外的费用。该小组的其他成员或者被编入一个不接受任何储蓄产品合约的控制组，或者被编入一个接受银行现有储蓄产品的小组。对于那些获得 SEED 账户的 710 位客户，202 位（28%）开通了账户——如果这部分人已表现出 Bauer 等（2009）所谓的“现值偏好”特征，那么他们就会倾向于做出这样的选择。一年后，那部分已开通的银行账户的储蓄平均上升了 81%，在相同时间内该数据远高于其他任何一个控制组。对于那些感到自己非常需要一个责任产品的人，选择这样的方式将对其个人的财务储蓄产生经济方面和统计方面的双重显著影响[17]。责任机制显然发挥作用了。

正如 Collins 等（2009，第 6 章）在深入分析孟加拉国村民数据之后发现，在第 6.3.1 节中所描述的格莱珉养老金计划在 2000 年被推出之后，就受到广大客户的热烈欢迎——即使在一个曾经被认为穷人不受储蓄激励的经济体中。GPS 产品作为一款类似于 SEED 账户的责任储蓄机制被广为人知。格莱珉银行的客户必须同意每月支出固定金额（在 2006 年大约为 0.86 美元），并且仅能在 5 年或 10 年后回收资金（有 10% ~ 12% 的利息）。Collins 等（2009）介绍

---

① 菲律宾东部第二大岛。译者注

了 GPS 的高利率，但他们也记录了部分客户“打破”GPS、提前支取资金、获得较低利率但使用所需现金的案例。SEED 账户和 GPS 转变了对储蓄的看法：他们是争论的一部分，也表明贫穷家庭的储蓄之所以较少，不是因为他们不够耐心，而是缺乏合适的储蓄机制。

低储蓄的另一个原因可能与对未来需求的关注有关。如果人们储蓄是为了未来需求，那么这个需求必定是“显著的”——例如，它们必须能够被识别并界定为优先级别。但由于当前很多问题亟待解决，因此未来的需求经常被认为不那么紧急。在那些较远或不确定的需求上花费较少的努力是很自然的。Karlan 等（2009）建立了一个储蓄行为模型以刻画这么一个事实，即我们有时
候会因为现在更迫切的需要而忽略未来的需求。该模型中嵌入了人们的有限认 192
知能力，且它暗示提高储蓄的重要性将有助于纠正失衡，例如，可以通过提醒，让客户按计划进行储蓄。

Karlan 等（2009）通过在玻利维亚、秘鲁和菲律宾等地区的一系列随机实验，对上述模型进行了检验。在任何一项实验中，一家银行提供一款按时存款的储蓄产品，该银行会给其某些随机抽取的客户发送储蓄提醒，而对其他人则不发送提醒。作者预测储蓄提醒有助于个人储蓄的进行，而他们发现三个地区的证据确实验证了上述预测。通过比较收到储蓄提醒的小组和未收到提醒小组的情况，他们检查储蓄水平和满足储蓄目标个人的比例。总之，Karlan 等（2009）发现提醒导致总储蓄额出现了 6% 的增长，并且满足他们储蓄目标的个人比例也提升了 3%。

Karlan 等（2009）模型的另一个应用则是“心理账户”，即遵循资金来源和使用意愿的不同而进行区别对待的原则。一个储蓄账户（或者是一个合会）可能会被用于房屋修理的用途，而另外一个则用于婚礼开支，再一个则用于日常消费需求，等等。例如这类的心理账户暗示是相当普遍且管用的，但其却与标准模型关于储蓄行为的可互换性假设相冲突（Thaler1990）。与可互换性相反，Karlan 等（2009）的模型允许“心理账户”将当前的收入与未来特定需求联系起来。他们认为心理标签将发挥部分作用，将使未来需求更加明显，进而防止其被当下的需求所干扰。

Karlan 等（2009）关于储蓄提醒的实验嵌入了其他与心理账户相关的随机

处理实验中。个人的注意力在这些提醒的作用下被吸引到其事先已确定的储蓄目标之上。例如他们认为储蓄是为了拍一张相片。单独提醒储蓄目标不一定有助于提高储蓄水平并实现相应目标，但作者发现同时提及特定的储蓄需求和储蓄激励——例如，对于每份按计划实施的存款提供更高的利率回报——则会提高储蓄水平近 16%。

## 6.7 建立更好的储蓄银行

与储蓄产品性质无关的是，那些成功提供储蓄服务的银行仍将面对制度设
193 计的问题。从制度的角度看，吸收存款看起来比发放贷款更加容易。最重要的是，信息不对称将导致所发放的贷款无法收回，这虽然也会危害到银行家的利益，但这些风险更多的则会由存款人承担。在这里情况出现变化：现在是银行家将受制于道德风险，而消费者则不确定是否应该相信这些金融人士。银行会充分保障存款安全吗？银行将允许储户在需要资金之时取回存款吗？在五年之后银行还会继续存在吗？这些问题已经被留给监管者处理，而银行则需要处理票据、存款准备金和其他监管要求。因此，对于储蓄服务缺乏的一个解释是因为监管使商业银行成本过高，导致其难以通过服务小型存款人而实现赢利（Christen，Lyman 和 Rosenberg 2003）。

另外一个约束是——不考虑监管成本——吸收小额存款比大额储蓄将产生更高的单位交易费用。最终导致的结果是，银行经常通过使用较高的最低账户金额要求而排斥较穷的存款人。世界信用合作社理事会的 Richardson（2003）引用了许多银行的说法，它们声称对于存款小于 500 美元的账户不可能赢利，进而导致许多小额储蓄者只能依赖于非正规机制。

信用合作社理事会的可溯记录显示，500 美元的底线有点夸张（Richardson 2003）。印尼的 BRI 提供了一个反例：该银行成功地（且赢利地）吸收存款，其坚持的开户标准仅仅为 1000 卢比（仅超过 1 美元），而其中最低的账户仅为 57 美分。多数账户金额会更大些——然而却都在 500 美元以下。正如之前所提出的，截至 2002 年末储蓄账户的平均余额为 75 美元。通过简化机制，BRI 的每一位工作人员平均能够服务超过 1200 位客户（Hirschland 2003），并使运营成本保持在低于 3% 的水平。另外，手机银行等新技术的使用及其“无

网点银行”等创新则展示了这个行业特定的发展前景（Mas 和 Kumar 2008）。

另外的一个挑战是需要为存款资金寻找足够高的回报。如果投资是可行的，且能提供高额回报，那么吸收存款——特别是交易频繁且额度较小的存款——也能实现赢利。在寻找这么高回报的投资项目同时，还需要保持足够的流动性资金，这将会是一件很困难的事情。最为明显的存款使用方式是将其投放到小额贷款机构给其他客户放贷的资金池中，但这对那些已经有较高负债率的项目却没有任何帮助。改进金融机构发放贷款的财务表现可能是成功吸收存款的 194
关键。

银行一直在努力控制成本，但低收入存款人要求便利和高流动性所产生的额外成本则使这项努力更加困难。来自于 Jyothi 的一个教训就是，存款吸收者像 BRI 银行这样为客户提供便利很重要。而便利性重要的原因则在于这么一个现实，即客户经常会将流入家庭的零碎收入转化成有用的、大额的资金，以在未来大规模的采购或投资上进行更好地使用（来自于 Stuart Rutherford 对“安全储蓄”设计的一项观察）。如果一家银行不能提供便利服务，那么它就不太可能使小份的日常储蓄进入存款账户。因此，服务低收入家庭意味着要寻找途径去减少客户和工作人员的交通时间和麻烦。在“安全储蓄”的案例中，所招聘的工作人员均来自于其所服务的区域，那么薪水成本就相对较低，而交通成本则根本就不存在了。

成本的另一个来源就是对流动性的需求。考虑一下 BRI 的例子。在 1986 年，也就是 BRI 开发其“村镇银行”产品 *Simpanan Pedasaan*（SIMPEDES）一年之后，开始在前期试验的基础上进行重要创新。BRI 不对小额存款支付任何利息，但其产品仍旧很受欢迎。其中最大额的存款也仅被支付 12% 的年利率，而该利率仍旧低于 BRI 的另一储蓄产品 TABANAS 所支付的利率[18]。但是 TABANAS 有着每月只能取款两次的限制规定，而 SIMPEDES 则提供无限次的取款次数，因此前者不如后者有优势。Patten 和 Rosengard （1991）认为，“尽管非常少的 TABANAS 储蓄者事实上每月取款两次，但该限制对于农村地区的人们来说则是一个重要的心理障碍，这些人看上去担心自身在需要资金的时候无法获得取回 TABANAS 存款的权利。”事实上对流动性的管理是银行的一个主要问题，但该问题的重要性貌似现在仅被简单地认识到。

随着微型储蓄项目的增多，更多的经验和模式会被创造出来，而这些肯定会在短期内孕育新的发明。但是我们对低收入家庭的储蓄行为仍旧理解不透彻。不过人们已经认识到其中最核心的要点。即使是最贫困的家庭，他们还是存在储蓄服务的需求。为顾客提供便利而富有弹性的产品是项目方案设计的重要考量因素；另外研究也显示，存款利率并不是储户特别关注的重点。

## 6.8 微型保险

195 小额信贷兴起的初衷是由于低收入家庭很少拥有"公平"获得贷款的权利。虽然国有银行为低收入家庭提供部分信贷，但却缺乏效率并导致了严重损失；而作为非正规金融部门的小额贷款则严重短缺且成本高昂。事实上，保险部门也具有相同的特征：贫困家庭很难享受保险服务，缺乏效率的国有保险公司亏损累累，而非正规机制则往往成本高昂。两者的问题也极为相似：提供保险与提供信贷一样，存在一系列激励问题——甚至有过之而不及。最值得注意的是，道德风险和逆向选择是一直存在的问题（与我们第 2 章讨论的类似）；交易成本很高；执行合约很难。Hazell（1992）搜集了具备国家支持背景的农作物保险数据，发现对于这些政府项目，在巴西和日本的成本是回报的 4.6 倍，而在墨西哥和美国则分别为 3.7 倍和 2.4 倍。

我们能够做得更好吗？目前已经有一个被称为"微型保险"的创造性突破（与第 4 章、第 5 章描述的创新类似），正逐渐演变成为全球性的运动。当然，这个微型金融领域蓬勃兴起的运动是在贷款和存款之外再提供保险服务。截至目前，人寿保险已经非常成功，但健康保险、财产险以及作物保险都仍处于发展阶段[19]。

这些创新对于改善客户的生活水平具有广阔前景。在《穷人的资产组合》所搜集的长期金融日志中，研究人员发现，至少有一半孟加拉的受访者一年中至少遭受一种主要的健康损失，而在印度这个比例也达到了 42%（Collins 等 2009）。数据显示，为了应对来自贫困的挑战，低水平的资源供给是远远不够的，而保险在原则上是一个有利的工具。

### 6.8.1 人寿保险

人寿保险产品经常被作为小额信贷产品组合的一部分。所谓信贷—人寿合约，是指偿付一个家庭难以偿还的所有关注类贷款，并对发生死亡事件的家庭提供一个固定数额的赔偿。Cohen 和 Sebstad（2003）介绍了由乌干达 FINCA 运作的项目，其在客户发生意外死亡时，将向客户的继承人支付 700 美元的
赔偿金；这个家庭未偿还的贷款也会被付清。如果配偶意外死亡，客户将受 196
到 350 美元赔偿金。如果客户的任何一个孩子意外死亡，补偿金额为每个孩子 175 美元（最多不超过 4 个孩子）。客户将为这项保险服务支付费用，即在利息之外还需支付每项贷款 1% 的金额。接受 Cohen 和 Sebstad 调查的客户都很乐意接受这样的保险服务，尤其是这个项目确保了客户自身的不幸将不会给家庭带来额外的负担。但是这项保险服务并不便宜，而且其服务标准也很严格——例如，如果配偶或孩子死于疾病，那么就不能获得赔偿。

对于乌干达的 FINCA 来说，该项目的收益是双重的。首先，这类产品产生利润。全世界最大的保险公司美国国际集团（AIG）为项目运作提供实际保障，并分到了 45% 的保费。FINCA 将剩余保费作为管理费用和一般收入补贴。对于乌干达 FINCA 来说，这样安排的另外一个好处就是，客户死亡时所欠贷款都会由保险公司偿清，由此也消除了他们在服丧期去寻找死者亲属的麻烦。Cohen 和 Sebstad（2003）发现，在其他项目中保险溢价（对于相似的覆盖面）会更高。例如，在坦桑尼亚和肯尼亚，小额贷款机构分别对客户收取贷款额的 2.25% 和 2% 作为信贷—人寿合约的保费。

人寿保险的创意受到客户的极大欢迎，这是一项非正规的保险机制，类似于非正规社会中集聚资源并对发生损失的客户进行补偿。但是 Cohen 和 Sebstad（2003）却认为，微型保险项目在推行过程中却模糊了自身的价值。

其中一个问题就是，在乌干达的 FINCA 项目中，随着贷款规模的增大，溢价也随之上升。但是收益的增长与贷款规模的增长不成比例，这主要是由于收益的大部分被用于支付死亡发生时的补偿金（而收益的另一部分则被用于偿还关注类贷款，其往往那个与贷款规模成比例变化）。相比较于大额借款人，小额借款人通过交易更为受益，由此也使大额借款人感到不公平。其次，保险的覆盖期限与贷款期限同步。因此，如果在两个贷款之间发生事故，那么保险将无法覆盖事故风险。第三个问题是，乌干达 FINCA 的保险购买是强制性的，
这显然是针对逆向选择问题的巧妙安排——因为项目将避免面对一个根据自我 197

决定做选择的客户群，其风险远高于平均水平——但是它也意味着那些自认为安全型的客户将不会再交叉补贴那些风险水平较高的客户。但是，没有一个问题是不可克服的。溢价可以根据年龄进行调整，只是相应成本会被计算到管理负担之中。保险覆盖贷款间隔期的问题也能直接通过制度化方式解决；大额借款人也能通过调整成本计划而获益。即使在以上描述的情形下，信贷一人寿保险也是普遍可行的（甚至存在非常可观的利润）。

与 AIG 合作是乌干达 FINCA 成功的重要原因。该合作使 FINCA 工作人员不必去处理琐碎的保险理赔的技术环节，也避免了额外的规制，并且保证风险分散化。作为一家大型保险公司，AIG 拥有在众多保单之间分散风险的手段，也能够轻松的进行再保险（所谓再保险，就是一个保险商出售一部分保单给另外一家保险商以降低风险敞口）。如果 FINCA 单独经营，其不仅要承担大量的管理事务，而且还得寻找在发生突发事件时保护自身利益的方式。

尽管存在一系列的问题，但对简单的人寿保险的需求还是明确的，其也能够创造较高的利润。正如 Roth （1999）和 Collins 等（2009）在南非的研究所表明的，在那些通过（昂贵的）社群集会方式进行殡葬的国家，人们对特殊的殡葬保险产品也存在一定的需求。

### 6.8.2 健康保险

相对于人寿保险，健康保险项目运作并不成功。其中一个广为人知的原因就是，在自愿选择的过程中，客户存在普遍的逆向选择行为（详见 Arrow [ 1963 ] 和 Pauly [ 1968 ] 的经典论文）。一旦保险项目是自愿决定的，那么健康状况不佳的家庭便倾向于购买这类富有吸引力的保险产品；而保险公司因为信息不对称，无法对不同的客户设定合理的价格。例如，Jowett （2002）介绍了在越南的一个自愿健康保险项目，41% ~ 45% 自认为身体健康的个人都不愿意购买保险，因此留给保险公司的是一个远低于平均人口健康水平的客户群。

198 另外是道德风险问题，其主要通过两个渠道发挥作用。一是客户在购买保险之后会采取较少的防范措施。另外，面对一个不需要医生治疗也能自行恢复的疾病，客户可能会追求不恰当的治疗，导致出现过度医疗问题。从理论上说，引入风险分担机制是减轻上述问题的主要渠道：一是通过引导（即病人只能在大于某最小医疗额度的情况下才会被返还医疗费用），另外就是共同支付（即病人也需要支付账单总额的一部分），或者以上两类方式都采用。类似于格莱珉银行的健康保险计划——格莱珉格利扬（Kalyan）这样的微型金融项目，就要求客户与保险公司共同支付医疗费用。有趣的是，格莱珉格利扬并不将共同支付作为防范过度治疗的手段，而是将其作为指示医疗质量的方式（Radermacher，Dror 和 Noble 2006）[20]。

但在一般情况下，保险公司不会投入太多资源去探索开发上述新机制。部分原因是由于消费者希望在短期内就看到回报，这就促使保险公司的产品仅关注小额损失，即使这可能是无效率的。较高的免赔额也是消费者一开始就放弃考虑正式保险的原因之一。部分保险机构担心，高免赔额和共同支付对某些贫困客户将形成巨额负担。从实用的角度看，他们确实可能导致客户放弃寻找必要的保护机制，进而与保险机构结束长期高成本的合作关系。解决上述难题的一个途径就是开发一种针对共同支付问题的对等的信贷项目。例如，马里共济技术联盟（Union Technique de la Mutualité）合作体系的创立就是以上述目标为基础（Radermacher 等，2006，78）。

为了控制成本，保险机构不得不对保险覆盖的疾病种类加以限制。例如，乌干达的微型医疗健康计划覆盖了门诊和住院等一系列服务项目——包括急救、X 线、实验室分析以及处方药——但是却不包括高血压、糖尿病、溃疡、酗酒和与慢性疾病相关的长期治疗项目（Cohen 和 Sebstad 2003）。像印度自雇妇女协会（SEWA）这样的其他健康保险项目，已经开始通过限制覆盖面和依赖公立医疗体系来控制成本。如果没有能够削减成本的创新产品，保险机构将不会有任何其他选择的余地。类似地，消费者也抱怨，保险机构的产品仅仅覆盖目前廉价的医疗服务项目（Cohen 和 Sebstad 2003）。不管是公立机构还 199
是私人保险公司，都不会将优质医疗服务考虑在覆盖面之内（Das，Hammer 和 Leonard 2008），而低质量的服务则使部分家庭放弃了购买相关保险产品的想法。事情的矛盾之处在于，只有更多的人购买健康保险，那么才能形成对高质量医疗服务足够大的需求——随之相随的则是这些服务的新的购买力——从而推动医疗机构改进服务质量，例如提供更多的可用药品，更加训练有素的医生和护士，以及更容易获得的医疗器械。例如，在印度南部的 BASIX，保险项目的规模能使其直接认证和签约高水平的医生。拥有财务自主权是健康保险项目能够弥补保健服务质量缺陷的关键。与此形成鲜明对比的是，通过提供几乎所有健康医疗服务，孟加拉国的那些知名机构在项目自身的医疗体系内就解决了服务质量问题——在实际运作中可能会以减少竞争为代价（Radermacher 等 2006）。

### 6.8.3 降水量保险

降水量保险和其他被称为“指数保险”的变种是近年来最有发展前景的新型保险之一（Carter， Galarza 和 Boucher 2007； Skees， Varangis， Larson 等，2004； Morduch 2006）。降水量保险主要是为了防止道德风险和逆向选择问题与作物保险相联系（并未涉及高额的交易成本）。该产品策略就是不为作物产出设保，而是直接为天气状况设保。一般情况下，这个地区会安装一个防拨弄的降水量具；然后签订合同，保证在坏天气等特定事件发生的情况下进行赔付（例如，确定某天缺乏降水，或者太多降水）[21]。因为农民无力改变天气，该想法在消除众所关注的道德风险和逆向选择问题上有着积极的作用。又因为不需要衡量给定土地量的损失，因此成本也降低了；相反，对降水量容器准确度的要求是非常高的。

在印度南部的安得拉邦①地区，Giné， Townsend 和 Vickrey（2007）研究了由微型金融机构 BASIX 和印度主要商业保险公司“ICICI 伦巴第”合作提供的降水量保险的运作状况。依据作物周期的不同，保险合同将雨季分为三个部
200 分。在种植阶段，主要的风险是季风雨到来得太晚。在幼苗和开花阶段，缺乏足够雨水是主要风险。而在收获季节，担心的则是太多的降水。在不同的情况下，该合同会给出不同种类的赔付。例如，在第三种情况下（丰收），当降水量超过 70mm 时保单将进行赔付；反之，保单在降水量低于该触发值的情况下则无需进行赔付。

这个想法很有吸引力，但在实践中农民购买降水量保险的积极性却不高，这个现象应该不是简单的价格因素造成的：一季的成本是 150 ~ 250 卢比（3 ~ 5 美元），这是低收入家庭也足以负担的价格。那么，人们指责降水量保险的原因更可能是其具备较低的感知价值。例如，如果农民预期该季会发生真正

① 印度东南部的一个邦，位于孟加拉湾西岸，首府位于海德拉巴。译者注

的灾害，那么政府和社区将给与援助，或贷款将会被免除（一个可能是由 Giné 和 Yang［2008］在对马拉维一项只有较低投保率的降水量保险的研究中提出来的）。第二个可能则是降水量保险自身缺失价值。降水量保险高度依赖于作物收成和本地气象站量器所测量降水量之间的关联性。但是可能会因为农民土地的特殊性（海拔、坡度、土壤质量、灌溉等），气象站所测降水量与农民土地的实际降水量相差甚远，由此也意味着降水量对于部分农民来说就不特别重要了。对于一小块给定的土地，作物收成的高低差别以及天气的变化无常等都是“基本风险”，而 Giné 等（2007）发现基本风险是导致安得拉邦地区降水量保险出现较低投保率的重要原因。另外的例子来自摩洛哥一个实行降水量保险的地区，研究表明该地区农民收入与降水量之间的相关性高达 60% ~ 80%。在该区间的低端（例如，60%），许多农民在没有赔付的情况下将遭受损失——或与此类似的是，在好年景的情况下却仍然获得了赔付。

降水量保险的另一个不足就是，相对于传统的作物保险，其只覆盖与降水量相关的损失。基于指数的农业保险有时候会做得更好（Carter 等［2007］给出了来自秘鲁北部的经验案例）。该思路是将保险赔付建立在一个地区可衡量的平均产出之上，这样就消除了个别农民因偷懒而影响区域平均产出这样的行为所带来的道德风险和逆向选择隐忧。该保险的不足之处就是存在一个基本风险，即相对于传统的作物保险，虽然指数保险只需要一个随机样本，但却仍需要衡量具体的产出量。

总之，降水量保险有很大的优点，但也存在某些不足。我们低估了降水量保险（以及其他种类的指数保险）的价格，因为其允许非农民的村民也能购买 201
合约。作物保险显然只会卖给农民，但天气保险则可以出售给那些想防止供需起伏波动风险的客户。因此，即使不在农业领域工作，但那些依靠天气而谋求生计的店主、工匠、交易员和其他人都将拥有获得额外受保护的机会。

**6.8.4 其他保险产品**

微型保险的想法涵盖了许多不同种类的保险，尽管多数产品仍主要集中于人寿、健康和天气保险。一个在南美已经获得成功的产品就是作为财产保险之一的服务担保。另外，作为财产保险一般形式的牲畜保险也正在开发之中。

例如，SEWA 在印度艾哈迈达巴德地区开发的财产保险产品仅需客户每年支付 1.5 美元的保费，就能覆盖在发生大灾难发生时所造成的财产损失。在 SEWA 发起设立这个计划没多久，它发现自己就赔付了 630 份保单，包括洪水造成的损失（共计 5000 美元），紧随其后的是 2001 年 1 月一次大地震带来的 2000 笔赔付申请（共计 48000 美元）。该保险对每一个发生墙体倒塌的家庭都支付 10 美元，而对那些房子受到严重破坏的家庭则赔付 60 美元。这些经验表明，财产保险能够实现运转，但也需要准备足够的准备金和再保险单以应对大灾难可能带来的冲击[22]。

## 6.9 小额贷款及其风险

人们支持小额贷款和微型保险正是基于这样一个认识，即低收入与脆弱性相伴而生。对于小额信贷来说，目前值得警惕的根本问题就是我们缺乏获取金融服务的渠道。而对于实践者和研究人员来说，扩大干预范围的想法非常有吸引力，但所存挑战也不容忽视。

尽管一些观察人士已开始担心，小额贷款自身可能就是风险的来源——因
202 此所提方案在解决一个问题（低赢利能力）的同时却恶化了另一个问题（脆弱性）。为了明确这一点，戴尔·亚当斯（Dale Adams），一位长期跟踪补贴性小额信贷的评论家，一般称小额信贷为“小额负债”。他认为放贷机构提供的是贷款而不是礼物，借款人因此需要承担还款责任。当发生不幸的时候，借款人往往不能履行责任，进而处于尴尬的境地。过度负债现象层出不穷，使社会对小额贷款项目的关注度不断提高（例如，Matin 1997）。

从这个角度看，小额放贷机构努力工作以实现专业主义——也就是说，其持之以恒的以正规方式服务客户，确保借款人能够按时偿还自身贷款——在某种情况下，这对于那些急需帮助的客户来说就意味着磨难。在格莱珉建立它的新项目之前（格莱珉二代），有很多客户产生偿还困难，但是贷款工作人员仍旧根据条文规定严格要求客户。这导致了畸形的结果，挣扎中的客户被迫向本地的高利贷求助[23]。正如 Matin（1997）所描述的，由此导致的最坏情况就是产生了螺旋式的债务。格莱珉的客户转向求助高利贷，然后又从格莱珉借了更多资金偿还高利贷，直至债务堆积如山不能偿还为止。格莱珉二代的开发，部分就是为了帮助客户——和银行——开展这块业务并且重新建立可运作的关系。

当微型金融提供者受制于降低成本和提高透明度双重刚性约束时，最差的底线就是这些机构可能会在客户身上收取额外的费用。相反，高利贷者倾向于更富弹性的操作方式。因此，如果借款人在按时偿还贷款方面存在困难，他们可能会更愿意给放高利贷的人支付更多金钱，以进一步延长还款期限。在这个过程中，放高利贷的人通常不会收取额外的利息（Collins 等 2009）。例如，根据 Irfan Aleem（1990）取自巴基斯坦的样本，如果需要的话，贷款一般可以被延期半年之久。

上述期限弹性被格莱珉二代嵌入到小额信贷合约之中，进而开发了一款“弹性贷款”，其通过重新安排债务使该项贷款较为便利。设计该产品的初衷在于创造一种“无压力”的小额信贷，为解决客户临时性危机提供一个可替代方法。只要债务重新安排被作为最后的救助方法，那么借款的规则几乎就不会被削弱[24]。在不复杂的债务重新安排之外，弹性贷款另一特征就是增加的便利，这显然是对正规银行扩展信贷条线做法的模仿。只要在偿还周期之内的任何时点， 203
客户能够再次将贷款更新至初始数额，这就意味着只要客户需要，他们就能够获取贷款（Collins 等 2009）。

另外一个南亚的小额贷款机构，印度 SKS 微型金融组织是微型金融机构群体中的一员，其提供无息的“紧急贷款”。SKS 的客户在每一财政年度都拥有申请一笔紧急贷款的权利，这笔贷款可以帮助他们应对包括母亲健康、葬礼和住院治疗等相关的任何严重的危机。除了不用支付利息，贷款数额和偿还计划也是依据具体情况设定的。

传统的联保贷款合约可能提供其他类型的保险。他们培养了相互依赖的保险关系，小组成员往往在贷款工作人员被迫干预之前就已经共同解决了问题。Sadoulet（2003）根据合约理论认为，联保贷款能够产生了一个个人在困难时从其他小组成员处获得帮助的机制——然后他也会帮助其他人作为回赠。如果是这样，那么正如 Armendáriz 和 Gollier（2000）所建议的，当小组更加多元化的时候，借款人应该能够做得更好。Sadoulet 和 Carpenter（2001）给出了一个来自危地马拉的样本，借款人确实将他们自己分到相对多元化的小组中（尽管不能确定这种分类是否是基于保险的动机，还是由于其他原因）。当然这类保险的其他方面就是 Fischer（2008）和 Giné， Jakiela 和 Karlan（2009）等所发现的来自于道德风险的问题；在秘鲁的实地试验中，后者的研究发现了同质分类的证据。

小额贷款可能有助于降低风险的另外一个方式是，其允许消费者通过多元化的收入流和以消费为目的的借款，降低暴露在收入波动下的风险。根据第 2.3 节所介绍的，小额贷款因此能够通过平滑收入而部分地平滑消费——尽管现有证据仍不足以证明这个观点的可靠性[25]。

## 6.10 总结和结论

微型金融实践者和政策制定者都一致地认为，促进储蓄是在贫困社区构建金融系统的重要步骤之一。因为很多贫困家庭存在很强的储蓄愿望，且经常有较巧妙的储蓄方式，但却苦于找不到便利和安全的存款设施，因此促进储蓄的政策转变往往很受穷人欢迎。

204 与此同时，我们尚未发现充足的证据证明好的储蓄方式比好的借款方式更重要。两者应该是互补的，且在第 6.8 节中我们在两者的组合中考虑了推行保险的价值。自身能够储蓄和借款是对突发事件进行自我保障的一个重要方式。

当我们转向讨论微型储蓄和微型保险，小额信贷能够提供很多有益的经验启示。特别是小额信贷的经验表明，允许一个家庭进行频繁、小额的交易具有积极的意义，这个意义不是一次性地偿还贷款（或存储资金、取出储蓄和支付保险费用）所具备的。小额信贷的实践经验也说明了建立一个强大机构的重要性。由于需要保护消费者和储蓄资金，而保险机构在问题出现时则需要可靠且迅速地支付保险赔款额，所以使问题显得较为复杂困难。在讨论储蓄和保险的时候，我们更需要强调监管和多元化。

通过对微型储蓄创新的分析，我们开始质疑经济学家们广泛接受的甚至是隐含的假设前提——最重要的是，信贷约束比储蓄约束更为严重。我们在 6.4 节中认为，从理论层面看，在没有出现储蓄约束的情况下，往往很难解释信贷约束的持续存在。在转向信贷约束的实证研究之后，我们认为作为信贷约束标志的经验证据也能够解释储蓄约束的存在。我们认为这些争论是相关领域学术研究的一大进步，毕竟理论工作者也需要了解实践者在这个领域中所观察到的事实：许多低收入家庭存在真正的储蓄困难，并且由于缺乏有效的机制，他们将被迫采用高成本的方式积累资产。

关于低收入社区储蓄行为的大量文献已经开始广泛讨论微型储蓄行为。相关文献已经广泛涉及那些由于形成跨代单元的家庭出现低频储蓄需求不足的现象。重要的低频事件包括发生在个人生命周期中的若干可预见转变——例如，建立一个家庭、养育子女和个人退休。对于跨代的家庭来说，通过家庭内部转移基本发挥了小型家庭储蓄所能发挥的类似功能。在某种程度上这是对的，但我们需要进行更为细致的分析。即使在像巴基斯坦农村这样“多代同堂”家庭普遍存在的地区，一个人仍会有很大一部分时间生活在核心家庭之中。他们仅在人生的后半部分加入跨代家庭之中。因此，对低频储蓄的需求仍旧很重要——并且这也提示金融机构需要设计相关的新产品。自 2000 年推出之后就广受欢迎的格莱珉银行新养老金产品就是一个最好的例子。

相反，许多储蓄是“高频”的：储蓄和借款的目的是为了避免收入的大 205
幅波动。当收入变化很大的时候，前瞻性的家庭将会提前建立资产并在需要时使用资金以稳定消费水平。获得消费贷款——而不是针对小型企业投资的贷款——是对储蓄波动的一个重要补充。将上述想法付诸实践则要求存款储蓄机构明显地降低交易成本，并且推出像无网点银行这样可能打开新的发展空间的创新措施。

第 6.8 节和第 6.9 节对风险问题进行了更为直接的讨论。目前社会对微型保险的兴趣越来越明显，而微型保险在许多方式上所存在的约束与早先小额信贷所面临的约束类似。对于小额信贷来说，正是因为信息问题带来的逆向选择和道德风险才导致了无效率，并且提高了交易成本。该领域也受到缺乏论证且成本高昂的政府干预的折磨，而这些政府干预主要是为了给作物歉收的农民提供救济。新的创新项目不断推出，其中包括与贷款挂钩的人寿保险、健康保险，以及那些与天气而不是作物收成挂钩的保险产品。

第 6.9 节回到对小额信贷的分析，其介绍了贷款合约的设计影响到消费者风险暴露的方式。例如，联保贷款就是一个邻居间非正式、相互补偿的自助式合约。但是，合约所具备的刚性也对那些需要弹性的消费者带来了麻烦。

综上，本章的主题不仅仅局限于狭义的微型企业金融的价值，而是讨论了一系列广泛的金融服务。例如，由 Collins 等（2009）搜集的数据显示，多数低收入家庭的借款行为主要是因为存在基本消费需求和风险管理的需要；而其贷款的使用和偿还的影响因素则与商业贷款类似。当然，提供消费贷款可能导
206 致过度负债，且社会对各类剥削行为的担忧也会继续存在，这些剥削行为已在美国的“掠夺性贷款”一书中展示无遗。人们也存在这样的担忧，与小额信贷对微型企业的积极意义不同，消费贷款估计将很少改变人们的生活。

我们需要更多的经验数据来揭开事情的本来面目，而对过度负债问题也需要更为严谨的分析。根据直觉分析，人们对消费金融的反感可能是因为其低估了消费平滑的重要性。这部分人可能不仅忽视了金钱的可替代属性，而且也忽视了从事商业经营的贷款资金经常被转变为消费的事实。最后，上述观点也基本无视小额信贷在救助贫困家庭上发挥着潜在的角色，这些家庭虽然有工作，但却正在寻求如何能更好地化解人生出现跌宕起伏风险的途径——并且他们没有商业贷款需求。截至目前的证据表明，针对突发事件和大额支出而进行的储蓄和借贷往往能实现相互补充和相互促进。

## 6.11 练习

**1.** 如果给予家庭足够的时间，它们为什么还是不能摆脱信贷约束问题来储蓄？

**2.** 我们必须选择小额储蓄优先于小额信贷而没有其他办法吗？

**3.** 农作物保险项目经常失效，或者给政府带来沉重负担。假如针对恶劣天气，直接给农民进行保障，请陈述上述行动的主要优势以及存在不足。请问在什么背景下其会是较好的选择，而在什么环境这个主意又很难有效？

**4.** 在许多较为贫困的地区，妇女往往很难像其丈夫那样持有储蓄账户。给出目前妇女在商业银行不太可能开户的三个可能原因。怎样才能较容易地改变这个状况？

**5.** 正如第 3 章所讨论的，合会在中低收入国家非常普遍。在理性人的分析框架下，如何解释预防性储蓄现象？在低收入经济体中，预防性储蓄总是“最优”决策吗？当被提供一个微型金融项目的时候，请在行为经济学经验基础上，给出一个能够改善上述问题的储蓄产品的例子。

207 **6.** 补贴小额贷款的争论由来已久。你是否能够给出补贴小额储蓄的类似

案例？是基于公正权益因素的考虑？还有由于提高了效率？你所进行的论证是否比补贴信贷的论证更有说服力，还是相反？

**7.** 给出两个原因，简要解释为什么生活在农村地区的个人不太可能获得有效的作物保险。

**8.** 考虑一个由两类风险中立的借款人所组成的经济体。假定所有的潜在借款人都只生活四期：0，1，2 和 3。在每期开始，每一个潜在借款人需要至少 45 美元以满足其该阶段的基本生活需求。在第 0 期，每人会得到 45 美元，该笔资金只能维持该期个人的基本生活。在第 1 期和第 2 期，投资和工作机会出现。在其中任一时期，个人能够在一个需要 100 美元的项目上进行投资，并只需要等待一期时间就能获得回报。任何个人都希望能利用投资机会，因此都需要获得贷款支持。假定只有一家非政府组织贷款机构，目的仅在于实现盈亏平衡。特别是，该非政府组织想覆盖其每 100 美元贷款的总成本 $K$=120 美元。如果借款人获得贷款，那么类型 1 的个人能够通过投资，有 90% 的概率获得 $y_1$=230 美元的总回报，而 10% 的概率则会一无所获。如果她不借款，其能通过工作获得 65 美元。而类型 2 的借款人在获得贷款的情况下，能够通过投资，有 50% 的概率获得 $y_2$=360 美元的总回报，否则投资也会因失败而一无所得。类型 2 借款人的机会成本是 70 美元。该经济体中的人口结构是由 60% 的类型 1 个人、40% 的类型 2 个人构成。另外，假定所有的个人都非常耐心，其折现因子 $\beta$=1。所有的借款人受到有限责任的保护。到了第 3 期，就不会有任何投资。所有的个人仅仅消费其在第 1 期和第 2 期所赚取的收入。给出两类不同借款人在第 2 期会对一个项目所进行的投资情况。

**9.** 考虑习题 8 中相同的问题，但假定两类借款人都是不耐心的。类型 1 的折现因子为 $\beta_1$=0.65 而类型 2 的折现因子为 $\beta_2$=0.65。在这种情况下，任何类型个人都不会投资，请给出具体分析。

**10.** 再次考虑习题 8 所描述的经济体情况，但假设此时所有个人都将在第
2 期末面对一个负面冲击风险。该冲击发生的概率为 50%。如果个人受到负面 208
冲击，那么其所有的储蓄都将耗尽。在这种情况下，所有借款人最好的选择就是在第 1 期放弃储蓄，请对上述情况给出分析。那么个人在第 2 期会进行任何投资吗？请解释你的答案。

**11.** 本练习主要展示微型保险可能难以有效运作的原因。经验证据显示，个人的“绝对风险厌恶”程度 $A$ 是递减的，其中 $A$ 被定义为（$-u''/u'$），其中 $u$（·）是代表性个人的效用，且 $u'>0$ 也就是说，大规模的消费偏好于小额形式），$u''<0$（也就是说，额外一单位消费的边际收益随着消费规模的扩大而减少）。假定有两类个人有着相同的效用函数 $u=$（$x^{0.8}/0.8$）。并且假定所有人的财富都面临相同的风险：存在 50% 的概率会损失 10 欧元，而 50% 的概率则不会有损失。尽管不同个人有着不同的收入：富人拥有 70 欧元而穷人只有 10 欧元。请证明，相对于富人，穷人会准备支付一个更好的贴水，以实现完全保险（完全保险意味着所有个人在世界上所有国家都拥有相同的收入。）

**12.** 假定以下是农村经济中一个典型家户的时序状况，即存在三个时期：0，1 和 2。在第 0 期，必须投入 $e$ 的努力。在第 1 期，存在 50% 的概率会发生一起暴风雨灾害，而到了第 2 期大丰收将会来临。在每一个家庭中，到了工作年龄的个人都是风险中性的。假设任一家庭中的个人都能种植玉米，并在第 2 期丰收时刻获得 $y$ 的收益。如果在第 1 期发生暴风雨灾害，即使所有个人在第 0 期投入足够的精力种植玉米，但也存在（$1-p$）的概率产生损失 $L$，但 $L<y$。努力的成本为 e。假如不付出努力，个人甚至不能够挽回 $L$。现在假定存在一个保险人。该保险人为 $p$ 的保费提供 $I$ 的赔偿金。假设不存在“加载因子”（例如，提供保险不存在成本，因此保险人的定价遵循精算化原则，将是很合理的）并且 $\pi<1/2$（$1-p$）$I$。为了引导村民付出足够努力，该保险人的投保标的应该直接选择坏天气，而不是作物产出，请给出解释。

**13.** 考虑一个与前一习题相似的经济体。其中，风险规避型个人需要面对一个风险，概率为（$1-p$），损失为 $L$。当她足够努力，不发生损失 $L$ 的概率
209 为 $p=\bar{p}$；而当她不投入任何努力，该概率为 $p=\underline{p}$（其中 $\bar{p}>\underline{p}$）。投入努力的成本为 $e$。当她努力的时候，其期望效用为（$1-\bar{p}$）$u$（$w-L$）$+\bar{p}u$（$w$）$-e$，而其不投入任何努力的期望效用为（$1-\underline{p}$）$u$（$w-L$）$+\underline{p}u$（$w$）$-e$，其中的效用的函数 $u$ 是递增的凹函数，$w$ 为财富水平。在发生损失的时候，保险人将为 $p$ 的保费提供 $I$ 的赔偿金（不存在加载因子）。给出经济体中的个人在投入努力 $p=\bar{p}$ 时候的参与约束和激励约束。当 $I=L$ 和 $p=I$（$1-\bar{p}$）的时候，她会投入任何努力吗?

**14.** 假定有两个风险规避型的个人，他们有着一样的效用函数 $u=(w^{0.7}/0.7)$，其中 $w$ 是财富水平。他们的初始财富值 $w=70$ 美元，但其收入却受到两类不同风险的影响。个人 1 面对如下的风险：存在 50% 的概率会损失 10 美元，而不发生损失的概率为 50%。个人 2 面对如下风险：存在 50% 的概率会损失 20 美元，另外 50% 的概率则会损失 10 美元。相对于个人 1，个人 2 将准备支付更高的溢价以实现全面保险，请解释原因（全面保险是指保证在所有自然状态下保持相同的收入水平）。

**15.** 考虑一个有着两类风险规避型个人的经济体。类型 1 的风险是存在 40% 的概率损失 10 美元，而 60% 的概率不会发生任何损失。类型 2 的风险更显著：存在 80% 的概率损失 10 美元，而 20% 的概率不会发生任何损失。60% 的个人属于类型 1，而 40% 属于类型 2。假定两类人有着相同的效用函数：$u=(w^{0.6}/0.6)$，其中 $w$ 是财富水平。两类人有着相同的初始财富 $w=50$ 美元。存在一个风险中性的提供全面保险的保险机构，其是一家仅追求盈亏平衡的 NGO，并假设不存在“加载因子”（例如，提供保险不存在成本，因此保险机构所制定的精算化价格是合理的）。该保险机构不能分辨两类个人的类型，因此对所有类型的投保人不得不收取相同的保费

a. 计算保险机构应该设定的保费标准。

b. 在此风险溢价水平下，哪一类个人会购买保险？请解释你的答案。

c. 如果保险机构仅仅希望类型 2 的个人购买保险，那么在这种情况下该收取多少保费？类型 2 的个人是否最终会购买保险，请解释你的答案。

# 第 7 章



# 性　别

## 7.1 引言

很多人认为，微型金融对女性而言就是银行业的全部。先行者——如阳光 211
银行和格莱珉银行——都是围绕服务女性而建立的，诸如“女性世界银行”的微型金融网络和诸如“扶持女性”的非政府组织强化了这个义务。并不是所有的微型金融机构都专门关注于女性，但“小额信贷峰会”统计出截至2007年末，全世界70%的微型金融客户都是女性（Daley–Harris 2009）。在那些被划分为“最贫穷”的客户中，妇女的比重更高达83%[1]。

迄今我们只简略地涉及了微型金融中的性别，但这一章我们将直接讨论这个问题。我们首先要问的是：为什么绝大多数的微型金融借款人是女性，特别是最贫穷的人。接下来的问题是，是否专注于女性在严格的经济学意义下是有效的。它能帮助微型金融企业实现自我可持续的目标吗？它青睐于家庭内更多的平等吗？微型金融如何有助于促进社会资本和妇女赋权？关注于妇女有限度吗？

格莱珉银行的历史有启示性。成立伊始，穆罕默德·尤努斯就意识到在抗击贫困时妇女的重要性。但文化规范——特别是穆斯林“深闺制度”的实践（它守护了妇女的端庄，限制她的流动性和社会互动）——使得接近潜在的女性客户存在困难。当银行成立时，大多数借款人是男性；在1983年10月，只有44%的客户是女性（Yunus 1983，11）。但图7.1显示情况迅速变化。1986年，女性占据格莱珉银行成员数的3/4，在20世纪90年代伴随着整体成员数 212
量的增长而平稳增长。现在，壁垒取消了，格莱珉银行超过95%的客户是女性（Grameen Bank 2008b）[2]。对女性的偏好被强化了，这缘于经验显示相对于男性借款人，女性拥有较好的偿还记录。但是相信女性作为微型金融客户的比较优势并没有在那儿就停止；它还延伸到其他成效的维度。例如，Khandker（2005）声称，女性借贷规模100%的增长导致家庭人均非食品支出5%的增长，家庭人均食品支出 1% 的增长；而男性借贷规模 100% 的增长导致非食品支出 2% 的增长，食品支出微乎其微的增长。这个证据表明服务女性对家庭有更强的影响力[3]。但是近期的证据产生了更混合的图景—Khandker 的结论从方法论的层面被剖析——在微型金融中性别中心论被固定了下来。服务女性被视为与双重目标相吻合，即保持高偿还率和实现社会目标。

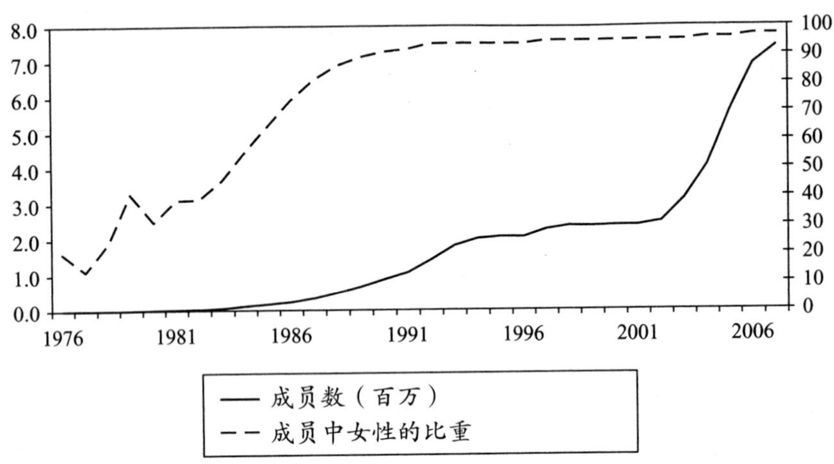


图 7.1　格莱珉银行的女性成员，1985-2007

在一些地方，如玻利维亚和孟加拉国，女性在微型金融中的重要性得益于更早启动的其他社会转型。生育率和文盲率的数据显示出些变化有多么显著。
213 表 7.1 显示生育率在两个国家都平稳下降，就如同在印度尼西亚——另一个微型金融兴盛的国家，对所有低收入国家也如此。1970 年，孟加拉的女性平均有 7 个子女，留下有限时间给其他工作。到 2000 年，孟加拉的生育率几乎降到每个妇女 3 个子女，这个显著的下降伴随着清晰的经济和社会涵义。这些变化意味着，女性有更多的时间和资源来自我雇佣，它表明在微型金融登上舞台之前，重要的转型已经在家庭内部进展开了。另一个重要的变化是成年女性文盲率的下降，1970-2000 年间在玻利维亚从 54% 下降到 21%，在孟加拉国从 88% 下降到 70%。微型金融的作用是拓展和延伸了正在进行中的转型，而不是催生了它们。

在微型金融中，性别问题仅仅是有关将性别问题纳入主流和妇女权利的全球议程的一小部分，虽然已有了进步，但微型金融部门中还有许多事情要做。

表 7.1　下降的生育率和女性文盲率，样本国家 1970–2000

| | 玻利维亚 | 孟加拉国 | 印度尼西亚 | 所有低收入国家 |
|---|---|---|---|---|
| *生育率* | | | | |
| 1970 | 6.5 | 7.0 | 5.5 | 5.9 |
| 1980 | 5.5 | 6.1 | 4.3 | 5.3 |
| 1990 | 4.8 | 4.1 | 3.0 | 4.4 |
| 2000 | 3.9 | 3.1 | 2.5 | 3.6 |
| *成年女性文盲率* | | | | |
| 1970 | 54 | 88 | 56 | 73 |
| 1980 | 42 | 83 | 41 | 65 |
| 1990 | 30 | 77 | 27 | 56 |
| 2000 | 21 | 70 | 18 | 47 |

来源：世界银行世界指标 2002b，光盘。生育率是每个妇女生育的平均数。文盲率是 15 岁及以上不会读写的女性所占的比重。

例如，Brambilla（2001）指出，很少有捐献者或非政府组织发展出系统去监督和评价它们项目、工程和政策的性别影响，或在他们的组织中性别制度化的过程。记住以下也很重要：性别问题是因地区和文化而异的，在一种情况下适用的可能没法移植到别的情况中。在斯里兰卡（de Mel，McKenzie 和 Woodruff 214
2009a）和菲律宾（Karlan 和 Zinman 2009a）妇女经营的小微企业低回报率的结果，连同对早期声称借给女性具有优势的实证基础的疑问（Roodman 和 Morduch 2009），促使研究者去质疑不假思索的假设——即借给女性必定会导致获得收入回报和改善家庭福利。我们将在第 9 章更近一点检视这些研究。

下一节描述对关注女性这一微型金融运动的偏离的趋势，它们已经越来越商业化。7.3 节解释了微型金融早期关注妇女的经济合理性，7.4 节转而讨论家庭内部决策。我们使用标准的新古典模型和它们的拓展来描述一些渠道——通过它们微型金融可以改变家庭内部决策。7.5 节我们转向一种观点，即相对于借给男性，借钱给妇女可以有更大的社会影响，7.6 节我们转向“女性赋权”的概念：它意味什么？如果她们的男性伴侣被微型金融拒绝了，已婚妇女会变好吗？ 7.7 节描述围绕赋权概念的争论，7.8 节以对一个前沿问题的讨论结束。

## 7.2 商业化还是性别关注?

表7.2中显示,青睐女性的不仅是孟加拉国和玻利维亚,在世界所有的地区,女性构成了最贫穷的微型金融客户的绝大部分。

当微型金融的图景被制度结构所分割，浮现的趋势更加微妙。对所有类型的机构，女性客户的绝对数字都上升，但女性客户的比例事实上在一些机构下降了。具体而言，最近的研究显示了在商业化和女性客户在客户总量中比重下降之间的关联。

在《妇女世界银行关注记事》中，Frank（2008）调查了商业化转型和服务延伸到妇女之间的关系[4]。她检视了 27 个转型过的机构，发现在它们从非政府组织身份转型的 5 年后，相较于它们自己在转型前的客户混合性，以及作为
215 对照组的没有转型的机构，女性客户占据较小的比重了。对于转型的情况，女性客户的比重从转型前 2 年的平均 88% 下降到转型时 78%，以及转型 5 年后的 60%。作为对比，未转型的机构提高了它们女性客户的比重，在同期的 5 年中，从 72% 提升到 77%。但这里发现的一个矛盾是，虽然转型后的机构被服务的女性占比较小，但在 2006 年（数据中的最后一年），它们一共服务的女性借款人的数目 2 倍于未转型的机构。这里，通过商业化从规模上获得的收益抵销了对性别关注的稀释（至少鉴于被服务女性的绝对数目）。

表 7.2　在 2007 年最穷的客户是女性的比重，小额信贷峰会运动 2009 年报告

| 地区 | 机构数目 | 最穷的客户是女性的比重 |
|---|---|---|
| 撒哈拉以南非洲 | 935 | 63% |
| 亚洲和太平洋 | 1727 | 85% |
| 拉丁美洲和加勒比 | 613 | 66% |
| 中东和北非 | 85 | 78% |
| *发展中国家合计* | 3360 | 83% |
| *发达国家合计* | 192 | 60% |
| *全球合计* | 3552 | 83% |

来源：Daley-Harris， 小额信贷峰会报告 2009。

Cull，Demirgüç-Kunt 和 Morduch（2009b）呈现了一个补充性的发现。使用来自“微型金融信息交换”的更大的数据库，他们对作为非政府组织、非银行金融机构和微型银行而成立的机构，计算了妇女在她们所有借款人中的比重。他们发现，在超过半数的非政府组织里，85% 的客户是女性，至少 1/4 受调查的非政府组织只服务女性。另一方面，非银行金融机构和微型银行，仅分别服务了中值为 66% 和 52% 的女性。一个对“微型金融信息交换”数据的独立分析肯定了这个关系。Bauchet 和 Morduch（2010）发现在运营自给自足、赢利性的代理指标和被服务女性的比例之间存在负相关。（但作者从小额信贷峰会运动——一个更关注社会效果的倡议组织——的数据中没有发现证明这 216
种关系的证据。）

本节中强调的趋势提出了一些问题：当微型金融持续发展时，服务女性的方式是否以及将怎样改变，但对许多微型金融项目而言——特别是那些作为非政府组织而构造的项目——为女性提供金融服务仍旧是首要目。我们现在转而讨论做出这个决定的考虑。

## 7.3 女性是更好的借款人吗?

正规部门的商业银行青睐男性，主要是因为男性经营更大的生意，这是商业银行所喜欢的，男性也倾向于掌控那些被银行寻求作为抵押物的资产。但微型金融是一项非常特殊的生意。它目标定位于“小微”生意，绝大多数都是非正规部门的自我雇佣，女性占据了非正规部门商业的较大且增长的部分。表 7.3 最后一列显示在那些可得到数据的国家，女性占据非正规的、非农业部门的较大比重；在刚好低于半数的国家，女性占据最大的比重（特别在非洲）。

女性对小额信贷的需求也被相对于男性的信贷约束所塑造。由于她们趋向于拥有较少的替代性信贷来源，女性更易于选择进入小额信贷合同，伴随各种各样的附带条件——小额贷款、培训环节、每周集会和连带责任。女性相对的信贷约束也对出借人有利。当借款人不能轻易地从其他地方获得贷款，在第 5 章描述的动态激励将更加强有力；于是，在女性鲜有借贷替代品的地方，事前、事后道德风险的程度都被削弱了。正如 Emran，Morshed 和 Stiglitz（2007）在一篇对缺失的市场的重要反思性文章中所说，缺少信贷替代品的逻辑可以被延伸到其他的缺失的市场：在妇女缺乏充足的机会进入劳动力市场的地方，妇女将更加珍视自我雇佣的机会——将会有更强的激励去勤奋工作、偿还贷款。

从微型金融机构的立场来看，为什么贷款给女性至少有三个理由——从更广的经济意义上讲，可能提高效率。第一个理由与贫困有关。妇女比男人更贫
218 穷。根据联合国开发计划署的《人类发展报告》（1996），世界贫困人口中的70%——约 9 亿人——是女性。这与大量关注女性的微型金融机构削减贫困的使命相符合（Armendáriz 和 Szafarz 2009）。在标准的新古典生产函数的假设中，如果女性比男性有较少机会获得资本，女性的资本回报率要比男性高。因此赋予女性更多的资本理论上能促进增长[5]。

但这假定资本在家庭内部不是完全可互换的——就是说，所有家庭成员的钱不能充分地放在一起作为共享的资源。考虑到一旦家庭内部充分的资源池子这个常见的假设受到平稳攻击，在微型金融中性别关注的情景就被加强了。虽然有人担心贷款流向女性后，最终还是会重新流向家庭的男性户主（他们事实上运营投资自己的项目，而从女性那借钱），但来自孟加拉国的证据使这一增长的担忧明朗了。例如 Goetz 和 Sen Gupta（1996）报告，在他们的调查中，40% 的女性对她们自己的投资活动几乎没有控制力，但乐观的观察者反馈到这意味着 60% 的人有充分或部分的控制力。因此，投资看起来确实是被女性控制的，尽管规范存在对女性的限制。某种程度上——如 Goetz 和 Sen Gupta 指出的——女性已经享有了小规模微型企业活动的比较优势，新古典理论家提出的效率增长论被进一步增强了。7.5 节也显示迄今为止证据仍是混合的。

第二个理由在于劳动力的流动性。相对男性，女性倾向于较少地流动，更易于在家或附近工作（该观点与 Emran， Morshed 和 Stiglitz 2007 一致）。银行管理者因此能以较低的成本监督女性。此外，较低的流动性方便了联保贷款方法下的委托监督。通常，同伴借款人把投资活动放在家中——绝大部分时间在家里待着——能够更容易地互相监督。相似地，由于担心社会惩罚，较低流动性降低了策略性违约的概率[6]。

这把我们带到第三个理由，即青睐女性。因为女性较少流动，更害怕社会惩罚，她们倾向于比男性更加风险厌恶，在投资项目选择上更加保守。这有助
219 于女性创造可信度的声誉，使银行确保贷款更加容易被偿还，让女性对关注财

务底线的银行而言更加可信[7]。（另一方面，承担较大的风险，为客户带来更大的财务回报，坚持过分保守策略的客户存在机会成本——这可以解释 7.5 节中一些混合的实证结果。）

正如我们在第 5 章中所述，格莱珉银行的证据——以及在亚洲各地的效仿者——显示女性事实上在还债上更好。例如，Khandker，Khalily 和 Khan（1995）发现在 1991 年 15.3% 的男性借款人处于困境（如在到期日前丧失了一些偿还款），而仅有 1.3% 的女性存在困难。这个发现与亚洲其他地方的研究相呼应。对墨西哥南部格莱珉银行效仿者的田野调查经验表明了一个相似的形式（Armendáriz 和 Roome 2008a），使用拉美小额信贷商的数据进行的信贷评分回归的证据也肯定这一趋势。（有一些是研究偿还率的，其中性别是解释变量。）在考察了诸如年龄、收入、地区和其他协变量等因素后，虽然女性在信贷评分研究中的优势下降，但在决定女性作为客户的吸引力上，简单的相关性是最重要的[8]。例如，在这方面，Kevane 和 Wydick（2001）发现危地马拉的联保贷款机构中，女性借款人的组最少滥用资金，因此，表现好过男性借款人的组。

除了为什么女性是更好客户的观点，微型金融信贷机构可能还有一些财务原因来雇佣女性作为信贷员，或为了其他任务，如账户维护、推广新产品与服务和组织组。例如，阿尔巴尼亚的数据提供了证据，女性信贷员办理的贷款违约率较低（Beck，Behr 和 Güttler 2009）。此外，在低收入国家，女性的工资相对男性要求的要低。雇佣女性可以通过两个独立的渠道降低机构运营成本：通过提高生产率，以及通过相对于男性雇员较低的工资。结果，女性不仅是微型金融机构的好客户，也是好雇员。

217 表 7.3 非农业劳动力中的男性和女性，1991-1997

| | 非正规部门就业女性在非农业劳动力中的比重，1991—1997 | | 非正规部门就业女性在非农业劳动力中的比重，1991—1997 |
|---|---|---|---|
| | *女性* | *男性* | |
| *非洲* | | | |
| 贝宁 | 97 | 83 | 62 |
| 乍得 | 97 | 59 | 53 |
| 几内亚 | 84 | 61 | 37 |
| 肯尼亚 | 83 | 59 | 60 |
| 马里 | 96 | 91 | 59 |
| 南非 | 30 | 14 | 61 |
| 突尼斯 | 39 | 52 | 18 |
| *拉丁美洲* | | | |
| 玻利维亚 | 74 | 55 | 51 |
| 巴西 | 67 | 55 | 47 |
| 智利 | 44 | 31 | 46 |
| 哥伦比亚 | 44 | 42 | 50 |
| 哥斯达黎加 | 48 | 46 | 40 |
| 萨尔瓦多 | 69 | 47 | 58 |
| 洪都拉斯 | 65 | 51 | 56 |
| 墨西哥 | 55 | 44 | 44 |
| 巴拿马 | 41 | 35 | 44 |
| 委内瑞拉 | 47 | 47 | 38 |
| *亚洲* | | | |
| 印度 | 91 | 70 | 23 |
| 印度尼西亚 | 88 | 69 | 43 |
| 菲律宾 | 64 | 66 | 46 |
| 泰国 | 54 | 49 | 47 |

来源：联合国，2000，图 5.13，122。

## 7.4 家庭决策的新古典方法

在转向讨论微型金融的具体问题前，我们先给出一个理论框架，看看家庭
内部决策是如何做出的。传统新古典方法在家庭决策上未留下任何余地来分析 220
男性和女性的冲突，家庭被视为一个单一的单元，似乎家庭成员总能充分一致地决策。但甚至在这里，关注性别偏好的情况也能被做出。

所谓的“单一态度”可以回溯到加里·贝克尔20世纪60年代的开场性工作。特别地，在他的《家庭论》中，贝克尔（1981）假定男性、女性偏好可以加总到一个共同的家庭目标函数中，用以分析支出和“非经济性”投资决策，如孩子的数量、教育和健康。基于一些约束，如时间使用、技术和共同的资源，家庭最大化它们的共同目标效用函数。虽然每个家庭成员在市场生产和家庭生产之间的时间分配是重要的（因为它可以影响家庭总产出），但家庭成员之间的收入分配根本不重要。一美元就是一美元，不管家庭中谁得到它。这个方法关注于效率，有时候也被称作“纯投资”模型；它未给家庭内部冲突留下讨论空间。

贝克尔的一个目标是理解家庭如何把个人配置到活动中，家庭成员寻求从比较优势中获益。根据这个方法，如果市场部门的工资水平男性比女性高，男性更多地在市场部门工作，女性更多地待在家里（或在非正规部门工作）要更有效率。贝克尔认为，这是提高家庭总产出最好的方式，他声称这是20世纪60年代的美国所见到的一个良好的表现形式。

原则上，贝克尔的预测同样适用于发展中国家。在大多数农业经济体中，有一些高工资的活动要求某种技术，诸如体能，对它们来说性别就有意义了。在这种情况下，贝尔克的框架意味着对男人而言，从他们的比较优势中获益的最优方法就是在外面专门从事劳动密集的市场化的农业活动。另一方面，女性应当把她们更多的时间放在无报酬的家庭工作和那些要求较少体能的市场化活动，即使由于市场歧视它们的货币回报通常较低。仍旧不清楚是否这些在家庭内的不平等分工真是反映了女性的偏好。

Rosenzweig和Schultz（1982）为纯粹投资模型提供了早期的证据，发现 221
在印度农村，女婴的存活率要高于那些女性就业机会较大的地区。他们认为这是不对称的道德形式的结果，因为父母被迫把最大的赚钱的潜力投入到儿童那。

这种策略性的决定来自于在基本生存而挣扎地区一些时候做出不幸、残酷选择的需要[9]。

但微型金融的倡导者否认彰显的无助性。首先，通过帮助它们提高收入，倡导者认为微型金融能够消除逼迫家庭进行生死抉择的约束。同样重要的是，倡导者认为微型金融也能改变基本权衡的性质。微型金融的倡导者不再把工资和雇佣的结构看作给定的，他们的目标是改善妇女工作的机会和经济回报，因而改变妇女在家庭中的经济价值。提高这些回报原则上降低了在 Rosenzweig 和 Schultz（1982）中记录的各种歧视。

纯粹投资模型是一个有用的起点，但微型金融的倡导者走得更远。他们认为通过提高妇女在家庭中的地位，决策的性质也能改变。贝克尔说，不再假定家庭通过共识来运转，经济学家最近开始解构家庭选择，发现它们通常由不平等、讨价还价和冲突所驱动[10]。例如，Browning 和 Chiappori （1998）从模型中推导出结论，该模型中讨价还价的力量由妇女置信地威胁离家出走的能力来驱使。这些威胁的可信度将取决于一些因素，如获取影响妇女在家庭中的相对地位的权力和其他因素——如离婚、就业法规等。微型金融准入可能成为该问题的一部分。

再往前一步，我们首先需要转到一个分析框架，其中父母本质上关心他们子女的教育和健康（而不像在纯粹投资模型中，关注的仅仅是工具性的，局限于如何改善教育和健康来提升权力的获取）。Behrman，Pollak 和 Taubman（1982）给出了一个简单的方法，我们沿用 Strauss 和 Beegle（1996）的陈述。我们假定在家庭中有两个小孩，一男一女。如果母亲极其反感在她孩子福利上的不平等，
222 她将最关心福利最差的孩子。从图形上看，极端情况下她的偏好是“L 型”的，或用财政学术语称这位母亲的偏好为“罗尔斯式”的[11]。这就显示为在图 7.2 中的“L 型无差异曲线”，它表示了母亲对她儿子和女儿健康的偏好。在描述的案例中，如果女儿的健康改善了，我们将会看到图中从 ***A*** 点到 ***B*** 点的一个平行的移动。这个变化不会改善母亲的状况，因为她不喜欢不平等。相反，另一个极端是母亲不在意两个小孩子之间的不平等。此时，无差异曲线将完全线性，如向下倾斜的直线 ***I–I***。这里，母亲将投资更多到回报最高的家庭成员（正如贝克尔强调的情况）。通过更加可信的无差异曲线 ***C***，在两个极端之间的偏好

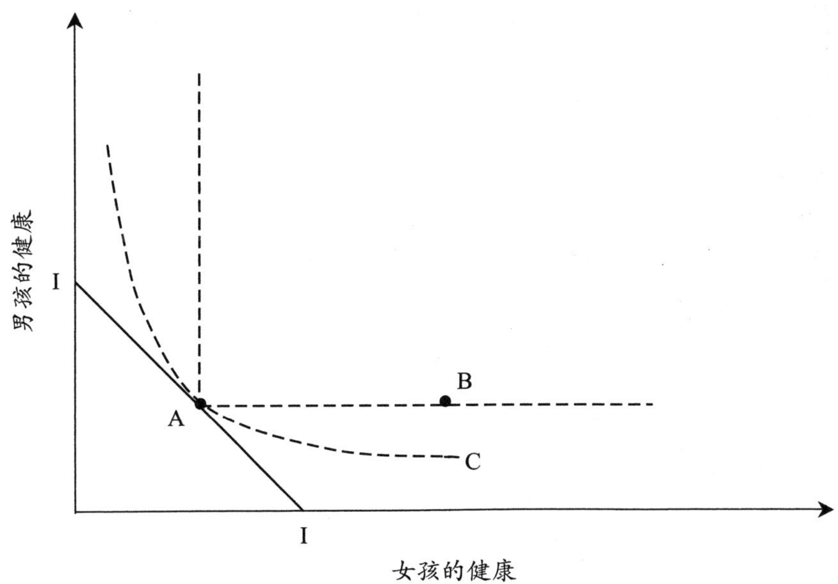


图 7.2　在家庭内部分配中偏好的作用

被刻画出来了，其中根据确保收入能力的需要对平等的偏好有一个权衡。

这个权衡随收入而转变。特别地，在很低的收入水平，家庭可能基于生存的原因偏好男性，母亲可能支持这个决定。以食品为例，它通常由妇女所控制。在收入很低的时候，妇女可能会对女孩有偏见，因为生存是头等大事，儿子可能表现出对家庭更高的收入机会。妇女因此分配更多的食物给男性，他们可能 223
给家庭带来更高的收入。但当总体收入水平上升后，分配会变得更公平。

例如，Behrman（1988）在他来自印度的样本中显示了家庭营养摄入和健康结果与收入水平呈正相关的关系。他也显示，偏爱男性在资源紧缺的“歉收”时节更加严重。特别地，家庭趋向于把食物分配给在劳动力市场获得最高收入的成员，这导致了家庭内部在歉收时节更大的不平等，但在丰收的年景里他们更加平等主义。

当考虑男性和女性有不同的偏好这种情形时，复杂性又增加了另一个层面，冲突通过协商来解决。在图 7.2 中，女性的偏好更趋向于“L 型”，而男性的偏好趋向于线性。妇女在家庭中越有权力，家庭的决策越反映出她的偏好。增长的收入因此能导致家庭通过讨价还价过程基于一些被调解的缘由改变分配的形式。例如，Browning 和 Chiappori （1998）显示在讨价还价中，偏好趋向于随收入转移[12]。微型金融可能因此通过不同的渠道影响家庭决策：通过改变讨价还价的权力，通过提高总体资源量，通过影响人力资本投资回报，以及通过影响态度和规范。

## 7.5 为什么贷款给女性效果会更大

我们现在转向讨论为什么追求社会目标的微型金融机构可能倾向于和女性共事？正如上面注意到的，把资源定位于女性可能产生更大的发展影响力。首先，妇女在穷人中过多地代表了最穷的人，超出了她们应有的比例。在 1990 年的《世界发展报告》中，世界银行指出，在许多关键的经济发展指标上妇女都落后了。女性的识字率在非洲只有男性的 61%，在南亚为 52%，在中东为 57%，在东南亚为 82%，在拉美为 94%。此外，报告发现，相对于男性，低收
224 入国家的女性面对更大的社会、法律和经济障碍[13]。第二，当妇女充当决策者在宏观层面有决策时，她们的决定趋向于青睐对家庭和社区有用的公共产品的供给（如 Chattopadhyay 和 Duflo 2004）。第三，相对男性，女性的决策趋向于青睐家庭内的开支，反映了女性更倾向于成为对子女健康和教育最负责任的家庭成员。

在性别偏见问题上的分区域研究很多。一个突出的例子由人口性别比率提供的，这个比率严重偏斜以至于 Sen （1992）写出了“失去的女性”的批评[14]。在发达国家，大概 105 个女性对每 100 个男性，但该比率在南亚、中东、北非较低，因为有非常高的女性死亡率。在这些地区，这个非常大的女性对男性的死亡率，归因于父母对他们女婴的疏忽，在一些情况下，对女孩选择性堕胎。Sen（1992）估计 20 世纪 90 年代早期“失去的女性”的数目（那些未成年就死亡的，或被选择性堕胎的）超过 1 亿人。在女孩被歧视的原因中的一个是她们没有被视为重要的收入来源，在一些情形下，是由于嫁妆的义务而被视为负担。较不极端的歧视形式在日常生活中表现出来。例如贫穷的女性一般多劳少得。世界银行（1990）报告说：“女性通常工作时间更长，而当她们被支付时，却是较低的工资。”很多对发展中国家的研究强调把无偿的家庭生产活动中也包括进去时，女性比男性工作的时间更长[15]。

不考虑道德因素，性别偏见有清楚的政策含义。在低收入家庭中，女性健康、营养、教育地位的不平等，与高生育率、低劳动参与、低卫生标准，以及增加的传染病概率联系在一起。所有这些变量都清楚地与生产率和家庭的收入相关。

与之相对应的观点是：当被给予信贷，男性企业主可能更有上进心来扩大企业。因此，在以削减贫困的名义贷给妇女和以经济增长的名义贷给男性之间存在一个权衡。De Mel，McKenzie 和 Woodruff（2009a） 在斯里兰卡的企业主中为这个假说发现了证据。他们在斯里兰卡的小微企业中对平均资本率回报进行了一个随机试验，发现男性的平均资本回报率比女性要高。女性所有的小 225
微企业的平均资本回报率统计上并不显著区别于 0，与之相对地，男性获得的平均回报率每月超过 11 个百分点。作者尝试了不同的解释为什么会出现这种情况，包括风险厌恶、对优先消费的不同偏好、社会传统限制妇女前往能更好营销她们产品地方的能力，以及在家庭中男性更大的讨价还价的能力——这给了男性更大的可能获得他们子女和配偶的无偿劳动。作者排除了这些解释，认为相对于男性，女性只有有限的投资机会（绝大多数投资到家用活动设备，如烤箱和缝纫机），倾向于投资到低回报和增长可能性有限的部门。

Kevane 和 Wydick（2001）发现在他们调查的危地马拉联保贷款项目中，信贷准入经济反响上的性别差异较小。但他们发现年轻的男性企业主比年长的男性企业主趋向于在制造就业上更进取，年长的女性比年轻的女性或年长的男性在制造就业上更有进取心。其他条件不变，Kevane 和 Wydick 发现在信贷影响女性和男性企业主在他们的企业中增加总销售额的方式上，统计上没有显著的差异。相反，Khandker（2005）的证据意味着借给女性产生比给男性更大的社会和经济效果。但 Roodman 和 Morduch（2009）认为他的统计上的策略没有令人信服的表明从信贷准入到效果的因果关系。

尽管未来的工作仍需要厘清因果关系，但政策制定者倾向于强烈地推定定位于女性的好处。他们的假设与在为弱势家庭提供帮助的效果上的证据一致。例如，在英国和斯里兰卡的食品券、墨西哥“教育、健康和营养方案”（现在称为“机会”项目）下的主食和现金交付针对的是女性而不是她们的丈夫。担忧的是：如果这样的帮助给予男性，他们可能销售食品券和滥用资源——可能浪费资金在赌博、烟草或酒精上。Skoufias（2001）基于一个随机实验报告说，

在墨西哥农村“教育、健康和营养方案”/“机会”项目的确引发了显著的社会
226 改良：贫困削减了 10 个百分点，入学率增加了 4 个百分点，食品支出增加了 11 个百分点，成人健康（由生病导致无法生产的天数测量）显著地提高了[16]。

相似地，Thomas（1990）报告巴西的儿童健康水平（由存活率、身高－年龄比、体重－身高比来衡量）以及家庭营养摄入趋向于提高，如果额外的非劳动收入在妇女手中而不是男性手中。从存活率上看，母亲手中的收入平均比同样收入在父亲手中有 20 倍的效果。在随后也在巴西开展的研究中，Thomas（1994）报告说，妇女增加的讨价还价的权力与家庭花在医疗、教育和住房以及儿童健康改善上的预算份额增长相联系。Engle（1993）简单地对危地马拉的数百个家庭研究了母父收入和儿童营养状况（身高－年龄比，体重－年龄比，体重－身高比）之间的关系，报告说当妇女获取的权力相对于丈夫提高时，儿童的福利改进。Schultz（1990）发现在泰国，妇女手中的非劳动收入比男性持有的非劳动收入更容易降低生育率。他也发现非劳动收入的影响对劳动供给有不同的影响，取决于哪一个家庭成员真正控制了收入[17]。

在 3.2 中已经讨论的 Anderson 和 Baland（2002）在合会方面的文章，报告了在肯尼亚对上百位妇女的调查。绝大多数被调查的女性报告她们参加去合会的首要目标是为了储蓄，几乎所有的受访者都已婚了。Anderson 和 Baland 的结论是：对女性来说加入合会的一个重要动机是让她们的丈夫接触不到钱。并不局限于合会的其他研究，表明储蓄动机（和保护财产）对女性参加微型金融机构也适用。

Udry（1996）提供了相关的证据。适用布基纳法索的面板数据，他发现，控制住土壤质量和其他变量。农业生产率在男性耕作的土地上较高。他也发现相对于女性耕作的土地，男性耕作土地的较高的收益率源于更大的生产投入密
227 度（包括化肥和儿童劳作）。他因此得出结论，生产率不同归因于在男女耕作土地之间的生产强度，并不在于内在的技术差异。这个结果并不有效，因此对化肥来说有严重的边际收益递减。不仅资源不是被充分分享的，它们以降低总家庭收入的方式被分配。Udry 认为向女性耕作的土地的投入再分配因此可以提高效率。另一个方案（如，微型金融方案）是提供给女性足以购买额外投入的信贷。微型金融可能解决这样问题的第二种方式是首先处理阻止拥有充足投

入获取和营销便利的社会规范。这可以通过示范效应或通过小额信贷商创造压力来确保借款人的较高投资回报而被完成。

## 7.6 性别赋权

倡议者认为微型金融可以提高女性在家庭内部讨价还价的权力。女性将“被赋权”并享有对家庭决策和资源更大的控制。某种程度上微型金融中的联保贷款引发了相同组中的其他借款人的同伴监督，微型金融更易于给妇女提供在家庭中的保护。特别地，男性的对女性的暴力活动和滥用现在要受到第三方的监视——举个例子——因为同伴监督人将希望弄明白为什么她们组中的某个妇女停止参加偿还集会。结果这应当表现为对本地暴力的一个阻碍，更一般地，作为女性相比于她们的丈夫或者其他男性家庭成员增进她们的权利和提高他们讨价还价的权力的一种工具。提高家庭收入总体上通过放松了约束也降低了丈夫和妻子的冲突。

然而，微型金融在妇女权利上影响效果的证据传递了一幅不清晰的图画。一方面，Hashemi，Schuler 和 Riley（1996）以及 Kabeer（2001）报告说孟加拉的微型金融的确降低了对女性的暴力。这个发现与最近对南非“为艾滋病和性别平等用微型金融干预”的研究相吻合，它们显示了微型金融项目把贷款和性别、艾滋病教育结合显著地降低了亲密伴侣暴力的概率（Pronyk 等
2007）。Kabeer 认为定位于女性的合理性，远远超过赋权的愿望，它们包括了 228
以下观察：（1）男性不像女性那样更愿意与对方共享他们的贷款；（2）对家庭而言，给妇女贷款比给男性的贷款更容易获益；（3）给男性的贷款对家庭内部性别不平等没有影响——事实上，贷款可以通过提供给男性底气来阻止妻子参加产生收入的自我雇佣而加强了他们。

但 Rahman（1999）得出相反的结论，尽管证据只来自一个村子。大约 70% 的格莱珉借款人在他的调查中声称家庭中的暴力增多了，因为她们参加了微型金融。Rahman 对暴力上升的解释是微型金融恶化了紧张关系，因为男性感到对他们在传统社会中作为首要收入来源地位日渐增多的威胁。

Armendáriz 和 Roome（2008a）也提出一个担心，即妇女参与微型金融可能制造与她们丈夫的摩擦，正如 2006 年休·艾伦在北京“微型金融论坛”上

的发言：

> 排斥男性可能导致对加入金融服务的女性负面的结果：她们可能遇到来自一些男性的抵制，这些男人认为他们被排斥参与是不公平和有威胁性的；她们的贷款可能被敲诈……一个家庭中成年成员都能获得金融服务要比一个有一半不能获得的家庭强。

普遍可得性胜过偏好女性的项目这一观念已经被许多出借人采纳，并转化为新的方法。例如，墨西哥的格莱珉信托恰帕斯 A.C.（GTC）[18] 在 2003 年开始把男性纳入它们过去只有女性的组。据信贷员所说，混合组帮助了组织快速成长，启发了这个国家主导的微型金融机构康帕多银行考虑相似的方法。

混合组可以解决一些在女性专属组中存在的问题。首先，它们消除了关于在贷款和相关冲突中女性获得了多少的模糊性。丈夫倾向于高估妇女支配的资金数量，反应为对家庭支出贡献减少。这不仅制造了摩擦，也在某些情况下导致女性重新把贷款资金用到食品、健康和教育支出上。但当丈夫们加入了组，他们对贷款的数量、期限获得了准确的了解。事实上，由于他们在偿还上有连
229 带责任，信贷员报告说在团结的组中夫妻合作得更多：丈夫可能较少地抱怨从家庭杂务上转移的时间，或较少地从他们妻子那里偷钱用于个人挥霍。家庭内部的冲突的下降归因于把丈夫纳入团结的组中，使得妇女们更容易按时偿还。混合组也被赞扬，因为吸引了新的客户，特别是新的女性客户。通常，女性相信她们将面对一个权衡是从 GTC 获取信贷而财务独立还是结婚。由于 GTC 接纳男性，这个说法就变了，女性不再面对权衡，因此对成为客户犹豫较少[19]。由 Nava Ashraf（2009）在菲律宾所做的实验研究强调了在家庭内部财务决策上信息流以及配偶之间交流的重要性。

微型金融可以影响女性赋权的另一个方式与避孕药的使用有关。特别在孟加拉，微型金融被作为一种限制子女数目的方式推广，避孕药使用的正面效果已被发现（如，Rahman 和 Da Vanzo 1998； Schuler， Hashemi 和 Riley 1997）。这可以通过微型金融提高了女性时间的机会成本这个事实来解释。这个替代效应可能被同伴的压力所强化，因为女性被催促来减小家庭规模以

增加教育和健康支出，及更好地管理偿债能力。另一方面，Pitt，Khandker，McKernan 等（1999）认为这个替代效应可以被抵销性的收入效应所超过。这种情况下，微型金融将与更高的生育率正相关，因为微型金融准入提高了收入，其他条件不变，这将增加对子女的需求。同时，它可能仅轻微地提高机会成本，由于与工厂工作不同，女性能参加离开家的自雇活动，而同时照顾小孩。他们从孟加拉的截面调查中展示了提示性的证据[20]。

同样在孟加拉开展工作，Pitt，Khandker 和 Cartwright（2006）等处理赋权问题更直接，用一个赋权指数来评估小额信贷的影响。他们的研究使用1998–1999 年的家庭调查数据，报告了女性对关于家庭中妇女自治和性别关系
问题的回答，建立在最初 1991–1992 年的研究上，后者估计了女性和男性在他 230
们都能获得小额信贷时做出的家庭消费支出的差异。通过在随后的 1998–1999 年的调查中增加赋予导向的问题，Pitt，Khandker 和 Cartwright（2006）等发现定位妇女的小额信贷产生了对自主性在统计上显著的改善效果，体现在购买家庭财产、获得和控制经济资源，筹集应急资金的能力，决定和执行家庭借贷的作用、监督和进行主要家庭经济交易的权力，流动性和网络，警觉和行动主义，以及围绕家庭和计划的讨论等方面。但是，一个对他们结论的顾虑是，在1991–1992 年的基础调研中赋权问题并没有被问及。那时不知道妇女如何察觉她们获得信贷与赋权问题相联系，研究者很难比较干预前和干预后的回答。另一个顾虑是 1998–1999 调查中的女性，与 1991–1992 调查的不是一拨人，更进一步，即使她们是一拨人，上世纪 90 年代孟加拉国发生了巨大的经济变迁，使得很难把赋权改进完全归因于微型金融。即使对被调查者自己，也很难把什么归因于微型金融而不是和别的区别开来。

Swain 和 Wallentin（2007）也用数量方法调查微型金融和妇女家庭内部赋权的关系。作者调查了印度的一个项目，该项目连接非正规的“自助组”与银行。使用 2000 年和 2003 年的家庭调查数据，基于调查问题的反馈，他们为女性赋权构建了一个模型，问题涉及她们的经济活动，她们对口头、生理和感情滥用的反应，他们政治参与的程度。与上面讨论的孟加拉的研究一致，他们发现在印度“自助组”成员数提高了女性的赋权。

关于微型金融和妇女赋权最明确的实证研究是 Ashraf，Karlan 和 Yin（2008）

对他们 2006 年对菲律宾储蓄责任机制（第 6 章讨论过）研究的后续研究。较早的研究发现获得承诺储蓄产品导致了储蓄的增长。在后续研究中，显示出准入也导致家庭内部女性决策权力的增长（由一系列的指标评判）——这导致了
231 在“女性导向”的耐用消费品上更大的支出。最大的正面效果发生于那些开始低于平均决策权力（由基础调查测算出）的妇女。这些“女性导向”的耐用品，被认为包括洗衣机、缝纫机、电熨斗、厨房用品、空调、电扇和火炉。在“其他耐用品”消费上（如摩托车或电视机）没有发现任何显著的影响。

虽然微型金融可以潜在地在家庭内部赋予女性权力，有较少的证据表明，它在转变社会规范和传统方面有效果。例如，Mayoux（1999）报告了对非洲 50 个不同项目的调查，发现妇女赋权的程度是依家庭和地区而区别的，因此，她说取决于不灵活的社会规范和传统。这些发现需要拿来与这样一个事实做权衡：赋权的影响当然也将取决于具体的项目是如何被设计的。

## 7.7 批评

我们早前已经讨论了小额信贷在促进传统活动中的自我雇佣上发挥了重要作用，相对于男性，女性在这些地方已经享有比较优势。通过提高妇女从事这些活动的专业化，微型金融因此提高了效率。

把性别赋权作为一个更广泛的目标去关注从许多角度都受到攻击。向来质疑的戴尔·亚当斯（Adams 和 Mayoux 2001，4）说道：

小额信贷的一帮人广泛使用“赋权”的术语使我感到不安。对老百姓而言，它传递了一个印象，即给贫困的妇女涂抹少许额外的债务就能把她打扮为一个“超女”。那些坚持使用这个夸大其词的术语的人过度估计了“负债运动”在消除贫困上的贡献。更多的债务并没有治疗疟疾或艾滋病。它没有提供清洁的饮用水或阻止洪水泛滥。它没有使作物在贫瘠的土地上生长，或给定居者占有的土地提供确定的所有权。它没有为穷人提供学校或老师……

小额信贷业提供的贷款——如 100 美元——不比从罪恶的高利贷者或亲戚那的一笔贷款更像是一个赋权的工具，除非出借人的意图以某种方法转变借到的钱的用途——但它不是。

批评映射了亚当斯对微型金融作为减贫工具的更广泛的批评，这在第 2 章 232
已经讨论过。这个言论取决于（广为辩论）一种断言：贫困妇女有充足的途径来通过非正规的方法获得信贷，微型金融可以改变信贷获取的方式，但它没有开辟途径[21]。该言论也忽视了培训或社会项目的作用，它们可以从参与微型金融中获得。Mayoux 批评亚当斯，但同意信贷本身不足以带给妇女有意义的改变；赋权“也取决于［项目］多大程度能建立在组上来使人们在其他问题上也组织起来”（Adams 和 Mayoux 2001，5）。

Mayoux 对最低限要求、银行唯一主张的批评被其他观察家推进一步。例如，Rankin（2002）认为，微型金融可能延伸——而不是挑战——传统性别作用。首先，她引用 Goetz 和 Sen Gupta（1996）的证据，通常是男性而不是女性借债人事实上控制了小微企业投资和收入。第二，即使当女性掌控全局，Rankin 认为“她们常被鼓励去像织毛衣一样经营企业，不打破在家庭内部隔离的实践”（Rankin 2002，17）。这引发了一个更复杂的问题；家庭内部增加的专业化对性别平等是一件好事吗？许多批评，典型的是 Gibbons（1995），Goetz 和 Sen Gupta（1996），以及 Dawkins-Scully（1997）强烈地认为这不。家庭内部专业分化强化了女性对男性家庭成员的依赖，因为女性获得投入、供给和市场便利的机会有限。

对这些批评的一个回答是无技术的妇女很少有在家庭以外工作的机会（至少在正规部门）。于是微型金融帮助女性从她们短期内被限制的传统活动中最大可能地出来。同时，愿望是她们获得新技术和积累资源，从而改善她们的家庭生活条件[22]。因此，强调性别赋权的微型金融倡导者趋向于看好那些增加培
训和意识培养的项目——如孟加拉最大的小额信贷商 BRAC 的培训项目，或 233
拉美“扶持女性”项目信贷加教育的策略。BRAC 不仅提供新的生产活动方面的课程，还举办法律和社会权利以及基本健康实践方面的讲座。这样的培训是有成本的，但 BRAC 用政府和国际捐款的资金支付了这些花销。

## 7.8 总结和结论

本章中，我们首先提出提高妇女的机会可能对效率和家庭内部的平等都有益。倡导者认为微型金融也可以增进长期发展，因为妇女是儿童健康和教育

的主要经纪人。特别地，我们强调了微型金融在以下方面发挥作用的潜力：提高自我雇佣和技能获得的规模和范畴，通过第三方监督保护妇女权利，便利储蓄，提高社会资本。这些都不是理所当然就能实现的成就。为了实现它们，微型金融项目需要在大脑中带着这些结果去设计。何时以及是否这些目标能被实现而不用牺牲其他目标——如财务表现——仍旧是一个问题。最有兴趣建立强大的金融体系的微型金融参与者，已经用警觉的眼光见证了关于性别赋权的讨论——非常易于理解，考虑到缺乏系统性的数据——但我们从其他地方发现了大量证据来支持良好设计的微型金融产品的潜力，它们会有成效。

本章中许多地方的讨论只涉及皮毛，更多的研究至少还需要在三个重要维度上进行。第一，经验证据是零散和不完整的。特别是我们想知道更多关于微型金融中性别和社会资本的关系，关于微型金融在技能获得、教育、女性进入正规部门等方面的影响，关于女性在扩大产业时面对的限制，关于微型金融在家庭内部资源分配中的作用。性别和阶级更广泛的相互关系也需要在微型金融框架内予以考虑。

第二，对性别的强调如何影响微型金融机构的设计？金融服务应当捆绑提供补充性的投入，以及非政府机构、政府或慈善机构的培训吗？借贷合同或储蓄机制应当如何被修改以提供妇女在家庭和更大的社区里的机会？第三个问题
234 包括多大程度上微型金融可以为改变社会规范做贡献，而不是充当强化现有规范的载体。这些仍旧是“前沿”问题，毫无疑问要经常回顾。

## 7.9 练习

**1.** 参考表 7.1 评价以下论断：“在亚洲和拉丁美洲，微型金融可能已经触发了社会规范的变迁。”

**2.** 在发展中经济体中，有没有关于性别歧视的吸引人的证据？解释你的答案。

**3.** 提供至少三个理由。为什么微型金融有可能使女性受益。

**4.** 提供至少三个理由为什么站在小额信贷商只关心最大化利润的立场上，女性相对于男性可能是更好的客户？关于权力赋予这又如何解释？存在矛盾吗？

**5.** 考察一个家庭。有两个小孩，一个男孩一个女孩。家庭中的父母从他们孩子的教育成果上获得效用。假定为了教育他们的孩子，父母必需每个月花费一定数量 $x$ 在女孩的教育上，$y$ 在男孩的教育上。设家庭的效用如下：

如果收入 $\omega<\bar{W}$，则 $U=x+2y$

如果收入 $\omega \geqslant \bar{W}$，则 $U=2\times min\,(x,\ y)$。

令 $\bar{W}=Tk1500$，$x+y \leqslant \omega$，不用考察家庭的消费决策。

a. 如果家庭的收入是 $\omega=Tk1100$，分配资源到教育上的最优策略是什么？

b. 假定家庭中的妇女从微型金融机构获得一笔贷款，投资到项目中，给家庭收入增加了 $Tk700$。现在家庭的最优策略是什么？

c. 通过把家庭的偏好和它的收入水平联系起来，解释你的答案。

**6.** 考察跟上一个练习相同的情景，但现在假定家庭有 5 个孩子，3 个女孩，2 个男孩。家庭在它能投资到教育钱，必须花费 c 的数量用于基本消费。家庭的效用如下：

如果收入 $\omega<\bar{W}$，则 $U=x_1+x_2+x_3+3y_1+3y_2$，其中 $x_i$（$i$=1，2，3）是投资到 235
第 i 个女孩教育上的数量，$y_j$（$j$=1，2）是投资到第 j 个男孩教育上的数量。

如果收入 $\omega \geqslant \bar{W}$，则 $U=4\times min\,(x_1+x_2+x_3;\ y_1+y_2)$。

令 $\bar{W}=Tk1800$，$c=Tk1100$

a. 如果家庭收入是 $\omega=Tk1500$，分配资源到教育上的最优策略是什么？

b. 假定家庭中的妇女从微型金融机构获得一笔贷款，投资到项目中，给家庭收入增加了 $Tk1000$。现在家庭的最优策略是什么？

c. 为什么你从（b）中得到的策略不是严格地“罗尔斯主义”的？用罗尔斯的分配理论，提出一个与家庭分配策略相符合的效用函数。

**7.** 考察一个与练习题 4 中的相似家庭，但本例中它的效用如下给出

$$\frac{\omega_m}{\omega}U_m+\frac{\omega_w}{\omega}U_\omega=\frac{\omega_m}{\omega}(3y+x)+\frac{\omega_w}{\omega}[min\,(3x;\ 3y)]$$

其中 $\omega_m$，$\omega_w$ 分别是男性和女性的收入，$\omega=\omega_m+\omega_w$，$y$ 和 $x$ 分别是投资到男孩和女孩身上的数量。

令 $\frac{\omega_m}{\omega}$ 和 $\frac{\omega_w}{\omega}$ 分别代表家庭内部男性和女性相对于家庭中收入的讨价还价的权力。

a. 解读家庭效用函数。

b. 假定男性是这个家庭内劳动力收入的唯一来源，他每月获得 $\omega_m = Tk1000$。计算这个家庭的最优分配决策。

c. 现在假定女性可以在一个由微型金融机构融资的项目中工作，结果她产生一个额外的数量每月 $\omega_w = Tk1000$。在本例中家庭的最优策略又是什么？解释你的答案。

**8.** 考察练习题 6。计算穿阈率 $\frac{\omega_w}{\omega_m}$，

236 在此之下，女性的偏好对家庭最终要做出的决策没有影响。

**9.** 考察一男一女，都要求从银行获得一笔规模为 I 的贷款。如果贷款被其中的一个人获得，它可以被投资到以下两个项目中的任意一个：项目 1 中，需要投资 I，回报是 $R_1=\$520$，或在项目 2 中，也要求投资 I，产生回报是 $R_2=\$1020$，概率是 0.5，否则为 0。假定男性是风险中性的，而女性是风险厌恶的，她的效用函数是

$$u_w = \frac{x^{0.5}}{0.5}$$

假定男性和女性有相同的初始财富，都等于零。假定银行对贷款 I 设定的毛回报是 $r=\$120$，这是固定的。借款人由有限责任保护。银行将会贷款给男性还是女性？解释你的答案。

**10.** 考察练习 8。除了在本例中男性的效用函数为

$$u_m = \frac{x^{0.8}}{0.8}$$

项目 2 产生一个毛回报为 \$1120，概率是 0.5，否则为 0，银行将会把钱贷给男性还是女性？解释你的答案。

**11.** 丈夫和妻子在家庭支出上有不同的偏好。丈夫和妻子的效用函数分别是：

$$U_h(b, c) = b(c+120)$$

$$U_w(b, c) = (b+120)c$$

其中 b 是花费在酒上的支出，c 是花费在子女教育上的支出。设想只有这两个用钱的可能性。于是家庭的预算约束为 $b+c=y$。“家庭效用函数”决定家

庭支出，它是丈夫和妻子偏好的加权平均：

$$U_H(b,c)=(1-m)U_h(b,c)+mU_w(b,c)$$

其中权重因子 $m$ 等于家庭总收入 $y$ 中属于妻子的比重。换言之，如果 237
$y=y_h+y_w$ 则 $m=y_w/y$。假定收入是否来自于丈夫或妻子只在决定权重 $m$ 时才重要。除此之外，丈夫和妻子对收入没有其他的“所有权”。

a. 假定丈夫开始有每月 100 美元收入，妻子有 50 美元，家庭如何分配花在酒和儿童教育上的支出?

b. 现在假定微型金融机构可以贷款给丈夫或妻子，但不能两个都贷给。还假设贷款给丈夫将有更高的回报——丈夫可能获得 100 美元额外的收入，妻子可能仅获得 50 美元。机构的唯一的目标就是最大化花在儿童教育上的支出，它不关心花在酒上的支出。如果有人能获得贷款，它会把这笔贷款给谁?

**12.** 评价以下言论的正确性：“为什么大多数微型金融客户是女性的唯一理由是因为女性是健康和教育的主要的经纪人。”

**13.** 从微型金融企业的立场上提供至少 3 个理由，为什么相对于男性，女性可能是更好的客户。

**14.** 一些人认为女性的偏好比男性的更加“罗尔斯式”，于是她们在家庭中比男性更加公平地在男孩和女孩之间分配她们控制的资源。如果男孩比女孩拥有更多的潜在收入，妇女的资源分配没有最大化家庭的未来收益。其他人声称贷款给女性比给男性有更大的影响。乍一看这些言论似乎是矛盾的。请协调它们。

**15.** 有没有吸引人的证据表明，相对于男性，借钱给女性有更多的影响?

**16.** 评价以下言论：“微型金融赋权给女性。也就是说，它降低了性别歧视的程度。”

**17.** 考察一个微型金融机构的目标。当决定贷款给男性还是女性时，它可能面对什么样的权衡?

# 第8章



# 商业化与监管

## 8.1 引言

一些人将微型金融视作推动社会转型的重要力量，而另一部分人则将其看 239
作是促进银行业准入的革命性起点，但真正的微型金融信徒们正在实践中同时向上述两大目标进发。当然，无论采取何种方式，与管理一家庞大的普通机构相比，实现微型金融的宏伟蓝图则需要更多的智慧。另外，它对监管创新和投资运作都提出了更高的要求。

在微型金融简短的历史中，最超乎预期且令人鼓舞的转变之一就是微型金融实现了对资本市场的较高参与度。那些受社会使命驱使而创建非政府组织的领导人们深谙资本市场的参与逻辑和内在必要性。不断发展的商业化和监管运动为客户提供越来越多的储蓄产品。另外，它们也打开了微型金融服务客户之路，虽然这些客户不一定是最穷的人——甚至不是标准意义上的穷人——但他们却是被传统银行业所忽视的一群人。相对于那些标志着必须服务最弱势群体的捐赠和社会投资，现有的微型金融发展已实现了一个艰难的转型。我们经常可以看到媒体对商业化微型金融机构“使命漂移”事件的报道，但对于这些我们仍需要持谨慎的态度。

2007 年 4 月，康帕多银行实现公开上市并成为拉丁美洲最大的微型金融机构。在微型金融过去的历史上，没有一件事情如此般吸引世人的目光。这次公开发售使康帕多银行的原始股东从他们早期的投资中获得了巨大的回报。例如，安信永微型金融网络将 USAID 的 100 万美元捐赠款投资到康帕多银行，
最后升值到了 300 万美元[1]。总之，在 2000 年发起设立这家银行时的 600 万美 240
元股权投资——分别由国际金融公司（世界银行的一部分）、安信永门户基金、Profund、创始非政府组织及其领导人，以及墨西哥的部分私人投资者出资——在 2007 年 6 月上市后就变成了 22 亿美元（尽管股价在之后出现了调整）。

外部观察人士被这么高的回报率震惊了。该事件引起了《经济学家》、《华

尔街日报》、《商业周刊》等一些顶级的专业财经媒体的注意。对于一些人来说，这是一件积极的事情——其证明了微型金融的发展前景，也说明微型金融在缺乏社会提供资源的背景下仍能吸引私人资本，因此具有商业化的自生能力。对于另一部分人来说，这样的行为却是罪恶的。高股价来自于康帕多银行的高利润率和快速扩张策略，而这样的模式则主要立足于对借款人所收取的高额利息。相对于世界其他地方，墨西哥的利率是比较高的，康帕多银行客户支付的平均贷款年率约为 100%——而墨西哥的年通胀率仅在 4% 左右[2]。

格莱珉银行的创始人默罕默德·尤努斯认为，这仅是简单小额信贷的复制品。2006 年 10 月，在尤努斯被宣布获得诺贝尔和平奖之后，微型金融的领导人们欢聚一堂庆祝微型金融在减贫领域的发展潜力，但康帕多银行上市事件则表明人们对微型金融商业化浪潮的看法仍存在重大分歧[3]。在 2008 年 10 月世界微型金融论坛举办的会议上，尤努斯和前安信永主席 Michael Chu 针锋相对，将这场争论推向了高潮（Rosenberg 2008）。尤努斯认为，通过服务穷人而赚取大量利润的模式在本质上是错误的，微型金融的繁荣不需要建立在追求利润最大化的投资之上[4]。而另一方 Chu 则认为，如果没有私人和利润导向的资本介入，微型金融提供者难以满足全球对金融服务的需要。他断言，微型金融市场的竞争最终将使利率和利润趋于下降[5]。

康帕多银行上市并非是微型金融领域的首次公开发售。2003 年印度尼西亚人民银行（BRI）在雅加达证券交易所上市，2006 年肯尼亚的公平银行（Equity Bank）也公开发行股票。更宽泛地说，通过发债而进行的商业化融资很早就已经成为微型金融多元化资金来源的一部分。不同的是，康帕多银行的公开发售
241 与该家银行设立初衷相背离。在其公开发售之前，BRI 一直是国有银行，而公平银行最初则主要关注于提供抵押服务。像多数微型金融机构一样， 康帕多银行的运营主要依靠捐赠资金的支持。最初康帕多银行最初是一家依赖捐助的非政府组织，以扶住穷人为使命。但是，它的管理层，意识到软融资约束后，决定重组委一家利润导向的公司。它的理由是如果有了商业化的资金来源，银行能迅速扩张版图，而康帕多银行就是这么做的。它的客户基础从 2000 年的 6 万增长到了 2007 年的超过 80 万。截至 2009 年 5 月，康帕多银行已经有 120 万客户。

在市场战略选择方面貌似也存在一条中间路线。康帕多银行的战略着力于收取高额利率以产生可持续的收入，进而为其快速扩张提供动力。最终，在公开发售期间银行的权益回报率高达 50%，并且大概有 1/4 的利息收入是纯利润（Rosenberg 2007）。本质上说，由现有分支机构服务的穷人和低收入妇女正在为银行不断的扩张和新建分支机构提供资金，进而引起了社会对垄断定价的关注。一些分析师认为，当以较慢的节奏进行扩张时，银行仍旧能够通过较低的利率赚取相对较少的利润（Rosenberg 2007），或者银行可能会以更多的负债进行扩张。围绕康帕多银行公开发售的一系列争论很大程度上受到下述决策性质存在不确定性的影响：在出现可置信的替代选择之前，康帕多银行会决定将利率保持在较高水平，很多人认为接受该利率水平仍是那些贫穷的银行客户的较好选择；相比较于解决穷人的选择约束以及获得资金的机遇问题，批判显然要容易得多。

所有的争论总能形成一些重要的共识。各方都同意，现有金融服务难以满足的金融需求是极其巨大的。新近的研究显示，在穷国约有 40–80% 的人口缺乏进入正规金融部门的渠道（Beck，Demirgüç–Kunt 和 Martinez Peria 2007）。扩大现有金融服务的覆盖面将能够改善全球相当一部分穷人和未享受银行服务人士的前途。Funk（2007）估计，微型金融机构每年需要 300 亿美元以满足全球未受银行服务人群的需求，并且建议资本市场在条件允许的情况下也应参与其中。如果达到这个数额的融资，那么微型金融机构能够将他们的服务覆盖面扩大至 10 亿低收入客户，这将远远超出 2007 年的 1.548 亿和 2015 年规划中的 242
1.75 亿人口（Daley–Harris 2009）。更重要的是，银行作为接受全面监管的金融机构，将会被允许吸收和运作储蓄，也就成为提高金融渗透的另外一个融资渠道。

对于“商业化”概念的精确阐述对于其作用和局限非常重要。这个表述在不同时期扮演着不同角色。有时候商业化被用来说明商业机构正在寻求运作商业化的资金来源（例如，在缺乏直接或间接补贴的情况下）。然而，该表述也经常暗示微型金融机构通过市场化的商业原则进行管理——这个概念也能被应用在接收补贴的机构和非政府组织之上。在这一章，我们集中分析那些纯粹的商业投资活动，在某种程度上还会触及与此相伴随的部分政府治理架构的变化

（更广泛的讨论参见第 11 章）。

从某种意义说，商业性微型金融机构在实现微型金融“双赢”目标上发挥核心作用：机构通过商业化原则下的实践，能在减贫领域更有作为。随着补贴依赖的消除，微型金融机构会在捐赠预算之外不断发展壮大，扩大覆盖面以服务全世界更多的穷人。如果这个论证成立，那么微型金融是能够通过杠杆化的利息收入和储蓄存款的运作不断拓展发展路径的。

在这里，对商业化机构来说，最重要的转变是具备了给股东分配利润的能力。没有人会禁止非政府组织赚取利润（在后边我们展示了许多微型金融非政府组织的做法）。但是非政府组织赚取的利润不能被分配给股东，相反会被再投资给这家机构。随着业务转型，放贷机构将接受全面监管并实现商业化运作，而其投资者也有机会赚取利润了。虽然转型后的项目只包含有限的（或没有）社会性目标，但至少其对股东具备了吸引力——由此为商业性微型金融提供了获取大量资金的渠道。

上述分歧显然是针对那些能够为微型金融融资做出贡献的力量——特别是那些利润导向型的股东，他们不像捐赠人，可能只有有限的社会目标并能够主导微型金融机构未来的发展方向。即使赢利与服务穷人的目标能够实现原则上
243 的融合，但通常在现实中仍会存在一些问题。其中最大的问题在于对“使命漂移”的担忧，商业化微型金融机构的目标将是更好地为客户服务，与此同时也需要在赢利和惠及穷人之间进行权衡（Morduch 2000； Ghosh 和 Van Tassel 2008；Armendáriz 和 Szafarz 2009）。

本章余下部分将介绍一些重要的观点和数据。第 8.2 节定义了五个评价和比较微型金融绩效的常用财务指标。第 8.3 节将这些指标运用于实践，展示了微型金融在利润、成本和覆盖面等方面与非政府组织、非银行金融机构和商业银行之间的差异。由于成本与交易规模高度相关，因此非政府组织在办理最小额贷款同时却需要承担最高的单位成本。本章最后讨论资金来源问题。第 8.4 节介绍了利率、资金结构和杠杆率等方面的数据，其显示商业化微型银行的杠杆率远高于非政府组织。

本章也讨论了监管和消费者保护这一话题。一般来说，从非政府组织到商业机构的身份转变将会促使监管层面的发生一个重要变化。随着商业化微型金

融机构开始对非固定的公众存款人开展业务，那么审慎监管就变得非常重要。我们在第 8.5 节中介绍了转型、管制和消费者保护等问题。我们在那里给出了监管与成本之间取舍的相关证据，即较为严厉的监管在带来好处同时却导致商业性微型金融机构所承担的成本大幅增加（该成本最终由客户承担）。本章结尾部分讨论了消费者保护原则的应用问题。在现实中，我们必须认识到一个组织高层的良好意愿可能不足以保障所有客户都能享受公平的待遇。

## 8.2 五类财务比率

在比较微型金融机构财务绩效的时候会经常使用到五个财务比率。这些比率不属于标准的会计指标，因此有必要对其计算公式进行详细定义[6]。

第一个是运营自足率（OSS）。这个比率衡量一家微型金融机构运营收入覆盖其运营成本的程度。收入主要来自于借款方支付的利息和费用，但一个典型的机构也从投资和其他服务（例如保险）中获得收入。

$$\text{运营自足率（OSS）}=\frac{\text{运营收入}}{\text{（财务支出 + 拨备 + 运营支出）}}$$ 244

分母中的财务支出与资金成本相关，它包括该机构支付给商业银行、股东和其他投资者的利息和费用，也包括支付给存款人的利息（在开展储蓄业务的情况下）。CGAP（2003）印制的行业报告标准建议拨备（贷款损失计提的成本应该包含在分母之中。拨备是指覆盖那些微型金融机构难以回收贷款的相关成本。分母中的第三项是基本的运营支出（包括租金、员工工资和交通成本等）。值得注意的是，运营收入和运营支出都计算了净补贴额。

通常这个比率以百分比形式出现。OSS 值为 100% 意味着完全的运营自足，而当该值低于 100% 则意味着机构必须依赖于持续的外部资金支持才能维持现有经营。假如一家机构的 OSS 比率大于 100%，则被认为它不依赖于额外的补贴，并能够在现有规模基础上可持续运营。在这种情况下，一家微型金融机构就能够被认为是“自足”的。如果这家机构的贷款损失很大或想进行大规模扩张，那么就可能需要补贴或其他融资渠道。

为了理解“可持续性”的更多内涵，有必要考虑 “软”贷款和投资补贴等因素。第二个重要的比率是财务自足率（FSS），其在市场成本基础上通过调整资本价格校正了软贷款。该比率也通常表现为百分比的形式：

$$财务自足率（FSS）= \frac{调整后的运营收入}{（财务支出 + 拨备 + 运营支出 + 支出调整）}$$

FSS 对运营收入和支出进行了额外调整，以刻画微型金融机构如果不接受补贴并通过“市场”价格筹资和扩张，其所具备的覆盖相关成本的能力。补贴调整主要基于两个目的。第一，由于机构在其所接受的补贴数量上存在较大变
245 化，因此考虑了补贴的相关调整有助于不同机构之间的比较。第二，从商业化运营的角度看，取消补贴是最终的目标，而补贴调整则意味着一个机构多大程度上达到了这个目标。FSS 粗略地给出了评判一个机构在没有补贴的情况下是否具备扩张能力这一问题。

有两类补贴调整。第一类是接受补贴的资金成本调整，也被称作对资助性借款的调整。它刻画了以下两者之间的差额，即如果一个机构的负债都由市场利率定价，那么其在借款中所真实支付的成本和它可能要支付金额之间的差别。这个差额被增加到财务支出。第二种补贴调整考虑了实物捐赠，或在无成本或低于市场成本的情况下提供商品和服务。如果 FSS 低于 100，即调整后的收入低于调整成本，那么该机构就存在补贴依赖。

作为衡量可持续性的指标，FSS 比率仍存在一定的不足。值得指出的是，该调整主要依据对资金市场成本的估计，而在实践中却没有可以衡量的统一标准。《微型银行简报》作为一本被广泛使用的参考书，其使用一国的存款利率（由 IMF 统计发布）作为“市场”价格。但是用在这里，该利率肯定偏低。存款利率被认为是吸收存款的机构支付给储蓄资金的典型成本。但在实践中多数微型金融机构并不使用存款作为新增资金的来源，另外存款账户交易成本的存在也使该衡量方法失真[7]。一个更好的衡量可能是基准利率，即银行向其最值得信任的客户所收取的资金价格，再加上额外溢价以反映微型金融贷款组合和微型金融机构投资失败所隐藏的风险。Cull，Demirgüç-Kunt 和 Morduch（2009b）做了一个较为中性的调整（使用基准利率加两个百分点），得出了一个并不令人惊奇的结论，即随着利润的下降和隐性补贴的上升，资金价格趋于上升。他

们发现，当微型银行或多或少受调整影响之后，处于《微型银行简报》数据库中值位置的非政府组织将不再创造利润。

Cull 等（2009b）也指出了一个值得关注的问题，但其却恰恰与流行观点相反。他们认为 FSS 是静态分析，在某种程度上低估了一家机构的灵活性。FSS 比率最后被用来衡量机构的商业化运营能力。尽管该能力最终仍与战略转 246
型能力有关。如果一家之前接受资助的机构没有了赞助资金，那么真正的问题是这家机构随后能否转变发展战略并重新调整资源配置？在推动战略转型的过程中，该机构能否通过精简节约以减少对补贴的依赖，并使自身更加有效率？FSS 比率仅是针对战略问题的一个粗略导向性指标。它对分析当前环境具有很大的作用，但鲜有提及没有补贴可能会出现的问题。

第三个关于可持续性或利润率的指标是资产回报率（ROA），其衡量了一家机构使用总资产以产生回报的情况。

$$\text{资产回报率（ROA）}=\frac{\text{（净运营收入}-\text{税收）}}{\text{平均资产}}$$

净运营收入是总运营收入减去运营支出、财务支出和贷款损失计提支出。在计算净运营收入的时候，一家机构可能在收入或利润上减去税收，也可能单独处理税收。资产可能按年平均，但由于转移了由快速增长的贷款组合和季度波动导致的扭曲，所以资产按季度或月度平均更有意义。

第四个指标是组合风险率（PAR），其被广泛用于衡量资产组合的质量：

$$\text{资产组合风险率（PAR，30 天）}=\frac{\text{风险资产（在 30 天之后）}}{\text{贷款总量}}$$

风险资产是指“一项或多项本金到期超过特定天数的未清偿贷款的价值。这个系统包括了所有尚未清偿的本金余额，过去到期和未来分时段到期的贷款，但是不包括利息，也不包括那些已被重组或展期的贷款”（CGAP2003，6）。

例如，考虑一个客户借了 1000 美元，每月分期偿还 100 美元。前两个月准时偿还分期款，但在第三个月这位客户遇到了困难而不能偿还分期款。如果第三个分期额在一个月后仍旧不能支付，那么所有的 800 美元未偿还的账目就

将被界定为该金融机构“风险资产”的一部分。在这种情况下，PAR 是一个
247 敏感且较为保守的衡量指标。作为贷款总量的一部分，风险资产衡量了那些已经出现偿付困难并容易出现违约风险的未清偿贷款的比重。除了考察 30 天 PAR，微型银行也关注 60 天和 90 天的资产组合风险率。这些比率并不是很保守：如果错过的分期还款最终在两个月之后归还，那么其会在 30 天 PAR 中显现结果，但却不会在 60 天 PAR 中出现。

第五个比率是“资产收益率”或“贷款总量收益率”，其被用来评估收入。它衡量了来自贷款总量的收入，并且也刻画了机构对借款人所收取的平均利率水平。

$$资产收益率 = \frac{来自于贷款总量的现金性财务收入}{平均贷款总量}$$

这是一个有效的平均利率（包括贷款相关的费用），其权重由在不同价格水平下的贷款数量确定。“真实收益率”需要由通胀率进行调整。

## 8.3 微型金融机构财务绩效的截面数据

通过使用上述指标比率，Cull 等（2009b）描绘了微型金融的大致情况。他们利用了《微型银行简报》中所使用的 2002–2004 年间的基础数据。该数据集相对较大，且覆盖了 346 家顶级机构，包括了近 1800 万活跃的微型金融借款人。这些机构的资产通过购买力评价调整后的汇率转化成美元计价，总额共计约 253 亿美元。通过相关数据调整，所有显性和隐性的补贴都将被揭露出来[8]。

以下分析主要集中在非政府组织、非银行金融机构和微型金融（商业化）银行。表 8.1 给出了基本数据。第一行关于风险（用 30 天资产组合风险率衡量），其表明上述机构相对于传统的商业银行存在较低的风险——非政府组织的中值在 4% 以下——且所有机构都存在类似情况。但后续指标的差异就出现了。

249 第二个指标是平均贷款规模，这是一个用于衡量客户贫困水平的常用但不完美的指标[9]。较小的平均贷款规模意味着对穷人更大的覆盖面。为了使国别之间的数据更有可比性，Cull 等（2009b）对贷款规模值进行了标准化处理，以平均收入为标准将一国居民的收入分布分割为 20 等分。该比率在非政府组

表 8.1　非政府组织、非银行金融机构和银行

权益回报率根据净收入与总权益的比值进行了调整。每位借款人的补贴数额是以下四者之和，即前一年的捐赠额、对金融服务补贴的捐赠额、非现金补贴和对资金成本补贴的调整数额

| | 非政府组织 | | | | 非银行金融机构 | | | | 银行 | | | |
|---|---|---|---|---|---|---|---|---|---|---|---|---|
| | 上四分之一（1） | 中值（2） | 上四分之三（3） | 利润的中值（4） | 上四分之一（5） | 中值（6） | 上四分之三（7） | 利润的中值（8） | 上四分之一（9） | 中值（10） | 上四分之三（11） | 利润的中值（12） |
| 1. 风险资产，30 天（%） | 0.74 | 3.54 | 7.59 | 0.81 | 0.91 | 2.06 | 6.91 | 1.20 | 0.39⋆ | 2.43⋆ | 5.23⋆ | 4.42⋆ |
| 2. 平均贷款规模 / 上 20% 的收入（%） | 27 | 48 | 135 | 60 | 71 | 160 | 247 | 164 | 110 | 224 | 510 | 294 |
| 3. 活跃的借款人（千人） | 3.1 | 7.4 | 23.0 | 11.1 | 4.1 | 9.9 | 23.0 | 9.4 | 1.9 | 20.3 | 60.7 | 10.4 |
| 4. 借款人中妇女占比（%） | 63 | 85 | 100 | 86 | 47 | 66 | 94 | 67 | 23 | 52 | 58 | 49 |
| 5. 运营成本 / 贷款价值（%） | 15 | 26 | 38 | 21 | 13 | 17 | 24 | 16 | 7 | 12 | 21 | 11 |
| 6. 运营成本 / 活跃的借款人（PPP$） | 84 | 156 | 309 | 157 | 135 | 234 | 491 | 278 | 118 | 299 | 515 | 299 |
| 7. 实际贷款收益率（%） | 15 | 25 | 37 | 26 | 12 | 20 | 26 | 20 | 9 | 13 | 19 | 14 |
| 8. 财务自足率 | 0.78 | 1.03 | 1.17 | 1.14 | 0.86 | 1.04 | 1.22 | 1.16 | 0.99 | 1.04 | 1.15 | 1.10 |
| 9. 权益回报率（%） | −10.5 | 3.4 | 13.8 | 11.4 | −7.9 | 3.6 | 17.8 | 14.4 | 1.6 | 10.0 | 22.9 | 15.1 |
| 10. 资产回报率（%） | −6.0 | 0.7 | 4.7 | 4.1 | −2.7 | 0.9 | 4.3 | 3.5 | −0.1 | 1.4 | 3.2 | 2.1 |
| 11. 补贴 / 借款人（PPP$） | 72 | 233 | 659 | 199 | 0 | 32 | 747 | 8 | 0 | 0 | 136 | 0 |
| 12. 非商业化资金比率 | 0.31 | 0.74 | 1.00 | 0.53 | 0.16 | 0.46 | 0.83 | 0.41 | 0.00 | 0.11 | 0.22 | 0.03 |

⋆ 样本数量少于 10 个

资料来源：Cull，Demirgüç-Kunt 和 Morduch（2009b），表 3。数据来自于《微型银行简报》数据库（2002–2004，315 观测值）。

248

织的中值为 48%，在非银行金融机构的中值为 160%，而在微型金融机构中的中值则为 224%。通过这些比较，银行中值相对比非政府组织中值更加市场化。因为微型金融银行比典型的非政府组织倾向于服务更多的客户，因此上述结果一定要审慎对待。银行中值比非政府组织中值大三倍（当然也有例外——包括在南亚一些非常大的非政府组织）。对于大银行，通过市场化运营且大量服务穷人和低收入社区中的人群是可能的，但是数据并不允许那样分类。

客户群中妇女所占比率的数据（第 4 行）反映了平均贷款规模。处于中值区域银行的客户大概一半是妇女，而同处中值区域的非政府组织客户则有 85% 是妇女。目前仍不清楚服务妇女是否有利于促进微型金融机构实现可持续性目标。如第 7 章所描述的，现有的经验证据显示，妇女的风险厌恶特征比男人更加明显，因此她们更喜欢申请较小额度的贷款，进而增加了微型金融机构的交易成本。

在表 8.1 中的第 5 行和第 6 行清楚的表现了上述问题之间的取舍和权衡。

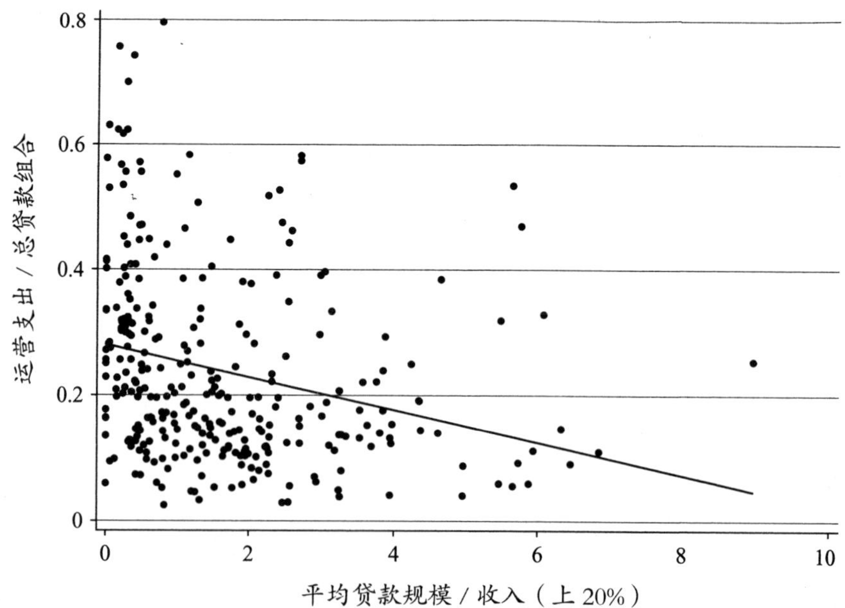


图 8.1 随着贷款额的增大，单位贷款的平均成本趋于下降。横轴是平均贷款规模与处于全国上五分之一收入分布家庭平均收入之间的比值。资料来源：Cull 等（2009）

典型的非政府组织具有相对较小的平均贷款规模，但却具有相对较高的单位成本。对于非政府组织的中值，其每 100 美元贷款需要花费 26 美元的成本（在核算资金成本之前）。微型银行中位数则发放了较大规模的贷款（超过 4 倍的规模），并因此能更好的分散放贷的固定成本。对于处于中位数的银行来说，100 美元的贷款仅需要花费 12 美元的成本。第 6 行中出现的结果显示微型银行在服务客户方面支付更高的成本；由此可见，银行的财务优势大部分来自于客户申请大额贷款这样的事实。在图 8.1 中，横轴即刻画了客户的贷款规模。

在图 8.2 和表 8.1 的第七行中均可以观察到有关成本结构的数据：非政府组织中位数的客户比微型银行中位数的客户支付更高的利率。非政府组织中位
数的客户所支付的年均通胀调整后利率为 25%。对于上四分之一的非政府组织， 250
其客户支付的实际利率超过 37%。另一方面，微型银行中位数的客户支付平均仅 13% 的实际利率。因此，往往由于社会使命的因素，机构最终承担了最高部分的费用，而商业化的微型金融机构则提供相对便宜的信贷。

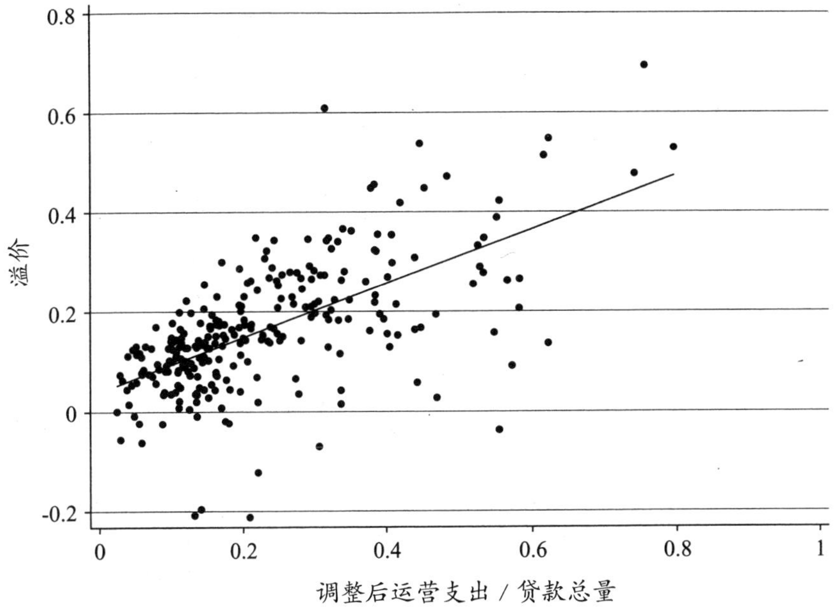


图 8.2 利率随成本上涨。所谓“溢价”是借款人所承受的小额贷款平均利率与国际货币基金组织银行间“拆借利率”之间的差额，而后者往往是所在国家银行向核心客户收取的利率（来自于 IMF 国际金融统计数据库）。资料来源：Cull 等（2009）

表 8.1 第 8 行给出了有关赢利的状况：非政府组织要求更高的利率以弥补其更大的单位成本。三类机构中位数的财务自足率（FSS）相近，均为 103–104%。由于赢利和贷款规模总体上弱相关[10]，因此这里的经验证据表明，服务穷人的较高成本往往易于被传导给客户。

尽管由于社会因素、监管障碍、公共关系问题以及第 2 章所描述的各类激励问题恶化可能，我们可以认为提高利率和费用的空间基本不存在。但是，追求利润必然需要降低成本。因此在这里，市场化（对一个有能力提供更大规模
251 贷款的群体）变得越来越有吸引力，其内在逻辑就是通过扩大贷款规模可以补偿因小额贷款而导致的高额固定成本。

使命漂移并非不可避免。Cull， Demirgüç–Kunt 和 Morduch（2007）认为，“以自我为基础的财务自我持续的放贷机构倾向于拥有更小的平均贷款规模，并扩大对妇女的贷款发放额，由此也显示获得利润和覆盖穷人其实能够并行不悖。”商业化甚至对穷人可能是一个较大的好消息。一方面，当一个非政府组织转变成一家受监管的银行之后，它可以吸收储蓄。另一方面，商业化能够帮助资金扩张。但是由 Cull 等（2009b）给出的证据则表明，大多数非政府组织和多数商业银行采用截然不同的方式为不同的市场提供服务。相比较于财务结构的选择，上述差异更为明显：数据显示，商业化进程将对服务人群和服务方式产生重要影响。

252 在 Ghosh 和 Van Tassel （2008）的基础上，Armendáriz 和 Szafarz （2009）进一步探究了交叉补贴（而不是使命漂移）的可能性。在 Armendáriz–Szafarz 模型中，交叉补贴通过富人和穷人混合的方式实现，其有助于微型金融机构实现覆盖最大化目标，特别是当持续的资金来自于倾向于投资财务可持续机构的国际捐赠者、地方政府、社会责任型投资者等群体。较大的平均贷款规模并不意味这这个机构不再服务最穷的客户——事实上可能却是相反的结论。在实践中，进行交叉补贴往往容易出现问题。随着竞争的深化，部分机构将被竞争者夺去较为富有和能够创造利润的客户，因此集中服务特定的客户容易导致损失。

## 8.4 利率、资金来源结构和杠杆率

通过资产杠杆化扩大规模是微型金融机构商业化的重要前景之一。随后我

们将讨论那些支撑微型金融机构正常运营的收入和资金的不同来源。补贴资金是支持微型金融的重要力量，我们将在第 10 章进行更为深入的讨论。

本章开头关于康帕多银行公开发售的故事以及上面所提及的一些问题，均反映出微型金融的定价策略和资金来源之间存在交互影响。一方面，在减少放贷机构对补贴、利息和收费依赖的同时，其往往需要通过获得商业性资金以实现财务自足。另一方面，只有具备财务自生能力的机构才能实现财务自足。那些想获得商业性资金的机构不得不首先利用上述工具以实现自身的可持续性。它们承受着在压缩成本同时仍需通过贷款利息收入覆盖运营成本的巨大压力。

### 8.4.1 利率

我们在第 1 章放弃了资本收益递减假说，并质疑了贫困借款人对利率相对敏感的假设。截止目前，小额信贷需求的利率敏感性问题仅停留在经验层面，相关证据显示利率还是存在作用。Dehejia， Montgomery 和 Morduch （2009）对该问题进行了深入研究，通过使用孟加拉信用合作社不同分支机构所收取的不同利率数据，他们估算了贷款需求对利率的弹性。研究发现，利率上升 10% 253
将导致信贷需求下降 7.3% ~ 10.4%。进一步分析表明，不太富裕的家庭比富裕的家庭对利率显示出更高的敏感度。在这个研究基础上，我们发现银行分支机构提高利率将会流失部分相对贫穷的客户基础；Dehejia 等（2009）在他们的数据中发现了若干这类流失迹象的证据。Karlan 和 Zinman（2008）也研究了消费者对利率的敏感性，他们发现，客户对高定价贷款的需求是“扭曲的”：在利率上升时期需求曲线非常陡峭，但在其他情况下曲线却很平坦。因此当放贷机构可能需要设定足够高的利率以覆盖成本的时候，他们应该观察利率对不同类型信贷需求的影响。

人们普遍认为，微型金融机构收取的利率要低于贷款公司，更远低于康帕多银行在其公开发售期收取的年率 100% 的水平（包含了墨西哥 15% 的增值税）：从全球平均水平看，利率中值只有达到 26% 才能保证微型金融机构可持续运作（Rosenberg，Gonzalez 和 Narain 2009）[11]。然而。26% 仍然高于富人对信贷资金支付的价格。而这个缺口部分可以归因于小额贷款相对较高的成本，但作为资金用途之一的运营费用不是影响贷款价格的唯一因素。

除了运营费用，利率还由三类其他要素构成：资金成本、拨备计提和利润。Rosenberg 等（2009）的研究显示，运营成本构成了利率的主体部分。机构是否运作有效率，即如何保持运营成本尽可能的低，是一个最重要的问题。拨备计提对多数贷款公司来说并不明显，因此对利率的影响较小。微型金融机构的负债资金成本高于传统的银行，而相对较高的成本推动了贷款利率上升（Rosenberg 等，2009）。

利润是利率的最后一个组成部分，属于经理人最易控制的变量，但争议也最大。2006 年财务可持续的微型金融机构的资产平均回报率高于银行 0.7 个百分点。然而，银行的权益回报率却比这些微型金融机构高 4.7 个百分点
254 （Rosenberg 等，2009）。银行比微型金融机构具有更高的杠杆率是导致上述不匹配现象的主要原因。对于多数微型金融机构来说，管理费用对利润的贡献要大于利率。Rosenberg 等（2009）的研究显示，如果中等规模的微型金融机构将利率下调六分之一，那么将导致该机构的利润归零。

利率看上去令人惊讶的复杂。Collins， Morduch 和 Rutherford 等（2009）认为，从客户的角度看，短期贷款（例如，一月期）经常将利率做为固定费用，而不是按月计息。如果按年化形式表述这个利率，那么得到的 APRs（年化百分比率）将使人误以为消费者将在一个很长的贷款期限里支付这么高的利率（例如，一年期）。供给方也存在类似的问题。一项四个月的贷款——例如在康帕多银行是很典型的贷款形式——在以年化利率计价后看似非常昂贵。但是这一贷款的“绝对”成本却是在客户合理预算之内；对于放贷机构来说，由于需要补偿短期贷款的固定成本，因此收取较高的利率也是必要的。

**8.4.2 商业化的资金来源**

微型金融投资载体（MIVs）是一个将资金投资于微型金融机构的基金。部分投资者遵循严格的商业化原则并期待投资的高回报，但截至 2007 年 4 月，这些投资者在微型金融投资基金上的回报率普遍仅在 12% 左右（MicroCapital 2007）。更典型的是，MIVs 迎合了社会责任型投资者并遵循着双重底线操作，这意味着他们关心财务回报的同时也注重社会效益。然而微型金融的投资主体主要来自于某些公共或私人机构，其在本质上并不寻求获取财务回报。在 2007 年 4 月，这些非商业化资金占所有投资者的比重约为 63%（MicroCapital 2007）。它们包括旨在促进微型金融发展的微型金融发展基金，例如国际金融

公司等开发型机构，以及部分慈善基金。

近年来，在微型金融领域的投资如雨后春笋般兴起。2008 年 12 月，微型金融信息交换机构（MIX）列出了 103 家投资于微型金融的基金，其中私人基金的数目从 2006 年的 74 家增长到 2006 年底的 91 家（CGAP 2008b）。因为在微型金融领域的私人投资仅是最近才有的现象，因此仍旧缺乏像回报率这样的重要财务指标的趋势性数据，但目前已经有人努力去改善相关数据和指标的 255
质量。自 2007 年起，CGAP 已经开始与“共生”（Symbiotics）——一家专注于微型金融投资的咨询公司——合作，以记录微型金融领域的私人投资信息，并出版标准化的年度报告。在 2008 年出版的报告中，该小组预计到 2007 年末 91 家活跃的 MIVs 将持有 54 亿美元的资产（CGAP 2008b）。他们对其中的 58 家 MIVs 进行了深入的调查采访。

为了从商业模式、市场导向、财务工具和资产等级等各个角度进行深入的分析和比较，CGAP 和“共生”将所有的私人投资分成 7 个同类小组。正如表 8.2 所示，微型金融领域中的多数投资是来自于固定收益投资者的债务类资金。当债务类资金占到总投资的 78% 的时候，权益类投资迅速增长，到 2007 年已经高达 95%（CGAP 2008b）。

在 2005 年到 2007 年期间，私人投资迅速增长的部分原因是由于现有资金

表 8.2 关于微型金融资金的调查，2007 年

| | 固定收益 | | | 混合型：混合价值基金 | 股权 | |
|---|---|---|---|---|---|---|
| | 注册的对冲基金 | 商业投资基金 | 结构化金融产品 | | 私募基金 | 持股公司 |
| 接受调查基金的数量 | 6 | 5 | 4 | 7 | 4 | 6 |
| 总资产（百万美元） | 391 | 437 | 279 | 146 | 62 | 84 |
| 微型金融投资总额（百万美元） | 293 | 280 | 268 | 111 | 44 | 70 |
| 微型金融组合中股权的比重 | 6% | 1% | 0% | 28% | 93% | 76% |
| 微型金融组合中债务的比重 | 93% | 93% | 100% | 67% | 7% | 24% |
| 按美元计价的回报率 | 5.8% | 4.8% | 5.3% | 1.5% | NA | NA |
| 平均总成本比率 | 2.7% | 2.0% | 1.3% | 6.1% | 8.4% | 4.1% |

资料来源：CGAP 2008a，《微型金融中外国资本投资》。

获得成功的示范效应。表 8.2 给出了固定收益类的 MIVs 在 2006 年所赚取的净
256 回报率，其几乎接近于货币市场 5.8% 的回报率，而 2007 年他们甚至做得更好，赚取了平均 6.3% 的投资回报（CGAP 2008b）。微型金融机构普遍较强的财务表现有理由使人们相信，权益投资的平均回报率不会令人失望，而 2008 年全球经济下滑背景下权益类投资仍获得持续的股息回报就说明了这一点——2009 年 3 月两个新的权益类基金宣布组建，而随后还有数只基金处于筹建中（CGAP 2009）。CGAP 和“共生”的报告显示，2007 年私人权益类基金的内部投资回报率为 12.5%（CGAP 2008b）。

来自于私人投资者的资金主要集中于商业性机构，且多数集中于东欧、中亚以及拉丁美洲和加勒比海地区。然而最近的趋势显示，投资的版图正在发生变化。针对微型金融机构的投资基金的数目增加也就意味着部分领先的微型金融机构有机会增加信贷资金供给，并且 MIVs 之间的竞争也会加剧。MIVs 开展更大规模和更长期限的贷款则是这一竞争态势的最新反映，这些量身定做的贷

257 表 8.3 不同类型机构的资金构成

| 机构类型 | 所有资金的不同构成 | | | | | 处于中值非商业化资金比率 |
|---|---|---|---|---|---|---|
| | 捐赠 | 非商业化借款 | 股权 | 商业化借款 | 储蓄 | |
| 银行（24 家） | 0.02 [0.09] | 0.01 [0.037] | 0.13 [0.16] | 0.13 [0.19] | 0.71 [0.30] | 0.11 |
| 信用社（30 家） | 0.11 [0.22] | 0.03 [0.11] | 0.16 [0.15] | 0.06 [0.10] | 0.64 [0.29] | 0.21 |
| 非银行类金融机构（88 家） | 0.23 [0.30] | 0.11 [0.20] | 0.18 [0.24] | 0.28 [0.30] | 0.21 [0.29] | 0.45 |
| 非营利组织（134 家） | 0.39 [0.34] | 0.16 [0.25] | 0.08 [0.20] | 0.26 [0.29] | 0.10 [0.18] | 0.74 |
| 合计（276 家①） | 0.26 [0.33] | 0.11 [0.21] | 0.13 [0.20] | 0.23 [0.27] | 0.27 [0.34] | 0.43 |

平均值 [括号中为标准差]。以上不包括村镇银行。

资料来源：Cull, Demirgüç-Kunt, and Morduch (2009b), 表 4。

① 原书此处为 289，疑为计算错误。译者注

款能较好地满足大型微型金融机构的需求，而这种做法则导致 MIVs 投资进一步向大型机构集中。然而为了获得更好的财务表现，投资者也尝试拓宽客户基础，以克服竞争的压力，这意味那些至今没有吸引到足够数量私人资本的小型微型金融机构将有机会获得资金以扩大贷款规模。在印度和摩洛哥等地，捐赠是拓展微型金融机构本地资金来源的重要渠道（CGAP 2008a）。

### 8.4.3 杠杆化

商业资金的远大前景提高杠杆化的可能性，而杠杆化就是指使用现有资产去获取一个更大数量的资金。表 8.3 给出了 Cull 等（2009b）研究中所涉及的机构的资金状况。表中的微型银行和非政府组织有着非常不同的财务结构。对于非政府组织来说，其 39% 的资金来自于捐赠而另外的 16% 来自于非商业（软性）贷款。但对于银行来说，捐赠和软贷款仅占总资金的 3% 左右，商业借款和存款作为最大额的资金来源，占比达到 84%。

杠杆化通过增强一家机构的财务底线，使其获得规模经济的可能性大大提高。在这里，非政府组织进行杠杆化的能力有限。他们的贷款通常并非由抵押物支持，因此投资者对其潜在的风险保持着高度警惕。相反，微型银行更可能要求他们的客户提供合格抵押物，尤其是在银行发放较大规模贷款的时候。抵押物，与那些被监管机构所监管的证券类资产一起，反过来提高了微型银行杠杆化操作现存资产和获得贷款组合的机会。这也是商业化微型金融所一直提倡和追求的模式。利润率（多数非政府组织已经获得）并非是杠杆最大化的必要条件。

## 8.5 转型、规制和消费者保护

玻利维亚的阳光银行是拉丁美洲商业化微型金融机构的先锋，但其最初起步于一家非政府组织，即微型金融企业促进和发展基金（PRODEM）。正如 Rhyne（2001）所介绍的，它是在后来才逐渐变成一家正式的银行。一般来说，转型（也被称为“正规化”）要求有来自外部投资者的新资本，有地区金融监管当局的规制和批准，并且需要改善公司治理和内控状况。反过来说，在接
受管制之后，微型金融机构原则上就被允许吸收存款，并且除了贷款还可以提 258
供其他金融服务（Frank 2008）。转型有着优势，但也产生新问题。在非政府组织和其他非银行金融机构仍可以在较大政策弹性空间下运作之时，正规化的

金融机构则必须要遵循一套更加严厉的监管规则，这套规则往往规定了金融机构能够做什么和不能做什么。

公共机构的不同来历会带来不同的优势和劣势，但在遵循管制的过程中几乎所有的商业化微型金融机构都面临相同的挑战。正规化的金融机构将受制于一系列广泛的监管规则，这些规则将对机构运营提出了一系列要求，例如最低资本金、消费者保护、防范欺诈、建立信贷信息服务系统、保障安全交易、利率管制、外资所有权限制以及税收与会计事宜等（Christen，Lyman 和 Rosenberg 2003）。所有这些规则都反映了当下社会的关注热点，但对于执行规则的金融机构来说却是巨大的成本，另外监管当局执行规制也存在成本。由于微型金融是一个新兴现象，因此许多国家的金融监管体系仍没有很好地反映出微型金融服务穷人的特殊性。

实现有效监管是对监管当局和金融机构的持久挑战。往往是富人才持有身份证明（和财产证明等），而微型金融客户缺乏这类证明的事实使监管当局对消费者的监管更加困难。

### 8.5.1 审慎监管

在微型金融的监管问题上，区分审慎监管和非审慎监管是非常有必要的。根据 Christen 等（2003）的定义，审慎监管的“目的在于从整体上保护金融体系，同时也保护了单个机构中小额存款的安全”。多数微型金融机构尚未达到遭遇流动性危机而危害所在金融体系稳定性的规模。但是由于多数客户比较贫穷，因此存款储蓄机构有责任保护客户储蓄的安全性，不可靠的存款机构往往使客户的储蓄处于风险之中。政府基于保护存款安全性的考虑，对微型金融机构施加审慎监管。多数国家审慎监管的另一内容是，未纳入监管框架的金融机构将
259 不被允许从公共领域吸收存款。因此，如果一家机构想提供储蓄服务，一定程度的正规化和接受审慎监管是必要条件之一（Ledgerwood 和 White 2006）。

审慎监管为金融中介设定指导方针，要求其在发放贷款的同时要有准备金（例如，存款）。对于真正的金融中介来说，这些内容都非常重要。正如 McKee（2005）所观察到的，“保持资产与负债的良好匹配是一项复杂的平衡运动——并且丧失平衡将使机构的运营资金和权益处于风险之中。为了应对这一挑战，存款产品流动性的提高——那些允许在任何时间回收的产品——导致

了欺骗、错配和偿付危机等风险。”在金融机构层面，所有这些都是严重的风险，并且正如我们所看到的，它们也使穷人的储蓄受到威胁。

但是，遵循审慎监管原则并处理具体监管事务将导致不小的成本。典型的审慎监管会对金融机构提出准备金率和其他保障稳定性和流动性的监管指标。Christen 等（2003）观察到，对于微型金融机构来说，第一年的成本可能是资产的 5%，而随后年份则大概为 1%。产生如此之高的规制成本是因为有限的规模经济效应。在遵循管制规则后，假如以资产比例衡量，小银行的成本远高于大银行，而微型金融机构一般比其他银行都要小。更重要的是，机构需要雇佣相对高成本的技能型劳动力去处理审慎监管所需要的法律和信息披露事宜。

给定与金融中介和监管相伴随的风险和成本，一个问题是为什么微型金融机构还要吸收并经营储蓄资金。正如第 6 章所讨论的，对于穷人来说，具备可靠的储蓄机制是非常重要的，因此肩负社会使命的微型金融机构会以客户利益为导向，提供储蓄服务。但对机构来说，将存款融入产品组合也是有利的。首先，它能帮助金融机构吸引和维护客户群。如果某些家庭存在储蓄困难，那么提供可靠、便利的储蓄机制就是吸引客户的一大亮点。进一步说，这可能是一家微型金融机构与其竞争者相区别的重要标志。第二，吸收和运作储蓄资金将为微型金融机构提供资金来源，一般来说这类资金的价格较为便宜，且来源比其他替代品更为稳定。

### 8.5.2 非审慎监管 260

在大多数国家，所有商业化和非商业化微型金融机构均遵守着某种类型的非审慎监管。非审慎监管的涵盖范围广泛，包括消费者保护、防止欺诈、建立信贷信息服务、安全交易、利率管制、外资所有权限制以及税收和相关会计事宜（Christen 等，2003）。在这里，我们将介绍三类主要的非审慎监管。

消费者权益保护是非审慎监管的重要内容之一。在微型金融领域呼唤消费者权益保护可能令人诧异。根据定义，微型金融的目标是拓展对受金融排斥人群的金融服务，而该领域的开拓者们已较好地将财务管理策略与极强的人文主义情怀相结合。

但是领导层的视野往往难以被贷款经理们所领会吸收，而消费者可能也缺乏做出最优选择的环境。因此，消费者保护主要有两大内容。第一是在放贷中强调真实性，因此消费者能够理解合约内容和自身责任。第二要使消费者在侮辱性的行为前受到保护。在这里，也包括消费者财务知识培训和建立解决不满和争端的媒体曝光机制。

非审慎监管也包括对利率的管制。如上所述，发放小额贷款是高成本的业务。相比较大额贷款，管理费用占了小额贷款总成本更高的比例，且放贷机构需要对小额贷款收取更高的利率以覆盖成本。然而如 Christen 等（2003）指出的，“立法和公共机构从来没有理解这一动态机制”。当然在某些地方，政府已经限定了利率下限以保障小额信贷的可持续性。利率管制的目的是保护穷人免受剥削，但在实践中却往往导致放贷机构过度依赖于补贴或使其与市场化定价机制相背离。

最后一类非审慎监管是那些被称为“了解你的客户”的内容。这些监管包括防范金融欺诈和金融犯罪，保障安全交易以及建立征信系统。在某些微型金融具有重要地位的国家里，建立征信系统既是一个技术性的挑战，也是监管层所亟需破解的难题。正如第 4 章所讨论的，征信系统被证明是解决逆向选择问题的有效措施，其一旦建立将比其他可替代的措施花费更低的成本。但为了保
261 障系统的实用和安全，一国一方面需要建立身份识别系统以促进信息的收集，另外则需要致力于完善法律体系，以确保个人隐私保护的同时提高个人参与的积极性。

### 8.5.3 经验证据

监管为微型金融发展提供了制度框架和游戏规则。它将直接决定微型金融的业务内容，并对微型金融的具体运作流程也产生影响。一些研究尝试通过观察监管与绩效之间的关系以回答后一个问题。Cull，Demirgüç-Kunt 和 Morduch（2009a）深入分析了监管对微型金融机构赢利状况的影响，尤其注重分析对微型金融机构运作机制的影响。他们使用第 8.3 节中的数据集，但主要集中于 245 家机构的相关监管数据。所得到的关键结论是，服务贫穷客户和审慎监管之间存在取舍。

Hartarska 和 Nadolnyak（2007）的研究表明，如果以运营自足率（OSS）或覆盖面衡量，那么管制对微型金融机构的绩效没有直接影响。他们发现吸收储蓄的微型金融机构拥有更多的借款人，这部分说明监管间接有利于机构扩大规模。

Cull 等（2009a）通过构建两类变量来分离管制的影响：一个哑变量代表该家机构是否接受当局持续的监管，另一个哑变量则刻画该机构在正常的时间段内是否接受监管。他们发现，即使在相同的国家，一些机构面接受监管当局的持续监管而另一些机构则没有，这主要由所有制结构、资金来源、机构活动以及组织架构等因素决定。

在 Hartarska 和 Nadolnyak（2007）的研究基础上，Cull 等（2009a）的研究显示，与其他金融机构相比，受制于更为严格的正规监管的微型金融尽管存在较高的监管成本，但是它们的赢利并未减少。但与 Hartarska 和 Nadolnyak（2007）相反，一旦将数据进行分类分析，金融服务的覆盖面还是受到明显影响。Cull 等（2009a）发现规制型监管与更大的平均贷款规模和较少对妇女放贷存在相关关系。他们认为这个经验发现是一个信号，意味着金融服务将从那些有着较高服务成本的人口群体中转移出来。他们也发现监管将导致机构总部员工的占 262
比不断上升，这或许与信息披露和正规化有直接关联[12]。

Cull 等（2009a）提出的问题是，金融监管以保护存款资金安全和改善微型金融部门稳定性为目标，但其带来的收益是否大于金融服务覆盖穷人和妇女所带来的收益。或者，更积极的说法是，这个问题可以表述为是否可能设计一个既能避免额外的负担，又能实现与社会使命相统一的监管框架。

通过作用于宏观经济运行，监管政策也可能间接地影响微型金融绩效。Ahlin 和 Lin（2006）回顾了相关文献并利用世界银行关于宏观经济绩效的数据，这与 Cull 等（2009a）使用来自于“混合市场”（MIX Market）的跨国和跨微型金融机构的数据类似。作者分析了宏观经济绩效与 4 个关键微型金融机构绩效指标的关系——即财务可持续性、违约率、借款人单位成本和客户增长率——并且发现宏观指标与微型金融机构绩效之间存在显著相关性。例如，在具备较高经济增速的国家中，微型金融机构往往有更高的财务自我可持续能力和较低的违约水平。这个结果意味着宏观经济状况影响微型金融机构的表现，但并不如制度性因素明显。

## 8.6 结论性评价

商业化是当前微型金融领域最引人注目的问题之一。部分人士认为，这是一个以扶贫为幌子的欺骗性想法。而另外一部分人士则将商业化作为微型金融的未来发展方向。在捐赠预算之外，商业化投资能为微型金融扩张提供稳定资金，使世界上更多受金融排斥的人群享受到正规的金融服务。对于商业化如何转型、微型金融服务什么人群和怎样服务等问题，第 8.3 节中的相关数据已经给出了说明。相比于非政府组织，银行客户不算贫困。然而，银行有着更加广泛的覆盖面并且运营更加有效率。我们认为，这种差别就意味着微型金融需要在单独发展和互补发展中实现平衡，也就是说商业化放贷机构和非营利机构将共存发展。

在第 8.4 节中所讨论的商业化投资为微型金融机构摆脱捐赠资金提供了机
263 会，但一个有效的监管框架是金融机构重要的生存基础。正如我们在第 8.5 节中所介绍的，有很多因素正促使监管者考虑创新和改革策略问题。

目前很少为人关注的是，规模不断下降的大型商业银行可能会获得新的发展潜力。阳光银行由非政府组织转型为商业银行，这就是微型金融进入商业领域的重要途径之一。在东欧地区，许多商业化微型金融机构在探索中不断建立。也有一些转型出自于规模不断下降的传统“主流”银行和信用社，它们正转向服务于更低收入的人群和农村市场。这样的例子包括 1980 年代转型的印度尼西亚人民银行（Robinson 2001），以及像东北银行（Banco do Nordeste），国立银行（Banco del Estado）和泰国 BAAC 等国有银行的转型（Christen 和 Drake 2002）。大型商业银行的体量虽然持续下降，但其制度架构良好并接受金融监管，这些在银行吸收储蓄的过程就是信誉和优势。

然而，这些体量下降的商业银行的转型历史纪录却参差不齐。为了在本地商业竞争中扩大市场规模，商业银行需要改进金融服务产品的质量和渠道。通过无抵押的方式向微型企业家放贷的简单想法往往很难被接受。在全面监管的框架下，技术支持、捐赠资助以及体量下降银行与微型金融机构之间的近距离沟通都是必要的。截至 2001 年，在微型金融领域已经有 70 家商业机构——与 4 年前的 17 家相比，这是一个非常明显的进步（Baydas，Graham 和 Valenzuela 1997）。例如，无网点的银行服务等新技术的到来，则有望使银行的体量进一步下降。

展望未来，当政策制定者和实践者面对持续发展的消费金融形势，本章的问题肯定会被重新提及，尤其是在拉丁美洲和东欧地区（Churchill 和 Frankiewicz 2006）。相比于传统的微型金融，消费信贷发展出了一个截然不同的模式（费用往往较高，违约率被容忍到一个更大的程度，过度负债也更普遍，类似于信用评级等技术也被使用，而且存在明显的赢利的导向性）。然而，消费金融和微型金融的服务领域存在重叠，进而提出了商业机构在扩大不同种类金融服务过程中如何统一协调的问题。

最后的问题是，不同类型的参与者是否能够带来金融服务覆盖面进一步扩大 264
和优质服务供给进一步增加的希望。回到微型金融的起源，也就是说这些不同类型的参与者是否实现早期微型金融实践家们长期为之奋斗的社会和经济目标？

## 8.7 练习

**1.** 康帕多银行在 2007 年通过公开发售成功募集公众资金，这是微型金融商业化的重大事件。请问发行债券或股票有哪些显而易见的好处？伴随着这些变化，又会产生哪些坏处？

**2.** 在之前的章节中，我们通过理论分析表明，贷款人所收取的利率受到借款人激励相容性的约束。也就是说，过高的利率将损害借款人偿还债务的激励。请使用动态分析方法，为康帕多银行通过收取高利率而获得高回报的事实提供一个合理的解释。

**3.** 解释运营自足（operational self-sufficiency）这一商业领域的基础性概念。为什么其对于商业健康发展具有重要影响？

**4.** 一家乌干达的微型金融机构是以非政府组织的形式存在的。该机构每年收到 60000 美元的资助，获得大概等价于 10000 美元的志愿者服务，并赚取 50000 美元的利息收入和 10000 美元的客户收费收入。它现在的贷款组合不依赖于债务融资。该机构的总运营费用是 40000 美元，并为其贷款损失提供 10000 美元的拨备。

a. 该非政府组织是运营自足的吗？

b. 该机构可能会成为财务自足的吗？

c. 按照目前的资金架构，该非政府组织所面临的风险有那些？

d. 假设在乌干达现有的市场资金成本是年率 10%，那么 FSS 是多少？

e. 你认为上述市场利率水平准确地反映了该非政府组织的贷款利率水平吗？

f. 如何能够获得一个更加准确的衡量方法？

**5.** 在现实世界中，将 FSS 作为衡量可持续性的指标存在哪些障碍？给出
265 一些针对可持续性的潜在战略性障碍，特别是在经济衰退和捐赠资金不稳定的情况下。

**6.** 请解释资产回报率（ROA）是如何成为衡量赢利的指标的。在习题 4 中，如果该 NGO 的初始资产是 110000 美元，而终期资产是 130000 美元，且其在该财年支付了 1000 美元的税收，请计算该机构的 ROA。

**7.** 在坦桑尼亚有一家微型金融机构，其正为即将到期的客户贷款资金忧虑。如果客户无法偿还这笔资金，那么该机构就不能在下一期发放其所希望发放的贷款额度。贷款组合的总额为 200000 美元。总共有 50 笔未偿还贷款，这些贷款本应该在过去 5 个月按双周支付 200 美元，但现在均已出现两期的逾期支付。在两期逾期支付之前，借款人的前三次分期付款均正常。计算 30 天风险组合率，并解释其如何影响整体贷款组合的安全。

**8.** 解释为什么相对于商业银行，平均来说非政府组织会对借款人收取更高的利率。在什么情况下这是一个不好的现象？该如何降低这么高的利率水平——并且会产生什么样的成本和收益？

**9.** 考虑本章所介绍的若干利率情况。本来是为了追求财务可持续目标，但微型金融机构却很难简单地提高其利率水平，那么这其中有哪些潜在的原因？你能够想出什么创造性的解决方法应对这个具有普遍性的挑战吗？

**10.** 公司私有化或组织公共化的最大障碍之一是对其进行管制的成本和时间。公众往往是依靠对一家公司业绩、行动和领导层的情况才决定是否投资持有该家公司的部分股权。请比较受管制的微型机构与非银行金融机构或非政府组织的优势和劣势。相比较传统的银行，对于监管机构来说，微型金融机构具有哪些特性？

**11.** 近些年微型金融机构的数量成倍增加。微型金融机构竞争度的增加会带来哪些好处，又存在哪些坏处？

# 第9章



# 评估效果

## 9.1 引言

微型金融会产生许多利益，而关于它的好处也有着许多传闻。但是迄今对 267
它所产生的“净效果”还没有多少严谨的实证研究。正因为如此，很少有过硬的数字为关于替代性发展策略的辩论提供信息，以及引导社会投资。本章将描述一些评估微型金融怎么有影响的尝试。

“有影响”这个说法可以被转述成一个明确的问题，它处于每一个可信的效果研究的中心：“*相对于没有干预可能发生的结果*，有干预时结果发生了哪些改变？”问题的第二部分是基础性的。在最近几十年，入学率和健康状况在各个地方都所改善。贫困率也在广泛的国家中平稳地下降，即使是那些微型金融很少或根本就不存在的地方。效果问题的核心是微型金融如何在这些根本性的趋势和条件上产生影响。

如今，让全球为之激动的事例已经让微型金融从一些分散的项目变成全球的运动。经验案例为“变化的理论”提供了基础，在该理论基础上进行投资分配，但它们本身是不够的。参考布罗拉·帕拉女士的事例，她生活在墨西哥蒙特雷市一个贫困的 7 口之家，家徒四壁[1]。本身文盲且毫无工作经验的帕拉女士从小额信贷商 ADMIC 那里获得第一笔 150 美元的贷款。这笔贷款足够她购买纱线和其他缝纫供应品来做一些手工缝制的装饰品。每周她出售 100 个手工的篮
子、玩具和镜子，在周边地区上门兜售。在 10 笔贷款之后，帕拉女士挣得了 268
足够的钱在她朴实的房屋中添置了一个卫生间，以及一个户外的喷头。盖第二层楼也在她的考虑中。

这个事例是引人注目的，但它不能替代通过大样本考察效果的严谨的统计证据。对每一个布罗拉·帕拉，还有其他遭遇惨淡的客户吗？即使布罗拉·帕拉代表了她的社区，如果没有微型金融，将发生什么呢？

关于效果的严谨的研究数目虽少，却在慢慢增加，到目前为止这些研究所

得出的的结论比考察事例所暗指的更有说服力[2]。微型金融被作为一种提高穷人收入的方式而兜售，但由美国国际开发署资助的对印度 SEWA 银行、津巴布韦的 Zambuko 信托和秘鲁的“我的银行”（Mibanco）的研究发现，平均而言，只有在印度和秘鲁借款人才有净收益。在津巴布韦，相对于那些对照组中的人，借款人没有任何可测量出的平均收入提高（Snodgrass 和 Sebstad 2002）[3]。最近在印度城市的随机实验发现商业投资增长了，但平均而言对消费没有短期的收益（Banerjee， Duflo， Glennerster 等 2009）。

这并不奇怪：这些被精选出来的事例能够显示出微型金融的潜力，同时用于统计并分析出被设计来显示跨国的典型效果。不可避免地，一些顾客的生意将会兴旺，另外一些没有变化，还有一些可能退步。例如，一个对玻利维亚阳光银行的研究称，它的员工测算在给定的任何群体中，大约 25% 的对象显示出借款有显著的回报，60% ~ 65% 保持不变，大约 10% ~ 15% 破产了（Mosley 1996b）。在 2001 年的一项最终重塑了 BASIX——一家印度领先的微型金融机构——策略的调查中，发现大约一半的最好的微型金融客户报告收入增加，1/4 保持不变，1/4 有所下降。

本章提供了一个对基本概念、工具和效果评估价值的介绍。我们首先在一个典型的评估语境中描述“选择偏倚”的本质。9.3 讨论微型金融如何影响家庭。9.4 介绍评估的基础。9.5 描述了基于准实验和工具变量方法的研究。9.6 描述了采用随机实验的新推动力，它们的优势和局限。它还描述了来自菲律宾、印度、
269 斯里兰卡和南非的新研究。9.7 提供了对在社会绩效测量这个更广的语境下去评估日益增多的关注的最终思考。

## 9.2 选择偏倚和对因果关系的关注

无论利益的结果是什么样的，评估效果最困难的部分是区分微型金融的因果作用（这要求剥离不同的“选择”和“逆向因果”偏倚，这对几乎所有的统计评价都常见）。即便参与微型金融的收益资助了新房屋、孩子的继续教育、新的存款账户和新的生意，我们必须问：是否这些变化更加显著于如果没有微型金融发生的情况。例如，在 Banerjee 等（2009）中，他们取自印度城市的基线样本中的 69% 在微型金融机构进入社区*之前*，至少有一笔未清偿贷款（来自

于小额信贷商、家庭或朋友）。

此外，如果我们看到富裕一点的家庭有较多的贷款，我们必须问是否贷款使家庭更富有——或仅仅是较富的家庭更容易获得信贷（或两者兼有）而不是事实上通过贷款有了更高的生产率。这是表述 9.1 中要点的另一种方式：最终，每一个严谨的评估要寻求答案的问题是如果没有小额信贷项目借款人会怎么样。

注意到，这是一个令人惊讶的难题，如果不采用包含随机实验设计的研究很难回答清楚。一个主要的问题是许多微型金融客户已经比他们的邻居有先天优势。例如，在审视泰国北部的村镇银行项目时，Coleman（2006）发现那些后来成为微型金融借款人的家庭在村镇银行开始运营前趋向于已经显著地比他们不参与的邻居更富有。村镇银行成员的家庭财富（资产减去负债）是 574738 泰铢，而非成员仅仅拥有 434154 泰铢。此外，最富的村民成为借款人的几率几乎是他们较穷的邻居的两倍：最上层五分位数的 81% 最终进入村镇银行项目，而第 1 和第 2 个五分位数仅有 42%。最富有的也更倾向于使用他们的权力来获得比他人更多的贷款。Alexander（2001）近似地发现，秘鲁的微型金融借款人比他们未参与的邻居一开始就明显更富有。

在孟加拉的小样本中，Hashemi（1997）也在格莱珉银行和 BRAC 服务的 270
村镇中，发现了借款人和非借款人之间重要的根本性差异。超过一半的人选择不参加，是因为他们发现他们无法获得足够的利润来可靠地偿还贷款。另外 1/4 的人决定退出，是因为宗教和社会惩罚限制了她们与非家庭男性成员一起参与家庭之外集会的能力。如果没有足够的关注来控制微型金融项目中的此类自我选择，对收入和“赋权”的估计“效果”将会产生误导。微型金融干预将看起来比事实本身更有正面意义。不幸的是，这不是一个参与者和政策制定者可以放心地无视、仅限于小圈子内的关切。这不仅是获得“很好”的效果估计和“完美”估计之间的差别——偏倚可能很大。例如，在评估格莱珉银行时，McKernan（2002）发现不控制住选择偏倚可能导致高估参与的效果，100% 的放大收益。在后面将讨论的其他情况下，控制这些偏倚将完全逆转有关效果的结论。

## 9.3 微型金融如何影响家庭

增加收入和消费当然不是评价微型金融的唯一度量标准。参与微型金融能够以多种方式影响家庭。除了家庭收入和消费，研究人员已经分析了一系列社会和经济后果——包括商业利润、营养、教育、生育、避孕、风险、资产持有量——及一系列对赋权和社会意识变化的衡量[4]。例如，在津巴布韦的 USAID 研究显示出客户比其他人更加多元化他们的收入来源，这是分散风险的潜在重要方式。

于是第一批研究者必须问：我们将试图评估什么？微型金融可以通过一系列渠道影响家庭结果。更直接地说，微型金融可以使家庭更富有，产生“收入效应”推高总消费水平，其他条件不变，增加对子女、健康、儿童教育和闲暇的追求。但运行小微企业也可能花费时间（使得时间相对于其他活动更加珍贵），
271 产生“替代效应”将抵销收入提高的效果。例如，伴随着增加的女性就业，花在抚育孩子上的时间以先前的收入衡量变得成本更高，推动生育率下降[5]。要求孩子在家里帮忙（来补偿父母做的额外的劳动）可能降低教育水平；此种情况下，如果工作的回报将充分提高，闲暇可能下降。评价商业收益的效果仅仅是一个开端。

事实是，通常获得收入的女性并非同质的。如在第 7 章关于性别和微型金融的描述，微型金融影响家庭结果的另一条渠道是通过反转决策的平衡。据称伴随着收入增长，女性有可能获得在家庭中的影响力，用它推动在妇女特别关注的领域更大的支出。

小额信贷商也可能用直接的、非金融的干预影响客户结果。一些项目利用与客户的会面建议家庭计划，强调教育和健康实践的重要性，以及利用组集会的优势来举办共同讨论和培训班。例如，运行由非政府组织“免于饥饿”开发的“贷款加教育”模式的村镇银行，使其成为它们各种方法的中流砥柱，拉美的“扶持女性”等其他的小额信贷商以多种方式增加了培训和教育元素（Dunford 2001）。考虑到这些额外的收益，McKernan（2002）发现在剔除获得资本的直接收益之后，成为格莱珉银行的成员与 126% 的自雇收益增长相联系[6]。她推测，这个增长缘于增加的社会和人力资本，而它们来自于组的聚会。

渠道的多元化意味着通常不可能对微型金融中严格的金融元素指定一个给

定的被度量的效果；尽管有尝试去分析那些本质上相近但细节上差异的项目。例如，为了分离教育项目的作用，理想情况下，人们希望运行不带“贷款加教育”培训环节的项目，把它们与类似的二者兼用的项目作比较。Smith（2002）使用在厄瓜多尔农村和洪都拉斯城市中 HOPE 项目“健康银行”的数据这么做了。他发现健康干预确实增进了参与者的医疗水平，相对于那些仅仅发放信贷的项目，健康干预没有降低银行的财务表现。人们也希望通过降低疾病的发生和提高生产率，像这样的健康干预可以对家庭收入和支出有影响，但在那些 272
评价上的结果在 Smith 的样本中是混合的。Smith 的案例随后被多次研究，以度量商业培训的效果（Karlan 和 Valdivia 2008），营销（Bertrand，Karlan，Mullainathan 等 2008），“意识崛起”，以及其他通常伴随金融服务的活动。

## 9.4 评价的基础

分解因果比乍看起来难的多。毕竟，人们一次只能处于一种情况下。对特定的微型金融客户，我们不知道什么会真正发生，如果他们事实上不是微型金融的客户——就像你不知道什么将会发生，如果你上了不同的大学，学不同的专业，读不同的书，或到不同地方旅游。没有时间机器，我们生命中的每一时刻只能获得一种机会。

这使得评价者的日子复杂化了，因为最终评价者希望知道对微型金融客户来说是否好的结果可能与没有微型金融的结果几乎一样好（或糟糕，或更好）。为了评估效果，研究者因此必须寻找方法来逼近“反事实”（如，预测如果没有微型金融会发生什么）。甚至当难以对某一个客户的反事实形成一个可信的估计时，有可能对一组客户形成一个可信的估计。

具体而言，我们关注于评估微型金融对借款人收入因果效应的尝试[7]。收入可以归因于许多来源。最直接的，这些来源是你的工作，你的生意，你的养老金等。但这里我们为了关注于更基础性的来源，如年龄、教育程度和经验，需要往回走一步。这些特征通常可测的。另一种对特征的分类更难测量，如你的企业主技能，你实现目标的毅力，你的组织能力，以及你获得重要社会网络的渠道。在后一种分类中，我们也纳入了“冲击”，例如是否你去年冬天有流感，或与你老板有过争执。另一套特征与你在哪居住有关——例如，在城市还

是农村（可测），或在一个拥有活跃本地市场的地方（可测，但通常在调研中
273 不做记录）。最后广义分类包括易于被广泛感知的收入决定要素，如政治动乱、脱缰的通货膨胀或经济繁荣。

测算微型金融的效果要求从这些全部要素的同时作用中分解出它的作用。由于以下事实这个挑战将变得更难：是否决定参与微型金融项目——且以何种程度——可能也取决于这些相同的特征。信贷员努力工作来甄别客户，经理们仔细计算在哪设立新的网点，产品被设计出来吸引人口中最有潜力的那部分，人们由于策略性原因选择参与和退出微型金融项目，这通常与他们察觉到的回报相关。如果客户比他们的邻居更富、更愉快、更有生产效率，原因可能是因为微型金融机构成功地锁定了更富、更愉快和更有生产效率的人群，而不是因为这些机构创造了这些条件。结果，有可能参与微型金融和年龄、企业主能力等有高度相关性。由于研究人员能够记录你的年龄，有很简单的控制与年龄相关问题的方法。但由于企业主能力是不可测量的，研究人员在比较上需要更仔细，否则成为一个更好的企业主的成果可能被错误地理解为获得微型金融的影响。

带着这一点，我们用图 9.1 来考察各种评价方法。最终目标是分离和度量黑框里的“微型金融的效果”。效果被一个“代表性的”人所感知，他被准入微型金融项目。我们把位置 $T_2$ 看作项目启动后的第 4 年。在第 0 年准入项目前，此人的收入由位置 $T_1$ 表示。$T_2$ 和 $T_1$ 之间的这段距离是分析的有利起始点，因为它排除了那些可测量和不可测量的个体特征的作用——它们不随时间变化，与位置有关的问题也如此。虽然这个差距刻画了微型金融的效果，它也反映了在第 0 年和第 4 年之间更宽泛的经济和社会变迁，它们是独立于微型金融的。因此把 $T_2-T_1$ 的差整个地归因于微型金融的影响是存在误导的。问题是我们不能在没有更多信息的情况下解析它。

识别一个对照组因此很关键。图 9.1 显示从一个微型金融未进入地区获得的可行的对照组。不太可能找到与“实验组”人口完全相同的群体。在这个例
274 子中我们看到，对照组的基础收入水平从较低水平起步。因此，比较 $T_2$ 和 $C_2$ 的差将有助于解决偏倚问题——它来自被广泛感知的经济和社会变迁，但它仍无法解释不同的基础水平。分离微型金融的真实效果要求对 $T_2-T_1$ 的差与 $C_2-C_1$ 的差进行比较，这就是所谓的“双重差分法”。

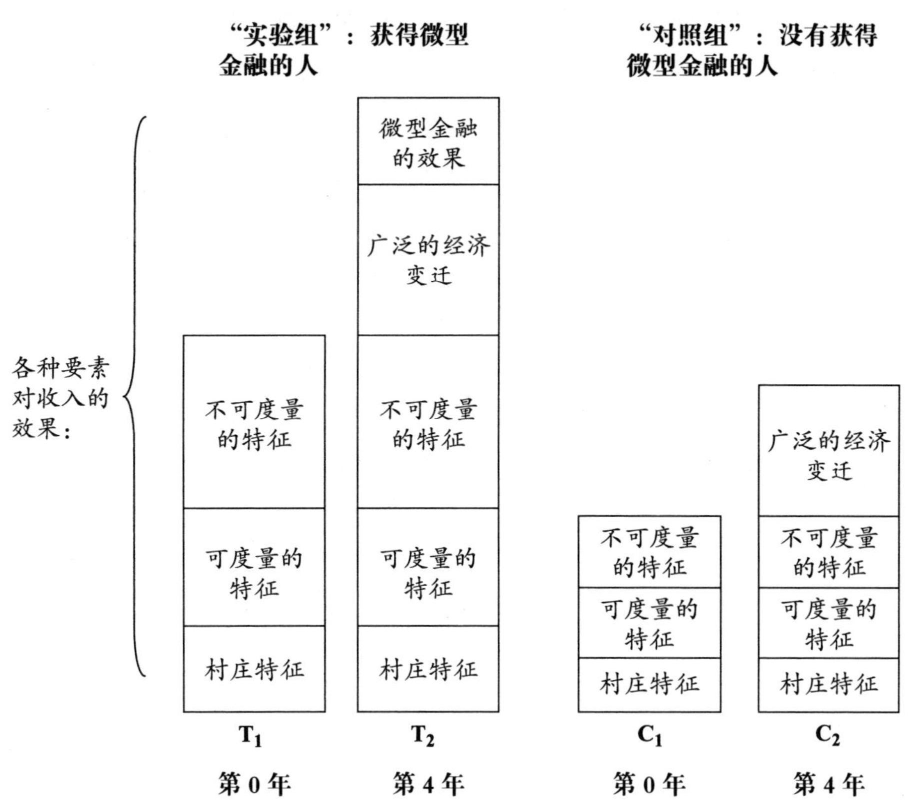


图 9.1 实验和对照组的收入来源

就图 9.1 的情况而言，"双重差分法"足够实现对微型金融效果的精确测量。但我们做出了一个暗含的假定，现在需要放在桌面上。我们假定个体特征——如年龄、教育、企业主才能——的影响不随时间变化。因此，当我们比较 $T_2-T_1$ 与 $C_2-C_1$ 时，它们的效果被排除掉了。但实际中，这些特征可能随时间变化（或许借款人获得更多教育或强化了她的社会关系网，这些理由与微型金融无关）， 275
或者它们可能随时间直接影响变化，所以它们并不像假设的那样能排除。例如，越有才能的企业主将越希望有更大的收入增长，而不仅仅是较高的基础收入水平。当有关变量不可测量时，通过确保对照组与实验组尽可能可比来缓解问题。

为找到可比的实验组，我们需要考虑谁在一开始加入微型金融项目。图 9.2 给出了一种可信的情形，关注点是企业主能力。参与者趋向于有较高的企业主才能，非参与者倾向于较少拥有。在微型金融项目到来之前，参与者因此有较高的收入和收入增长潜力。比较一个给定村子中的微型金融借款人和他们决定不参加的邻居可能出现问题。正如之前说明的，我们顾虑的是无法测量的特征——如企业主才能——可能影响收入增长和初始收入水平。

于是，设想我们能从其他村子获得与图 9.2 中刻画的一致的数据，除了第二个村子缺乏微型金融项目。这似乎提供了一个完美的对照组。但如何使用它
276 呢？图 9.2 显示，比较实验的村子中参与者的收入与对照的村子中的总体平均水平也将产生问题，因为前一个组是自我选择的，而后一个不是。问题是，根据定义，对照组里就没有参与者，因为它根本就没有项目。

有两个解决方案。第一个方案是改变问题。我们一直在问：参与微型金融的效果是什么？我们取而代之这么问：*准入*微型金融的效果是什么——不论村民最终是否参与了？回答第二个问题（从政策角度看更重要），只需要比较实验组中的全部人口的结果（或更简单地说，从总体中随机抽取一个样本）与一个从对照组中抽取的样本。Coleman（1999）使用过的第二个方案是试图在对照组中识别未来的借款人，比较真实的微型金融参与者和未来的参与者。第三个方案寻常但有问题，它比较一个给定村子里老的借款人和刚进入项目的新借款人。该方法的主要困难在于非随机摩擦，这将在 9.52 中讨论。

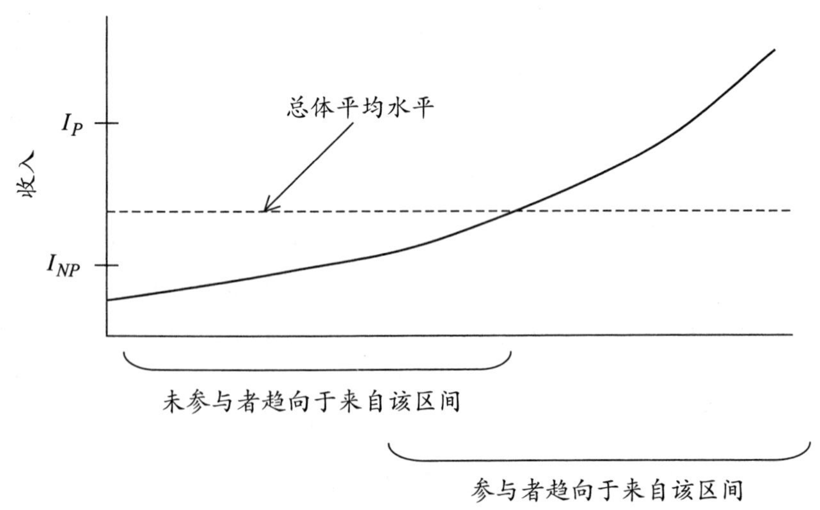


图 9.2 在一个给定的村庄中，不可度量的企业主才能和收入之间假设的关系。

## 9.5 非随机方法

这里，我们考察了一系列不依赖于随机决定谁获得谁没有的效果评价的相关方法。（他们在调查时可能使用随机采样设计，但那是另一回事。）这个概述不是面面俱到的，但我们指出了核心方法论问题，汇集了一些重要的结果。时至今日结果毫无疑问是混合的，有一些证据显示微型金融在收入、支出和相关变量上有微弱的正面效果，而其他的研究发现一旦选择偏倚被解决，正效应则消失。迄今很少有对微型金融严谨的效果评价，所以一个确定性结果的收集仍然处于期待中。同样，现有研究提供了有用的视角和未来研究的导向。

### 9.5.1 使用泰国东北部潜在客户的数据

一些近期的研究使用新颖的研究设计来解决选择偏倚。一个方法是使用借款人在进入微型金融项目前的信息。Coleman（1999，2006）利用一个在泰国 277
东北部开展微型金融项目的特别方法，提供了一个独特的方式来解决选择偏倚问题。他收集了 14 个村子的 445 户家庭的数据。在这些村子中，8 个有村镇银行，在 1995 年初开始运营。剩下的 6 个没有，但村镇银行将在 1 年后建立。有意思的是（对评估很关键的），在 1995 年初，村镇银行项目的外勤人员组织了这 6 个村子的家庭到银行中，允许家庭根据村镇银行的标准流程自我选择。但之后家庭必须等待 1 年才能得到他们的首笔贷款。

项目中不同寻常的流程让 Coleman 可以分析在村镇银行开始运营前，谁加入了，谁没有加入。此外，它允许他来估计以下的回归方程：

$$\gamma_{ij}=X_{ij}\alpha+V_j\beta+M_{ij}\gamma+T_{ij}\delta+\eta_{ij} \qquad (9.1)$$

这里被解释变量是 $\gamma_{ij}$，它是家庭层面的效果——收入或利润——对家庭 $i$ 在村镇 $j$ 中。回归方法是在 9.4 中讨论过的“双重差分”方法的精炼。这里“虚变量”（如变量赋值为 0 或 1）被用来控制地点和参与状态。其他变量控制年龄和教育等因素[8]。变量 $X_{ij}$ 刻画家庭特征（和一个常数项），$V_j$ 是一个村庄虚变量的向量，它控制村庄所有的固定特征。最有意思的两个变量是 $M_{ij}$ 和 $T_{ij}$。第一个是“成员身份虚变量”，对村镇银行的实际成员，和选择这些项目（在对照组中）但还没有获得贷款的村民，它等于 1。Coleman 认为 $M_{ij}$ 控制住了选择偏倚，于是 $T_{ij}$ 的系数 $\delta$ 就是对因果效应的一致性估计。在他的应用中，

变量 $T_{ij}$ 是村镇银行信贷到（实际）成员那里的月数，它对家庭来说是外生的。

控制住选择有重要作用。Coleman（1999）发现，在控制住内生的成员选择和项目配置后，平均项目效果没有显著地不同于 0。当他延用这个估计框架
278 来区分对“一般成员”和对村镇银行委员会成员（倾向于更富有和更有权力）的影响时，他再次发现绝大多数效果统计上对一般成员并不显著，但对委员会成员有一些显著的效果，特别在财富积累上。

但 Coleman 提醒结果需要被放到更宽广的金融背景中。泰国是相对富裕的（至少与孟加拉国相比），村民有多种信贷渠道——一些可以以较低利率从政府资源中获得。值得注意的是，调查中的家庭拥有超过 50000 泰铢的平均财富，和 3000 泰铢“低息”贷款（排除他们村镇银行的贷款）。因此村镇银行贷款 1500−7500 泰铢对家庭福利发生显著的平均变化而言显得微不足道；事实上，抱怨贷款规模小使得一些妇女离开银行。Coleman 认为较富裕的借款人可能经历较大影响的一个原因是因为他们能占有更大的贷款。

### 9.5.2 失访偏倚：秘鲁使用“新借款人”作为对照组的问题

试图复制 Coleman 方法的问题是：研究人员通常不会很麻烦地组织农民到一个项目中，但后来又拖延一段时间发放贷款。于是取而代之的是，研究者试图通过比较同一个地区的“老借款人”和“新借款人”留住该方法的余韵。通常用截面数据去做，方法简单和相对廉价（不需要调查非借款人）。这个程序被 USAID 在它的 AIMS 项目中（后文详述）和被其他的微型金融组织所推广（Karlan 2001）。

假定进入这个项目的人特征不随时间改变，该方法将解释一个事实，即借款人不是人群中的随机组。但假设相关特征跨期相似要求信念的跨越。为什么新的借款人不能更早地签约？为什么老的借款人排在前面呢？如果他们进入的时间取决于不可观测的特质——如能力、动机和企业主精神，这些比较可能对解决选择偏倚毫无用处——事实上可能更加重偏倚。

279 Karlan 基于他在评价秘鲁 FINCA 的村镇银行上的经历，强调了两个额外的问题。假定选择的条件是固定的，于是同样的人今天成为客户，就像 5 年前成为客户那些人。看似都挺好，但仍然存在两个潜在的偏倚，当评估效果使用截面数据时，二者都最为显著。二者也都缘于中途退出。

中途退出是微型金融一个持续的现实。有时候借款人离开，因为他们发展得太好以至于不再需要微型金融；但更常见的是，借款人出了问题才离开的。Wright（2001）给出的证据是中途退出率每年在东非是 25% ～ 60%。在孟加拉，Khandker（2005）估计了三个主要借贷商的退出率，在 1991–1992 年和 1998–1999 年间，每年 3.5%（这比 Wright 的数据小很多，但它们可能随时间加总）。González-Vega，Schreiner， Meyer 等（1997，34–35）提供了玻利维亚的并行数据。他们调查了曾经从一个特定的小额信贷商那贷过款的人中，在他们的调研的时候（1995 年末）仍旧是活跃的借款人的比例。留存率的代理指标结果显出阳光银行仅有一半的客户仍旧活跃。在农村地区，从 PRODEM 贷过款的借款人还有 2/3 仍旧活跃，这可能反映这样一个事实，即在农村替代性的信贷资源较少。

可能这些“较老的借款人”（如仍旧活跃的人）仍有存续者的正效应，而“新借款人”需要被检验。如果失败容易退出，比较新旧借款人将高估效果。我们怀疑，这个形式是最为常见的情况，但正如早前指出的，预测不是明确的。如果主要是成功推进的（把较差的客户留在池子中），偏倚的标志将被逆转，从而低估因果效果。

第二个问题缘于独立于真实效果的“非随机失访”。如果较富的家庭更易于离开，借款人的池子将变得平均更穷。于是可能看起来微型金融借款消耗了一个人的收入，而事实上它可能没有任何效果。相反地吗，当低收入的家庭大量离开，效果将会被高估。

Karlan 建议追踪中途退出者，把他们与其他老借款人一起纳入分析，尽
管它可能成本高昂。一个更廉价的改进可能是（1）基于可观察的有关老出借 280
人的信息，估计中途退出；（2）预测在新借款人中谁易于（随后）退出；（3）使用预测结果来衡量新借款人对照组的权重。这个方法并不完善的，特别地，部分基于效果大小做出决策的退出者，在重新赋权重的方法中没有被处理。

**9.5.3 纵向数据：印度，秘鲁和津巴布韦 USAID AIMS 的研究**

通过使用在一些时点收集的数据，允许 9.4 中描述的“前后”对比可以消除一些偏倚。在一定的条件下，该方法控制了非随机参与和非随机项目的安置。但当这些条件没有被满足时，该方法就要遭遇偏倚，因为无法观测到的变量随

时间变化——难以观测到的特征，例如企业主精神和进入市场趋向于与借贷地位相联系[9]。

迄今，最雄心勃勃的纵向研究由 USAID 在上世纪 90 年代末资助，希望澄清方法和创造标准[10]。研究小组分析对 SEWA（印度哈迈达巴德一个劳工组织和小额信贷商，它服务于非正规部门中的女性），“我的银行”（Mibanco，安信永国际在秘鲁的下属机构）和津巴布韦的 Zambuko 信托中的成员的影响。他们收集了基础数据，相同家庭两年之后再度被调查。案例研究与统计分析并行开展。

研究小组随机地从项目提供的名单中选择了客户。技巧随后被用来识别对照组。在印度和秘鲁，对照组是从同一个地区符合项目标准的未参与者中随机选择的样本。在津巴布韦，人口调查员使用“随机游走程序”，他们设定一个方向寻找非客户家庭作为对照组。Barnes， Keogh 和 Nemarundwe （2001，19）解释：“例如，当客户的生意在一个居民区，从房子的前面调查员右转，到第一条交叉路口，向右转，走到第三个交叉路口，然后左转，从那儿开始，调查员问一系列的问题来识别谁符合标准放以便在这个研究中。”用来匹配实
281 验组和对照组的标准是性别、企业部门和地理位置，以及由 Zambuko 信托增加的额外的标准：“（a）从未从正规的组织为他们的生意获取信贷；（2）是一个企业的单独或合伙所有人至少 6 个月以上；（3）不在任何地方以全职形式被雇佣”（Barnes，Keogh 和 Nemarundwe 2001，19）。

数据有潜在的优势，研究者尽可能跟踪中途退出者来避免早前讨论的失访偏倚。拥有两年的数据，研究者可以通过研究参与微型金融的变化如何影响结果的变化分析效果。但令人吃惊的是，AIMS 的研究者没有选择分析被转变为随时间变化的变量，这将消除所有的偏倚，因为缺失的变量不随时间变化（如，在 9.4 中分析的双重差分）。据称理由是“差分”程序也削减了分析变量作用的机会，例如性别、企业部门这些也跨期固定，于是替代性的方法（方差分析）被使用（Dunn 2002）。在我们看来，这个选择的成本远远超过收益。

为了看清差分方法（未采用的方法），我们修改 9.1 式，具体说明在给定的时间 $t$ 可度量的变量：

$$R_{ijt}=X_{ijt}\alpha+V_j\beta+M_{ij}\gamma+T_{ijt}\delta+\eta_{ijt}, \qquad (9.2)$$

和之前一样，我们感兴趣的是估计 $\delta$ 的值，但这里它是获得贷款数量的系数。（这两个变量——贷款的数量和作为成员的时间——通常很相似，因为贷款规模和借贷期限经常近似变动。）被解释变量 $\gamma_{ijt}$，是家庭层面的结果（收入或利润）对家庭 $i$ 在村庄 $j$、时间 $t$ 中。变量 $X_{ijt}$ 描述了家庭在时间 t 的特征（和一个常数项），$V_j$ 是村庄虚变量向量，假定它不随时间变化。虚变量刻画村庄层面的特征，如到最近的大城市的距离，到主要交通枢纽和市场程度邻近，以及当地领导的质量。相似地，我们假定因个人而异的变量 $M_{ij}$，该变量刻画了进入项目的非随机个人选择，它也不随时间改变。它可以反映一个人的能量水平，管理能力，商业悟性。但这里，我们不假定它可以被观察到。因此当等式（9.2）被估计时，由于它的缺失，可能存在偏倚。

问题可以通过估计差分解决。假定我们在 $t+1$ 期收集了相同的变量： 282

$$R_{ijt+1}=X_{ijt+1}\alpha+V_j\beta+M_{ij}\gamma+T_{ijt+1}\delta+\eta_{ijt+1}\ . \qquad (9.3)$$

于是我们可以用（9.3）式减去（9.2）式，得到

$$\triangle R_{ij}=\triangle X_{ij}\alpha+\triangle C_{ij}\delta+\triangle \eta_{ij}\ , \qquad (9.4)$$

这里，△表示在 $t$ 和 $t-1$ 期之间变量的差分。这里，村庄的虚变量被消掉了，固定的（不可观测的）个人特性也被消掉了（这正是使得 AIMS 研究人员不用这种方法而担心的地方）。好处是明显的：对效果 $\delta$ 一致性估计可以获得了（这是最重要的目标）[11]。

结果是在等式（9.2）中缺失的不可观测变量的确发挥了重大的作用，不解决它们会损害 AIMS 效果评估研究的可信度。当 Alexander（2001）利用秘鲁 AIMS 的数据估计差分方程（类似 9.4 式）的时候，她发现对企业利润的估计效果下降了。事实上，当她使用工具变量方法（后文详述）控制了逆向因果关系，估计的效果下降了，统计上不再显著。选择偏倚显然是个问题，但如果两次调研的间隔超过两年，或如果使用其他的工具变量，结果可能不同。下面我们将讨论为什么寻找工具变量也是一个挑战。

### 9.5.4 使用准实验来构建工具变量：孟加拉的研究

解决上述问题的一个不同的方法可能是为参与微型金融寻找一个工具变量（关于工具变量更多的介绍，参见 Angrist 和 Pischke 2009）。工具变量方法允许研究者们解决由测量误差、逆向因果和一些缺失变量偏倚造成的问题。工具

变量策略包括寻找一些额外的变量（或一簇变量）可以解释获得信用的水平，但它和关心的结果（如利润或收入）之间没有直接的关系。基于工具变量可以形成一个代理变量，它可以用来梳理信贷准入的因果效应。

283 利率是一个可能的工具变量——或简单地说“工具”——因为它可以解释一个借款人希望获得多少信贷，而它本身不是收入的一个直接决定因素（这至少是可测量的）。问题是利率在一个特定的项目中几乎很少变化，没有变化统计技术也无计可施。虽然事实上当比较不同机构——正规和非正规的——的客户时，利率是变化的，但似乎变化部分地反映了不可观测的借款人的特质，它有损于利率作为工具的使用。出借人的特征也可以备选作为工具变量。与所有其他社区层面的变量相似，在识别时纳入村庄虚变量，而村庄中没有项目准入的变化时，它们将被抹煞。简言之，工具变量方法可以很强大，但为信贷寻找令人信服的工具变量是令人沮丧的。

但当项目准入在一个村庄内有变化时，决定适格的规则可以成为评价策略的基础，该方法被应用于孟加拉一系列微型金融的研究中。1991–1992 年，世界银行和孟加拉发展研究所在孟加拉 87 个村庄中调查了近 1800 个家庭，绝大多数村庄都有小额信贷商，但 15 个没有。在 1998 和 1999 年，调查队又回去寻找相同的家庭，但到那时所有的村庄都有了小额信贷商[12]。由于失访，失去了一些家庭，1638 个家庭留下了，在两轮中都被调查到。

在孟加拉微型金融快速发展的标志中，1991–1992 年样本中约 1/4 是家庭中的微型金融客户，但到 1998–1999 年，这一数字跃升到 50%[13]。这个跳跃使得项目评估更加困难，但不是不可能。让问题复杂化的是，在 1998–1999 年大概 11% 的顾客在超过一个的微型金融机构中成为成员。

**9.5.4.1 1991–1992 年的截面估计**　第一轮数据本身就产生了一系列论文；最重要的成果被汇编到 Khandker（1998）的《用小额信贷与贫困斗争》中。仅用单一截面数据就完成效果研究要求精巧独创和一些重要假设，当希望估计
284 出男性和女性借款分别产生的效果时，任务变得更有挑战性。研究密集使用统计方法来弥补数据的根本缺陷。一个大的缺陷发生了，因为研究人员迫切希望能用第一波数据产生结果，而不用等待第二波。这些研究比其他微型金融的研究使用更重的统计“火炮”武器，并不一定意味着它们得出的结论比其他的研

究更可信和更严谨。事实上，我们后面要说到，关于核心假设的真实性，这些研究面对许多严重的问题，这些假设支撑着统计框架，Roodman 和 Morduch（2009）无法重现原始的结果。因此我们不信这些证据，但作为一个典型的方法的案例，这些研究值得检视。

乍看起来，仅仅使用单一截面数据而没有像 Coleman（1999）那样的特别体系，不太可能走多远。但孟加拉小额信贷商执行它们项目的方法为研究者开启了一扇大门。为了刻画这些基本的见解，图 9.3 显示了 2 个假设的村子，一个有项目（实验村），一个没有（对照村）。村子被分成不同的组，基于村民 285
的适格和参与的状态；我们讨论适格是如何在短期被决定的。在加粗黑线内的组是适格借贷的（或在对照村，*可能适格*）。作为第一步，研究人员可以只用实验村的数据，比较微型金融参与者相对于不参与者的收入和其他结果，但不可能排除我们在 9.3 中讨论过的选择偏倚。也可以使用对照村来比较实验村中微型金融服务的参与者和对照村中适格的家庭，但即使这里也有潜在的选择偏倚，因为参与者仍旧是一个选择的组。

一个更加令人满意的方法是在两个村庄之间比较适格的家庭（在粗黑线以内的所有家庭）。这里，目标是估计微型金融准入的效果，而不是实际参与。

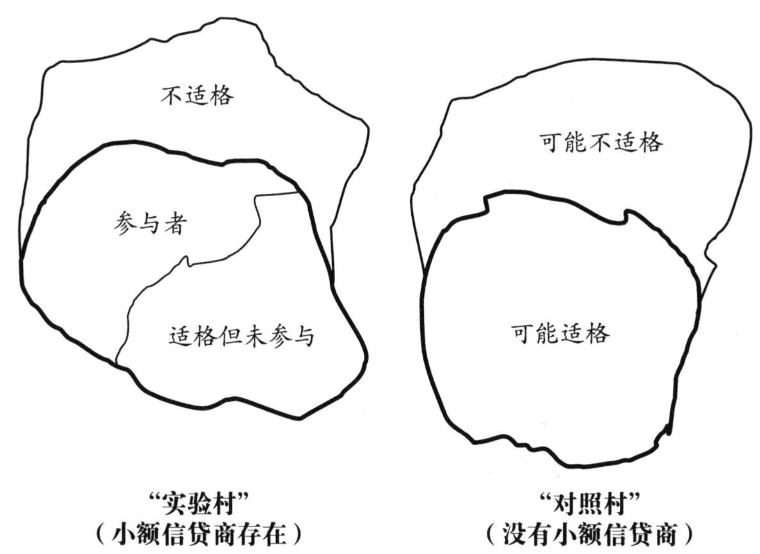


图 9.3　使用适格规则的效果评估策略的案例

好处是一个对平均准入效果的规整的估计比一个对参与效果的有偏估计可能更有用。更进一步，如果没有人口从参与者到非参与者的溢出，有可能从对准入的估计恢复对参与效果规整的估计（通过村庄中家庭参与的比重简单地区别后者）。没有人口外溢是强假设，Khandker（2005）发现证据并非如此。

后一种方法的错误是虽然选择偏倚在家庭层面被解决了，但并没有解决缘于非随机项目设置的偏倚。正如之前强调的，小额信贷商服务的村民可能看起来比对照组表现更差，仅仅是因为小额信贷商选择在一个闭塞的、弱势的村子里运营。在别的情况下，即使没有小额信贷商，村子可能比平均水平做得更好，于是偏倚可能走到另一个方向；估计出的效果可能太高。

手边就有一个可能的解决方案，它是一个特别的方式，即被选择的小额信贷商决定项目准入的适格。Pitt 和 Khandker（1998）建立了一个框架使用 1991-1992 年的截面数据估计效果。起点是观察到三个被研究的项目——格莱珉银行，BRAC 和国营农村开发董事会（RD-12）——都采用同样的适格规定。为了保持对最贫困人口的关注，这些项目限定它们服务“功能性无地”者；它
286 通过一个规定而落实，这个规定声明拥有半英亩以上土地的家庭将不允许借债。个别的项目施加了额外的限定，但半亩地规则是共通的标准。于是，在图 9.3 那，功能性无地者由黑粗线包围，不适格者在外面。村庄中不适格的家庭也拥有项目这个事实意味着存在其他的对照组，它可以有助于打消小额信贷者以这种或那种特殊方式选择村庄的顾虑。

一个改进的估计策略——但不是 Pitt 和 Khandker 使用的——是比较 9.4 中描述的“双重差分”。它包括比较准入微型金融的家庭的结果和不适格、但也生活在实验组中的家庭的结果。策略然后转向对照组，比较不适格者和那些“可能”适格者。最后，这两个比较相互对照。结果告诉我们，相对于对照组中的功能性无地家庭和*他们*不适格的邻居的差别，是否准入微型金融的家庭比他们不适格的邻居要好。

人们通过在回归框架中解释广泛的家庭特征这个策略可以做得更好。在回归框架中，“双重差分”策略可以被实行作为

$$R_{ij}=X_{ij}\alpha+V_j\beta+E_{ij}\gamma+(T_{ij}\cdot E_{ij})\delta'+\eta_{ij}, \quad (9.5)$$

这个思想非常近似于（9.1）式，但有两个重要的变化。第一，$E_{ij}$ 是虚变量，

反映了是否一个家庭功能性无地因此适格从小额信贷商那里借款（是否事实上小额信贷商在村子中存在）。如果家庭属于图 9.3 粗黑线中的任一个村子，变量等于 1。另一个重要的变化是变量（$T_{ij} \cdot E_{ij}$），它是 $E_{ij}$ 和一个表明是否家庭在实验组中的虚变量的乘积；当且仅当家庭属于有小额信贷商的村庄的粗黑线中，它才等于 1。虚变量系数给出了信贷准入的平均效果——在控制住了功能性无地、居住于特定的村庄以及有特定的家庭特征之后。

Morduch（1998）采用了（9.5）式的方法，发现没有显著的证据证明微型金融对家庭消费有强烈影响，但他发现一些证据，表明微型金融帮助家庭多元 287
化收入流，于是消费跨季节波动性降低。但估计依赖于一个假设，即村庄虚变量完美地刻画了关于村庄所有重要方面，它们可能影响小额信贷商的位置决定。在这种情况下，村庄层面的虚变量仅仅控制了不可观测的变量，它们同等地影响所有的家庭（线性的）。设想功能性无地者与他们较富有的邻居有系统性差别，而这没有被回归中的变量所控制。在这种可能的情况下，虚变量（$T_{ij} \cdot E_{ij}$）的系数可以刻画这些内在差异的效果，让估计效果产生偏倚，这是 Morduch（1998）的一个批评，为 Roodman 和 Morduch（2009）所强调。

Morduch（1998）还更进一步审视策略所依赖的适格的规定。正如 Pitt 和 Khandker（1998）指出的，持有土地对家庭来说是外生的这一点很重要，就是说，家庭不会为了成为适格的借款人而去出售土地。如果真的是那样，选择偏倚将又悄然回来——即使用（9.5）式去估计——因为无法观测到潜在的借款人会采用特殊步骤改变他们的适格状态。Pitt 和 Khandker 引述了一个事实，上世纪 80 年代印度南部，农村土地市场近乎于不存在，绝大部分土地都是通过继承而获得的。这种情况下，土地持有对家庭来说是外生的，不可能（或至少不大可能）与无法观测的潜在可能性联系起来。但上世纪 90 年代的孟加拉并不是 80 年代的印度南部，研究涉及地域的土地市场已经十分活跃——进一步审视数据中的土地持有模块会得到证据支持。另一方面，Morduch（1998）发现没有证据显示家庭出售土地是为了满足微型金融的适格标准。如果有的话，成功的借款人是去购买了土地，对 Morduch 没有发现对家庭消费的显著影响的解释可能是资金转向了土地（或其他资产）的购买。

家庭不出售土地来获得微型金融准入的原因提出了另一个棘手的问题。

小额信贷商并不严格遵循适格规定，于是许多拥有超过半英亩土地的家庭也在 1991–1992 年借款了。结果，没有任何理由要出售土地成为适格。Khandker（2005）承认这个问题，发现 25% 的借款人在 1991–1992 年拥有超过半英亩
288 土地，在 1998–1999 年 31% 的人超过[14]。Pitt（1999）继续这个问题，认为拥有较多的土地的家庭拥有较少的优质土地，于是他们仍旧贫困，即使他们并非（严格地讲）功能性无地。但一个问题仍存在：在对照村中适格的家庭被调查是基于严格的对半英亩规定的理解，而在实验村中，适格的家庭包括了不应被关注的家庭。Morduch（1998）调整了样本以便保持可比性，Pitt（1999）做了稳健性检验显示在考察了错误的定位之后 Pitt 和 Khandker（1998）的结果变化很小[15]。

当转向 Pitt 和 Khandker（1998）的框架时，这些问题应当被印在脑海中。首先，我们注意到（9.5）式（用普通最小二乘可以做）与以下的工具变量估计方法近似相关：

$$R_{ij}=X_{ij}\alpha+V_j\beta+E_{ij}\gamma+C_{ij}\delta''+\eta_{ij}, \tag{9.6}$$

$C_{ij}$ 是获得贷款的数量，$T_{ij}\cdot E_{ij}$ 是被用来做工具变量的[16]。使用普通最小二乘估计（9.6）式将带来问题，因为获得较多贷款的家庭被预期在不可观察的地方与那些获得较少贷款的人有所不同（导致与贷款规模相联系的选择偏倚的变化）。工具变量方法解决这个问题，产生对信贷准入平均效果的一个规整估计，$\delta$（之前注意过村庄虚变量，受同样的附加说明约束）。

在转向讨论 Pitt 和 Khandker（1998）使用的方法前，注意到工具 $T_{ij}\cdot E_{ij}$ 是一个虚变量，它仅仅反映信贷准入。对 $\delta$ 的估计不能利用获得多少信贷的变化，它仅仅决定于信贷是否能获得。Pitt 和 Khandker 采取的步骤拓展到一个更大的工具，事实上是使用 $X_{ij}\cdot T_{ij}\cdot E_{ij}$ 作为工具。这个步骤产生的工具数和 $X$ 的一样多（$X$ 包括教育和家庭人口的各方面）。这个转变意味着对 $\delta$ 的估计可以利用家庭获得的贷款量的变化。

一个非常重要的识别性假设是（9.6）式中的识别是正确的，于是教育和人口因素对整个样本以完全相同的方式影响家庭结果；否则，偏倚又再现了。换
289 言之，假设在年龄、教育和其他变量影响所关心结果的方式上，没有任何重要的非线性关系[17]。另外一个重要的识别性假设来自他们在第一阶段使用 Tobit

方程解释信贷需求，在这里，他们有效地创造了用在最终回归中的工具变量。Tobit 方法提供了一种有效地处理拥有较多 0 值变量（如信贷）的途径；但它要求在估计的第二阶段，所有的微型金融效果都被假定在借款人之间等价，做出这个假定通常超过了必要，但在这里延伸了可信度。它也意味着（不可信地）信贷的边际和平均影响是等价的。使用一个更简单的两阶段最小二乘方法去估计可能会产生一致性估计，而不要求这些假定，但该方法也不太有效（如，系数趋向于有较大的标准差）。使用 Tobit 方法估计，估计值的有效性改善了。

Pitt 和 Khandker 更进一步调查了男性和女性分别获得的贷款数量（动机是第 7 章所关注的话题）。为此，他们利用了孟加拉小额信贷的组不是男女混合的这个事实。在 1991–1992 年调查的 87 个村庄中，10 个村庄没有女性的组，22 个村庄没有男性的组（40 个都有，其余 15 个都没有）。本例中的识别来自于比较年龄、教育等对男性进入男性组相较于没有进入发挥的作用。相似地，对进入或没进入的女性特征也如此[18]。

Pitt 和 Khandker 的 1991–1992 年截面研究被引用最多的结论是对每借出 100 塔卡给女性，家庭消费就增加 80 塔卡。而借给男性，每 100 塔卡的借款只能带来 11 塔卡的增长。根据估计，一有机会男性就会享受更多的闲暇，这部分解释当他们借钱时，为什么家庭消费上升较少。当由女性借债而不是男性时，非土地资产显著增长。男孩的教育总体伴随借款而提高，但只有当女性从格莱珉银行借款的时候女孩的教育才提高——但女性从其他项目借款也没有。从估计中不能确定为什么借给女性的钱比借给男性有较高的边际效果。Pitt 和 Khandker 把这理解为一个家庭内部资本和收入缺少可替代性的指标（假定他们的基本结论正确，这是可信的）。一个非常不同的理解由这样一个事实支持： 290
给男性的贷款趋向于更大，于是较小的相对效果将可以被理解，至少部分地通过边际资本报酬递减的标准理论。但是边际报酬必须非常陡峭地递减，因为贷款规模基本处于同一范围[19]。

1991–1992 的截面研究也被用来分析非信贷项目的效果，生育率和堕胎选择，以及在季节性和营养上的效果（一个综述见 Morduch 1999b）。Khandker（1998）使用早前描述过的基本效果数据（并不完美）来估计对贫困的广泛影响，完成成本收益分析（见第 10 章有更详细的讨论）。这个工作室雄心勃勃的；

但早前讨论指出，核心体系远不是完美的。基础性的不完善并不是研究人员的失误，而是它们获得的关注不够。由 Roodman 和 Morduch（2009）对 Pitt-Khandker 设计的回归再次肯定了必要的假设不成立。和 Morduch（1998）一样，Roodman 和 Morduch（2009）并不认为小额信贷对借款人的生活有多大影响；反之，他们认为，计量的设计这里远没有完成任务。我们需要从别的地方寻找可信的证据。

**9.5.4.2 1991-92 和 1998-99 的全面板估计** 第二轮数据于 1998-1999 年在孟加拉被采集，寄希望于有一个更简便的方法得出更简化和更稳健的结果。根据这两轮数据，Khandker（2005）沿用（9.4）式估计了一个等式。与截面研究一起，他略微修正了等式，可用来研究女性或男性借款时单独的影响。（在其他的识别中，他研究了生活在相同的村子中的借款人对非借款人的溢出。）正如先前注意到的，1991-1992 年的对照组村庄到了 1998-1999 年都有了项目，于是简单前后比较实验组和对照组是不可能的。使问题复杂化的是，错误定位的程度在 90 年代末更加严重。

面板数据允许我们观察趋势，有助于把孟加拉的微型金融革新放在远景中。表 9.1 汇总了 Khandker（2005）研究中孟加拉的数据。如果只看表中上部分的面板，我们看到在有项目的村庄，微型金融参与者贫困率出现巨大的下降（由
292 中等程度贫困来衡量），从 1991-1992 年的大约 90%，下降到 1998-1999 的大约 70%，近乎有 20 个百分点的下降。但适格的未参与者也经历了相似的下降（大概 19 个百分点），不适格的未参与者也一样（大概 20 个百分点）。悲观主义者可能认为对微型金融参与者来说，即使没有微型金融，贫困率也会下降。另一方面，乐观主义者反驳道微型金融的效果是深远的，对未参与者也有溢出作用。他们认为这解释了有项目的村庄中广泛和相似的进步。

如果对 1991-1992 年有项目村庄的结果与那些没有项目的进行比较，我们可以看到相似的形式：贫困率都下降了 19-20 个百分点；除了这种情况下，适格的未参与者贫困率仅仅下降大约 5 个百分点。基于新的计量估计，Khandker 得出的结论平衡了乐观和悲观的观点：他认为微型金融对这些贫困削减的贡献大概占到三分之一到二分之一。总之，Khandker 发现（最多）借 100 塔卡给女性带来家庭消费每年 8 塔卡的增长。这远远小于他在早期截面数据中发现的 18

表 9.1　在孟加拉陷入贫困：项目参与者与未参与者 291

| | 中度贫困的人数 | | | 极度贫困的人数 | | |
|---|---|---|---|---|---|---|
| | 1991–1992 | 1998–1999 | 差值 | 1991–1992 | 1998–1999 | 差值 |
| *有项目地区* | | | | | | |
| 所有项目参与者 | 90.3 | 70.1 | 20.2 | 52.5 | 32.7 | 19.8 |
| 目标未参与者 | 91.1 | 72.0 | 19.1 | 58.9 | 44.0 | 14.9 |
| 不是目标的未参与者 | 69.8 | 50.8 | 19 | 23.6 | 19.3 | 4.3 |
| 合计 | 83.7 | 65.5 | 18.2 | 45.0 | 31.4 | 14.6 |
| *1991–1992 无项目* | | | | | | |
| 所有项目参与者 | 90.8 | 71.6 | 19.2 | 56.6 | 43.8 | 13.2 |
| 目标未参与者 | 87.4 | 82.9 | 4.5 | 57.0 | 51.2 | 6.8 |
| 不是目标的未参与者 | 72.7 | 53.2 | 19.5 | 35.5 | 26.0 | 9.5 |
| 合计 | 80.3 | 67.7 | 12.6 | 46.6 | 38.3 | 8.3 |

来源：Khandker 2005，表 14，作者计算。

注：有项目和无项目地区基于 1991–1992 年项目的位置。所有的村庄在 1998–1999 年都有了项目。

塔卡的增长。但这仍旧很大。Khandker（1998）被引用较多的发现称微型金融可能导致大概每年 5% 的贫困下降，这显得太乐观了，我们已经讨论了有关计算所依赖的截面估计的附加说明。

当 Roodman 和 Morduch（2009）回到 Khandker（2005）的结论时，他们发现对因果推断的核心假设在这里也不成立。更进一步，Khandker 断言小额信贷对降低“极度”贫困比对贫困整体的效果更强大——虽然可信——起源于一个模拟实验，它要求一系列的附加说明和假设，而不是直接的估计。使用被估计出的基准贫困线，Khandker 区分了“中度”和“极度”的贫困家庭，然后分别比较它们在消费上的变化，这里只有当所有的家庭——不管是贫是富——都经历相同的影响，使用的回归系数才有意义。在使用无差别的回归系数的前提下，Khandker 的结论更像是一个贷款伴随收入提高的人为结果。

世界银行和孟加拉发展研究所的调研产生了一系列有意思的数据，引发了很多讨论。鉴于孟加拉复杂的背景（小额信贷传播广泛，没留余地来识别对照 293
组），以及计量问题和复制这些结果的困难，我们猜测微型金融可以发挥多大影响的最终结论需要靠其他地方的数据来解决。

## 9.6 随机评估

随机评估为我们克服之前描述的重大统计难题带来希望[20]。开展顺利时，随机控制实验可以在复杂背景下提供清晰、透明和可信的证据，它们在临床医学研究中占据主导就不足为奇了。

为了看清随机控制实验方法如何操作，设想你为一个从总体中随机选择的组提供微型金融服务（例如，采用随机算法从一个普查名单中选人），然后随机选择另一个组，他们被微型金融所拒绝。使用与新药品和医疗技术临床实验中相同的语言，第一组是“实验组”，第二是“对照组”。统计理论的结论告诉我们，实验组的平均结果和对照组的平均结果之间的差别是干预的平均效果的准确估计。我们可以把结果理解为*因果*效应——在一定假设下，它是一个对微型金融造成的差别的规整估计。

这是主要的结果，但注意到它是*平均*效果。可能是实验组总体中有一半获得 100%，另一半损失 100%，于是平均效果为 0。在该情形下，0 是对平均效果的规整估计，但它屏蔽了行动。不过，平均效果仍是一个重要的参数，它通常正是社会投资者希望知道的。

为了有可信度，随机化必须令人置信地完成，在研究中，无论是同意参与还是倾向退出都不与关心的结果有系统性的关联。这不是细枝末节的假设，即使如果人们由于“随机”或外生的原因决定不参加或决定退出，结果仍然成立。

新的工作显示，通过提出良好识别的研究问题，以及仔细地设计研究项目，这些担心的问题可以被解决。当实验和评价对参与者特别重要时，许多新的工
294 作利用了项目的试点形式（或扩展形式）。在什么地方设置微型金融干预的试点项目（如哪个村庄或社区被最先选择），对其随机化通常是有可能的，即使在这些地方随机化服务哪一个人并不敏感。更近一步说，我们通常获得对微型金融服务*准入*的规整估计（独立于人们是否选择使用服务），即使我们不能规整地从对微型金融的*使用*中估计平均效果。从政策立场来看，这可能是最重要的问题。这个新的工作显示如果效果评价正确实施，可能对寻求改进服务、彰显价值、精简自身的机构来说是一笔重要投资。

然而，社会科学不是医学，随机实验有其局限性：它们并不是总是可行的，并非总是有代表性，并不总是关注于更大的关切问题。但我们在第 2 章（Karlan 和 Zinman 2009b）、第 5 章（de Janvry，McIntosh 和 Sadoulet 2008； Giné 和 Karlan 2008）和第 6 章（Dupas 和 Robinson 2008； Ashraf， Karlan 和 Yin 2006）描述的研究中已经见识了它们的威力。下面我们讨论 4 个关注于效果评估的案例，一个来自菲律宾，一个关于南非对消费信贷准入的利用，一个关于印度农村的微型金融，另一个关于斯里兰卡小微企业的资本回报。9.6.6 中我们回到描述随机化的局限，以及改进的各种可能性。

### 9.6.1 随机化的分析基础

大多数评估是比较实验组和对照组的结果，实验组接受干预，而对照组则没有[21]。前者的结果可以写成（$\gamma_1|T$）。这种标注下，$\gamma$ 是结果，"$|T$" 的意思是"给定这个人接受实验"。下标 1 表示结果 $R$ 在接受实验之后被评估。这个标注可能看起来多余：下标 1 和标注 "$|T$" 似乎表示相同的条件。其实不然，这里微妙且重要。为了看明白，首先考虑对照组中的一个成员。他们的结果可以被写成（$\gamma_0|C$）。这里下标 0 表示没有实验的结果，标注 "$|C$" 表示条件是在对照组中。这似乎又是多余的，这一次包含了下标 0 和条件 C。

这些标注看起来那么笨拙，但它能让我们识别"怪兽"作为我们"捕猎"的奖励。这就是（$\gamma_1-\gamma_0|T$）一项，表示因果效应。对于一个在实验组中的人， 295
该项给出了他参加实验和没有参加实验结果之间的差异。在微型金融的情景中，这可能是在一个企业主的利润上获得信贷的净效果。像独角兽一样，这是一只我们不预期在自然界中能直接观察到怪兽。我们只是观察（$\gamma_1|T$）和（$\gamma_0|C$），而不是（$\gamma_0|T$）或（$\gamma_1|T$）。（$\gamma_0|T$）项是获得贷款的企业主的预期结果，如果他没有获得贷款这是不可观测的。但它"在逻辑上被很好定义了"（Duflo，Glennerster 和 Kremer 2007），这个概念下面会发挥作用。

随机化于是产生了一个简单的方式去处理（$\gamma_1-\gamma_0|T$）。对于单个人来说这一项不能被评估，但它的平均值可以被用于评估一个组。结果取决于平均值的性质。为了看清楚，我们引入预期因子，把 $E$（$\gamma_1|T$）作为实验组所有成员的平均结果（这里是微型金融客户），把 $E$（$\gamma_0|C$）作为对照组中所有成员的平均结果（Angrist 2004）。"捕猎"继而把重点放在了 $E$（$\gamma_1-\gamma_0|T$）。

于是，人们如果从 $E(\gamma_1|T)$ 和 $E(\gamma_0|C)$ 抓获 $E(\gamma_1-\gamma_0|T)$ 呢？如果实验组和对照组都是从关心的总体中形成的随机样本，结果就是 $E(\gamma_1-\gamma_0|T)=E(\gamma_1|T)-E(\gamma_0|C)$。它们可以包括从一串村庄名单中随机选择的村庄的村民，这些村庄都被认为是微型金融扩张可行的地点。或者它们可以包括定位于社区内个体的干预，这些人被随机选择比他们的邻居超前接受干预。这里的核心元素是两个组在干预之前被预期等同，因为它们是随机形成的。如果是这样，在干预之后两组之间的差异必定是源于干预本身。

为了看明白这个结果从何而来，写下

$$E(\gamma_1|T)-E(\gamma_0|C)=E(\gamma_1|T)-E(\gamma_0|T)+[E(\gamma_0|T)-E(\gamma_0|C)] \quad (9.7)$$

我们所做的是加减 $E(\gamma_0|T)$，它是我们无法观测的假设的结果。利用预期因子是线性因子这个事实，进一步重组这个表达式，于是预期的差分是差分的预期，我们有[22]：

$$E(\gamma_1|T)-E(\gamma_0|C)=E(\gamma_1-\gamma_0|T)+[E(\gamma_0|T)-E(\gamma_0|C)] \quad (9.8)$$

296 我们的策略取决于大括号中的项。如果它等于 0，则 $E(\gamma_1|T)-E(\gamma_0|C)=E(\gamma_1-\gamma_0|T)$，我们可以通过比较实验组和对照组的结果评估贷款的效果。

$E(\gamma_1|T)-E(\gamma_0|C)$ 的数量表示如果没有人能准入，获得信贷准入的组和对照组都会如何进展。不可观测的野兽 $E(\gamma_1|T)-E(\gamma_0|C)$ 是“选择偏倚”。它就是一个魔鬼，因为它不可观测。这正是随机化应运而生之处：如果成功实现随机化，这个差分就被预期为 0，从表达式中消失，给我们留下奖励：

$$E(\gamma_1|T)-E(\gamma_0|C)=E(\gamma_1-\gamma_0|T) \quad (9.9)$$

随机化有希望驱逐选择偏倚，但它非常依赖于随机化是完全的这个假设。如果随机化没处理好，我们将回到萦绕本章第一部分的那些麻烦。这就是担心申请并被批准贷款的小微企业主比那些不申请贷款的小微企业主可能更加有动力、有激励、风险容忍等。或者选择作为微型金融机构运营场所的地点相对其他地点也有特别的发展前景。“非随机”失访也可能导致问题（最没前景的顾客是第一批退出的）。对照组的污染（在研究期内竞争者进入）也是一个担忧。在我们的标注中，这些情况中的绝大多数将意味着 $E(\gamma_0|T)>E(\gamma_0|C)$，对

效果的估计有向上的偏倚。当 $E(\gamma_0|T) < E(\gamma_0|C)$ 时，污染或其他形式的选择偏倚可能导致向下的偏倚。做好随机化，要求 $E(\gamma_0|T) = E(\gamma_0|C)$。

另一个重要的提示：上述每件事都依赖于线性因子预期这个简单的性质。这让我们可以对平均效果说几句。但基本框架没有让我们对中位数说任何事，以及对效果的分布特征说多少事。当分析总体中特定组的效果的数据，我们需要仔细。在 9.6.6 中，我们回到这些问题。

### 9.6.2 在边缘评估效果：南非的消费金融和菲律宾的微型金融

Karlan 和 Zinman （2010）提供了一个随机实验的例子评估了南非金融准
入的效果。这里，机构并不是传统的小额信贷商，而是消费信贷提供商，它商 297
业化运营，对短期贷款（通常 1 个月）收取高额的利息。与绝大多数小额信贷商不同，这种机构能容忍高的违约率（贷款偿还率在 75% 左右），通过收取过高的利率来补偿。这里该研究很有意思因为它出奇地显示对消费者贷款的正向效果，展示了应用随机化方法的一种创新性方式。

这个研究设计利用了出借人使用信用评分来分配贷款的优势。在评分程序中，贷款申请者在一个从 100（最有可能偿还）到 0（最不可能偿还）的范围内被评分。出借人选择一个截断点，处于其下的申请者被排除在贷款之外。出借人担心这条线太保守，研究者说服出借人再一次审核那些被狭隘地认为不可信的申请者。

研究关注于一个高风险顾客的集合，他们的信用评分处于仅仅低于断点的一个狭窄的区间内。从这一集合中，一定比例的人被选出来（随机地）给予贷款。对出借人来说，项目提供了关于拓宽它审查标准的风险和收益的信息。对研究者而言，随机化的过程提供了估计贷款准入的因果效应的机会。这个实验通过修改银行软件得以进展。贷款申请者在当地分支机构被受理，信贷员使用合适的评分软件来评价申请者的可信度。申请者的分数低于截断点通常将被拒绝获得贷款，但软件被修改后，对其中的一些人随机选择逆转决定。一个处在边缘上的申请者原则上将有幸运的一天。有了这个过程，研究者可以调查实验组中幸运的借款人（325 个借款人）和不幸运的申请人（462 个申请者）——被拒绝，然后被放到对照组中——的平均结果[23]。

贷款是被作为消费信贷而营销的，但一些借款人使用贷款支持了小微企业;

绝大多数没有。然而，金融准入帮助人们获得了收入。显然，获得贷款的组更倾向于在调查期内维持他们的工作，提高了收入。实验组家庭的中位数显示，估计出的收入增长为 16%，贫困的下降为 19%。实验组中的家庭报告其成员遭
298 受饥饿的下降了 6 个百分点，指出由于申请了贷款他们家庭的食品质量改善的增加了 4 个百分点。

这个研究也从出借人的角度显示出优势。首先，他们的信用评分方法被证明是有预测力的。通过随机化机制批准的贷款确实较少可能被全部偿还（实验组中是 72%，总体 76%）。但由实验贷款产生的附加收益和成本最终给出借人带来每笔贷款 32 美元的净收益。就利润最大化而言，信用评分标准太严格了。最后，放松出借标准对客户福利和出借人的利润将是件好事。

Karlan 和 Zinman（2009a） 在菲律宾应用了相似的方法，再一次与商业信贷者一道发放小额、无抵押的贷款，并收取相对较高的利率——年化利率为 63%。这家机构是第一宏观银行——一家在大马尼拉地区运作的营利性农村银行。但是，这一次他们的目标是低收入的小企业主。在样本框子的 1601 个贷款申请者中，信用评分软件随机批准了 1272 个，拒绝了 329 个[24]。研究人员对所有的 1601 个贷款申请者开展了后续研究。几乎所有的调查都在个人递交贷款申请之后的 1–2 年内完成。

在这个案例中，发现是异样和令人惊讶的。扩大信贷准入并不与商业投资增长相关，但准入与利润增长相关（主要对男性，特别是较高收入的人）。利润是怎么增长的呢？ Karlan 和 Zinman（2009a）显示，实验组成员让没有生产效率的工人离开，于是他们的企业事实上萎缩了。结果表明借款人使用信贷把商业策略转移到更小、更低成本和更赢利的商业上。为什么信贷在刺激重新最优化方面是重要的仍然不清楚。

### 9.6.3 印度农村

Banerjee 等（2009）等报告了第一次大范围的随机化实验，它用来评估当小额信贷在新的市场上可获得时会发生什么。他们在印度的海得拉巴[①]调查了
299 104 个相似的城市。他们的基础调查揭示在实验之前，这一地区事实上没有从

① 印度第六大城市，安得拉邦的首府。译者注。

微型金融机构或商业银行的正规的借贷。大约有 1/3 的家庭运行至少一个小生意，平均利润是 3040 卢比（约合 61 美元）。

大型小额信贷商斯潘达那（Spandana）在 104 个地点中的 52 个开设了分支，选择是随机的。一个后续调查——在斯潘达那进入本地市场至少 12 个月后进行——揭示了相较于那些在对照地区的人，实验地区的家庭借款比从微型金融机构那里多约 50%，会开展生意的多了 32%。在实验地区的企业所有者也报告了更高的利润，但他们没有报告雇佣了更多的工人。对在实验开始时已经运行生意的家庭来说，耐用品投资显著增加了。被识别为会开展生意的家庭（基于一些特征，如识字率和土地持有量）*削减*了非耐用品的消费，例如食品和交通，以及研究等“性情物品”。这种形式与新企业主做一笔大投资的需求相吻合。另一方面，对开展生意偏好较低的家庭增加了非耐用品的消费。对健康、教育和女性赋权等社会成果的影响是可以忽略的。但是这个研究的时期框架相对较短，限制了结果的范畴和它们短期的政策含义。例如，社会成果可能要更长久才会产生。至少在短期，从评估中看不出什么大的、正面的跨越。

### 9.6.4 评估斯里兰卡的资本回报

Suresh de Mel， David McKenzie 和 Christopher Woodruff （2008）使用另一个随机化实验来估计小企业的资本回报——这个问题在微型金融效果中居于核心地位。正如在第 1 章中所述，经济理论关于资本回报率有各种预测。一个通常被听说的论断来自于资本边际回报率递减的观点：有较少资本的企业能够比那些有较多资本的企业产生较高的单位资本利润。根据这个逻辑，小型企业主应当愿意借助微型金融和偿还较高的利率而很好地赢利。但这并不足以知晓有贷款准入的企业主能够获得高利润，因为利润和资本的获得都取决于“企业家才能的特质”（de Mel， McKenzie 和 Woodruff 2008）和其他共同的原因。 300

De Mel 和他的同事设计了一个实验，在企业使用的资本数量中引入随机因素。这种方式下，利润变动和其他结果可以归因于这些资本的外生增长。研究人员给予一些（随机选择的）企业主数量不等的现金或设备 / 存货。随机化确保资本的（正的）增长与企业主的特征或他的企业无关。

实验基于对 2004 年的海啸后斯里兰卡小企业的调查。研究人员在超过 2 年（2005–2007 年）的时间内分 9 次调查了 400 个公司。这些公司涉及零业售、制造业或服务业活动，如运行小型食品杂货店、裁缝店、做竹制品或修自行车。扣除土地和建筑，在第一轮调查的时候，所有的公司拥有 1000 美元或以下的资本。贷款被作为参与调查活动的奖励给予一些企业主，由抽签来分配。

四个分别的奖励被使用，以转移的方式（现金或设备 / 存货）和转移的规模（100 或 200 美元）来区分。如果转移以实物形式，企业主将选择他们偏好的设备或存货，它由研究组来购买。这些转移相对较大：100 美元代表中型企业 3 个月的利润，200 美元代表第一轮调查时中型企业资本的 110%。现金奖励可以被用于任何购买，或与企业相关，或与家庭相关，58% 的真正投资在企业上。

研究人员基于三个方面调查了资本增加的效果：资本存量、利润和公司所有者的工作时间。利润包括从公司所有者那里获得的收入，于是特别的关注被用来估计扣除了对工作时间的影响，它对利润的影响（见 de Mel， McKenzie 和 Woodruff 2009b 关于度量利润的发人深省的后续研究）。

研究显示企业的资本回报率区间是每月 4.6% 到 5.3%，或每年 60%，它取决于估计的技术。这些数字都高于由银行和微型金融机构在当地收取的 16–24% 的*名义*利率。

301 更惊讶的是，结果暗示了回报率上显著的异质。首先，对男性的效果大，但对女性的平均效果没有统计上的显著性（这是平均：一些妇女做得好，另一些不好）。这个发现的对立面是女性比男性更有优势来利用信贷，它也与以上提到的其他研究的混合结论不符。第二，正如预期的，资本回报对有较高能力——由受教育的年限和对计算和认识能力的测验来评估——的小企业主更高。第三，效果的变化很大：一半的女性企业主经历了负面的回报，20% 的男性回报低于市场利率。最后，在风险厌恶水平上的差异对资本回报没有可识别的影响。

### 9.6.5 从哪随机化

一些研究从个体层面随机化，其他的在社区、村庄或其他组合的层面随机化实验组。在微型金融中，选择从哪一个基本单位开始随机化是最常见的：个体，组，中心或村庄。在许多情况下，选择被客观约束所局限。例如，在相同的组中给个体提供不同的利率，肯定在组内产生不公平的感受。对组、微型金融机构和研究来说这可能是一个坏点子。

分析的基本单位选择有两个重要的影响因素：统计功效和溢出作用。（更高级的讨论，参见 Duflo， Glennerster 和 Kremer ［2007］出色的工具箱。）说到统计功效，在组层面随机化而不是在个人层面意味着通常需要一个更大的总体来评估干预的效果。例如，设想村庄被指定接受或不接受微型金融产品。为了可信地评估结果，研究人员可能需要选择例如 100 个村庄作为实验组，100 个作为对照组。如果每个村子中 20 个家庭被调查，总样本将是 4000 个家庭。如果可以在个人层面随机化（于是，在同一个村庄中，一些人被实验，一些人不是），研究人员可能只用 100 个家庭作为实验组、100 个家庭作为对照组就可以开展——样本一共只有 200 个。由于成本小，后者更有吸引力，但它可能不适用或不可行。

在个体层面随机化的时候，溢出的存在提出了一个挑战。溢出发生在（i） 302
家庭从实验组转移到对照组，反之亦然，或（ii）对照组的成员被实验组无意中影响。例如，当一个获得新贷款的企业主与朋友分享一些贷款收益，而该朋友恰好属于对照组，或当一个微型金融客户接受了商业培训，与其他客户分享他的一些课程和技巧，而那些人被指定不接受培训，溢出效应的第二种可能发生。或可能是，改进的生产率缘于实验组导致整个社区较低的价格。

这两种形式的溢出在不容的层面影响了随机分配。因为效果的识别依赖于分配到哪一个组的随机性，也因为个人几乎不会随机在组间转移，那些在组间转移的人对效果的估计中重新引入了一个选择偏倚。第二种溢出可能降低（或人为增加）被观测到的干预的结果。基于下一节进一步讨论的原因，这些溢出也制造了对更大样本的需求。在大多数情况下，一些溢出者可以在组的层面被随机转移，而不是在个体或家庭层面。例如，在一个联保贷款的设计中，在组中随机分配一些借款人参加项目而留下其他人到对照组中，比整个组都被分配成实验组或对照组有更大的概率导致溢出（疑惑或怨恨）。

### 9.6.6 统计功效

“功效”的概念是指用统计方法对干预的效果可信地检测的能力[25]。评估总是伴随一定量的“噪声”，它们源于数据的自然变化和测量误差。但使用足够大的样本，“噪声”的影响通常可以被解决，干预的效果清楚地显现。如果样本太小，噪声可能掩盖干预的真实效应：估计出的效果可能是正的且较大，但传统的统计显著性检验无法明确估计出的效果不是别的而是更多的噪声。

这个担心是普遍的，但它比其他方法更容易伴随着随机化实验出现，因为
303 随机实验趋向于使用更小的样本。“功效”计算变得重要。计算阐明了在检测项目效果和保持与研究预算相符的样本规模之间可能的权衡。统计功效一般随着更大的样本规模而改善，但它并不那么简单。对评估的设计也同样重要。

在我们这里，干预可以是微型金融的贷款，一个储蓄产品，一个提供给微型金融客户的健康项目，微型金融机构考虑提供的一个新项目或新贷款产品，或任何类似的干预。由于逐一询问所有客户干预如何影响了他们（通常）成本太高，故调查一个客户的样本，使用统计方法来确定是否基于样本的结论可以被推广到所有的客户。直观地讲，样本越大，基于样本的发现能适用于所有客户的观点就越可信。这种情况保证了样本足够大，但并没有大到预算能支持[26]。

功效计算关注 3[①]个核心元素：（a）效果的规模和变化，（b）被用来评估效果的样本的大小，（c）期望的统计显著性水平的两种选择。研究设计也同样重要，如果令人满意的样本和效果大小不能在一个设计中获得，就应该尝试其他的。（我们下面将回到设计元素的影响。）

Duflo 等（2007）对给定的统计功效、显著性水平、样本大小和研究设计，将功效问题放在“最小可测效果规模”框架下去讨论。该方法可贵之处在于，它单刀直入地关注效果规模和样本大小的权衡关系。最小可检测效果规模的一个基本公式为：

$$MDE=\left(t_{(1-k)}+t_{\alpha}\right)*\sqrt{\frac{1}{P(1-P)}}\sqrt{\frac{\sigma^2}{N}} \qquad (9.10)$$

这里 $t_{(1-k)}$ 刻画了统计功效的水平，$t_\alpha$ 刻画了置信水平，$P$ 是样本中实验组的比重，$\sigma^2$ 是效果的方差，$N$ 是总样本规模。我们删繁就简[27]，复制这个公式来强调最小可检测效果规模和样本大小的关系：当 $N$ 增加时，最小可检测效果规模下降，反之亦然。对一个给定的研究设计，功效计算因此刻画了效果大
304 小和样本大小的关系，统计置信水平通常保持在 5%、10% 和 20%。

① 原书为“四个核心元素”，根据文字内容修改。译者注

当然，一个实践困难是效果大小通常是未知的，因为项目根本没有发生！许多方法被开发用以解决这一问题，一些非常实用，其他的则是概念性的。第一个实用方法是基于过去的研究进行预测。第二个是开展一个小型试点研究。如果没一个可行，就需要做一个估计，用结果（例如，测验得分，收入多少钱，床网使用的数目等）来表达效果的大小，或用结果均值的标准差来表达，这些有助于研究开始。例如，Cohen （1988）认为 0.2 个标准差的效果是小的，0.5 是中等，0.8 就大了。但是，这些数值需要被放在每一种结果变动的情形中去，纯粹是象征性的。

“最小可测效果规模”方法和公式也突出表明效果大小和样本大小的关系取决于四个核心要素以外的因素。首先，研究对象分配给实验组和对照组的比例是重要的。分配一半的研究对象在实验组、另一半在对照组，使得用一个给定的样本规模检测较小的效果、或使用较小的样本检测给定的效果大小成为可能。因为我们看到表达式 1/［$P$*（1−$P$）］在 $P$=0.5 时将达到最大化。如果研究包含一些实验组和一个对照组，功效计算能指示每个组都需要的样本规模。

第二，如我们在 9.6.5 中所言，对样本规模来说，随机化的层面很重要。原因是在组层面的随机化制造了组之间的变化，而非个人。由于组中的个人享有一些共同的特征，从每一个体获得的信息相对于在个体层面随机化，在结果上带来较少的变动。因此，在前面的案例中，更多的个人和组都需要被检测类似的效果大小。这里重要的是在结果中变化的比例，它来自于比较组的效果和个人的效果。前者越高，需要的样本越大，或必须用来检测的效果就越大。

第三，一些实验设计并不直接分配调查对象到实验组和对照组中，但“鼓
励”他们去参加实验，即通过一个广告式的运动。在实验组中的人们可以对参 305
与说是或否，对照组的成员可以接受干预，尽管缺乏对他们单独的鼓励。这个设计要求一个更大的样本，以便获得相同的功效水平或检测相同的效果规模。例如，在 Ashraf， Karlan 和 Yin（2006）对菲律宾小额储蓄的研究中，他们邀请了一个随机选定的组，让其中的人开设一个新型储蓄账户。一些人做了，一些人没有。该项目的随机性体现在邀请上，而不是在开设账户上，所以新账户的影响必须通过比较被邀请和没被邀请的个人来评估。显然，并非所有被邀请的人都开设了账户。结果是在“邀请层面”评估的效果被稀释了，还需要一个

更大的样本规模。

最后，良好设计的分层随机化设计可以改进效果估计的准确性，这使得利用更小的样本成为可能。分层意味着把样本沿着一个或更多可观测的特征分开，对每一个“子组”（“区组”）单独实行随机化，而不是一次对整个样本。例如，一个区组可以由超过 30 岁的妇女组成，另一个低于 30 岁，再加上两个类似的男性的区组。每一个区组都被分配成实验组和对照组。随机化个人到组中在*预期上*创造了相似的组，但分层被用来确保沿着分层的纬度分配到实验或控制组在实践中是随机的。在我们上面的例子中，我们知道在实验组中的每一个区组都有一个相等的比例，在对照组中每一个区组中也有相等比例。事实上，分层允许分析人员对每一个区组分别地估计干预的效果，尽管它用统计的方法完成，而不是真正对每一区组重复分析。由于单个区组比整个样本更为同质，在结果上更小的变化可能用相同的样本大小检测出来，这使得一个总规模较小的样本能被使用。

**9.6.7 对随机化的批评**

随机化实验被捧为评估的黄金法则。在许多情况下它们是。但随机化并不总是合适的，也不总是令人向往的。围绕支持和反对有热烈的辩论，最近的
306 观点包括 Deaton（2009），Imbens（2009）， Banerjee 和 Duflo（2009）， 以及 Ravallion（2009）——从更技术的角度，Heckman 和 Smith（1995），以及 Angrist 和 Imbens（1994）。许多批评恰当地针对评估的整体，而不专门针对随机化评估。（例如：经验是可复制的吗？评估值得这么麻烦和花费吗？）但一些更贴切地用于随机化。

首先，随机化方法提供了对干预的*平均*效果的估计。它并没有告诉我们任何关于中位数效果的东西，也不提供有关效果的分布。正如 9.6.4 在我们的功效案例中说明的，实验组和对照组结果值的分布都是已知的，但这并不意味着效果的分布是已知的。

例如，如果一个项目让一个人变得更好，而所有其他人都略微变差，假如对那个人正的效果足够大以致于抵销了其他所有人的负效果之和，一个随机实验可能得出平均效果是正的结论。制造这样一种效果的某个政策或干预可能被认为是有利的。我们也不可能获得关于效果分布的信息。从一开始建立分层提

供了一种方法。效果可以通过子组来估计，例如男性和女性、穷人和富人借款者等等。对子组效果的考察应当在从一开始就建立，否则研究者将陷入“数据挖掘”和发现伪造结果的风险。如同非随机方法，在随机实验中提前识别哪一个子组和假说可能相关并把分析限制在这里，是避免数据挖掘的关键。

第二，虽然随机化实验在提供对效果的规整估计时表现突出，他们必须在特定背景下被实施，因此对把这些结果推广到其他环境提供了有限的支持。用技术语言来说，它们有高内部有效性，但缺乏外部有效性。这个意思是，例如，一个对肯尼亚学校中用活动挂图作为教师帮手的随机化评估（Glewwe，Kremer，Moulin 等 2004）仅仅告诉我们活动挂图是否有助于提高考试成绩——对肯尼亚这个地区这些学校的这些学生。我们可以设想，肯尼亚、印度或拉美其他地方的学生或学校有不同的教育需求，从他们的老师使用活动挂图中受益 307
也不同（或一点没有）。相反，非随机方法被赞同，它们使用的数据来自广大的地理区域、多元化的背景，和 / 或分化的人口，于是它们的结论适用于更广泛的情况。另一方面，这些方法远不能满足内部有效性（问题以至于是否估计自身是可信的）——没有它，它们总计也没有多少。

第三，随机实验的有限外部有效性有许多维度：

1. 如前面强调的，随机实验在特定环境下实施，所以结果可能仅仅对该环境适用。意识到这个局限，随机实验的支持者强调在得出一般化的结论前，需要在其他环境中复制实验。

2. 因为随机实验通常要仔细计划和实施，扩展到大的范围可能产生不同的结果。很难用在试点研究中同样水平的关注去实施区域性政策。在把政策运用到广泛的范围去之前，利用试点研究检验想法仍旧是一个明智的对策。随机实验很适合满足那种需要，它们可以为是否政策主张在小范围和在接近理想的条件下真正产生可度量的效果提供证据。

3. 与外部有效性相关的第三个问题必须与这样一个事实联系起来，即随机实验把它们的逻辑强加到被评估的项目的运行上。没有实验，业内合作伙伴通常不拒绝为它们受益人的小团体提供服务，倾向于选择那些对项目有最大需求、或有潜力成功的受益人。由于随机实验要求这两个因素不予考虑，不是所有的非政府机构都愿意与研究人员合作来实施它们。如果实验只能在接受他们的组织中进行，在选择业内合作伙伴上，复制将不能去除潜在的选择偏倚。当随机实验变得越来越普遍，希望是越来越多的多元化的组织将加入。

转到更广泛的担心，随机实验遵循严格的设计。特别地，它们要求参与者
308 尊重初始的随机分配来接受或不接受干预——对照组成员不为了获得好处而表现得像实验组成员那样。如 9.6.4 节强调的，如果在两个组之间存在大的溢出，且如果一个非随机的参与者子集离开了研究，那样随机化的优势也停止体现。统计方法可以被用来纠正溢出，但在这一点上，分配的随机化已经被打破，实验已经损失了它们相对于非随机方法的一些优势。

第四，初始的随机分配必须保持于整个研究进程。这里的问题是失访和污染。失访对效果估计的影响是不可预知的，或者高估或者低估了效果。当被评估的组织（或在相同地区的另一个）开始与对照地区的人共事，或给予额外的好处，作为对他们没有从实验组中获得好处这个事实的回应，污染就发生了。

第五，随机实验有时被出于道德原因而批评。它们确实要求一定比例的人被待评估的干预所拒绝，选择谁获得干预不能基于公平的考量（“给最需要它的人”或“给最该得到它的人”）。这些担忧是正当的，应当被严肃考虑。但在一些情况下，一个随机化的机制可能比其他的选择机制要“更公平”。例如，在一个实验政策中对受益人的选择，或在资金非常有限而不能服务所有适格者的情况下，有时候担心政治干预和偏好。这里，公开地随机化谁受益、谁没有并不能改善分配的公平性。

总之，随机实验可以成为强有力的工具来可信地支持干预产生效果。它们不是唯一可行的方法，但它们有许多的好处。认真地对待它们的缺陷，作为发展随机化和复制的改进方法的一个途径是下一步要做的事情。

## 9.7 总结和结论

微型金融运动诞生于创建具有社会和经济使命的银行这一理想。完成效果
309 评价是确定这些使命是否被实现的一个重要方式。正如我们所描述的，迄今没有任何研究在可信度上获得了广泛的共识——但是，我们已经描述了一些最近的研究，它们受到广泛的关注。优秀研究的总体匮乏反映了评价项目的内在困难——在这些项目中参与是自愿的，不同的客户以不同的强度使用服务。

一系列扎实的效果评价仍旧出现了。把实验设计嵌入项目的实施将是一条获得更可信估计的途径，有用的经验可以从墨西哥的 PROGRESA/Oportunidades 教育和健康项目的实验设计那里获得[28]。本章中的讨论显示，获取正确的细节是重要的，为了分析的目的，拥有一个非常可信的评价比拥有一百个错误的评价更重要。

因为没有微型金融项目随机贷款给居民，评价上的挑战出现了。反之，出借人仔细地选择它们开展业务的地区，以及要对其贷款的客户。当那些使借款人不同于非借款人的特征是可观测的时，相关的条件性变量（年龄，教育，社会地位等）可以在效果评价中用于解释。但通常，那些使客户不同的地方是不可观测的——例如，借款人可能有更多的企业家精神，享有更好的商业关系，或比未参与者更受关注。因为这些不可观测的特质与获得信贷相关联，那些表面上看起来像是影响信贷获得的因素可能事实上更多地反映了那些不可观测的特质。如果对这一问题不采取措施，被估计的微型金融的效果将有偏。偏离还可能很大。

选择偏倚的一个重要来源是机构和它们的分支设在哪。它们是专门设置来服务非典型的偏僻地区服务匮乏的人吗？如果对照地区不是类似的偏僻，这可能导致一个明显的负面效果。相反，项目可能设在有较好的互补性基础设施的地方（高速公路，市场，大城镇），使得估计向上偏倚。在评价大项目时，项目可能因不同的原因被放在不同的地方，因此用对照地区进行比较需要小心进行。一些方法——如那些基于超过 1 个时点的结果比较的方法——可以处理那些项目位置的特征，这些位置不随时间变化。但它们也有局限性——通常是随 310
时间变化不可观测的变量。

虽然一些观察家对不可能产生可信的评价绝望了，但他们的绝望被放错了地方，太悲观了。严谨的统计评价绝非易事这是事实，但一个经常被听到的早期的担忧——由于钱在家庭内部是可替换的，不可能跟踪特定贷款对企业利润一个特定变化的效果——结果是轻微的限制；这被 Ledgerwood（2001）称为“归因困境”。即使一笔特定贷款不能与利润上的特定变化相联系，仍可能评估利润如何与资本一道变化（如，测量资本边际回报）以及借款如何影响家庭层面变量，如收入、消费、健康和教育。在许多方面，相对于围绕小微企业利润来源的狭隘问题，这些是更有意思的政策问题。

有用的评价不需要规模上无限大，以至于包括调查成千上万的家庭。其他条件不变，样本越大就越好。但这里讨论的一些较小样本的研究最后产生了更可信的证据，要超过那些有更大样本但在这方面或那方面不完善的研究。

在设计数据采集流程方面有更多的进展，通过只跟踪借款人结果的指标，让参与者快速地估计他们广泛的效果。这种方法——由苏塞克斯发展研究所的 Imp–Act 项目等组织领导——确定地为用户提供大量的有用数据，它们可以带来项目的精炼。但它们应当被区别于本章描述的效果评估。没有对照组（或抓住相同思想的方法），不可能确定净效果[29]。

我们的观点不是应当放弃“实践者友好型”的步骤，也不是数量评价无用。与之甚远：Imp–Act 工具和其他的“社会绩效评估”方法——如法国的 CERISE 所采用的——帮助捐助者和组织更好地理解他们顾客的需求，从而改进定位，开发合适的产品和营销。数量评估阐释了制度性进程以及消费者使用金融工具的方式[30]。

311 我们的观点是，这些方法不足以了解微型金融。获得更多严谨的、可信的效果研究，让它们能获得普遍认同，对推动对话向前进至关重要。可信的研究不一定要复杂化：如果设计精巧、实施得体，它们可以很简单。

然而，效果评价之路尚未到头。即使有完美无瑕的效果评价，理解结果是另一回事，而这获得的重视更少。对项目价值的考虑通常停止的太迅速早。对正面净效果的清晰展示并不一定意味着项目是应当支持的好的备选。成本—收益分析也很重要。正如在第 10 章中所述，被评估的微型金融项目应当与替代性的方案进行成本收益对比分析，包括开展微型金融的其他方式。

## 9.8 习题

**1.** 列举微型金融可能的经济、文化和心理影响。

**2.** 解释微型金融在家庭经济学上可能的影响。

**3.** 解释至少三个不同的原因，为什么在尝试评估微型金融效果时可能有选择偏倚。

**4.** 在项目评价上，最近的趋势是随机控制实验方法，它解决了在问题 3

中讨论的选择偏倚问题。解释为什么随机控制实验克服了选择偏倚。

**5.** 你被雇佣来评价维瓦克莱德的效果，它是一家在巴西运营的小额信贷机构。该机构发放贷款给生活在里约热内卢周边“法维拉”（贫民窟）中的人们。

a. 首先，设想该组织的领导给了你自由空间来做你想做的评价。你可以指挥该组织按你所想发放贷款，你可以收集任何你想要的数据。写下一个计划你将要做什么，为什么？

b. 现在设想你没有获得绝对控制权——你仅仅可以观察该组织已经做了什么。描述你的方法将如何改变（如果有的话），你现在要怎么来估计项目的影响。

c. 假定维瓦克莱德现在扩张到一些新的法维拉，你收集了扩张前后收入的 312
数据：

| | 新维瓦克莱德场所 | | 仍没有维瓦克莱德 |
|---|---|---|---|
| | 获得贷款 | 没有贷款 | |
| 扩张前 | R$247 | | R$192 |
| 扩张后 | R$290 | R$255 | R$204 |

假定新的法维拉中20%的人获得贷款，构造“希望参与实验”（IIT）和“已经参与实验”（TOT）两个对项目效果的估计量。如要估计准确，什么样的假设必须成立？

**6.** 与理论结论相反，一些微型金融机构近些年转变到个人借贷策略。Giné 和 Karlan （2007）检视了这个转变如何影响了菲律宾的偿债率。列举它们在设计实验时所面对的主要挑战，并提出解决方案。

**7.** 对随机控制实验最重要的批评之一是它们的外部有效性相对虚弱。解释这个问题，为什么它是重要的。研究者怎么能纠正它，或围绕它做些什么工作？

**8.** 一位经济学家对研究肯尼亚的农作物保险感兴趣。她知道没有正规的机构在本地区提供此类服务，但她希望找到以社区为基础的非正规机制的存在。然而，这些机制的非正规性使得评估它们的存在和密度显得困难和昂贵。为了实现她的目标，你可能会给她建议什么创造性的方法？

**9.** 研究者希望估计玻利维亚不同村庄中微型金融准入对贫困家庭子女教育的因果效应。为了这个目的，他提出首先通过普通最小二乘法估计以下截面识别方程：

$$Educ_{jv}=X_{jv}\beta_i+M_{iv}\delta_m+\mu_v^e+\varepsilon_{iv}^e \quad (1)$$

其中脚标代表家庭，$v$ 代表村庄，$X_{iv}$ 是可观测的家庭特征，$M_{iv}$ 是家庭对小额信贷的准入，$\mu_v^e$ 是村庄的扰动项，$\varepsilon_{iv}^e$ 是家庭的扰动项。

313 a. 什么问题可能影响对方程的估计？ $\delta_m$ 是我们所关心的因果效应吗？提出对这些问题的解决方案。

b. 研究者怀疑他的第一个识别方程有内生性问题，倾向于使用工具变量 $Z_{iv}$ 在以下的一阶识别方程中去解决：

$$M_{iv}=X_{iv}\beta_m+Z_{iv}\varrho+\mu_v^m+\varepsilon_{iv}^m \quad (2)$$

然后通过两阶最小二乘法估计（1）式。这个方程的估计会有什么问题？如果这些问题被正确地解决，该方法会对我们关心的因果效应做出一个无偏估计吗？

c. 提出一个可能有助于阻断（a）中提出的偏倚来源的替代性方法。

**10.** 考察两个村庄。村庄 1 有 10 户家庭，全部都被准入微型金融项目。关于这些家庭，我们所知道的全部如下：

| 家庭 | 孩子的数量 | 接受教育的孩子的数量 |
|---|---|---|
| 1 | 4 | 3 |
| 2 | 8 | 5 |
| 3 | 6 | 4 |
| 4 | 3 | 3 |
| 5 | 5 | 2 |
| 6 | 5 | 4 |
| 7 | 10 | 5 |
| 8 | 6 | 4 |
| 9 | 7 | 3 |
| 10 | 8 | 3 |

除了获得微型金融项目，这 10 户家庭还享受了专注于儿童教育的政府资助。这笔资助让每个家庭送 1 个小孩去上学。现在考察村庄 2。在这个村庄中，

有 12 户家庭，它们没有进入微型金融项目，也没有从政府资助小孩上学中获益。这些村子的特征如下：

| 家庭 | 孩子的数量 | 接受教育的孩子的数量 |
|---|---|---|
| 1 | 3 | 2 |
| 2 | 7 | 2 |
| 3 | 8 | 3 |
| 4 | 9 | 5 |
| 5 | 5 | 4 |
| 6 | 6 | 4 |
| 7 | 4 | 3 |
| 8 | 10 | 5 |
| 9 | 3 | 1 |
| 10 | 4 | 2 |
| 11 | 2 | 2 |
| 12 | 9 | 1 |

以比例的形式计算这两个村庄的教育水平；然后尝试评估微型金融在儿童 314
教育上的效果。你能得出微型金融对儿童教育有正面效果的结论吗？如果没有，提出一个评估效果的方案。

**11.** 考察一家银行，在两个相同的村庄中给相似的人贷款，每个村子都居住着 100 户家庭。在两个村子中所有的家庭都同质，每笔贷款都是 100 美元。用这 100 美元贷款，家庭可以投资为期两年的项目。事前，项目成功的概率是 0.75，此种情况下家庭可以获得毛回报 240 美元。如果项目失败了，概率是 0.25，家庭什么也得不到。假定给每个人放贷的成本是 20 美元，银行只希望收支平衡。个人由有限责任所保护。

a. 在借款人签订贷款合同时，毛利率是多少？

b. 现在假定在项目进行的两年种，村庄 1 受到未预期的总量冲击负面影响，降低了项目成功的概率到 0.5。这种情况下，这家银行的财务自给率将是多少？

c. 此外，假定在村庄 2 中，天气条件出奇地好于预期，从而把该村庄成功的概率提高到 0.85。在这个村子中，财务自给率又将是多少？我们能得出村庄 2 中的项目比 1 中的好这个结论吗？解释你的答案。

315 d. 在本例中，为了正确地估计实验组中微型金融的效果，你可能会提出什么建议？假设你拥有来自未受冲击的第三个村子的数据，该村庄和村庄 1 和 2 同质，但没有信贷准入。

**12.** 考察一个村庄，其中所有的家庭都适格从微型金融企业获得贷款。假定这些家庭中的一半从微型金融企业贷款，另一半一点也没借。参与借款家庭的儿童总数是 119，非参与者该数字是 143。在从微型金融企业贷款前，参与借款的家庭孩子的入学数量是 51，非借款者该数字是 71。在参与微型金融项目后，项目参与者孩子入学的数量增加到 65，最终使得非参与者越来越趋向于把他们的孩子送到学校。假定平均而言，微型金融项目参与者每送两个额外的儿童去上学，存在溢出效应，即非参与者会送一个额外的儿童去上学。假定在该村整个项目期间出生率都是 5%，计算一旦微型金融项目被建立起来，参与者和非参与者的组中儿童的入学率。然后评价以下言论的正确性：“微型金融对教育没有影响”，并解释你的答案。

**13.** 提供和解释至少 3 个理由，为什么对微型金融项目的统计评价可能是不稳健的？

# 第 10 章



# 补贴和可持续性

## 10.1 引言

2003 年 8 月 20 日，《华尔街日报》刊登了一篇关于拉丁美洲微型金融的 317
短评文章（Kaplan 2003）。该文以来自墨西哥农村地区一位名叫 Esther Simone Garcia 女店主的故事作为开端：女店主 Garcia 女士从“扶持女性”——一家玻利维亚领先的小额贷款公司——贷款 130 美元，从而使小百货店的商品种类更加多样化。《华尔街日报》报道说，随着债务的偿还和生意的扩大，Garcia 女士不断提高自身的奋斗目标，甚至还考虑将女儿送到大学深造。

“如今，作为一种受到高度赞扬的手段，小额贷款在全球反贫困的事业中证明了其作为一种商业模式存在的可能性”，这篇文章继续写道，“其不断地吸引那些在追求商业利益同时仍考虑社会发展目标的投资者进入。”《华尔街日报》的作家经常引用阳光银行和康帕多银行的案例来支持以上的说法，这两家银行分别于 1996 年和 2002 年在玻利维亚和墨西哥发行了 500 万美元债券和 1000 万债券。另外一个例子就是印度尼西亚的人民银行，其将出售 30% 的股权，并计划在 2003 年末公开上市。这些银行案例说明微型金融具备广阔的发展前景——小额贷款是能够赢利的。

关于微型金融的另一前景是，微型金融能给那些受金融排斥的借款人带来非常重要的好处，就像墨西哥的 Esther Garcia 女士那样。一些项目同时实现了两大前景（赢利和金融服务对受金融排斥人群的广覆盖），但多数项目仍未达到以上目标——尽管现在许多小额贷款公司看上去架构良好且运作异常有效率（可能不是实际赢利）。阳光银行、康帕多银行以及印尼人民银行都服务于受金融排斥的低收入人群，但是他们却缺乏孟加拉国和印度那样的主导性项目，在商业化运作的原则下实现对最贫困人群的覆盖。当然，从商业化角度看，在
南亚的大多数项目不如印尼人民银行或拉丁美洲部分优质项目那样成功。问题 318
的原因在于，一方面要寻找发放小额贷款和搜集小额存款的合理方法，另一方

面则不能提高费用和利率水平。如果上述目标不能实现，那么接下来的工作就是要设计一个框架。基于这个框架，在一些地方微型金融就可以作为一定程度上需要依赖于持续补贴的一项社会工具。

但在现实中，许多微型金融运动仍旧使用补贴——一部分来自于捐赠，一部分来自政府，另外则来自于慈善性和社会公益性的投资者。《微型银行简报》报道说，2007 年的 890 家样本机构中的 549 家（约 62%）在财务上是可持续的（MicroBanking Bulletin 2008）。Cull 等（2009b）给出了一个关于微型金融补贴和可持续性问题的较为长远的发展设想。他们分析了一个来自于 2005 年《微型银行简报》的扩展数据集，发现 315 家样本机构中有 57% 是财务可持续的，并且这部分财务可持续的机构服务着 87% 的客户。余下 43% 的样本机构接收了共计 26 亿元美元补贴资金。在那部分补贴中，非政府组织（NGOs）获得比例为 61%，其中非政府组织的每位借款人平均接受补贴 659 美元，远高于 233 美元的补贴中值，处上 1/4 档水平。由于非政府组织仅仅服务了 51% 的借款人，说明其获得的补贴份额与服务范围不成比例；换个角度分析，非政府组织客户的平均收入水平普遍低于银行和非银行金融机构的客户，但多数非政府组织（54%）却实现了赢利。因此从数据看，即使那些服务较穷客户的项目能覆盖非政府组织的所有成本，但是仍存在非常明显的补贴行为。另外，Cull 等（2009b）认为，即使资金成本非常低廉，《微型银行简报》公布数据还是夸大了利润率且人为减小了补贴额。

即使那些小额信贷机构存在一系列疑点，但就单单能进入《微型银行简报》数据库这一条，就足以说明这些机构有着非凡而稳健的经营智慧。因为这个数据库仅针对那些具备很强财务可持续性和责任机制的微型金融机构，且这些机构的财务帐户必须要按照国际会计准则接受《微型银行简报》财务人员的核查。例如，孟加拉的格莱珉银行就不能进入这个数据库。该项目由于遵照财务管理的规范方法，因此进入该项目的机构一般被公认为全球同业最高水准的代表。根据小额信贷峰会统计，2007 年末全球有 3553 个微型金融项目，但我们缺乏
319 这些项目的详细数据，因此难以跟《微型银行简报》的 890 家样本银行做精确对比。但多数人先验地认为，前者展现出的财务表现明显弱于后者。Banchet 和 Morduch（2009）的研究显示，向小额贷款峰会报告的机构的平均运营自足

率为95%，而那些向“混合市场”（Mix Market）报告的机构的平均运营自足率则为115%（该机构主办《微型银行简报》；详见第8章的定义）。

由于补贴在微型金融中扮演重要角色，因此针对该领域的咨询业具有广阔的发展前景。咨询师们可以通过成本—收益分析方法，核算一个个项目，以确定补贴是否存在效率。根据Rosen（2002）等所构建的相对完善的公共财政分析范式，在一个完美的世界中，微型金融通过成本—收益分析得到的结果应该与其他扶贫项目的成本—收益分析结果大致一致。这些研究非常有利于形成政策讨论的框架。例如在第1章中，Binswanger和Khandker（1995）通过研究发现，1970年代印度的国有银行系统貌似提高了非农增长率、就业和农村工资，但是这些项目所追求的目标是错误，最终导致了无效率。它仅使农业产出小幅受益，而对农业就业却没有任何影响。Binswanger和Khandker最后认为，政府项目的成本是如此之高，以至于他们几乎抵销了其所产生的经济效益。

微型金融的前景在于改善国有银行主导的金融体系，以使其降低成本、改善目标并且保持（或扩大）收益。因此要了解微型金融的绩效，仅仅单一的关注财务收益是远远不够的。为了全面衡量微型金融的前景，成本—收益分析针对所要衡量的收益，将单独评估补贴项目的成本。即使微型金融项目比资金的其他用途（例如，投入到学校或医疗卫生）发挥的影响还要小，成本—收益的研究方法也能够清楚地展示支持小额信贷机构仍旧可能是更为有效地利用资金，只要它们对于给定的预算发挥更大的效果。

但事实上，我们仅知道两类较为严谨的微型金融项目的成本—收益分析状况——而这些都是由研究人员而不是捐赠者完成的。微型金融不应该是一个缺乏严谨评价机制的外壳。正如Lant Pritchett在其论文《为无知付款》中指出，目前非常缺乏针对卫生和教育项目的严谨的评价研究[1]。Pritchett认为出现这种状况并非偶然：大多数项目缺乏进行严肃评估的激励。很简单的原因，为什么 320
要冒得到一个负面评估结果的风险呢？因此多数项目就没有收集评估所需要的各类数据，特别是那些适宜进行比较分析的控制小组的数据。在微型金融项目的使命中不再包含数据搜集这项内容。但对于多数项目来说，一旦进行成本收益分析，那么最可能的结果就是成本都超过了收益。

另一方面，捐赠者应该对成本收益分析感兴趣。研究显示，捐赠者一般都异常关心其捐赠资金的用途。但是从目前的状况看，捐赠者却对成本收益分析表现出极为有限的热情。其中一个解释就是，财务可持续的微型金融要从长远的发展前景分析。基于上述观点，补贴仅是作为保障微型金融项目正常运转的短期救助方式，那么依赖于公共财政评价方法的成本收益分析的价值就极为有限。他们论证到，由于捐赠者对补贴所产生的当前收益缺乏兴趣，因为补贴最终在微型金融领域将缺乏立足之地。《微型银行简报》数据显示，与新项目相比，业务开展时间较长的放贷机构的平均绩效较为可观(从财务可持续性上看)——尽管大多数时间这些项目仍旧接受补贴。

但是，以上论证却并不充分，主要有两个原因。一是对初始补贴的成本和收益进行评估还是有意义的。补贴资金存在机会成本，因为它们可使用于一系列的可替代途径，例如建立医疗卫生、购买学校课本、修建公路等最终实现财务可持续的项目。另外一个原因就是，在现实中对微型金融项目的补贴几乎一直都在进行，成本—收益分析有必要作为项目评估工具箱中既定的一部分[2]。值得注意的是，《微型银行简报》关于平均贷款规模统计的结果显示，持续时间较长的微型金融项目在覆盖面上的表现较差，这个现象可能简单的反映出与放贷机构熟悉的客户更倾向于申请大额贷款。这可能仅仅是客户自我"使命漂移"的反映；但如果不进行更为详细的分析，我们将很难搞清楚故事的真实情况。

也就是说，微型金融项目尚未明晰自身进行成本收益分析所需面对的关键问题。首先，进行清晰的成本收益分析具有较大困难和较高成本，并且在没有收集新数据的情况下不可能进行。不可避免的是，在计算成本和收益的过程中必须做出假设，因此对相应结果的质疑要保持开放的态度。其次，即使结果显示补贴现有微型金融项目的资金比其他用途更有利于改善贫困家庭状况，但是
321 微型金融也有可能在不使用补贴手段（或它被补贴在一个更低的水平）的情况
下帮助更多的穷人[3]。因此，补贴的收益超过成本的证明可能不足以平息对补贴的批评。

如果要对微型金融给出一个清晰的政策分析，那么我们还需要数量更多、种类更丰富的数据。但要完成一个全面的数量评估往往令人气馁。根本原因在于微型金融评价与一般工程项目不同。评价一架大桥是否该修建或者一所学校是否该扩建等这类问题往往有着较为清晰的、固定的项目可供参考（或者在一

些时候总存在一些可替代的模型）。每个这类项目都能依据自身形式被评估，以确定是被接受还是被拒绝。

微型金融项目与上述一般工程项目最大的不同在于，其仍处于不断发展之中，并且补贴直接影响到所能提供的产品和服务的特性。正如我们在第 2 章所讨论的，利率在某种程度上是按配给机制进行的（决定了谁会选择借钱），并且小额贷款公司的利率政策可能影响到在同一市场活动的竞争者。因此获得更多的补贴一般意味着小额贷款公司能够保持比其他人更低的利率；消除补贴则将形成相同的竞争机制，导致机构对客户收取更多的费用。除了上述问题，补贴的程度也与工作人员的雇佣方式和待遇水平，项目扩张的速度，以及贷款所能增长到的总规模等问题相关（我们将在第 10.4 节描述这些现象之间的关系）。因此，基于给定的不变项目情况下的传统评价方式失灵了。

最后，即使分析结果显示收益大于补贴的成本，批评者仍会认为补贴案例不足信。根本原因在于，如果减少补贴，相对于后续可能出现的替代模型，单一成本研究难以解决那些特定时间特定项目的价值评估问题。

本章我们给出了一个直面问题要害的研究计划，而现有的工作仍远不足以帮助我们解决相关问题。在第 10.2 节我们使用格莱珉银行作为一个切入点，以讨论补贴和补贴独立性指数。在第 10.3 节我们更深入地研究补贴行为，分析泰国和孟加拉国的经验教训。在第 10.4 节我们展示了需要推进讨论的特定证据，包括供给反映的衡量和利率弹性。在第 10.5 节我们介绍了“灵巧补贴”（Smart 322
subsidies）的概念，这是一个追求最小化扭曲、目标错配和无效率的精心设计的干预方案，其还能实现社会受益最大化。第 10.6 节是总结和结论性评价。

## 10.2 补贴的计算：来自格莱珉银行的经验

讨论补贴的一个逻辑起点就是要计算清楚补贴额的大小。这个问题显然比它所看上去的难度要更大。小额贷款公司从不同渠道获得补贴——即使那些声称赢利的公司也一样。例如，格莱珉银行在年报中宣称，其自创建以来每年都保持赢利。自 1985 年到 1996 年，报告利润总额为 1500 万美元（按 1996 年美元汇率计算）。这些是最保守的利润，且基本与格莱珉专注于扶贫的业务相一致[4]。

但在此期间，格莱珉也利用了来自于不同渠道的补贴。某些时候补贴是直接的——例如，帮助支付员工培训的资助。其他补贴则是间接的，将其挖掘出来需要拿着一台计算机仔细研读损益表（以下所引用的数据额都是根据公开可用数据，是最精确化方式下的大约数，但他们又不仅仅是大约数）。

例如，格莱珉银行的年报显示在 1985 年至 1996 年间他们的直接补贴额共计 1600 万美元。由于这些资助以收入的形式被计算在银行的损益表内，因此也清晰的表明，当格莱珉的管理者宣称他们每年创造利润，他们也就简单的认为他们的收入大于其支出。将 1640 万美元资助从年报的 1500 亿元中剔除，我们能够看到在传统计算方法下，格莱珉在此期间并未赚钱。

为了使研究结论更可靠，我们将分析另外的补贴来源。这类补贴主要通过捐赠这一“软贷款”（Soft loans）形式实现。部分捐赠者乐意支持小额贷款公司发放 20 年期年率 1% 的低息贷款。如果将 1% 的年率与小额贷款公司商业化资金来源成本进行比较，那么这个差额就是可计算的补贴额。例如，在 1985 年 –1996 年格莱珉银行支付拆借资金的年平均名义利率为 3.8%。而进行价格
323 调整之后，其支付的平均实际利率则为 –1.8%。与此同时，孟加拉的商业机构却需要以接近银行间利率的成本获得资金，他们需要支付高达 10% 的名义利率。由于小额贷款公司通过捐赠获得了使用廉价资金的权力，因此在这种情况下小额贷款公司的净收益就是隐含补贴。在 1985–1996 年，隐性补贴额共计 8050 万美元左右。在其他时候，补贴可能以税收免除、贷款担保、“软权益”（soft equity）或汇率假定风险等形式存在。例如，在 1985–1997 年间，格莱珉银行有共计 4730 万美元的额外资产负债软权益被增加到有效补贴项目中。在 1985–1997 年间这些直接和隐性补贴总额共计为 1.44 亿美元左右，也就是说在格莱珉银行的贷款总量中，每 1 美元就含有 11 美分的补贴。我们并不先入为主的评判这些补贴的好坏——我们需要基于社会经济效益的可靠数据并做出科学判断。原则上，我们认为目标明确的补贴能够产生许多正效益，格莱珉银行已有的广泛影响确实已经远超孟加拉国的国界线。

世界银行财务专家 Jacob Yaron 发明了补贴依赖指数（SDI），该指数是在清晰、准确和政策导向原则下系统计算所有补贴的一个有益尝试。其与第 8 章的“财务自足”计算方法有着异曲同工之妙。补贴依赖指数尝试回答以下问题：

即在银行没有补贴的情况下，其对借款人收取的利率将会上升多少？

为了理解指数的构建，我们从分析盈亏平衡利率 $r^*$ 开始，求解方程

$$L(1+r^*)(1-d)+I=L+C+S, \tag{10.1}$$

其中 L 是调整为问题贷款之前的未清偿贷款数量，（1−d）是那些预期将被正常偿还的贷款比例，I 是来自于其他投资的总收入，C 为总成本（包括资金成本），S 是隐性补贴的总值。等式左边给出了预期收入，而右边给出了成本（软贷款不包括在内）。为了盈亏平衡，等式两边必须（至少）相等。整理等式后得到盈亏平衡的利率为：

$$r^*=[C+S-I+dL]/[L(1-d)], \tag{10.2}$$

那么要使银行盈亏平衡，现有利率需要上升的幅度为： 324

$$\begin{aligned}(r^*-r)/r &= [C+S-I+dL-r(1-d)]/[rL(1-d)]\\ &= (S+K-P)/[rL(1-d)],\end{aligned} \tag{10.3}$$

其中，$P$ 为报告净利润，而 $K$ 是直接资助和支出的折现值（详见 Morduch 1999c 的第四部分）。报告利润来自于贷款、资助和投资的总收益（减去本金偿还和其他成本）。在对报告利润和未清偿贷款进行适当调整之后，最后一个公式就类似于 Yaron 的补贴依赖指数（SDI）。在 Yaron 的公式中，违约率 $d$ 通过一定的调整被假设进入了 $L$ 之中；并且其还有另一个隐含假定，即贷款利息的违约率等于贷款本金的违约率（详见 Yaron 1992；Schreiner 和 Yaron 2001）。

Morduch（1999c）的 SDI 计算结果显示，在 1985−1996 年间，如果没有补贴且假设其他条件不变，格莱珉银行至少需要将其贷款利率提高约 75% 才能实现盈亏平衡。该计算结果大致与相同时期内的 SDI 计算结果相一致。最近，格莱珉银行已开始获益于规模效应且越来越转向于将成员的储蓄作为其资金来源，因此我们期望 2005 年格莱珉银行的 SDI 应该会比前一段时间下降很多。

SDI 是一项有用的工作，但是关于本节所描述的方法仍有值得商榷的地方。在一个在较窄的讨论范围之内，SDI 能够较系统地回答所定义的问题，这是该指数最大的优点。也就是说：假设所有其他条件不变，如果放债人不能获得补贴资源，那么它需要提高多少收入才能弥补成本？因此该计算将清楚地显示，如果像格莱珉银行这类机构真正按商业化运作，那么它们将会非常大的经营压

力。但是“假定其他条件不变”的假设是一个较强的设定——且它也应用于其他广泛使用的衡量财务自我满足度的指标之中。一个矛盾是，如果格莱珉银行不拥有获得如此丰富和廉价资金的权利，那么它肯定将以其他不同的方式开展业务。从这个意义上说，SDI 给出了一个收入需要上升多少的上限。一旦面对商业化的条件，像格莱珉银行这样的放贷机构将肯定尽其所能地找到最小化成本的变通渠道。

325 第二，像格莱珉银行这样的放贷机构不仅受到社会使命驱使，也受到经济利益驱动，注意到这一点很重要。如果外部提供可用的补贴资源，它们拒绝这些资源显然是愚蠢的，其完全可以将相关收益转移给消费者（否则有些人会认为拒绝补贴是极其不道德的行为）。但是这么做却降低了 SDI。当像格莱珉银行之类放贷机构用完补贴资源之后，根据其缺乏利润而推断其将破产的结论也是错误的。相反，原则上格莱珉银行能够生存，但是在此过程中其所提供的金融服务将不得不改变。因此，SDI 仅部分地回答了像格莱珉银行这样的机构在商业化运作之后所面对的经营压力。认为放贷机构现有商业结构将继续保持不变，那么这显然是不现实的静态化结论。更重要的是，要知道机构是否存在一个现实的长期战略以保持其自身的活力——格莱珉银行在孟加拉国已逐渐实现由捐赠融资到储蓄存款融资的转变。但是精确地评估战略的发展潜力比衡量短期财务状况是否包含补贴的难度更大。正如之前的数字所证明，对于那些通过“非正规”方式计算利润的放贷机构而言，SDI 至少是一个重要的核算方法。

## 10.3 补贴的成本和收益

补贴与其收益相比的情况又如何呢？我们仅知道两类较为严谨的计算微型金融成本与收益的研究。本节将回顾这两类研究，并给出在泰国和孟加拉国对微型金融的支持确实是一个较好的社会投资的经验证据[5]。诚如之前所指出，这并不意味着应该将持续的补贴固定下来。在第 10.5 节，我们讨论了部分额外数据，以使政策判断的视野更为宽阔。

### 10.3.1 对泰国的成本与收益分析

BAAC 是泰国一家国有银行，也是该国最大的小额贷款机构，其服务范围涵盖约 350 万借款人。Townsend 和 Yaron（2001）通过计算 BAAC 的补贴额，详细分析了该银行的收入结构。在 1995 年，银行从客户那收取服务费和利息，大约相当于未清偿贷款总量的 11%；这就是“资产收益率”，一个针对平均有效利率的粗略估计。使用由 Yaron 开发的 SDI 方法（例如，Yaron 1992；Schreiner 和 Yaron 2001），Townsend 和 Yaron 认为 BAAC 在 1995 年应该需要 326
提高资产收益率资产收益率近 35.4%，才能够在没有补贴的情况下自我生存——假设其他所有的条件不变。这就意味着最终保持财务可持续的资产收益率不得不从 11% 提升至 14.9%，但看上去仍是一个较为温和的平均利率水平。

据统计，1995 年资产总收益为 185 亿泰铢，而 Townsend 和 Yaron 计算所的该年总补贴约为 46 亿泰铢[6]。多数补贴来自于政府，另外一部分则来自于软贷款和软权益的隐性补贴（日本政府是 1990 年代软贷款的主要来源）。

下一个问题是分析上述补贴是否会产生匹配的收益。Townsend 和 Yaron 没有尝试对 BAAC 的影响进行一个全面的评估。相反，它们依赖于 Townsend 和 Ueda（2006）的工作，仅分析了 BAAC 银行对 450 万顾客控制和降低风险之后的收益（考虑衡量了平均收入和更广泛的经济和社会变迁状况；相比于本节所报告的数字，其或将产生一个更为巨大的收益数字）。

Townsend 和 Ueda 估计所用的理论模型考虑了应对外部冲击风险的银行服务方式，而这些风险包括疾病、天气变化和其他特殊性冲击。在动态一般均衡分析的框架下，该数学模型所分析的理想经济体刻画了部分泰国农村的基本特征，由此可见 Townsend 和 Ueda 仍非常关注理论和实际的结合。最后，他们给出了对理想世界的若干预测，并将这些预测结论与 1976–1996 年真实的泰国经济表现进行了比较。研究结论较为模糊，大致来说，就是家庭在理论上的表现要比真实世界中的表现更出色。Townsend 和 Ueda 怀疑，问题出在家庭在获取银行服务方面存在障碍。根据他们的计算，这一障碍导致的相关福利损失约是平均家庭财富的 7%（大约是中等收入家庭的 10%）。由于样本中的平均财富为 876000 泰铢，那么 7% 的损失就相当于 61000 泰铢。如果将那 61000 泰铢的损失（其也意味着一旦某个家庭获得享受 BAAC 金融服务的权利，将会产生一个 61000 泰铢的社会效益改进）转化成年化收益形式，并乘以 450 万 BAAC 借款人的数量，最终得到了 BAAC 降低风险将带来的收益总额：138.6 亿泰铢。 327
Townsend 和 Yaron 最后的结论认为，“显然某些非零补贴能够被具体界定出来”。

为了获得相关的成本（46 亿泰铢）和收益（138.6 亿泰铢）数据，我们不得不做出若干假设，而随后的研究则是调整这些数据的过程。一般来说，财务方面的月度数据（而不是年度数据）可能会来自于补贴方；如果直接估计收益数据，而不是通过理论模型推算，那么其又会有所不同。Townsend（2000）发现 BAAC 的进入促使风险降低的证据（在泰国金融危机期间 1997–1998），即客户在 BAAC 的帮助下有了更好的表现。但是，这些证据并不必然与 138.6 亿泰铢的估计值存在直接关联。然而，Townsend 和 Yaron（2001）的研究通过一个有趣而合适的方式将有效的证据放在了一起，并且这些证据也说明补贴看起来是有意义的。

### 10.3.2 对孟加拉国的成本与收益分析

作为微型金融运动的先行者，格莱珉银行在报告中披露的偿还率高达 98%，在获得可观的利润同时还服务超过 200 万功能性失地的借款人。然而，正如第 10.2 节所说，这些自我报告的数据夸大了格莱珉银行的财务成就。在深入分析这些数据后我们可以发现，在 1985 年到 1996 年间，银行所披露的 150 万美元的利润总额是以总计达 1.75 亿美元的直接和隐性补贴为基础的[7]。这些包括 1600 万美元的直接资助和两类隐性补贴，即 8100 万美元“软贷款”和 4700 万股权投资，另外还包括至少 2700 万的逾期贷款计提[8]。在 1985–1996 年间，由格莱珉银行承担的拆借资金的平均真实成本为 −1.8%。该段时间内，由于“软贷款”不可用，格莱珉银行不得不支付 5% ~ 10% 的真实利率去获得资本。在 1996 年，格莱珉银行获得了来自日本政府的一项重要特许贷款，但从此之后格莱珉再也没有接收到来自外部的重要资金，他们的融资目标也逐渐转变为孟加拉国的内部资金。

综上，对格莱珉银行的补贴与该银行的运作规模基本匹配。作为贷款组合中的比例，补贴的平均规模由 1980 年代中期的 20% 下降到 1996 年的 9%。这
328 些补贴允许格莱珉银行做什么呢？像孟加拉的多数小额贷款机构一样，格莱珉银行需要负起服务最贫困家庭的责任，并且其关注核心在于促进经济和社会转型。现有研究认为，格莱珉的运作对改善居民收入水平、社会稳定状况以及儿童教育和家计实践等都存在作用[9]。

Khandker（1998）将格莱珉补贴额的估算与计算 0.91 的成本收益比联系在

一起。通过不断增加家庭消费的幅度，我们可以估算收入值。Khandker 的计算（基于 1991–1992 年的调查）显示，在妇女从银行借钱的情况下，客户每实现 1 美元的收入将花费社会 91 美分的成本[10]。如果借款人是男性，那么成本收益比可能高达 1.48。正如第 7 章所强调的，由于给男性放贷对家庭消费的影响较小，因此成本收益比会更高（基于 Pitt 和 Khandker［1998］的研究表明，给妇女放贷 1 美元将提高总消费 18 美分，而对男性放贷 1 美元仅提高消费 11 美分）[11]。相对于其他可替代扶贫项目，男性借款人的成本收益比还算乐观。例如，世界卫生组织的“工作换食品”计划的成本收益比为 1.71，而 CARE 的工作换食品计划的成本收益比为 2.62。

在 Khandker 的研究中，相比较而言，BRAC 的微型金融项目就更不乐观了。当放贷给女性消费者，Khandker 报告的成本收益比为 3.53，而当放贷给男性顾客，该指标值则为 2.59。但是 BRAC 的工作人员回应说，因为包括了与微型金融无关的支出，所以在补贴核算的时候该机构的成本被高估了。当根据他们约定的方案进行核算时，BRAC 的补贴则减少了——在 1990 年代晚期，BRAC 实现了完全可持续的微型金融运作。但是 Khandker 可能是非常正确的：如果非微型金融活动（像培训项目和提供丰富的投入给客户）增大了对 BRAC 的估算值的影响，那么在计算成本收入比时，就有充分理由去包含那些相随的补贴。

Khandker（2005）对格莱珉的效率进行了新的估算。在他的新研究中（将早期的数据与 1997–1998 年的数据相连），他发现贷款 1 美元给妇女将提高 10.5 美元的消费（并且对男性的影响结果较小且在显著性水平上较为模糊）。这个 42% 的下降幅度对成本收益比来说具有很重要的启示意义。如果补贴不变，329
那么 1 美元收益花费 91 美分成本的结论将不再准确。相反，91 美分仅买到 58 美分的收益。但是，相比较于其他用途，1.57 的成本收益率（91 除以 58）看上去仍然乐观。进一步的说，自从 2000 年格莱珉银行为了减少补贴依赖，改变了它的负债策略。关于补贴水平变化的新数据可能将很好地展示这么一个新态势：尽管估算的影响程度降低了，但补贴额也减少了[12]。更新后的数据将反映成本收入比的变化是否具备优势。

### 10.3.3 讨论

Townsend 和 Yaron（2001）以及 Khandker（1998）第一次进行了较为严谨的成本和收益分析。上述两个研究表明，投资于微型金融机构能够产生超过成本的社会效益——尽管 Khandker 的估计是模糊的。但是，类似于所有简单的计算，这些研究依赖于一系列的简化。最重要的事，仅有可量化的收益才会被考虑：例如，在第 7 章所讨论的对性别赋权的影响就很难以货币形式表现，并因而难以考虑到成本收益率中[13]。相关影响是否符合可量化的标准是限制收益衡量的重要因素。例如，若格莱珉银行给妇女贷款，Khandker 所计算的成本收入比率为 0.91，它就是依赖于这么一个假设，即妇女从格莱珉银行的每一美元的额外借款都将带来 18 美分的家庭消费支出增加（Pitt 和 Khandker1998）。这个估算是对额外 1 美元放贷边际影响的估算；但是由于是对整个项目进行评估，而不仅是规模的扩张，因此估算平均影响应该更加合适[14]。另外，Morduch 和 Roodman（2009）通过自己的方式，对 Pitt-Khandker 的研究提出了若干严肃的方法论视角的批判（详见第 9 章）。

简单的成本收益率难以捕捉详细动态。想象一下，借贷使一个客户有能力去采购一台缝纫机。拥有机器（并能够开展一个小规模的裁缝生意）在未来就拥有了创造收入的机会，而仅仅考虑对现有家庭消费影响的方法就很难将借贷的所有价值包括在内，因为在这种情况下成本一般被设定为存量，而收益则是流量。原则上，成本应该与未来影响的流量的现值相比较，而不是现有的影响，并且这么做将降低成本收益率，进而变相提高了项目的吸引力。

330 另外，成本和收益可能超越局部的影响。政策制定者和捐赠人通常也对更加宽泛的经济发展目标感兴趣。将长期的、经济领域的影响因素考虑进等式进一步提高了分析的难度。分离经济增长背后的因素是一件特别困难的事情（一个被上世纪 60 年的不成功发展战略所证明的事实）；而发起并创建一个促增长的项目也很困难。在小额信贷的案例中，扩大信贷覆盖面在长期可能会提高 GDP，但它也可能因为减少了对相对有效产业或企业家技术的使用而损害经济增长前景。Ahlin 和 Jiang（2008）发现，其中的决定性因素在于自我雇佣的借款人能否通过储蓄积累，逐渐产生企业家精神（例如，雇佣工人），而储蓄则依赖于平均回报和储蓄率。如果借款人能够通过赚取利润并进行再投资就能成为企业家，那么该作者预测小额贷款将不利于促进经济增长。

可能最困难的问题是——并且其与现有微型金融的争论优势最相关——简单的成本收益计算在提供相关问题的反面事实方面并不成功。正如以下将论证的，通过逐渐地降低补贴，成本收益率将出现改观，而简单的成本收益率并不能对这个变化给出有意义的最优值。

## 10.4 进一步推进讨论

如果要进一步推进关于补贴的讨论，我们还需要做什么呢？[15] 首先，需要一个对目标和社会权重的清晰认识。例如在社会计算中，对比于同等规模的富裕家庭，那些较贫困家庭的影响是否应该赋予更大的权重？问题的答案必须与收入和消费的边际增长转化为不同群组更好生活方式的主观社会权重和判断联系起来。

第二是补贴对信贷需求和供给的影响。有两种相互竞争的效应，一种是当利率上升的时候，现有借款人对贷款的需求可能下降，这是来自需求理论的标准结果。而在信贷配给情况下则会出现竞争性效应：当项目将其从补贴中脱离出来时，就导致了相反的结果，即他们能够增加信贷供给给那些未受服务的人群。

第三个是对借款人平均回报的影响。再一次会同时出现两类可能。一是提 331
高利率将审查出劣质项目并提高平均回报，而一种可能则是提高利率将加重道德风险和逆向选择，正如之前所指出的，会导致净回报率的恶化[16]。

第四个主要关注点是对其他（未享受补贴的）放贷机构的影响，而这些影响正反映在这些机构的利率变化趋势之中。一个观点是受补贴的放贷机构将排斥其他放贷机构，因此去除补贴既会扩大总信贷供给，又允许这些放贷机构提高他们的利率。一个相反的观点则认为，受补贴的放贷机构将导致信贷市场分割；并且当补贴下降，在给定一个更多元化的潜在客户池的情况下，其他放贷机构可能会被迫降低他们的利率。

最后，减少补贴的影响是一系列可能机制的加总。彼此之间有零碎的数据，但却几乎没有对一般关系大小和标识的一致观点，因此我们需要有对经验证据的更好理解。

除了缺乏证据（或者可能因为如此），争论双方有经验的实践者还坚定地坚持他们自身的观点。伴随着结论以及相反言论的质疑，由于没有解决问题的捷径，因此关于发展中微型金融角色的讨论在不断博弈中很早就进入了僵持状态。那些反对补贴的人倾向于假定一个关于社会权重的一个相对平坦的分布，以及认为对放贷机构的补贴信贷项目将产生负外部性。另一方面，这些对战略性补贴持开放态度的人，倾向于赋予穷人的消费更大的社会权重。他们假定信贷需求对利率存在高敏感度，而利率对回报的影响则较弱（或者可能是负影响），穷人家庭的投资回报率相对较高，并且对其他放贷机构还具有较小的或有益的溢出效应。

幸运的是，在社会判断之外，通过相对直接的经验研究，这些所有的事务都能够被解决。本书第 9 章已勾勒出一个框架，并致力于发展成一个研究计划。而捐赠者对开展新项目也表现出了急切的渴望，他们已投入大量补贴资金，当然也愿意拨出一部分资金用于评估干预的价值。

## 10.5 灵活补贴

332 除了之前讨论的积极的成本收益研究，倒闭的国有银行的廉价信贷政策已经玷污了在微型金融中使用补贴的想法（Adams， Graham 和 Von Pischke 1984）。廉价信贷一直以来都是个麻烦问题。放贷机构收取远低于市场其他可比资金价格的利率，同时产生了无效率、目标错误和偿还率持续走低等现象。上述问题部分起源于低利率本身，而劣质的项目设计和低下的管理水平等因素则进一步恶化了这些问题。

当受补贴的信贷资金价格低于市场其他可用贷款资金价格，那么获得这些贷款就是一个巨大的优惠。那些针对穷人的贷款就经常被发放给了生活条件较好且更有权势的家庭。即使贷款给了穷人，但事实上这些高补贴的贷款都来自国有银行（这些贷款是如此便宜），因此其看起来更像资助而不是贷款，最终导致偿还率迅速下降。因为国有信贷机构从来不被寄予赚取利润的期望，所以就不会有太多措施去激励银行工作人员和经理们追求效益。政治压力经常与成本削减和警示类贷款收回发生冲突。贫困家庭可能仍旧会获益于贷款（特别是如果有很少的压力去偿还贷款），但是长期来说，这些机构浪费了大量宝贵资源并最终使自己陷入危机之中。

从批评廉价信贷到批评各类补贴，一些微型金融倡导者做出了巨大的转变（例如，Adams 和 von Pischke 1992）。这些倡导者强调加强金融系统比减少贫困的努力更为迫切（俄亥俄州立大学的农村金融项目提倡所谓的金融系统方法）。尽管补贴被广泛接受，其也有助于那些尚未达到规模经济的金融机构度过成本很高的业务起步阶段，但是一般来说社会仍旧较难接受通过补贴资助客户的想法。从理论上看，对持续补贴的论证是可靠的；而在实践中，的如果补贴项目设计良好，那么就能通过执行而使借款人获益。即使怀疑补贴的人也认为，目前机构仍需要使用补贴作为他们项目不可分割的一部分。有了这些想法，我们转向讨论所谓的“灵活补贴”就是那些为了实现扭曲、目标错配和无效率 333
最小化的目标而精心设计的干预措施，其同时也实现了社会效益最大化的目标。

### 10.5.1 “补贴机构，而不是消费者”

我们首先由短期补贴说起。一些捐赠者支持部分项目“补贴机构，而不是消费者”的策略。如果从文字上看，这个表述是毫无意义的：一个没有补贴的项目必须将所有的成本通过某种方式传递给消费者[17]。因此，任何给机构的补贴意味着更少的成本将被传递给消费者；消费者将直接或间接地通过更低的价格而受益。

然而，如果从字面理解，该策略仍有一定吸引力：它简单地可解读为“补贴起始成本，而不是进行中操作过程”。试想一种情形，如果从长期看，金融机构需要对客户收取平均 30% 的年利率才能实现财务自足。但是，在开展业务的前 8 年时间里，30% 并不能覆盖所有成本，而放贷机构需要收取 45% 的利率。那么，通过此处的策略就可以保证放贷机构从从开始运营的第一天开始就对客户收取 30% 的利率，与此同时也获得每美元贷款 15 美分的补贴。

图 10.1 给出了平均成本不断下降情形下的相关策略。图中显示，初始成本开始在 $r_0$，稳步下降直至时间 $t^*$，在那个时点上成本达到了长期均衡水平 $r^*$。如果在 $t^*$ 之前给与放贷机构一个能覆盖所有成本的补贴（大于 $r^*$），那么在项目开始运作阶段放贷机构就会对借款人收取利率 $r^*$。在时间 $t^*$ 之后，项目能够继续收取顾客 $r^*$ 的利率，并在没有补贴的情况下覆盖所有放贷成本。初始补贴也就意味着客户不存在承担放贷机构初始成本的必要。

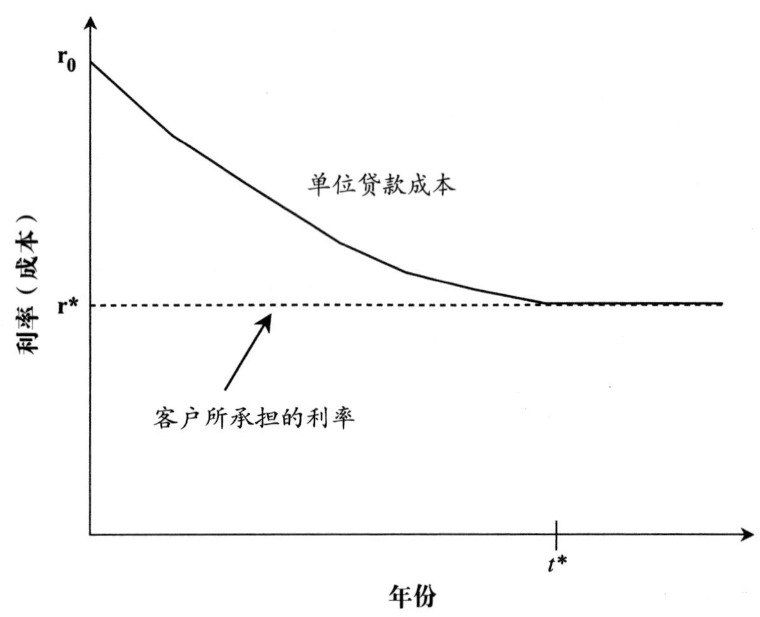


图 10.1 对初始成本的补贴，此时消费者仅需面对长期利率 r*。

正如第 1 章所提及的，国际贸易领域比较熟悉的一个观点就是支持对“幼稚产业”进行关税保护。在原则上这是可靠的，但来自贸易实践的教训也不容乐观：它已证明一旦补贴开始，即使某些产业已经与其幼稚期大不相同，但仍旧很难摆脱对保护的依赖。为了使补贴更加有效，捐赠者需要构建和遵循一个清晰可信的退出策略（例如，立足于通过设定时间获得有效收益），以推动小额贷款机构及时降低成本以应对补贴减少的挑战。

334 相比较其他方式，另一类补贴则较少引起争议，那就是对机构难以提供的公共物品的补贴（非常明显，来自于该领域的其他人可能将受益于数据搜集和影响评估）。补贴技术的改进（例如，建立一个新的管理信息系统或者设计激励计划）几乎在长期补贴中不占任何权重，因为它在本质属于短期行为并将有利于促进制度构建。

### 10.5.2 对赤贫客户的短期策略性补贴

一个具备更强干预主义倾向的观点认为，补贴可能使客户通过更广泛的方式而获益。一种方式就是去补贴那些仍未准备向小额贷款机构按“市场”利率申请贷款的客户。例如，他们首先可能需要培训，或者他们可能需要时间去建立达到贷款标准的最小生意规模。

我们将分析 BRAC 在孟加拉国开展的“为弱势群体创收”（IGVGD）项目。BRAC 围绕着由世界银行发起的食品救助项目构建了他们自己的项目。食品救 335
助项目的资源也被融入到这个项目之中，以提供 18 个月的食品补贴和半年的技能培训，其目的就是为长期贫困人群开发新的生活方式。为了形成纪律和积累原始资本，参与者要求开始有规律的储蓄。当该培训项目结束后，家庭则被期望有能力参与到 BRAC 的正常项目之中。

这个项目主要的目标人群是已婚妇女主导的和离婚妇女家庭，她们一般只拥有少于半英亩的土地和每月低于 300 达卡的收入。项目培训内容包括饲养家畜、蔬菜种植和渔场管理等技能。

在一个包括 750 户家庭的试验中，成功率达到了 80%，BRAC 在孟加拉国轮回开展 IGVGD 项目达 2000 多次，服务了 120 万家庭。随后 Matin 和 Hulme（2003）的一项研究显示，在家庭结束该项目之后，家庭收入出现了迅速上涨，显然两者存在显著关系。但在随后的 3 年中，家庭平均收入却从最高点下降了 60%。部分原因在于，当食品补贴去除之后，家庭为了购买食物，不仅出售了生计资产，而且还使用了 BRAC 的贷款。贷款没有被用于投资，导致家庭生活状况下降到项目初始阶段的水平。Matin 和 Hulme 尝试对家庭返贫的现象作进一步衡量，并且对家庭的进步速度进行核算。正如 Hashemi （2001）指出的，2/3 的 IGVGD 参与者在常规的微型金融项目中成功结业。但事实上 IGVGD 在帮助特定人群方面并不成功，进而促使 BRAC 去寻找改善该项目的更好方式。

在反思之后，BRAC 在 2002 年发起了第二个针对赤贫的项目。“定位极端贫困者”项目（TUP）吸取了 IGVGD 的教训，只追求两大目标，即有效的覆盖那些真正的穷人中的穷人，解决长期贫困和边缘化的结构性贫困问题。严格的项目可行性标准有助于其定位于最边缘化的妇女。在那些缺乏食品保障最严重的地区，参与者获得了一系列的支持，包括资产转移（例如，家畜）、指导、财务知识扫盲培训和保健服务。项目的愿望是将补贴通过培训使用到穷人身上，进而增强参与者的能力并使项目对参与者具有持久的影响力。TUP 项目在伦敦 336
政治经济学院研究人员的操作下被滚动实行，以随机地对项目影响进行评估。完整的评估报告要到 2011 年完成，但早先的研究表明，项目在执行期间对实现维持营养摄入目标已获得较好的效果。在积极干预两年之后的项目延续期，Haseen 和 Sulaiman （2007）发现食品消费出现了上升的趋势。

对于那些期望走向繁荣富强之路的国家，BRAC 可以作为一个重要的微型金融制度模式。印度的 SKS 和班丹（Bandhan）以及海地的 Fonkoze 都发起设立了复制 TUP 的项目。这些项目借鉴了补贴穷人中的穷人的基本方法，但在具体细节上存在不同。该策略类似于早先描述的幼稚产业保护策略——只是这里的关键是补贴客户的初始成本。当然，只要存在生存能力较弱且非常贫穷的客户，那么对贷款机构的补贴就难以避免，并仍将持续较长时间。

在整个扶贫计划中，这些补贴金额并不算大。综合各方面因素，Hashemi（2001）估计了 IGVGD 项目的补贴额，人均大概为 6725 达卡（在 2001 年约 135 美元）。其中最大的组成部分是食物补贴（由世界粮农组织提供），而余下的则是 500 达卡左右的培训成本以及 225 达卡用于对发放小额贷款给参与者的支持费用（首批大概为 50 美元）。

人均 135 美元，而 BRAC 的目标在于则永远消除项目参与者未来对外部资助的依赖。TUP 项目的缓慢进展预示着实现目标仍存巨大挑战，但项目背后所展现的前景仍具有相当的吸引力。

### 10.5.3 长期的战略性补贴

像 IGVGD 和 TUP 这样的项目使我们更进一步地思考长期战略性补贴问题。BRAC 的部分成本来自于这样的事实，即初始贷款是如此之小（仅有 2500 达卡），以致于 BRAC 在给定的利率水平下（收取 15% 的基准利率，每年的有效利率大约为 30%）会选择放弃提供贷款服务。在贷款规模为 4000 达卡或更多的时候，BRAC 才能够使用利息收入弥补成本，但每达卡小额贷款的成本还是非常高。当 2500 达卡贷款能够获得 225 达卡补贴的时候，BRAC 仍需要
337 将小额贷款的有效利率提高大约 9 个百分点；但 BRAC 担心，最穷的借款人可能无法承担 40% 的有效利率，最终会损害其所追求的社会目标。

图 10.2 给出了一般情形。在图中，相比于提供大额贷款服务，微型银行提供小额贷款服务将花费更高的成本，并且部分成本还会被传递给客户。但是为了防止利率过高，补贴也支付了部分额外的成本。成本始于 $r_0$，一直下降到贷款规模为 $L^*$ 为止，在这个时候利率已经达到长期均衡水平 $r^*$。在贷款规模

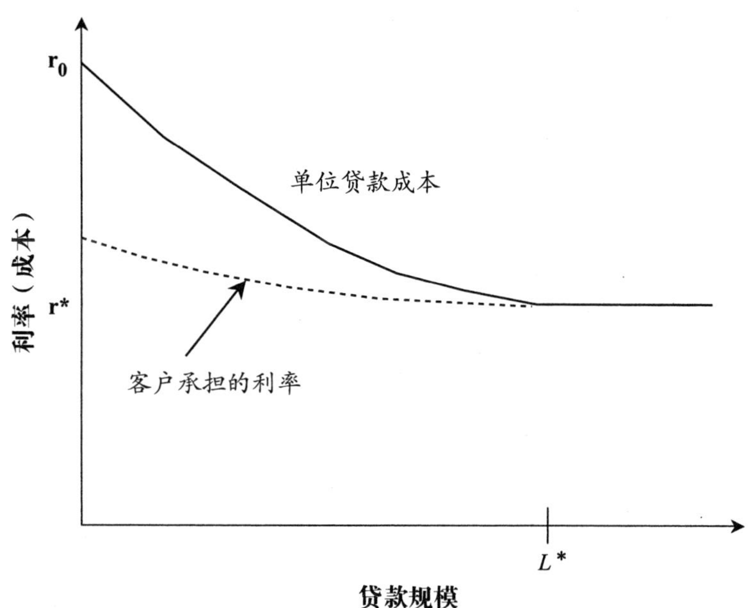


图 10.2　在没有“廉价信贷”情况下的补贴。补贴小型交易的成本，转移了该利率下的扭曲。

为 $L^*$ 时，项目将对客户收取 $r^*$ 的利率，并实现对所有出现成本的覆盖。在图中，追求小额贷款的借款人比那些追求大额贷款的借款人支付得更多，但是当有了 BRAC，可以保证所有借款人支付相同的利率，甚至可以使小额贷款执行比大额贷款更低的利率。

图中描绘的补贴不再与“廉价贷款”和所有负面状况带来的结果相联系。相反，为了救助最贫困的顾客，往往会对补贴进行战略性部署和定位。当其作为交叉补贴去覆盖小额贷款的额外成本之时（使来自大额贷款的利润补偿小额 338
贷款的损失），市场竞争者便会以较低的利率做诱饵，抢走高质量的客户，导致交叉补贴出现问题——玻利维亚在 1990 年代就曾非常戏剧性的上演这一幕。因此，为了保证对最贫穷客户的覆盖面并考虑到客户的承受能力，灵活补贴应该是聚焦于社会转型的最有效的项目。

Conning（1999）对该问题进行了理论分析。基于对那些能承担覆盖所有成本的项目的考察，他认为，惠及穷人的目标往往简单的受到小额贷款发放过程中高固定成本的阻碍（例如，不管规模大小，对任何贷款不得不投入相同的材料成本和基本的工作人员时间），那么同时提高利率和提高规模将会是一个实现成本的成功手段，与此同时还能实现对穷人较为广阔和深入的惠及面。当然，上述判断假设借款人能简单地获得回报以支付高利率。使用补贴可能以公平的名义（如果不是以效率的名义），降低借款人的成本。

另一方面，如果为穷人放贷产生的高成本很大程度上是监管成本的函数，而监管成本则是由于借款人没有抵押品，那么提高利率将会恶化激励问题。回顾第 2 章的内容，一般来说，可行的贷款合约必须为成功的借款人提供合适的回报，而对失败的借款人给予必要的惩罚。另外，由于存在有限责任，放贷人可能需要去进一步提高对贫困借款人的激励。最终，相比于能提供抵押品的富裕借款人，贫困借款人则会被要求提供一个较高的“执行租金”——即他们在成功和失败两类结果之间的差值。

监督降低了需要给较穷借款人激励的“执行租金”，因此允许放贷机构对这些穷人发放更大规模的贷款。但是，这也产生了真实的成本，因此利率必须与监管成本一起被提高，以使放贷机构能够达到盈亏平衡点。这意味着，那些有着更大规模且贷款受监督借款人的回家次数将多于那些贷款规模较小且不受监督的借款人，这在一定程度上也损失了效率。自从需要为监督者提供激励之后，专注于扶贫的放贷机构的单位贷款中就包含了较高的员工成本（在第 11 章对主要代理理论和激励问题进行了详细讨论）。这些放贷机构的杠杆率变得
339 更低：这是 Conning 用 72 个小额贷款机构的数据进行分析确认后的一个发现。这个发现为图 10.2 中所描述的向下的成本曲线提供了基础。在这个例子中，每 1 美元的贷款或成本，部分的是顾客所承担利率的函数，因为利率影响借款人的行为，其反过来影响监督成本。

那些为客户提供健康服务和金融服务培训的综合信贷模式受益于长期补贴这一战略部署。为了提供这些补偿服务，其他财务自我满足的微型金融机构可能要求持续的补贴。在尼加拉瓜，“扶持女性”经营了一家财务自足的信贷公司，这是该国最有效率的贷款发放系统之一。为了进一步推动实现“扶持女性”的两大使命，即提供可持续和有效的信贷服务给贫穷的妇女，以及促进妇女的健康和权利，“扶持女性”提供包含广泛补贴的“信贷附加”服务。其中包括健康和权利的培训。类似于健康服务速递，这些服务都需要持续的资金投入，

但却有助于“扶持女性”完成和建立客户忠诚度，显然其在公司保留 79% 客户的忠诚度方面做出了重要贡献。捐赠保障了项目的可持续性，而有着完善服务模型的微型金融机构必须清楚考虑如何保障持续的资金来源以提供上述服务，这就包括了捐赠、收费和来自于金融服务业务的收入。“扶持女性”已深刻理解提供这类服务的所包括的成本和收益，这些都可以通过他们对客户的价值衡量。客户对事关其自身利益的培训和健康服务给予了很高评价，然而这些服务却得到最少的补贴，而那些给予直接高额补贴的健康服务却并不为客户所称道，因为在公共医疗中已有类似的内容。为了使补贴显得更加“灵活”，非金融服务必须与信贷业务一样遵循效率准则，而这些准则也值得那些以相对收益为基础的补贴资源分配过程所借鉴（Maguoni 2008）。

## 10.6 总结与结论

国有银行的失败实践已经成为激烈批判补贴行为的重要靶子。这些教训应
该深入人心，但是经济分析显示，现代微型金融的补贴原则上能被良好的设计。
如果这样，那么它们就能够作为促进客户生活有意义转型的努力内容，而不必
纠结于放贷机构是否正直可信。即使不断增长的项目补贴组织将效率基准和回
报率提高到令人印象深刻的程度，运作良好的实践值得我们乐观，但我们仍需 340
面对一系列持久的挑战。

某些小额贷款机构在服务贫困客户的过程中，已经找到实现完全财务自足的途径。在第 1 章，孟加拉国 ASA 是人们经常提及的例子之一，其在实现财务自足和社会使命上的成就令人印象深刻，当然我们希望 ASA 能够被超越。

在实现令人印象深刻的覆盖面同时还能做到财务自足，这样的例子并不多见。例如，在非洲农村和拉丁美洲等地区，其进入成本潜在的高于孟加拉农村地区；另外又由于内部交叉补贴规模较小，因此上述地区微型金融实践成功的难度就增加了。当然，像 ASA 所取得的成就可能也是以某些未知的损失为代价的。

即使战略补贴的情况比一些微型金融倡导者所透露的还要严重，但对财务可持续微型金融的论证仍在继续。其中一个重点就是激励问题。补贴能够对贫困客户的覆盖面有所帮助，但总有一个担心就是补贴会使金融机构懈怠。通过

对成本的补贴，机构经营的压力减轻了，进而可能会促使管理者去获取有效率的收益并实践新流程。通过牺牲动态效率以实现降低短期不平等的目标。捐赠被作为处理眼前难题的手段，其被用来作为获得未来资金条件的手段，而这些资金则往往追求现实效率目标。原则上这个目标是维持“硬预算约束”，而不是软约束（和激励），但在现实中却是说易行难。第 10.5.1 节讨论了对初始资金补贴进行限制的问题，并分析了捐赠者对捐赠资金退出策略存在浓厚兴趣的原因。

正如第 10.2 节所描述的，即使声称赢利因的项目在现实中也可能使用了补贴，并且补贴已经作为一个系统的、持续的运营部分。我们的关注不是如何衡量利润，而是如何使用补贴。原则上，即使通过持续的方式，使用补贴也并非内生的错误。正如在第 10.5.2 节和 10.5.3 节中对灵活补贴的讨论所指出的，通过补贴，仍存在一系列使微型金融的社会和经济效益最大化的可能性。但是经
341 验证据却异常不足，而第 10.3 节给出了一个经验研究计划，其能够丰富关于我们如何使用补贴，以及如何避免非故意的损害性激励的讨论。

其次值得关注的是，对补贴的依赖将限制机构运作的规模。多次实践证明，对个人更少（或没有）补贴却能更好地服务更多的人。但是由于相同的原因，也有很多证据显示，服务更少的人确实产生了更多的效益，但却使最贫穷和最难以受到金融服务的人被排除在外了。在实践中，取舍不会如此残酷。正如第 10.5.2 节所描述的，例如 BRAC 与世界粮农组织的合作展示了使用补贴事实上能够扩展覆盖面的规模（且不仅仅有利于扩大覆盖面的深度）。

第三个关注点是创新：捐赠对财务可持续能力的强大推动力已经促使一些小额贷款机构努力创新以减少补贴(一个之前被认为不可能的创举)。如此的“诱致性创新”是来自于丹麦经济学家 Esther Boserup 的一个名词，表明成本收益分析的静态框架可能夸大了补贴的益处：随着推动变成促进，一些项目已显示补贴比曾想象的更为重要。

最后的一个关注来自于这么一个情况，即随着捐赠者不断开始新的项目，捐赠将会持续增长，并不断引起社会的关注。原则上说，根据成本收益分析作出的捐赠决定将使“捐赠疲劳”现象缺乏空间。相反，如果一个项目被认为值得永久性的支持，那么它就应该获得年复一年的支持。但是捐赠人和实践者

事实上非常关注现实世界可能的不同变化。当捐赠者选择结束捐赠，他们事实上提醒了小额贷款机构要为补贴消失的日子做好准备。因此，使用补贴以最大化微型金融发展潜力的决策很大程度上要立足于如何严肃对待捐赠疲劳这一问题。

## 10.7 练习

**1.** 一些专家认为，在某些时候正规金融部门也需要补贴以开展业务活动。如果长期看，一项业务要能够最终获得利润，那么该如何确定补贴的合理性？

**2.** 简要地解释成本收益分析在微型金融领域的应用价值。与此同时，为 342
什么这些分析不能在有关补贴价值的争论中具有说服力？

**3.** 考虑一个风险中性的银行，其发放总额为 $L$=1000000 美元的贷款给贫困客户。贷款总成本为 $C$=200000 美元，而来自于政府的补贴总额为 $S$=50000 美元，来自于其他投资的收入总额为 $I$=200000 美元。期望偿还比例为 0.80。请计算银行在存在补贴和没有补贴的情况下所收取的不同利率水平，并计算补贴依赖指数（假设银行是一家非政府组织，并且仅希望能实现盈亏平衡）。请简单解释你的答案。

**4.** 对“补贴机构，而非消费者”这一表述进行解释，并简要地描述该策略。在什么程度该逻辑才会具备意义？如何才能为实际行动提供指导？

**5.** 相比较对低收入地区农村信贷的补贴，是什么原因促使灵活补贴显得与众不同？

**6.** 微型金融机构在运作的第一年获得补贴是有意义的。补贴贷款方将促使微型金融机构产生规模经济，其将进一步促使这些机构以较低成本运作并实现自足。对于上述说法，请提供至少一个可信服的反面论据。

**7.** 考虑一个贫困和富裕人口各占一半的经济体。穷人的收入是利率 r 的函数：$y_p=8000\times r^{1/2}$，而富人收入函数则是：$y_r=8000\times r^{1/2}+1500$。假设富人和穷人有着相同的效用函数：$u(y)=-y^2+8000y+2000$。一个善意的政府将最大化社会福利：

$$\max_r W(r)=0.5u(y_p)+0.5u(y_r)$$

它必须决定是否给银行补贴，以使利率从 22% 下降到 20%，还是使利率在没有补贴的情况下保持在 22% 的水平，或是将利率提高到 25% 的水平。请问你将给政府提供哪个建议？假设该经济体的最大收入不会超过 4000 美元。

**8.** 考虑一个有着 100 个居民的经济体，其中一半人口是穷人，而另一
343 半则是富人。如果贫困居民难以获得信贷资源，其收入为 90 美元。如果他获得了微型金融机构 100 美元的贷款，那么其在债务偿还后的净收入就变成为 $y_p=125-50r-20r^2$，其中 r 代表贷款利率。富裕的居民总是可以进入信贷市场，任何一个都能获得 100 美元贷款，其收入为 $y_r=500-100r-45r^2$。银行服务客户的成本意味着其所能实现盈亏平衡的最低利率为 60%。假设对于任何类型的借款人都不存在违约的风险。假定经济体中贫困居民收入的提高对富裕居民产生正外部性（例如，较高的收入提高了他们教育和健康的禀赋水平，进而改进其生产率，并推动犯罪率的下降）。两类居民的效用函数分别为 $u_p=y_p$ 和 $u_r=y_r+0.2y_p$。

a. 贫困居民是否能够进入信贷市场？

b. 在此案例中，不同类型居民效用分别是多少？计算社会福利，例如，在上述情形下所有人口的效用总额。

**9.** 在习题 8 中，假定经济体中的政府考虑为信贷提供补贴。假设政府从事社会计划者的工作，努力最大化所有个体的效用总额，并受到银行盈亏平衡点的约束。如果银行对所有的借款人收取相同的利率，并且所有贷款都按相同额度补贴，那么政府还会决定去补贴贷款吗？计算任何个体的效用以及社会福利，然后将它们与习题 8 中不存在补贴的情况做比较。请问补贴是帕累托最优吗？

**10.** 考虑一个风险中性的接受政府补贴的银行。从补贴开始发放时计算，其给贫困企业家每 100 美元贷款的平均成本是时间的函数，$c=500/t^2$，其中 t 代表着（起始）年份。穷人所能支付的最大净利率是 20%。

a. 在银行实现自足之前，请计算政府应该补贴银行的持续时间。假设银行的行为追求利润最大化，且借款人会保证按时还款。

b. 现在假设每一年银行都会发放 10000 项小额贷款，请计算所发放的补贴总额。

344 **11.** 现有一家玻利维亚的银行，其每一比索贷款的平均运营成本是贷款规

模 L 的函数，即 $c=10/\sqrt{L}$。该银行分别发放了 55 笔金额为 1600 比索的贷款，55 笔金额为 1224 比索的贷款，200 笔金额为 900 比索的贷款，185 笔金额为 3025 比索的贷款，以及 200 笔金额为 3600 比索的贷款。对于借款人来说，可行的最高利率为每年 20%。假定银行是垄断的。假设贷款偿还是确定的，那么该家银行能否实现自我可持续运营？假如该家银行在完全竞争的环境中运营，那么又会发生什么？

**12.** 考虑一家业务发展存在三个阶段的银行。在阶段 0，该银行给 30 名贫困客户发放每人 1000 美元的贷款。在阶段 1，每一名借款人偿还 1200 美元。其中，服务每一名客户的费用为 400 美元。在阶段 1，如果银行产生贷款损失，那么其就会破产。如果没有破产，那么该家银行可以扩大业务，给 50 名贫困客户放贷（如果这家银行能够实现盈亏平衡甚至获得正利润，那么假设其能够在捐赠资金的支持下增加客户数量）。假定所有 50 名客户获得同等金额的贷款，并且银行在第 2 阶段将从每一名客户那获得均等的回报。因为存在规模经济，所以服务每一名客户的成本下降到了 300 美元。在阶段 2，如果银行业务经营至少能覆盖其成本，那么它就能扩大自身运营规模，多服务 100 名借款人。假定在任一时间段，一名贫困借款人只能接受一个正规微型金融机构的服务，那么社会净收益是 5 美元，而对借款人的收益也是 5 美元。最后，假设经济体中的所有个体都是风险中性的，并且经济领域的折现率均为零。请评估该案例中对小额贷款机构进行补贴的观点。你将会在每一阶段选择冲销所有的潜在贷款损失吗？

**13.** 考虑一家开展小额贷款项目的银行，该项目共有四期。在阶段 0，银行给 35 名贫困客户每人 6000 达卡的贷款。在阶段 1，每一位借款人至少偿还 7000 达卡。服务每一位客户的成本为 2000 达卡。在阶段 1，如果银行产生损失，那么就会破产倒闭。如果继续运营，那么该银行能够将业务扩展至 65 名贫困客户（假定通过实现盈亏平衡甚至正利润，该家银行就能扩大客户群）。如果 345
所有 65 名客户获得同等数量的贷款，而银行在阶段 2 能够每一名客户那获得相同的回报。由于存在规模经济，服务每一名借款人的成本下降至 1500 达卡。在阶段 2，假设银行能够继续实现盈亏平衡或者获得正利润，那么其就能扩大放贷运营范围至 100 名贫困客户。再一次，假设每一名客户的贷款规模保持不变，并且额度相等。在上述情况下，服务每一名客户的成本将进一步下降至500达卡。现在可以认为，由于能够获得贷款的好处，借款人能够将其收入风险由 17% 下降至 3%。如果借款人不能从银行获得贷款，她将有 500 达卡收入。而当她通过获得银行贷款进行投资时，其在偿还贷款后也能获得 500 达卡收入。最后，假设经济体中的所有客户均是风险中性，并且任何阶段之间不存在折旧。在这种情况下，你会赞同给正规银行部门的活动进行补贴吗？例如，你会同意冲销每一阶段的潜在贷款损失吗？请解释你的答案。

**14.** 对微型金融机构进行补贴是有益的，但也存在问题。请详细解释“灵活补贴”可能带来的问题，并做进一步讨论分析。

**15.** 在存在代理问题的情形下，往往会存在赞同对微型金融机构进行补贴的观点。考虑以下两期的事后道德风险问题：在玻利维亚，一家风险中性的微型金融机构为同是风险中性的贫困企业家提供贷款，而该企业家的项目每投入 $I$ 美元，就能在下一期产生 $\pi$ 的回报。这个借款人可以在最后一期的时候按合同规定偿还贷款，也可以选择躲避银行，或者就隐瞒自己项目获得回报的信息。如果借款人偿还，那么她就能马上获得相等额度的第二期贷款，这笔贷款会被投资到类似的一年期项目中并再也不需要偿还。借款人的折旧率为 $\delta$。银行的短期经营就意味其所回收的贷款金额必须满足以下条件，即对于每 $I$ 美元的贷款，就存在 $R_N>\delta\pi$，这样才能实现盈亏平衡。假设不存在事前道德风险问题，且经济体中也不存在其他的贷款机构，而项目的结果也不能被观察到。

a. 给出借款人激励相容的约束条件。如果该微型金融机构没有补贴，又会产生怎样的结果？

b. 假如引入补贴，是否能够解决上述问题？对你的答案进行解释。

c. 一旦提供“足够的”补贴，并且借款人的道德风险问题也解决了，那么可能会对该微型金融机构产生什么恶性激励？

# 第 11 章



# 管理微型金融

## 11.1 引言

在处理微型金融经济学时，我们关注于言论和观点在多大程度上能互相吻 347
合。然而，如果没有有效的管理，微型金融就不可能成功。经济学家是正确的：创新的契约设计有助于解释微型金融的成功。特别出名的是联保贷款，次之是第 5 章描述的动态激励。国际捐赠人也是正确的：金融的选择也很重要，表彰出借人合理地使用补贴，以及把利率设定到一个能促进储蓄和英明投资的水平（在第 9 章中描述了）。然而，好的契约设计和定价政策是成功的必要条件，但不是充分条件。大量区分成功的微型金融与失败的微型金融的事情最终都与管理有关，特别是如何激励和训练员工来完成他们的工作[1]。在这点上，微型金融与销售软饮料和假发的生意并无二致。

如果一个人只读报纸上的故事，似乎所有的小额信贷商都鼓吹偿还率达到 98% 以上，且平稳赢利；管理似乎不是一件大事情[2]。但表 11.1 显示了生产率指标水平的一个宽的区间，它们摘自 2007 年《微型银行简报》的微型金融标准数据。第一列和第三列给出了对均值加减一个标准差的值域（如果指标是正态分布的，值域应当包括 2/3 的观测值，于是 1/3 的项目离均值更远。）项目因年龄、范围和地域而有别。假如数据可以获得，我们可以控制这些因素，但原始数据意味着基本要点是：虽然所有的出借人至少运用一些在前面章节中描 348
述的机制，许多绩效的差异仍旧没有被贷款合同或金融产品的类型所解释。

首先考察运营的自足率（在第 8 章中定义）；它表明是否出借人覆盖了它们的运营成本（工资，经常费用，诸如此类）。该比率是对效率的粗略测度，表中显示，平均而言，所有的项目都覆盖了这些成本。但存在较宽的偏离，有一些“低端”出借人只覆盖了 77% 的成本，而在相同的分类中的其他人覆盖超过了 150%[3]。相似地，花在每个借款人上的钱和对逾期的管理也区别较大；后者从接近完美到失职怠工，超过 10 个百分点。

表 11.1　目标市场小额信贷商的生产率指数（890 个机构）

| | −1 个标准差 | 均值 | +1 个标准差 |
|---|---|---|---|
| *运营的自足率（%）* | | | |
| 低端 | 77 | 111 | 145 |
| 中端 | 85 | 119 | 153 |
| 高端 | 89 | 124 | 159 |
| *每个借款人的平均成本（$）* | | | |
| 低端 | −44 | 88 | 220 |
| 中端 | −29 | 206 | 441 |
| 高端 | −9 | 346 | 701 |
| *风险资产 >30 天（%）* | | | |
| 低端 | −3.0 | 4.5 | 12.0 |
| 中端 | −2.5 | 5.0 | 12.5 |
| 高端 | −2.3 | 5.0 | 12.3 |

来源：微型金融信息互换“《微型银行简报》2007 数据库”（可在 www.mixmbb.org 获得），作者计算。分布的倾斜导致风险资产出现负值。“低端”组包括平均余额在 150 美元以下或低于人均 GNP20% 以下的小额信贷商、“中端”组包括平均余额在人均 GNP20% 到 149% 之间的小额信贷商。“高端”组包括平均余额在人均 GNP150% 到 249% 之间的小额信贷商。“运营的自足率”等于营业收入比上财务、贷款发放和运营成本之和。“每个借款人的平均成本”等于运营成本加上实物捐赠比上活跃的借款人的平均数目。“风险资产 >30 天”等于超过 30 天的逾期贷款的余额比上信贷资产总规模。

Woller 和 Schreiner （2003）研究了其政策含义。他们使用回归框架分析
349 了《微型银行简报》数据库中 1997−1999 年的 13 家村镇银行。通过只关注村镇银行，他们保持机构稳定的社会使命和组的定位。Woller 和 Schreiner 发现“利率、行政效率、信贷员生产率和员工工资是财务自足的重要决定因素”。结果不应让人奇怪，它导致一系列更困难的问题，行政效率如何能被改进，信贷员效率如何能最大化，员工工资如何最优设计？

这也导致一个问题：如何提供激励既能提高金融底线又不损害社会使命？机构能够设计出更好的激励机制来满足它们多样化的目标吗？管理微型金融特别有挑战性源于这样一个事实，即与软饮料和剪发生意不同，绝大多数小额信

贷商同时追求财务和社会目标。双目标给雇佣活动、薪酬政策、企业文化增加蒙上了色彩，使得成为一个小额信贷商看起来更像是在运营一所学校或医院，而不是一家银行[4]。小额信贷商服务的人群，传统上被排斥在商业银行之外，因为担心过高的成本和风险。因此，当小额信贷商通过奋斗保持了成本下降，传统银行业模式（和管理实践）需要进行反思。但有点令人惊讶地是，总体上在微型金融领域很少有关管理的内容被写下，我们对激励和契约经济学中的最新观点一无所知。在本章中我们强调核心原则和分歧，一部分描述激励经济理论的进展，一部分介绍拉美和亚洲的经验[5]。

我们以 11.2 节中一个警示性的故事开始：该故事是哥伦比亚库伯索（Corposol）的兴衰史，它是总部设在波哥大的安信永国际的下属机构（Steege 1998）。在 11.3 节中我们正式地论述多任务激励问题，讨论在设计激励机制中产生的问题（如避免短视，推动团队合作，降低欺诈）。我们使用玻利维亚的 PRODEM 和 BRI 这两个在非常不同的经济环境中运营小额信贷商的激励机制作为案例来论述这个问题。11.4 节转向治理问题。我们回顾了影响激励的结构性问题，包括所有制形式和决策多大程度上交给雇员。最后一节简要考察了从产品设计激励理论得到的经验。

## 11.2 波哥大库伯索的兴衰史

我们以库伯索的故事作为开始——它是安信永国际的下属机构，在 1988 350
年开张时（当时叫作“行动波哥大”）很有前景，但 1996 年就破产倒闭了。细节主要来自 Steege（1998）的讲述。在巅峰时期，库伯索服务了超过 50000 名客户，信贷资产超过 3800 万美元。库伯索管理层的目标是跃进式增长，部分为了获得规模经济，部分为了能延伸它的辐射面，部分出于声誉的考量。因此他们奖励员工大量地与新客户签约、续借贷款。这些努力非常奏效：在 1990 年末，每一个信贷员平均负责 258 名客户；到 1992 年，每个信贷员的平均客户数上升到 368。这个步伐持续着，于是到了 1994 年和 1995 年，库伯索信贷资产的美元价值增长超过了 300%。

但贷款的质量仅仅是次要的考虑，冒进扩张规模的员工比那些偏保守的员工能获得更多的奖金[6]。1994 和 1995 年，一个酝酿中的债务人过度负债危机浮现了，当时库伯索对贷款（或产品）的种类进行多样化，开始根据产品的数量给员工发放奖金（如根据给客户贷款的种类）。到 1996 年，员工被告知转向变了，要扩大信贷量而不是产品的数量，客户的数量再一次居于次要考虑。客户人均贷款规模在 1995 年翻番还多，而资产的长期安全性变得越来越不确定。扩张也导致了方向的改变。1993 年，86% 的贷款流向采用“安信永样式”联保贷款方式的组[7]。到 1995 年这一比例降到了 30%。贷款越来越大，且流向了状况较好的企业主。

库伯索的扩张目标由高级管理层设定，这个目标远大于中层管理者认为可行的程度。对不服从的惩罚也是严厉的。1995 年，每个月大概 2 个雇员因为没有完成绩效目标被炒。早前，总裁的领袖魅力激励了员工去完成不可能的事情；但当目标变得愈发严厉，激励愈发依赖于恐惧，管理愈发独裁专断时，雇员变得不满，那些被视为领袖魅力的也很快被作为戏剧而遭摈弃。

351 拖欠率顺应这些趋势。（该比率定义为超过 30 天的逾期贷款的占活跃的逾期资产的比重。）早先，拖欠率在 2% 以下，但到了 1994 年末达到 8.6%，到了 1996 年末到了 35.7%（Steege 1998，100）[8]。在 1996 年，银行监管干预叫停了芬纳索——库伯索的一个主要分支——的新增贷款，破产随之而来。

库伯索最初看起来像拉美很多其他的顶级小额信贷商。库伯索由有魅力的领导人建立，受到了安信永国际的支持，在联保贷款基础上建立项目。但以后见之明，我们可以看到顶层领导没有能够做到恰当地将决策去中心化，为员工设立现实、清楚的目标，创造内部控制和反馈的机制，在追求财务目标时平衡社会目标，创造开放和专业化的文化。如何同时激励员工、平衡目标、削减成本（特别是当试图快速获得规模时）是所有机构都存在的挑战。

很容易把失败仅仅看成库伯索员工错误选择的产物，但这太简单了。事实上，高级管理者追求一个跃进增长策略，太关注于扩张资产规模，没有充分地保持资产质量。但库伯索这样的大型的、受监管的机构应当有治理机制存在来检查和平衡高级管理者的影响。董事会有责任监督管理层，确保策略是清晰和连贯的。在这种情况下，批评可能被置于消极的董事会上，它们没能有效地质询那些应当警告的决策。缺乏有效的董事会监督，管理者自由地遵循以他们自己逻辑的不稳健的策略和不幸的结论（Labie 1998）。我们将在 11.4 节中进一步讨论治理问题。

## 11.3 透过委托代理理论的镜头看微型金融管理

为了给讨论像库伯索这样的失败是怎么发生的（以及像孟加拉 ASA 的管理成功是如何发生的）设立一个结构，我们再次转向委托 - 代理理论（或简称“代理”理论）——在第 2 和 3 章中使用过——来检视出借人和借款人之间的关系。但在把委托 - 代理理论应用到微型金融管理上时，我们把顶层管理作为“委托”方，而信贷员（和其他的外勤人员）作为“代理”方。这个框架关注 352
于管理者与员工们共事的困难，后者被授予日常工作的代理权。外勤人员讨价还价的权力被强化了，因为一些努力不能被充分地观察到。经理们必须弄明白如何充分奖励他们无法观察的努力，以便最有效地最大化机构的目标。

问题的基本轮廓要回到阿尔弗雷德·马歇尔（Alfred Marshall 1890）在 19 世纪末期关于分成制的著述[9]。较晚之后，莫里斯（Mirrlees 1974，1976）提供了一个框架，它被用到大量的对立关系中，包括雇员和雇主关系，保险公司和投保人关系，以及政客和机构关系（以及第 4 章中出借人和借款人之间的道德风险问题）。它的目标是刻画雇主最有可能设计出的最大化工人（不可观测的）努力的契约。契约必须考虑工人可能有其他的雇佣选项。因此，一个严厉的契约——伴随着严厉的对较差绩效的惩罚（100 万美元罚款？）——可能让工人采取想要的行动，但在实践中可能很难让每个人都同意这些条款。这通常被称为“参与约束”，或“个体理性约束”。雇主也必须给工人在正确行动上的激励，称为“激励约束”。

简便起见，设想一个机构只有一个管理者。他只关心利润，而不是风险。但雇员关心他们薪酬的上升或下降。管理者雇佣那些珍惜预期回报并在其他条件不变时偏好工资可预测的工人。在第一种情况下，考察一个满足雇员参与约束的固定工资合同。合同从风险角度来看有吸引力，因为雇员被保证一个给定的工资，不管结果如何。但它在激励上就失灵了：雇员没有激励去提供额外的努力，因为额外的努力有成本，但无回报。管理者必须依靠雇员的内在动机。

接下来考虑相反的极端。管理者不提供固定工资，而承诺让雇员成为微型金融机构完全的主人，只要机构的目标在一个合理的时间段内实现（如，削减

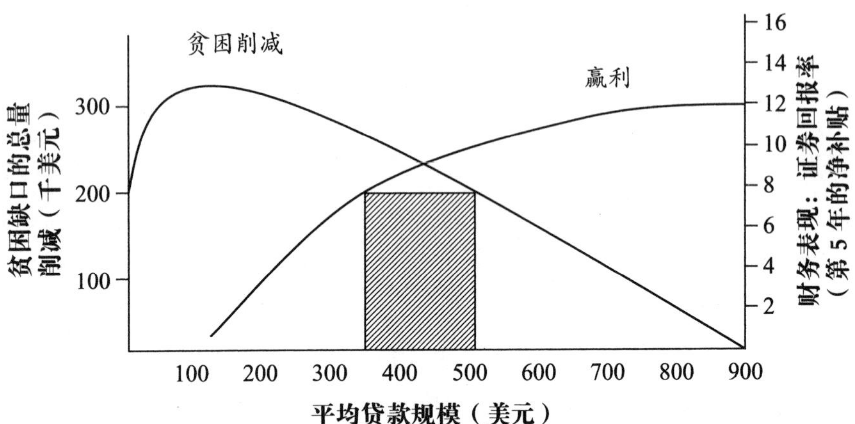


图 11.1　减贫和赢利之间的权衡：玻利维亚阳光银行的案例。
来源：Mosley 1996b，27。

了贫困，获得了赢利）。否则该雇员就被辞退。该合同为雇员发挥最大努力提
353 供充分激励，但它显然让他们负载了很多 风险。我们称之为“高能”激励，以
区别于“低能”激励。我们下面将回到这些概念。

在风险和激励间的权衡是广为人知的，最优契约处在两个极端中间的某个地方：就是说，在一个没有任何激励的固定的工资合同和在雇员身上有很多风险的完全所有制合同。例如，全世界的佃农通常和土地所有者五五分成。运营一个微型金融机构比运营一家低级的农场有更多的维度，但对微型金融激励系统，尚没有确认已久的经验法则。反之，下面我们强调那些在合同设计时应当知晓的关切。

### 11.3.1 多目标项目：减贫还是赢利

第一个关切来自管理者期望他们的员工实现多目标任务。我们首先设想一家微型金融机构的管理者有双重目标，即削减贫困和获得财务自足。Mosley（1996b）认为这两个目标通常是冲突的[10]。冲突并不是确定的，但它提供了一个可信的权衡来解析。他的观点来自阳光银行在上世纪 90 年代早期的经历，这已在图 11.1 中表现。纵轴表示减贫，横轴表示贷款规模，向下倾斜的“减贫”曲线意味着减贫的效果随贷款规模而减小。另一方面，由于规模效应（这可以从向上倾斜的“赢利”曲线看出），财务表现随贷款规模而改善。Mosley 估计，在阳光银行 90 年代早期的特别案例中，超过 400 美元的贷款改善了金融底线，

表 11.2 被选中的小额信贷商的治理、激励和绩效

| 机构 | 所有制结构 | 资金来源 | 高能激励策略 | 运营的自足率 | 财务自足率 |
|---|---|---|---|---|---|
| ASA（孟加拉） | 信托 | 证券持有：38%<br>捐赠人：29%<br>储蓄：26% | 奖金根据偿还率和客户的数量 | 160% | 146% |
| BSFL（印度） | 国有 | 受补贴贷款：81%<br>证券持有：19% | 奖金根据偿还率 | 101% | 56% |
| 迪卡尼亚 FRIF 基金会（玻利维亚） | 非政府组织 | 捐赠人：99%<br>商业银行：1% | 奖金根据客户的数量、偿还率和资产量 | 不可的 | 不可得 |
| CAME（墨西哥） | 非政府组织 | 商业银行：45%<br>受赠的证券：33%<br>受补贴的贷款：14%<br>其他：8% | 奖金根据贷款的笔数和偿还率 | 102% | 99% |
| HARDIN AZUAYO 储蓄和信贷合作社（厄瓜多尔） | 储蓄互助社 | 未分配利润：47%<br>储蓄：43%<br>捐赠人：7%<br>商业贷款：3% | 奖金根据客户的数目和新增贷款的笔数 | 108% | 97% |
| PSHM（阿尔巴尼亚） | 股份公司 | 捐赠人：96%<br>商业贷款：4% | 奖金根据客户的数目和偿还率 | 99% | 81% |
| ESA 基金会（阿尔巴尼亚） | 基金会 | 捐赠人：90%<br>未分配利润：10% | 奖金根据客户的数目和偿还率 | 103% | 72% |
| BTTF（吉尔吉斯斯坦） | 基金会 | 捐赠人：100% | 奖金根据偿还率和其他资产质量指标 | 166% | 149% |

来源：Godel 2003。运营的自足率表示微型金融机构覆盖运营成本的能力，财务自足率表示多大程度上微型金融机构可以不靠捐赠支持（包括受补贴的贷款）而生存。第 8 章中给出了定义。

但对贫困的影响可以忽略不计[11]。激励机制应当促使信贷员放出更大的贷款，或去关注低端客户——如果机制有不同的设计；答案取决于管理者把哪些目标作为首选。

两个目标被实现的程度取决于雇员的约束。于是，在雇员参与和激励约束的条件下，管理者应如何设计合同来最大化实现他们目标的可能性？库伯索试验的红利计划满足了参与约束，但它们奖励了错误的目标。通过奖励贷款规模，库伯索的管理者对雇员培训和审查借款人给予很小的激励，合同推动资产流向
354 高消费者市场，服务于境况较好的顾客。如果管理者仅奖励贷款的笔数，资产可能向市场的底部去，但可能无法解决贷款质量。假定库伯索的管理者给雇员提供大量奖金，奖金数仅仅是偿债率的函数。雇员可能青睐不怎么贫穷的或生活在经济富足地区的借款人（他们有替代性的资源来弥补贷款损失）。但这可能与消除贫困的目标背道而驰。

一个解决权衡问题可能的方法是根据高偿还率和服务大量的客户给信贷员发奖金[12]。这个策略被绝大多数的微型金融机构所采纳，表 11.2 显示了 2003 年数据中的一个小型样本。特别地，通过遵循这样的策略，出借人——如孟加拉的 ASA——在与穷人客户打交道时，获得高度的财务可持续性，它的财务表现使之处于全球最有效的机构行列（Rutherford 2009）。

这是起点，但在思考最优的微型金融激励时，关切远不止是风险和激励，以及贷款规模和质量的权衡。在促进团队合作、平衡短期和长期目标、抑制欺诈，以及（全面地）创造一个信任的组织文化等方面都存在关切。库伯索的故事显
356 示这些关切中的任何一个都会被太高能和不稳定管理的激励机制所损害。本节剩下的部分将详述这些关切。

### 11.3.2 无法评估的任务

当绩效被错误地定义，或由显而易见但伴有噪音的指标所度量时，多任务问题变得更为困难（Kerr 1975）。在一篇开创性的文章中，Holmstrom 和 Milgrom（1991）提供了一个框架来分析契约的情形，包括一个委托人（雇主）和代理人（雇员），代理人被要求分配他们的时间到一些活动中去。一个核心的见解是可观测性是重要的。雇主只能根据他们看到的一部分任务完成情况直接评价和奖励他们的雇员，但对其他可能重要但不可观测的任务上的表现无法

这么做。一个典型的案例是教师至少在两个活动中分配他们的时间，例如教学和指导学生。在这其中，只有教学是可观测的，而指导学生则不行。另一方面，学校的校长希望教师承担双重任务，但由于校长只能观察教学（如通过教学评估），校长囿于只能提供基于教学的薪酬计划。毫不奇怪，教师最终教的比有效的教学要多，却以牺牲指导为代价——即使校长认为两种活动都重要。

为更好地理解该问题，考虑以下由 Robert Gibbons（2005）在一篇文献回顾中进行的扩展。假定实现一个意愿目标 $y$ 取决于代理人采取两个行动，分别是 $\alpha_1$ 和 $\alpha_2$。最简单的例子是 $y=\alpha_1+\alpha_2$ 这种情况。进一步假定唯一可观测的行动是 $\alpha_2$，于是奖金只能基于 $\alpha_2$。但随之代理人的激励将只关注于 $\alpha_2$。最大化绩效后，他的奖金可能巨大，但奖金可能对实现最终目标的贡献微小。只有当 $\alpha_1$ 和 $\alpha_2$ 都是可观测的时，最优结果才能实现。

接下来考虑一种情况，有两个不同的目标，$y_1$ 和 $y_2$（就以当前为例，假定 $y_1$= 减贫，$y_2$= 等于获利）。进一步考虑在行动之间的权衡关系

357

$$\begin{aligned} y_1&=a_1-\alpha a_2 \\ y_2&=a_2-\beta a_1 \end{aligned} \qquad (11.1)$$

其中 $0<a<1$，$0<b<1$。这里采取一个行动（如通过寻找更穷的顾客、帮助他们发展商业计划等工作来削减贫困）促进了减贫（$y_1$），但使得获得赢利（$y_2$）更困难。同样，发放更大的贷款促进了 $y_2$，但以 $y_1$ 为代价。如果仅有行动 $\alpha_2$ 是很容易观测的，激励计划将必然对减贫的目标有所偏离。如果两种活动是互补的，不完全信息下制度化高能的奖金计划会起作用。当活动是互相替代的时，强烈的激励可能恶化结果。

于是，为什么仅仅因为他们努力就奖励员工？或许在本例中，让回报与结果挂钩会更好。如果 $y_1$ 确实可观测，可能基于产出而不是投入奖励绩效，但在实践中，产出并非总是可观测的。在微型金融中，社会目标——如减贫和女性赋权——都众所周知用一个简单的、常规的方法难以测量。一个类似的矛盾也贯穿于美国“没有被抛弃的儿童”法案下的教育改革。该策略提供给学校清晰的激励，它基于儿童在一组标准化考试中表现如何——因为这些结果都是便于测量的。同时，期望的结果——如创造性的思维，它最终可能更重要——却很难量化。批评指出，基于考试的激励计划可能导致教师“为了专门训练学生应

试而忽略通识教育”（Dewatripont， Jewitt 和 Tirole 1999）。在这种情况下，根据容易获得的财务指标奖励信贷员可能导致他们忽略其他的、比较不可感受的社会目标。这把我们带到关于高能与低能激励的一般性问题。

### 11.3.3 高能激励与低能激励

奖金计划提供了高能激励。另一方面，所谓低能激励通常由提供固定工资和奖励——如基于总体的表现而给予的擢升——的组合来实施。希望是诱导雇员平衡目标，不要太明显从一个方向到另一个方向偏离努力。

358 例如，孟加拉主要的小额信贷商对它们的雇员承诺确保雇用，合理的工资和在机构内的职业晋升——只要他们的表现被认为满意（Morduch 和 Rutherford 2003）。鉴于孟加拉严峻的失业形势以及该国薄弱的劳动法，这些工作特征有强烈的吸引力。机构不严重依赖于奖金（尽管有一些也被使用），它们试图设定清晰、简单的目标帮助雇员理解带来平稳晋升的行为。雇员获得非金钱的奖励，通常是被公开宣布为最成功的个人和分支。组织也在使员工感到自己归属于特定的文化上做得很成功，特别是致力于服务穷人。员工培训项目鼓励这种忠诚；例如，申请到格莱珉银行工作的人被要求采访一个穷困的农村妇女，并写一个案例。

PRODEM——一个在玻利维亚人口分散的农村地区运营的小额信贷商（第 8 章描述过）——试验了各式各样的激励机制，最终在高能和低能激励机制中找到了平衡。PRODEM 广为人知的是它作为出自阳光银行的一个组织在 1992 年兴起。但 PRODEM 继续作为一个独立实体（现在作为一家名为 PRODEM FFP 的受监管的“私募基金”），它的总裁爱德华多·巴佐伯雷（Eduardo Bazoberry）高度关注如何在 PRODEM 运营的挑战的环境中创造连续的激励。Bazoberry （2001，12）描述了低能激励在 PRODEM 中的重要性：

> 为强化我们在竞争性市场中的力量，PRODEM FFP 开发了一个复杂的和创造性的激励复合体来帮助雇员实现各种各样的个人需求，从庇护和保证到接受和自我实现。复合体包含了财务和非财务激励，如员工发展、工作致富和晋升机会、广泛的健康利益、成功奖励，以及在服务 10 年后享有休假。

如上所述，提供这些种类的低能激励是最优的，即使考虑到那些绩效度量相对直接的任务——例如财务自足。与 PRODEM 一样，领先的小额信贷商倾向于沿用高能奖金计划的低能激励，小额信贷商的经历也广泛区别。考虑以下由“微率”收集的 30 个拉美小额信贷商的数据[13]。“微率”发现，奖金支付 359
占基本工资的比重从 0（对外勤员工没有多少风险，低能激励）到 101%（对外勤员工高风险，高能激励），中位数的百分比是 35%，前 25 个百分位占比支付 13% 的奖金，前 75 的百分位支付 66% 的奖金。这不一定是最优合同，但它们被设定在平衡风险和激励的水平。

图 11.2 描绘了“微率”数据，奖金对应着横轴的平均贷款规模。平均贷款规模是对某一个机构穷人客户状况粗略的指数，难以观察到一个清晰的形式，虽然最拟合的曲线似乎略呈 U 型，服务最穷家庭的机构比服务较不穷家庭的机构倾向于支付更多的激励，但当机构转向条件较好的家庭时，高能激励又一次占上风。

### 11.3.4 文化含义：玻利维亚 PRODEM 的经验

有关高能激励的另一种不同的矛盾包含了机构文化的含义。巴佐伯雷在 PRODEM FFP 的经历是有指导意义的，他很看重积极的文化可以获得结果的方式，这些结果奖金计划反倒不能（或甚至削减）：

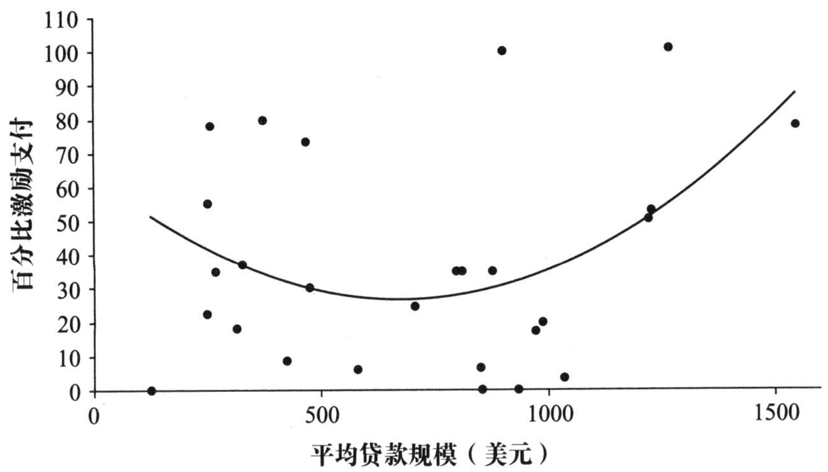


图 11.2 对基于激励的支付和对贷款规模的依赖
来源：微率调查，2002 年 7 月（www.microrate.com）。

> 360 然而，这关于财务激励的整个讨论，贬低了 PRODEM 用来激励员工获得高水平绩效的无价的、非财务的方法。最重要的方法是机构的使命。我们雇佣那些致力于在玻利维亚农村做出影响的人们，他们要与低收入家庭和小企业打交道。我们用我们的使命作为激励工具。管理者通常提醒他们的雇员 PRODEM 对偏远社区经济的重要贡献，以及每一个成员的表现如何与机构的成就相统一。
>
> PRODEM 的文化直接有利于所有雇员的表现。通过对新雇员的指导、常规的培训机会及其他的沟通渠道，PRODEM 灌输雇员进入到忠诚、信任和出色的文化中，这比财务激励更有力量。算是如此，一个机构的文化不是赚钱养家糊口——这就为什么公平地补偿所有雇员是重要的。但财务激励不能有效地鼓励雇员创新，支持变革，持续寻求把事情改善的方式，以及不害怕从错误中学习。只有机构的文化才能实现这些目标，这至关重要地贡献于生产率和效率的改进，一个微型金融机构要保持竞争性和赢利性，这是必需的。（Bazoberry 2001， 12）

从其他部门得来的经验比巴佐伯雷的更乐观，设计良好的奖金计划被用来催生创新和变革。但这并不简单。这里一个让我们关切的问题是，不仅是奖金计划是否比非财务激励（如创造强烈的使命感）更好或更坏。我们的关切也包括是否（何时）奖金计划可以积极地损害非财务、基于使命的方法。的确，巴佐伯雷强调机构文化的作用，这来自于他实验奖金计划的负面教训（Bazoberry 2001，11）：

> 在 1993 年，在审视了微型金融机构在全球提供的各种不同的激励后，我们采用了一个激励体系，奖励信贷员完成在激励项目中设定的目标。这些目标包括：目标客户的数目，拖欠贷款的最大百分比，每个信贷员的平均资产。此外，由于 PRODEM 有不同种类的分支，我们定义了与潜在市场和办公室地理位置相关的目标：在农村地区，在乡镇边缘，在大城市，或小城市。
>
> 美好的初始结果。激励项目如我们设想的那样运作。信贷资产快速增长，
> 361 风险资产在控制中，客户数量平稳增长，赢利性也改善……在 1994–1995 年，

> 我们的所有指标都表明在实施激励项目上我们做出了明智的决定。
>
> 事情开始变味。到 1996 年，我们觉察到一些扰动发生了。我们开始注意到我们的信贷员的流动率较高，包括因为腐败或连续地违反机构的方法和纪律而被解雇人员数量的上升。显然，我们没有管理好以获得这些信贷员的忠诚。反之，我们有一些雇员，机械地表现他们的职能，而不对机构或我们的客户负责任。

巴佐伯雷最大的一个沮丧是奖金体系促使员工最大化他们自己的利益，却以组织整体的付出为代价。这是一个函数，有进入奖金体系的直接的激励，也有拥有高能奖金体系发挥的间接的、象征性的作用，它促使员工把他们自己看作竞争的参与者，作为个体目标是优先的。

经济学家目前在奖金体系对激励的直接作用上有较多的看法，胜过间接的象征性和心理上的作用。但一个有意思的研究显示后者能多么重要。Gneezy 和 Rustichini（2000a，2000b）做了两个经验（没有任何一个涉及微型金融，但每一个都有经验），并得出结论。第一个研究涉及工资和奖金，是最可直接应用的[14]。

Gneezy 和 Rustichini（2000a）设计了一个实验，涉及以色列的高中生。每年的某一天，高中生挨家挨户为癌症研究、帮助残疾儿童以及类似的社会遭遇募集善款。在实验中，180 个高中生被分成三组。第一组是对照组，他们被给予一个关于那一天和慈善事业重要性的演讲。第二组也听了同样的演讲，外加承诺收到当天收入的 1% 作为酬劳。第三组听了演讲，外加承诺 10% 的酬劳。很清楚，对第二和第三组的参与者而言，酬金将从研究人员的腰包中获取，而不是从慈善事业中。最多可筹集的钱数是 500 谢克尔。

结果是，平均而言获得 10% 酬劳的组设法筹得更多的钱（219 谢克尔），相较于只拿到 1% 酬劳的组（153 谢克尔）——这个差距统计上是显著的。在
此种意义上讲，货币报酬似乎如预期的一样起了作用。另一方面，没有任何一 362
个组表现得像第一个组那么好（没有财务上的激励，仅仅是一个关于工作的内在价值的演讲）。对照组平均筹集了 239 谢克尔，这个数量与另外两个组的数量之间的差距统计上也是显著的。Gneezy 和 Rustichini 发现在其他案例中类似

的形式，他们对经验进行总结，把研究冠之以“要么给够，要么别给”的标题。

对该结果有不同的解读，如 González-Vega， Schreiner， Meyer 等（1997，102）写道：“观测到拖欠的低水平（在比利维亚的 PRODEM 和阳光银行）是显著的，特别是缺乏对信贷员的奖金支付。”我们的讨论意味着一个替代性的可能性：尽管缺少奖金，可能也没有令人印象深刻的偿还率发生，但因为缺少它们，它们却发生了。像 PRODEM 一样，阳光银行也通过非货币的激励建立起强烈的文化，如对成功职员的公众认可，共有使命的发展，信任信贷员信对账户选择上自由裁量。此外，“通常提供给员工由职业演说家做的小型讨论和演讲（为了建立一个共同拥有的意识形态），鼓励一个强烈的团队精神”（González-Vega et al. 1997，111）[15]。底线是，在财务激励被使用的情况下，个人对更强烈的激励反应积极。但提供货币激励可能与构建社会和谐和组织内共有使命的尝试相冲突。因此，在货币奖金的低级水平，结果不显著优于没有财务激励。于是正如 Gneezy 和 Rustichini 所言，要么给够——因此资金的好处超过了文化的成本——或者根本不给。

### 11.3.5 团队激励

巴佐伯雷的沮丧——在 PRODEM 中实验的奖金计划损害了团队的工作——也被其他小额信贷商所响应，下面我们转向一些成功的解决方案，它们在印尼人民银行（BRI）被采用。首先，我们继续 PRODEM 的故事：

> 同时，一些职员开始要求更大的激励数量。他们笼罩在一个错误的印象下，即 PRODEM 良好的业绩仅仅归因于他们的努力，而没有意识到每个人都是整个部门的一个体系中的一份子，组织的其他方面对 PRODEM 的业绩也是重要的……
>
> 363 结果，在 1996 年，PRODEM 改变了激励，变为奖给分支机构业绩的年度奖金。所有分支的员工都获得了奖金，只要他们的分支满足一定的绩效目标。最大奖金数额等于增发一个月的工资……
>
> 这个更改在激励员工、带来分支机构的团队合作上总体是成功的，但它仍然有负面效果。它削弱了在分支机构间员工的轮岗和合作。如果雇员同意调到有问题的分支去，他们就降低了获得奖金的机会。因为一些市场比另一些风险

> 更大，一些员工就认为奖金包含了运气的因素，取决于他们在哪工作。这个结论在那些被察觉拿到奖金的人——因为他们在一个好的环境中工作——和那些没有获得奖金的人——尽管他们极端努力工作——之间产生了矛盾。在这种情况下，激励系统不是鼓励而是打击了雇员……
>
> 我们决定取消分支机构奖金项目，取而代之的是以年度为基础奖励整个机构的业绩。一致性的观点重申我们都是一样的。（Bazoberry 2001， 12）

巴佐伯雷的文章题为“我们不出售真空吸尘器”，大概因为，如果他们销售真空吸尘器，团队不再那么重要。在运营一个微型金融机构上，巴佐伯雷发现与团队努力相关的各种层面的复杂性。首先，高能激励的本质在员工中提升了个人主义的导向。因此转变策略就是自然的了，于是就奖励分支层面的绩效。但它制造了不满，让雇员不情愿从“好”的分支离开。于是最终，基于整个机构的绩效奖励雇员被选择作为缓和矛盾的方式。

从我们的观点来看，权衡关系是：由于搭便车问题——这在分支层面有据可查，在机构层面甚至更糟——激励变得更弱。强烈的文化规范需要克服雇员不负责任的倾向，正如上面表明的，这近乎是 PRODEM 管理成功的秘诀[16]。因此，在本例中，降低不满的收获似乎超过了取消激励计划的损失。其他机构用不同的方式解决了矛盾，我们接下来转向 BRI 的例子，它是一家运转良好的国有商业银行。BRI 的策略整合了每一个层次的激励：个人的、分支的和机构整体的。

11.3.5.1 整合激励：印尼人民银行的经验　BRI 在 1968 年作为国有农业
发展银行成立，主要的使命是帮助提升农业生产[17]。为了帮助借款人和储蓄者， 364
政府要求借款人支付 12% 的利率，而存款人在国民储蓄项目中获得 15% 的利率。这个亲近穷人的动机是可贵的，但负利率的差幅是不可持续的，到了 70 年代末银行承受了巨额的运营成本。印度尼西亚在 1983 年放松银行管制，BRI 不再享受补贴，实现自我转型，目标是财务上自给自足。

BRI 微型金融的核心是“单元”，它们是遍布印尼的小型分支，设立来发放贷款和从低收入客户中吸收存款。（BRI 也通过其他信贷部门做公司贷款，而小额信贷仅仅通过“单元”来做）。在 1983 年以前，在单元层面对利润和损失没有核算。于是虽然很清楚系统作为一个整体遭受损失，但没有一个单元一个单元的测算。1983 年的转型创造了账户，于是，单元变成了个体利润中心。这个政策的核心是设立“转移价格”来评估每一个单元内产生的存款和用来发放贷款的资本。转移价格与银行资金成本近似移动，提供了一种计算每个单元的利润的方式。

除了后面要描述的标尺竞争，BRI 使用三种主要的机制为员工提供激励。首先，员工获得他们所工作的单元利润的一定比例，封顶是每年给 2.6 倍的月工资。绝大多数雇员通过这个激励机制大概获得他们月工资的 2 倍。（还有一个因素就是，原则上，基于个人绩效。）这种奖金的一个重要方面是规则是清楚的，于是员工能预期到它——不像库伯索使用的通常独断、变化的奖金规则。第二，银行层面的奖金也被分发，他们也大概 2 倍于雇员每月的工资。但由于银行董事会决定每期的奖金，且有充分自由裁量权，雇员不能把它们看成可靠的。第三，员工被允许保留 2% 的贷款总偿还量——这些贷款已经被银行核销，但是随后又被收回。这提供了一个强烈的激励去对追逐违约者保持警惕，它让客户知道员工不大可能让违约者不经历一番挣扎就逃脱。

允许相近职位的工人获得比其他人更多的报酬这个决定在一开始是有争议
365 的，但因为激励被设计成每个人都能原则上通过努力而有收获（没有“零和游戏”），这个转变在系统内是受欢迎的，也有效。激励体系也奏效，因为 BRI 追求清晰的财务目标。虽然是国有的，BRI 以商业原则运营，倾向服务低收入的客户，这些人比孟加拉大型小额信贷商的典型客户要高一些经济的阶梯。社会目标是次要的，这使得 BRI 从各个地方的小额信贷商所面对的平衡措施中解放出来。但 BRI 仍想着与如何促进不可度量的任务做斗争（明显地，团队合作），结果是，这某种程度上是平衡个体和组的努力的复杂的（但清楚和可理解）奖金设置。

11.3.5.2 标尺竞争　BRI 决定奖金的特殊方式也是重要的。激励理论告诉我们，在个体绩效的范围很难测量的情况下——这在微型金融中常见——标尺竞争就有用了。于是，契约达成了，基于雇员相对于其他人的表现奖励他们[18]。最优合同并不制造其中仅有一些赢家的竞争。反之，当雇员超过基准时，他们就被奖励，基准的设立根据其他雇员过去绩效的水平。原则上，如果每个人都超过了基准，每个人都可能被奖励（之后，管理层可以选择把门槛提升得稍高一点，以便催生更大的努力）。

BRI 在它的微型金融运营中使用了这个基本思想。在 2002 年末，BRI 运营了接近遍及全国的 400 个单元，它们的管理者享有高度的自主权。这些管理者之间的标尺竞争以单元绩效竞赛的形式进行。每一期，高层管理者列出一个要实现的目标清单（如寻找新的客户、账户增长、保持拖欠的下降、管理储蓄），各单元竞争以实现目标。

竞争不在单元之间进行，但相对于目标，一个单元的胜出并不影响别人的机会。目的是拥有雄心但可实现的目标。如在 PRODEM 中，奖励数量大概是 1 个月的薪水，大约 30% 的单元赢得三个奖励层级中的一个。授予奖励的时候是在一个大型公共仪式上，赢得奖励的荣誉可能与真实的金钱利益一样丰厚。

### 11.3.6 避免短视

激励机制的又一个维度涉及时间框架。我们再一次回到 Bazoberry（2001， 366
11）对 PRODEM 奖金的描述：

> 初始的策略是按月给实现一定绩效标准的人发奖金。但我们发现，这种类型的激励对团队绩效有负面效果，它鼓励了短视……
>
> 年度发放形式鼓励了一个长期的视角。它纠正了“欠债滞后”——造成它的原因是，新贷款在它们被发放的数个月之后才变成逾期。年度发放形式也调整了复杂的季节性波动，这在玻利维亚的微型金融中很常见，它允许 PRODEM 在分发奖金前完成审计。

教训是清楚的：基于短期目标的奖金可能让雇员不在长期维持贷款的质量。一些成果——如削减贫困——也在更长期水平上才实现，在更长的间隔中才好评价。以一个整年的跨度奖励雇员的绩效解决了季节性的问题。另一个方法是即使按月或按季度发奖金，也根据从年到年的绩效（如奖励 2010 年第一季度和 2011 年第一季度之间的进展）。

### 11.3.7 打击欺诈

从 Gneezy 和 Rustichini（2000a）实验证据中得来的一个经验是“要么给

够要么不给”。我们早前的讨论关注当你支付太少的时候什么会发生——以及低能激励的优势。这里我们讨论另外一个当你支付太多的时候会产生的问题。这个问题是：当对一定层次的绩效激励越来越大，欺诈的激励也升高。这不仅对掌握准确信息来评价雇员上是重要的，它对意识到激励机制自身能导致报告给管理层的信息有偏离上也是重要的。当雇员能轻而易举地隐藏违约率，或在把一笔贷款认定为违约贷款之前延长不用偿还的期限，从核算的立场看，问题就出现了。这最终会导致微型金融机构表面上看比事实上有更多的财务可维持性，从而为管理者走下坡路埋下伏笔。

巴佐伯雷评论了玻利维亚的情景，他讲述了一家消费信贷公司每月给员工
367 支付了等价于 50 美元的平均工资。但通过拿奖金，信贷员事实上获得了将近 900 美元，这 3 倍于大多数其他信贷员在竞争对手公司中的所得。巴佐伯雷认为，这个激励机制最后会鼓励信贷员欺诈。各种未经授权活动的种类会出现，包括：

> ⋆ 频繁地更改贷款期限而缺乏较多的控制
>
> ⋆ 信贷员组织合会为客户偿还欠款，这使得雇员能保持或提高他们的激励水平，尽管恶化了资产质量
>
> ⋆ 制造“幽灵”贷款来隐藏目标没有被实现的事实
>
> ⋆ 在发放贷款时，从客户贷款中任意扣除一定数量，筹集一笔资金来覆盖坏账
>
> ⋆ 对信贷员施压，用他们的薪水来偿还客户的欠款
>
> ⋆ 利用不活跃的存款账户来支付拖欠的债务。
>
> （Bazoberry 2001， 12−13）

这些现象在玻利维亚之外被广泛报道，它们为微型金融怀疑论提供了充足的素材。直接的解决方案是把更强的内部控制制度化。公开偿还——正如在第 5 章中指出的——可能让伙伴借款人害怕对规则的僭越而发挥作用。相似地，推进强大的管理信息系统和实时报告有助于监督和快速识别潜在问题的能力。计算机化便利了工作，通过创造简单的数据检索，很多事可以被完成，即使在

计算机化只是一部分的情况下。但最终，解决方案可能是必须降低对高能激励的依赖，以及回到问题的根本上来。

**11.3.8 对任务分类定价：孟加拉 ASA 和墨西哥 PROGRESA 的经验**

多任务激励问题的一个解决方案是对任务分类定价，这样不同的员工负责不同的工作，可以相应地被奖励。借用 Dewatripont，Jewitt 和 Tirole （1999）的术语，通过在代理人之间寻求“职能专业化”，委托人可以避免利益冲突。一个例子就是墨西哥国有的 PROGRESA 项目，现在更名为“机会”（Oportunidades）项目。“机会”项目的主要任务是分发善款给有急需的家庭，依据的条件是它们孩子上学和到医疗诊所进行常规的检查（见 Skoufias 2001 对 PROGRESA 的综述）。政府也对小额信贷感兴趣，于是它发起了第二个项目 368
FOMIN，来主要处理金融事务。FOMIN 不在“机会”项目内寄生，它是一个独立的实体，平行运作。因此，“机会”项目的员工可以奖励他们在教育和健康结果方面的进展，而 FOMIN 的员工可以奖励他们金融上的成果。当两个结果是相联系时，问题仍旧产生了（见 11.3.2 节），但复杂性的一个层面被去除了。

职能专业化的另一个合理之处（或许更具吸引力的一个）是它允许管理者雇佣最适合于特定岗位的员工，而不需要雇佣在一系列情况下都表现很好的员工。例如，通过把关注重心转移到提供基础金融服务上，孟加拉的 ASA——成本最小化的国际创新者——可以雇佣较低文化水平的雇员，他们仍能执行所要求的交易。绝大多数 ASA 的信贷员因此年轻、没有学位——因此也更便宜。但是据观察，工作表现很好，员工被高度激发（关于 ASA 基本模式，更多的参见 Fernando 和 Meyer 2002，Rutherford 2009）。

ASA 的信贷员开始有义务对客户进行一个每周半小时的培训环节，把它作为每周组聚会日程的一部分。议题包括健康和社会问题，在讨论中的问题可能涉及如再水合疗法、母乳喂养实践、离婚选择等。年长的、受过良好教育的员工表现出更适合做这些培训任务。于是通过关注任务（把培训的职责从信贷员身上去掉），ASA 现在可以雇佣信贷员更好地实现他们的主要职责。此外，通过出版清楚的手册，用一套规则来规范所有的选择，简化他们的贷款发放程序，ASA 把绝大多数信贷员的自由裁量权都没收了（Ahmmed 2002）。ASA 因此依赖于它员工的专业主义精神，但 ASA 并不需要过分地依赖他们的决策能力。

### 11.3.9 匹配激励和使命

到目前的讨论强调了把提供给员工的激励和组织的更广的使命整合在一起是多么的重要。Grammling 和 Holtmann （2008）给出了 4 个例子讲述它们是如何起作用的，这 4 个案例是 PRIZMA，BRAC，阳光银行和公平银行。在孟
369 加拉的 BRAC，激励机制已奖励了未清偿贷款的数目和当前未清偿贷款的资产总量，但没有明确维持资产质量。这个规模上扩张的后果提高了员工的生产率。但该机制的风险在于它驱使信贷员鼓励客户寻求更大的贷款而不是对他们最优的贷款，从而造成了过度负债客户的风险。

阳光银行使用高能激励激发员工效率。根据客户贷款的初始规模，它们也把信贷员分成 5 个类别。大约 60% 的信贷员专门寻找较穷的客户，发放小额的贷款。鉴于在 11.3.8 中讨论的分类定价任务，这种形式的分类是有意义的。超出他们被指定的类别，信贷员与客户打交道的能力是非常有限的，这缩小了使命偏移的范围，强化了激励的供给。

在这方面，肯尼亚的公平银行提供了一个有意思的对比，它们利用了银行的商业化地位和最近在股票市场上市。银行开展了一个雇员股票所有制计划，分配股份给员工。原则上，股份所有制建立了对银行的长期忠诚。某种程度上，信贷员被驱使最大化股票价值，公平银行的财务底线获益。但该机制可能更加难以实现非财务的目标——如社会目标，如果工人过分关注于抬高股价。

## 11.4 所有制：商业化和治理

代理问题在金融中反复出现。它们定义了位于传统信贷合同核心的顾客和信贷员的矛盾。进而，代理问题定义了在本章前面描述的信贷员和管理者的矛盾。这里我们探讨，代理问题如何有助于定义所有者、投资者和管理者之间的关系。

从外部投资者那里吸引资本的能力很大部分取决于这些代理问题如何被解决。利用外部资金杠杆的能力要求说服外部投资者相信当机构成长时，激励和监督将保持稳健——那取决于拥有正确的激励和恰当的治理结构。向商业化迈进带来治理的进展。

370 如第 8 章所描述的，商业化通常带来所有制的转型。正规化的微型金融机

构的所有者是它的股东，这些人投资并在机构中拥有股份。所有者通常分为 4 类：非政府组织，私人投资者，公共实体，和称之为“微型金融投资载体”的专门证券基金（Otero 和 Chu 2002，227）。作为所有者，当非政府组织把它们的微型金融运营转型为正式的金融机构，而保持非政府组织作为一个单独的实体，非政府组织的作用通常会提升。作为转型过程的一部分，非政府组织通常把他们的客户资产转移到新的机构中，以换取在董事会中的一席之地，及在新机构中占多数股份，并因此成为所有者（Ledgerwood 1999，112）。例如，玻利维亚的非政府组织 PRODEM 对一家受监管的银行阳光银行有所有权，就是这个过程。

不同种类的投资者把不同的利益、各种专长和不同的局限推上台面。投资者的兴趣可能是社会性的或纯经济性的，他们可能是本地的或国际的，他们或在微型金融或在正规的金融部门有宝贵的经验（Ledgerwood 和 White 2006，200）。表 11.3 概述了各种投资者组的优缺点。

表 11.3 显示，有些时候机构的雇员也是它的所有者。例如，在 PRODEM FFP 里，雇员获得 PRODEM 的股份作为他们年终奖的一部分（正如早先已经描述过的，该策略也被肯尼亚的公平银行采用）。愿望是给雇员一定程度的直接所有权将强化他们对机构成功的忠诚。如此匹配激励可以解决代理问题，风险是雇员可能关注于确保他们的财务未来，而管理层还追求一个更宽广的社会使命。问题是股票价格不大可能把社会使命的价值内部化。

形成一个合作的（或共同所有的）结构把雇员所有制的思想推进得更远。在合作社中，通过投票过程，社员的偏好被充分考虑，但正如 Ward （1958）以及 Hart 和 Moore（1998）提出的，为了最大化他们的平均收入，在位的社员可能转向限制进入[19]。在微型金融机构的情境中，这意味着老的借款人可能限制新借款人的进入——这可能阻挡广泛延伸的动力，强化保守主义。

机构权衡表 11.3 中提到的优缺点开展工作。一个一般性的方针是，对他们 372
的投资有积极兴趣的股东相对于不活跃的投资者提供了更广泛的收益。这些收益通常在治理领域出现。通常，商业性微型金融机构的治理“意味着一个核查和平衡的体系，建立董事会监督微型金融机构的管理”（Ledgerwood 1999，111）。Labie（2001，2003）认为治理远不止董事会的管理，它融合一系列广泛的机制，来确保组织和它的管理层做出与组织的使命相一致的决策。但是，对完全商业化的微型金融机构而言，董事会是治理的关键。当一个机构有证券投资者的时候，董事会被它的股东选举，来代表他们的利益。结果，它“倾向于反映机构的所有制结构”（Ledgerwood 和 White 2006，221）。

Mersland 和 Strøm（2009）认为当微型金融机构拥有本地的董事时，财务表现也改善了。在对从微型金融评级机构获得的数据进行分析后，他们发现拥有国际董事的微型金融机构有较低的运营自足率和较高的运营成本。一个可能性是在他们的样本中，国际董事带给微型金融机构一个“高成本文化”（Mersland 和 Støm 2009，5）。

董事会最重要的责任在保护所有股东的利益，包括投资者、客户和员工。它通过监督管理层，参与战略规划，审查管理层拟定的商业计划，以及辨别他们与机构的使命和长期目标是否相吻合来完成该职责。或许对管理层最重要的是，董事会掌管着遴选、监督和评价机构高级管理者的大权。

董事会也面对挑战。当董事会作为一个整体代表所有股东的利益时，个别的成员可能运作非常不同的优先权。毕竟，至少一些成员代表特殊的股东，不同的股东有着不同的、一些时候甚至是冲突的利益。例如，一个最初的非政府组织的代表可能主要关心确保微型金融机构持续满足它的社会目标。另一方面，
373 一个主要的私人投资的代表可能追求将有助于机构赢得丰厚利润的政策。这里，非关联的董事可以作为平衡的导引者发挥强有力的作用。

最近的证据表明非关联董事的存在是至关重要的。Hartarska（2005）研究了中东欧和新独立国家的微型金融机构中治理对绩效的影响。她检视了一系列变量在治理的“雨伞”下失灵，但她最突出的发现是“有较高非关联董事比重的微型金融机构拥有较好的可持续性（由资产回报率来测量），并延伸到了更穷的借款人”（Hartarska 2005，1635）。

融资结构也能强化激励。财务自给自足的驱使通常是商业化的主要动力，它使得机构能降低对补贴的依赖。但即使没有商业化计划的机构，也有理由来降低补贴的使用。一方面，这么做限制了政治化的范畴——当捐赠者（可能是政府，如果它们是主要的出资者）干预到优先性的设定，它可能发生。如果微型金融机构去中央集权化，把决策授权下放到大量独立的“利润中心”（如分支）

表 11.3 各种投资者组的利弊 371

| 组 | 优点 | 缺点 |
|---|---|---|
| 创始的非政府组织 | 可以有助于保持对愿景和使命的忠诚。 | 缺乏所有者，非政府组织自身可能在中央银行眼中缺乏雄厚的财力，可能有较弱的治理结构，缺乏责任性。 |
| 创始的董事 | 对机构成功的个人的忠诚。私人风险资本的例子。 | 取决于所有制如何被构建的，可能呈现出利益的冲突。可能缺乏雄厚财力。 |
| 多变和双边的捐赠者 | 可以有助于保持对发展和减贫使命的忠诚。 | 内部结构和运营流程通常导致拖延，可能阻碍有效的参与。环境和社会的使命制造了运营的挑战。 |
| 有社会责任的投资者 | 配置有经验的雇员和资源来监督微型金融机构的表现；能对出资请求进行快速决策。专门技术知识可以为其他投资者提供信心；在一些情况下可获得技术支持。 | 有限的资本；中期的投资年限。当资金的管理者也去管理或与提供的技术支持相联系时，利益冲突的可能性。 |
| 商业投资者 | 利润和效率导向；为资本市场提供熟悉的面孔。 | 短期的、利益最大化的投资者的危险；寻找清晰的退出策略。 |
| 雇员 | 为机构的财务未来构建雇员的支持。 | 可对雇员呈现风险。通常雇员缺乏足够财力满足额外的出资请求。缺乏流动性（股票市场）也能使结构复杂化。 |
| 当地政府 | 可能有助于微型金融机构的正面形象；通常财力雄厚；可以积极影响监管者。 | 可能吓跑其他投资者；可能政治上影响监管者的决策；可能被观察到受到特别待遇。 |
| 客户和社区 | 社区共享机构的成功；提供所有制的概念。 | 在建构和决定谁代表社区时出现困难；通常缺乏监管者期望的财力；可能有差的治理和利益冲突。 |

来源：Ledgerwood 和 White 2006，表 7.1。

去，问题可以被（部分地）克服。另一方面，中央集权增加了不同借款人组和不同区域之间的交叉补贴的范围。结果，交叉补贴可能有助于获得机构整体的自给自足。

但有时，接受捐赠资金能有助于激励，特别是当商业需要挤出社会目标时。这种情况下，声誉的考量，以及需要对特定的捐赠者看起来“好”可能表现为一个承诺机制，它推动机构授权给那些首要关心社会目标的专业人士。（当然，接受捐赠资金在提供廉价金融资源上也有直接的好处，它们可以被用来建立机构和推动社会使命。)在其他情况下，捐赠者也有助于强化追求回收成本的承诺。

## 11.5 总结和结论

我们分析了如何设计激励机制、所有制结构和组织形式能影响微型金融机
374 构的绩效和影响力。机构趋向于奖励信贷员贷得更多、贷得更大、贷款更优质（如贷款被偿还）。奇怪的是，少有项目明确地奖励成本最小化，或对削减贫困进行度量。

设计最优激励机制上的矛盾根源在于微型金融多目标的本质，机构寻求利润和社会影响双重目标。原则上，管理者的任务是给员工激励来追求两个目标，尽管实践中目标并不总是一致的。当所有的投入和产出都无法观察时，一个重要的约束发生了。仅仅奖励那些容易观察到的行动（如客户数量或按时偿还率）可能使员工偏离其他重要的——但更难测量的——目标，如赋权或实现特殊的需要。结果，低能的激励（通过晋升的允诺、培训和为换取平稳的表现布置有趣的活而实现）可能比高能激励——把工资与可观测的变量指标紧密联系起来——占优。

在使用（过度的）高能激励中另一个矛盾是，它可能通过创造一种感觉损害机构的文化，即信贷员是作为个体“为自己而活”，而不是为整个更大的集体而工作。这个见解对产品设计不失为一种经验，小额信贷商使用严格的贷款合同最终会形成客户和信贷员的对立，这就变成了零和游戏。矛盾可能快速积累。但当信贷员不能获得出问题的借款人的抵押时，就需要合作了。例如，格莱珉银行发现它的初始合同体系制造了信贷员和顾客过分的紧张关系，银行便打算转向在格莱珉二代下的更加灵活的体系，目标是“无紧张关系”（Yunus 2002）。虽然一些紧张无疑通过给顾客提供基本的动力起作用，一般见解仍是有用的：保持激励需要与创造善意相平衡，这一保留在随后的各期中是至关重要的。

过度地高能激励可能也无意中助长员工的短视行为，鼓励欺诈，降低正确的记录保存。契约和激励理论提出了替代性的方案，如标尺竞争和机构加强内

部控制。

在员工激励和所有制结构之外，这些度量可能通过其他的组织特征被强化。微型金融机构深入社区的程度大小，它的集权化或分权化的程度，以及它的文化都可能影响效率。此外，虽然这些特征的每一个就它自身正确性都重要，它 375
们的交互作用更加重要。整合这些特征是管理的重要部分，错误地整合、使得它不协调可能损害组织的效率。例如，高度集权化的机构，绝大多数的决策自上而下，它们趋向于在发展鼓励创新和问题解决的组织文化上存在困难。

相关结构的一部分被机构的类型所决定。例如，自助的组和村镇银行深深地融入了它们工作的社区，于是它们趋向于稳定、包容和易被接受，但它们在获得资本上有困难。储蓄互助会和合作社也趋向于融入社区，它们能从筹集储蓄的能力中获益。但是这些机构通常面对治理问题：例如，作为净储蓄者的成员通常比那些净借入者有不同的优先权。非政府组织通常灵活和会创新，但它们可能经受糟糕的治理，因为股东通常是消极的，对管理的影响非常弱。非银行金融机构趋向于拥有更有效的后台流程（如会计），而保留了较小商业化机构的灵活性，但它们在通过吸纳储蓄筹集资金上通常不被监管。商业银行能更容易获得资金和被监管，但他们的前台实践可能没有很好设计来有效地服务穷人。

这个讨论是一个宽泛的提示：微型金融承担了糅合社会和经济关系的任务。当机构发展时，它们对治理的需要也发展了（Labie 和 Mersland 2010）。当微型金融从成功的商业银行学习经验时，小额信贷商的任务更加复杂了，为创新和新的视角仍留有充分的空间。

## 11.6 练习

**1.** 简要描述经济学家所称的多目标代理问题，把你的回答和微型金融的案例联系起来。描述信贷员的主要任务，以及它们是如何冲突或互补的。

**2.** 对小额信贷商多目标问题提出两个可能的解决方案。在一个小型组织和在一个更大的组织中，方案能同样容易地被执行吗？

**3.** 相对于合作社，描述私有的小额信贷商的优缺点。 376

**4.** 什么是标尺竞争？它如何区别于更一般的对竞争的使用？结合特别的

小额信贷商的案例，阐述你的答案。

**5.** 尽可能多描述各种情形，其中在小额信贷商的背景下存在一个委托人、一个代理人。这些例子如何互相关联？对你列出的委托代理问题的任意一个所提议的方案有助于你思考其他的委托代理问题吗？

**6.** 在文章“我们不销售真空吸尘器”中，巴佐伯雷认为通过制度化团队的激励机构，拥有广泛目标的机构比单纯追求利润的机构更能获利。但是从个体激励机制向集体激励机制转变中存在一个与之相关的权衡。辨析这个权衡，给出一些建议，管理者如何能克服或解决它。

**7.** 在设计激励机制时，考虑内在动机很重要。解释这个概念，以及它在合同结构设计中的作用。这个思想如何与 Gneezy 和 Rustichini（2000a）在以色列的实验相联系？

**8.** 考察一个微型金融机构，它拥有两个主要目标：在它运营的地方削减贫困（$y_1$）和获取财务的可持续性（$y_2$）。这些目标可以被实现，或者通过提供贷款给较穷的潜在借款人（$a_1$），或者通过提供更大笔的贷款给较富的借款人（$a_2$）。机构面对的问题是两种行为在它所关心的结果上有对立的效果，这可以表示为 $y_1=\sqrt{a_1}-\beta\sqrt{a_2}$，$y_2=\sqrt{a_2}-\alpha\sqrt{a_1}$，其中 $0<\alpha<\beta<1$。假定在行动 $a_1$ 和 $a_2$ 之间有完全替代，它们被等价地给予报酬，于是机构的管理者可以在它们之间自由地指派劳动力 $A$。此外，假定在机构雇员之中没有激励问题。

a. 直观地解释机构所关心结果的函数。

b. 微型金融机构应当如何在两个行动之间分配它的资源，以便于最大化加权结果？

c. 设想另一个社会机构外在地实施一个项目帮助贫穷借款者开展他们的
377 生意。这个因素应当在该微型金融机构资源分配中置于何处？

d. 结果如何以 $\alpha_1$ 和 $\alpha_2$ 来表达？

**9.** 考虑一个老师，她把时间分配在至少两个活动上：教学和监督学生。她的学生质量取决于她花在他们身上的时间，包括教学和监督。质量函数是：$q=x\cdot y$，其中 $x$ 是教师花在教学上的时间，$y$ 是每天花在监督学生上的时间。每天，教师只能工作 10 个小时。假定校长的效用函数取决于学生的质量：$u=q$。校长可以通过教学评估识别教学活动：差，充分，好或优秀。（她能观察到教师工作的时间，但无法充分识别教师如何在教学准备和监督上分配时间。）假定为了获得体面的教学评估，教师必须花费的时间（她的工资最终取决于这个时间）如下表所示：

| 评价 | 教学时间（小时 / 天） | 工资 / 天 |
| --- | --- | --- |
| 差 | 1−2 | 80 卢比<br>政府设定的最低工资水平 |
| 充分 | 3−5 | 110 卢比 |
| 好 | 6−7 | 160 卢比 |
| 优秀 | 8 或更多 | 210 卢比 |

假定每天教学 1 小时花费老师 10 个卢比，而监督 1 小时花费 7 个卢比，教师是风险中性的。（她只希望最大化净收入。）对老师和校长计算最优的时间分配。在哪方面，你的答案与微型金融机构的管理者面对的问题是相联系的？

**10.** 假定与前一个练习相同的问题，但本题中假定教师必须在 3 个活动中分配时间：教学准备、监督和上课。进一步假设学生质量函数——或校长的效用函数——是 $u=q=x \cdot y \cdot z$，其中 $x$，$y$，$z$ 分别是花在教学、监督和上课的时间。 378
假设校长可以通过教学评估观察教学活动和上课：差，好或优秀，相应地支付老师：

| 评价 | 教学时间（小时 / 天） | 教学工资 / 天 | 上课（小时 / 天） | 上课工资 / 天 |
| --- | --- | --- | --- | --- |
| 差 | 1−2 | 30 卢比 | 1−1.5 | 25 卢比 |
| 好 | 2−2.6 | 50 卢比 | 1.5−2.5 | 45 卢比 |
| 优秀 | 3 或更多 | 70 卢比 | 2.5 或更多 | 65 卢比 |

对老师而言每小时成本如下：教学花费 10 个卢比，监督花费 4 个卢比，上课 7 个卢比。假定一个工作日有 10 小时。对老师和校长计算最优的时间分配。简要评论你的答案。

**11.** 假设小额信贷商的效用函数是 $u=u_1+u_2$，其中 $u_1$ 和 $u_2$ 分别是来自好的财务报表和削减贫困的效用。小额信贷商雇佣一个风险中性代理人，每天工作 8 小时。代理人可以分配她的时间到这两个活动中去，即制造好的财务报表（如确保按时偿还和最小化成本）和减贫（如审查较穷的借款人和指导他们如何明智地投资）。效用水平 $u_1$ 和 $u_2$ 与工作时间的关系如下：

| $u_1$ | 财务活动的工作时间 | $u_2$ | 减贫活动的工作时间 |
|---|---|---|---|
| | 1 | 6.5 | 1 |
| 13 | 2 | 13 | 2 |
| 18.5 | 3 | 19 | 3 |
| 23 | 4 | 21.5 | 4 |
| 26 | 5 | 23 | 5 |
| 28 | 6 | 25 | 6 |
| 29 | 7 | 27 | 7 |
| 30 | 8 | 29 | 8 |

379 微型金融机构的管理者可以间接识别花费在财务导向活动上的努力（如通过偿还率），但不能观察是否代理人对减贫有贡献。因此，微型金融机构的管理者相应的支付给代理人：

| 评价偿还率 | 工资 / 天 | 花在财务导向活动上的工作时间 | 减贫活动的工作时间 |
|---|---|---|---|
| 差 | 低于 50% | 0 | 小于 2 |
| 充分 | 50% ～ 65% | 45 卢比 | 2–3.5 |
| 好 | 65% ～ 85% | 80 卢比 | 3.5–5.5 |
| 优秀 | 85% 以上 | 100 卢比 | 5.5 以上 |

财务导向活动的工作时间花费代理人 7 卢比，为减贫工作花费 5 卢比。对微型金融机构管理者和代理人计算最优时间配置。解释你的答案。

**12.** 考察两个金融机构。每个机构雇用两个信贷员（后文：代理人），两个机构有相同的目标：财务自己和削减贫困。假定代理人是同质的且风险中性的，他们每天工作 8 小时，每个工作小时花费 4 卢比。机构 A 采用一个平衡的激励机制：代理人满足两个目标才能被奖励。假定对代理人的评估采用以下方法：

| 评价 | 由管理者所做的工作时间分配 | 工资 / 天（卢比） |
|---|---|---|
| 差 | 如果代理人为两个目标中的至少一个花费少于两个小时工作 | 20 卢比（最低工资水平） |
| 好 | 如果代理人为两个目标都花费 3–3.5 个小时工作 | 60 卢比 |
| 优秀 | 如果代理人为两个目标花费 4 小时以上工作 | 100 卢比 |

另一方面，机构 B 采用一个不同的激励机制，一个代理人将专门实现财务 380
自足，另一个负责减贫：

| 评价 | 由代理人所做的工作时间分配 | 工资 / 天（卢比） |
|---|---|---|
| 差 | 如果代理人为要求的目标工作花费小于等于 4 小时 | 20 卢比（最低工资水平） |
| 好 | 如果代理人为要求的目标工作花费大于等于 6 小时 | 60 卢比 |
| 优秀 | 如果代理人为要求的目标工作花费大于等于 8 小时 | 100 卢比 |

生产函数（对两个机构而言也是效用函数）是 $q=x^2+y^2$，其中 $x$ 和 $y$ 分别是花在财务导向的活动和在减贫上的时间。展示这个生产函数意味着专业化将使代理人更有效率。推导函数，计算在机构 A 和 B 中代理人的最优选择，并计算每个机构的最大化效用。

**13.** 考虑一个模型，有竞争性的和风险中性的委托人以及风险中性的代理人。代理人可能有两种类型（可能性）$\theta \in \{1;\ 0.5\}$，概率分别是 $n=-21$ 和 $1-n=-21$。有两期 $t=1$ 和 $t=2$，没有折现。在每一期，代理人的产出可能有两个可能的值，0 和 10，对应的概率分别是（$1-\theta\pi$）；$\theta\pi$。如果努力，$\pi=1$，否则 $\pi=0.6$（努力不可观测）。代理人努力的成本是 $e=1$。假定在替代性的委托人之间存在完全竞争，以便在第 2 期吸引代理人。无论是代理人还是委托人都不知道管理者的能力。此外，委托人不能以生产水平为条件签订合同（生产水平可观测但不可识别）。第 1 期工资是固定工资 $t_1$，而第 2 期工资可能取决于过去的观察 $t_2(q)$。模型的时间顺序如下：

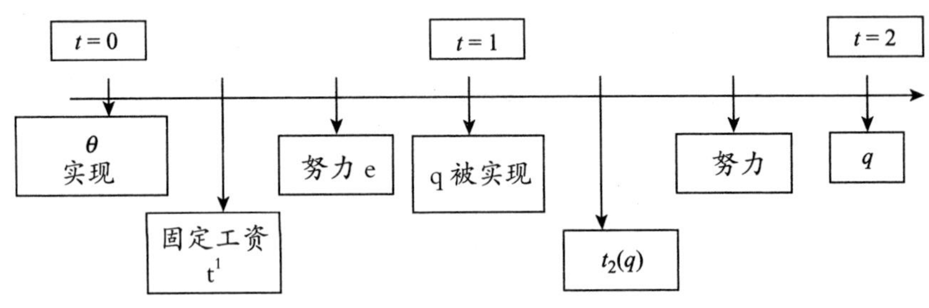


381 计算在第一期被观察到之后，市场对代理人的能力持有的滞后信念。计算在劳动力市场中提供给代理人的固定工资 $t_2$。通过比较代理人做出努力和当他不做出努力时的预期回报，阐述是否努力有回报？如果代理人只存在于 1 期，他会努力吗？

**14.** 考察和练习 13 相同的情况。但本例中，$\bar{\theta} \in \theta = \{\bar{\theta}; \underline{\theta}\}$，其中 $\bar{\theta}=1$；$\underline{\theta}<1$，成为高类型和低类型的概率分别是 $v$ 和（$1-v$）。产出可能有两种可能值，$q$ 或 0。$\pi$ 可以是 $\bar{\pi}$ 或者 $\underline{\pi}$，且 $\bar{\pi}=1$。努力的成本是 $e$。写出代理人的激励约束，他需要被满足以便于从他那里引出高水平的努力。

**15.** 再一次考察在练习 13 中提出的相似的问题，但本例中，代理人在每一期的努力都可观测。但是他的能力对市场和代理人而言仍旧不可知。计算明确的激励约束，它需要被满足以便于机构做出充分的努力水平。展示不明确的激励只能是对货币激励的不完全替代——它通过把工资与绩效挂钩实现。

微型金融经济学 The Economics of Microfinance

# 注 释

# 第 1 章　反思银行业

1. 标志着 ASA 起始的誓言的故事从 Stuart Rutherford （2009）那复述，它涉及 383
ASA 的历史和进展的叙述。在 20 世纪 70 年代，美国外交家亨利·基辛格曾出名地藐视孟加拉国为国际 “毫无希望”之国。孟加拉微型金融部门的活力被通报，成为对基辛格悲观主义的反驳。

2. 并非偶然地，2008 年 ASA 计算出它的客户 71% 是女性。我们在第 7 章讨论性别的作用。

3. ASA 的数据来自于 www.asa.bd.org。格莱珉银行的来自 www.grameen-info.org。BRAC 的来自 www.brac.net，ASA 在 2008 年 10 月有 590 万活跃的借款人。

4. 现在关于实践者导向的微型金融有大量文献。Otero，Rhyne 和 Houghton 1994 是一个重要的早期文献，但现在过时了。Marguerite Robinson 2001 涵盖了一些和该文献相同的背景，它对印度尼西亚经验的描述特别丰富，对创造财务可持续的机构的言论有强烈的倾向。Ledgerwood （2001）撰写了一部特别让人有印象和全面的手册，它涉及产生于运营微型金融机构时的实践问题。

5. 在微型金融语境中，边际回报递减的思想被由“扶贫咨询委员会” （1996）发行的关注点记录所强调。它是一个卓越的微型金融捐赠财团，总部位于华盛顿，在世界银行内。

6. 估计假定标准的（柯布 – 道格拉斯）生产技术，总产出 $Y$ 是经济总资本存量 $K$ 和劳动力 $L$ 的函数，$R=f(K, L)=K^{\alpha}L^{\beta}$。当 $\alpha+\beta \leqslant 1$ 时边际报酬递增被排除。

7. 政府利率管制在创造金融压抑方面的作用已经为麦金农（McKinnon 1973）所强调。

8. 关于微型金融成百上千的学术论文已经发展了这些思路，我们在第 2 章提供了一个综述。通过开发低成本地克服信息问题的合同和实践，微型金融机构已经大踏步前进，我们在第 4 和第 5 章描述这些。

9. 并不是所有的国有开发银行都这么有问题。例如，Braverman 和 Guasch（1986） 384
赞扬了 1975 年尼加拉瓜 INVIERNO 分支的效率；以及韩国、台湾、日本的农村合作社；

还有肯尼亚的合作社储蓄机制。泰国的农业和农业合作社银行（BAAC）和印度尼西亚人民银行（BRI）都是国有银行，都被证明在使储蓄流动和有效提供贷款方面是成功的。德国、法国和日本的开发银行也因它们的效率而被赞扬（Armendáriz 1999b）。格莱珉银行自身开始也是作为孟加拉中央银行的一个项目，尽管格莱珉有决定性的步骤来保持独立。政府在它的董事会中有代表。

10. IRDP 陷入印度其他国有银行项目的困境。Meyer（2002）报告农业贷款的偿还率一般是 37% ~ 68%。2000 年之后，IRDP 被作为"农村自我雇佣 50 周年庆项目"而巩固，强调连接"自助组"——大约 15-20 个借款人（通常由非政府组织来组织）——与正规的银行体系。

11. 见 von Pischke，Adams 和 Donald 1983，以及 Adams，Graham 和 von Pischke 1984。

12. 计量结果也见诸于 Pulley（1989）的家庭调查。尽管有遗漏的说法，Pulley 对印度北方邦的 IRDP 的长期调查发现了合理的、被很好定位的信贷，至少从社会观点来看：IRDP80% 的资金流向贫穷家庭，26% 的资金流向被归类为很贫穷者和赤贫者；43% 流向了计划中的部落和氏族，17% 流向了女性。此外，他发现借款人的收入和投资都增长了。这不是一个人们从大量扭曲和错误定位的故事中所能猜到的。

13. 尤努斯（Yunus 1999）用他的语言讲了一个故事。也参见 Counts 2008，Bornstein 1997 和 Todd 1996。Dowla 和 Barua 2006 提供了有关"格莱珉二代"的更新。

14. 微型金融在西欧缓慢推广，创新的项目正在出现。一个是 ADIE（经济顾问委员会），它受格莱珉银行启发，采用了很多激励机制（www.adie.org）。被视为格莱珉银行的翻版的国家和项目的清单可在 www.grameen-info.org/grameen/gtrust/replication.html 获得。欧洲微型金融网（EMN）提供了对欧洲微型金融的概览（www.european-microfinance.org）；特别地，关于法国和比利时，参见 Armendáriz（2009）。服务于东欧和新独立国家的微型金融中心（MFC）协调在东欧的工作。

15. 美国项目某种程度上也受格莱珉银行的启发，但采用了多种形式。Schreiner 和 Morduch（2002）批判性地调查了美国微型金融的状况，发现培训刚起步的企业主的需要、对新企业烦琐的管制和高利贷法律严重地拖累了微型金融的步伐和成本—收益效率。Counts（2008）讲述了孟加拉格莱珉银行和格莱珉的思想转译到芝加哥"完全循环基金"的故事。

16. 这是对格莱珉实践的最通俗的理解，在这种形式下，模式是从孟加拉舶来的。但在国内，银行在这个方法上更灵活。我们在第 4 和第 5 章将转向联保贷款的问题。

17. 文献由 Ghatak 和 Guinnane （1999） 以及 Morduch（1999b）综述。

18. 正如我们在第 4 和第 5 章中描述的，格莱珉银行自己在 2001 年放弃了连带责 385
任合同的使用，仍旧报告了高的贷款偿债率（Dowla 和 Barua 2006）。我们在全书中援引出借人的偿债率，但读者仍应注意不同的出借人计算偿债率的方式不同，产生的结果也不总是可比。这些被援引的度量几乎没有“按时回收率”，该比率的计算是在一个给定的时间偿还一定的量比上在那一期到期的数量；该比率排除了在较早时候就到期的、但晚偿还的贷款。反之，通常使用的比率包括分子上晚偿还的。追踪晚偿还的是有意义的，因为最终它对是否贷款从未被偿还或贷款只是延期了还会产生影响。但最为有用是追踪晚偿还，把它与现时支付的按时偿还区别开。偿债率计算的更多细节，见第 8 章以及 Rosenberg 1999 和 Ledgerwood 2001 在第 9 章的简要综述。

19. 本书主要关注发展中国家的国际经验，但在较富裕的国家也有相对应的事情。例如，在美国，Balkin （1989） 和 Bates （1997）认为对自雇者而言，积累资产（而不只是缺乏信贷）的困难是贫困的根源。

20. 在该卷中，我们几乎各处都使用了“微型金融”这个术语，试图引起根本性的辩论。

21. 该观点见诸于 CGAP 各种文件，但微妙的阐述可见 Robinson 2001， 21“减贫工具箱中的金融服务”的讨论中。Robinson 认为无论是信贷或储蓄账户对“极端贫穷”的家庭都不合适（反之，她认为应是创造工作、技能培训、重新定位和提供充足的水、医疗和营养）。她继续道，提供储蓄账户和信贷仅仅对“经济上活跃”的贫困（和较富裕的组）才有意义。但 Robinson 认为，只有对经济上活跃的群体中的最贫困的人，储蓄才是恰当的。虽然我们强烈同意金融服务的准入不是每个人的答案，我们没有看见系统性的证据或理论允许我们得出结论，对寻找金融服务的最贫穷的人，储蓄比信贷更合适。

22. 在这种意义上，家庭经常被流动性陷阱困住，这个发现通过借贷约束发展（如 Deaton 1992），事实上可能反应更深刻的“储蓄约束”问题。

23. 由 Ray（1998）阐述的以营养为基础的效率工资理论也有助于解释为什么剩余可能被消耗而不是被储蓄——因为较高的消费产生较高的生产率，从而产生较高的工资。但理论在实践中成立的程度有待辩论。但是，对非常穷的人，它在某些地方可能成立，但对其他人则不太可信（如在 Rutherford1997 调查的合会的参与者）。

24. 非常穷的人在信贷上是差的候选人这种观点可见图 1.3 和 1.4 的展示。思考该图被应用到“非常穷”的人对“较穷”的人，而不是“较穷”的人对“较富”人。

25. 更多关于康帕多银行的内容可以在 www.compartamos.com 找到。

26. 这里引用的有效利率是“资产回报”，计算方法是总利息收入比上总信贷资产的平均规模（参见 Woller，2000，8）。康帕多银行的公开发售在下面的第 8 章和 Rosenberg（2007）中有描述。

386 27. 虽然会让争论更清楚，事实上很少有明确的证据证明在不同的场景下“资本回报”函数的形状。一项最新研究使用了墨西哥微型企业的数据，它们收集于 1992、1994、1996 和 1998 年，每年调查 10000 家企业（McKenzie 和 Woodruff 2006）。每一个调查都涵盖了一些城市企业，从非常小的到那些有 50 个雇员的（从大面上看仍旧是小企业，但对“微型企业”来说足够大了）。McKenzie 和 Woodruff 发现资本有着高的回报，这与早前描述的资本边际回报递减的理论相吻合：对投资水平在 200 美元以下的，边际回报每月 15%。与图 1.4 不同——与图 1.1 一致——在低端没有任何证据显示存在规模经济。当投资达到 1000–2000 美元的范围内，McKenzie 和 Woodruff 发现规模经济存在的较弱的证据，在交通和专业化服务部门，似乎存在更强的规模经济的证据。把所有的证据放在一起，McKenzie 和 Woodruff 认为在他们的数据中，没有强的证据表明资本回报的形式将会导致进入贫困陷阱。

28. 在第 2 章，我们对提高利率给出了另一个警告：当出借人对他们的客户上（潜在客户）有不完全信息，把利率提得太高可能损害借款人偿还贷款的激励，因此削弱银行服务穷人的能力。

29. 一个不太被关注的理由是，某种程度上康帕多银行普遍在贫困地区开展工作，知道客户比他们的邻居相对地更好或更差，不比知道他们生活标准的绝对水平更为重要。在绝对条件下获得效果评价和数据将有助于使讨论明确。

## 第 2 章　为什么干预信贷市场

1. 其他的研究证实了不同情形下融资约束的存在。例如，Banerjee 和 Duflo（2008 对印度企业扩张的研究，在那里，获得受补贴的资本成为低收入企业主扩张企业的重要决定因素。另一方面，Kochar（1997）借助 1981–1982 在印度北方邦进行的全印债务与投资调查，提供了反面的证据。Kochar 发现，事实上，在她调查的农场主中，对信贷的需求非常低，在这一地区正规部门银行的信贷配给程度通常被夸大了。Johnston 和 Morduch（2008）发现在印度尼西亚，更多的穷人被专业的信贷员认为是可信的，他们事实上从正规部门的银行获得了信贷。

2. 利率的规定来自于考底利耶（Chanakya），他是 2300 年前孔雀王朝的开国大臣（紧随其后是亚历山大大帝的入侵）。考底利耶进一步考虑到了风险，他规定可以对那些必须携带货物穿越森林的商人收取每年 120% 利息，对渡海的则收取 240%（Reddy 1999）。

3. 参见 Ray 1998，第 14 章，从放债人的视角提供了一个对农村信贷市场理论出色的介绍。也可参见 Collins 等 2009，第 5 章，从穷人角度看“资金的价格”。

4. Floro 和 Yotopoulos（1990）用菲律宾的数据表明，大的农场主给贫穷的邻居提供贷款（甚至有优惠条件），部分地希望借款人违约，这样使得较大的农场主能获得财产。

5. Besley（1994，39–40）观察到，如果存在劳动力市场失灵，用来评价银行工作 387
人员时间的工资并不能反映真实经济价值。劳动力市场的无效率因此能溢出，制造出信贷市场的无效率。

6. 参见 Besley（1994）对干预信贷市场的理由有一个精彩的，细腻的观点。

7. 借款人当然也仅对贷款感兴趣，如果他们用借来的钱投资的收益大于他们把时间用在其他活动上的机会成本。

8. 没有偿还贷款的意愿的不讲道德的村民，也可能寻求贷款。出借人尽可能避免不讲道德的村民，但是他们通常缺乏充足的信息。我们将在 2.3 节讨论随之而来的代理问题。

9. 垄断竞争理论可以追溯到罗宾逊夫人（Robinson，1933）和张伯伦（Chamberlain，1933）。

10. 例如，Aghion，Caroli，和 Garcia–Peñalosa（1999）和 Bourguignon（2001）对收入不平等和效率的关系有一个调研。

11. 这种情况在 Besley（1994）里有描述，基于 Basu（1989）。

12. 通过确保土地产权的方式改善信贷市场的价值的证据可见之于 Migot-Adholla，Hazell，Blarel 等（1991）对加纳、肯尼亚和卢旺达的研究，以及 Feder，Onchan，和 Raparla（1988）对泰国的研究。但是，Woodruff（2001）认为 de Soto 的论点缺乏实证支持。

13. DeMeza 和 Webb（1987）提供了一个模型，允许不同客户的预期回报不同。他们显示，如果较安全的客户也有较高的回报，对于低回报的出借人，逆向选择可能导致无效率的高额贷款。

14. 注意到，联系利率和预期利润的直线的斜率在图的右边部分是平的。这是因为只有风险类型在这个区间借贷，降低了提高费用转换成利润的比率。

15. 资本的总成本，与 $k$ 一致，是 1.40 美元。

16. 我们假定不走运的借款人有一个支持网络在项目失败时帮助他们克服难关。假定运气不好时收入为 0，这样结果更容易观察，但若不改变基本的结果，它可以被放松。

17. 为什么银行不能仅对那些离开的人采用较低的利率吸引安全的借款人回来？问题是所有的借款人都会装作是安全的，并且离开，以便于获得更廉价的利率。

18. 但是，就像第一种情况显示的，并不是所有这样的信息问题都会导致无效率。问题的关键是经济中成本的结构和风险的性质。

19. 这种威胁可能非常有效，特别是在主权借债中（国家对国家）。参见 Bolton 和 Scharfstein 1990 的一个动态框架，其中不再融资的威胁可能促使主权债务人偿还它们的债务。我们在第 5 章讨论这些问题（在微型金融中的应用）。

388 20. 对“苏苏”的收集者来说这是一个相对赢利的生意。他们每个月交还每位储蓄者累积的储蓄，留下其中一天的价值当做费用。收集者大概每月获利 200 美元，这是加纳人均工资的 6 倍（Steel 和 Aryeetey 1994）。

21. Harper （2002）对比了自助组的方式和格莱珉银行模式。

22. Varghese （2004） 提供了一个对银行 – 出借人联系的有用的综合，我们以此为参考。

23. 作为替代，银行可能会采用交互报告的机制来检查客户的选择和处理。Rai（2002）就此提出了一个有意思的模型。

24. Bell （1990） 报告了至少一个在马来西亚联系非正式部门出借人的令人满意的经历。Jain （1998） 讨论了一个不同的机制，其中银行非正式地利用了放债人的存在，实质上借助于本地的出借人在审核上的付出。Varghese （2005）描述了一种情况，跟放债人建立关系有助于借款人从正规部门可信地借款，制造了正向反馈；他来自于印度南部农村的证据（2004）支持了这个假说。

## 第 3 章 微型金融之源：合会和信用合作社

1. 金融日志使用了一些公司财务的工具（损益表和资产负债表），利用它们来获得对低收入家庭全部金融活动的系统认知。Collins （2009）等描述了个人和家庭在应对风险、尝试储蓄和借贷、寻找改善生活的途径等方面的数据和故事。Samphantharak 和 Townsend （2008）独立地发展和延伸了研究低收入家庭的相关方法，应用到泰国的高频数据上。

2. 在长期，合会成员进入和退出组，所以最终，成员可能包括朋友的朋友和熟人的熟人。我们讨论这如何影响执行的可能性。在第 2 章描述的印度的自助组是一类信用合作社。在印度，银会——一种商业化的合会——由经理人当做企业运营，他们仔细选择参与者，参与者之间互相不必需认识。

3. 在印度合会被叫作“银会”（chit），在印尼叫“阿里山”（arisans），在韩国叫“桂”（kye）。在非洲，它们在加纳被称为“苏苏”（susu），在尼日利亚称“伊苏苏”（esusu），在坦桑尼亚称“巫巴图”（upatu）或“麦克苏”（mchezo），在马拉维称“知乐巴”（chilemba）或“知派加里”（chiperegani）。在非洲一些地方，它们也被叫作“旋转木马”。术语“唐提”（tontine）也被用来描述丧葬社会。

4. 有趣的是，这个发现在 Siwan Anderson 和 Jean-Marie Baland 对肯尼亚内罗毕的贫民窟合会的研究中未被重现。在那里，较穷的家庭更多地使用合会（Anderson 和 Baland 2002）。

5. Besley，Coate 和 Loury （1993）提供了一个对合会的理论分析，强调它们在实现不可分割的购买中的作用。Rutherford （2000），Ardener （1964）和 Bouman （1977）提供了对合会和它们机制的简明分类。

6. 这个例子可以了解 Besley， Coate 和 Loury （1993）的合会模型。附录 A1 有更细致的描述。

7. 当然，获得贷款也将解决这个问题，但这里贷款被假定是昂贵的或不可得的。 389

8. 一个额外的扭曲是在每次集会时随机化后续接受者的次序，而不是仅在第一次集会就随机决定次序，设定随后的形式。之前的计划——在巴西、墨西哥和其他地方所见的——为队列中的最后一个人提供了更好的激励（因为直到倒数第二次会见，没有人知道谁是最后一个），但这并不改进队列中第一个人的激励。

9. 与此相符，为了价值储藏而购买珠宝或设备是使用罐子的通行做法。

10. Platteau（2000）提供了其他的例子，其中个人有储蓄困难，因为其他人（丈夫、邻居、亲戚）在钱可以被安全储存起来前对剩余资源都提出索取要求。

11. 引文来自 Gugerty 2007，268 页。在下一页 Gugerty 指出“对人口调查员谈及他们的家庭环境，人们可能感到不愉快，但绝大多数的人报告自控的困难而不是家族或家庭控制问题。”

12. 法国农业信贷银行一个最重要的特征是在法国传统集权体系中保留了它的合作制结构。它们的合作制项目在那些银行高度集权化的其他情况下被复制，例如亚美尼亚。2008 年，格莱珉农业信贷微型金融基金会与格莱珉银行以合伙形式被创立，合并了农业信贷银行对农业和家庭的关注以及格莱珉银行对女性的强调。农业信贷银行也没有多少网点分支，它在数百个“绿色点”吸纳存款。这些是本地企业和邮局，它们与合作社共事，作为农村家庭储蓄的载体（Armendáriz 2009）。

13. 故事继续着，预计近期微型金融从孟加拉扩展到美国。在 20 世纪初，孟加拉的信用合作社就非常出名，以至于爱德华·法林——一个波士顿商人，他的百货商场仍以他的名字命名——为了后来在波士顿、纽约和普罗维登斯的犹太社区设立“友好型社会”，在印度花时间去学习合作社（Tenenbaum 1993）。

14. 由于资金被乡村精英所获得，拖欠飙升，合作社最终在马德拉斯成为一个重大的失望。Robert （1979）报告说，拖欠率从 1910 年的 10% 跃升到 1931 年的 63%。这有全球性衰退的原因（在马德拉斯，农业价格锐减一半，打击了农民），但 Robert（1979）把更多的指责放在政治力量损害了专业主义，以及诞生了一个以官僚和恩惠的泛滥为特征的体制上。

15. 在具有无限责任上，拉菲森模型与 Hermann Schultze-Delizsch （Banerjee，Besley 和 Guinnane 1994）提出的对立的模型有所区别。Schultze-Delizsch 的合作社主要在城市，有较大的股份，分红较多，而拉菲森合作社只是账面上处置股份，不分红，限定在农村地区。这两个变体在 20 世纪早期融合，在德国农村广泛传播。

16. 更容易地识别结果，需要用到微积分。最大化问题一阶条件是（$y-Rb$）=（$1/m$）$p$，故 $p=m$（$y-Rb$）。

390 17. 在均衡状态，出借人在该笔贷款和在（安全）市场利率 $r$ 的贷款之间无差异。因此必须有 $pR=m$（$y-Rb$）$R=$（$1+r$），从而确定了 $R$。

18. 这里我们把财富（$\omega$）看作外生以简化问题，但 $\omega$ 应当也被最优化作为最优贷款合同的一部分。

19. 为正式推导监督强度、抵押和利率之间的关系，我们需要假定一个“监督成本”函数（如 $1/2m^2$）。我们需要正规化化内部人可以索取的利率的数量。见 Banerjee，Besley 和 Guinnane 1994 的推导。

20. 储蓄互助会另外的一个作用是可以削减负面总量冲击对个人消费的影响（Armendáriz 2002）。

21. 为了进一步反映之前描述的拉菲森合作社模式，我们需要假定成员是风险厌恶的，$\delta$ 是风险升水，它与本地利率的较低偏离相关。

## 第 4 章 联保贷款

1. 信贷员通常是男性，而村民通常是女性，但是也有例外。Beck， Behr 和 Güttle（2009）提供了一项在阿尔巴尼亚对信贷员性别的研究，发现女信贷员的顾客违约率较低，即使是控制了借款人、贷款和信贷员品格等因素后。

2. Todd（1996）对孟加拉的联保贷款提供了一个详细的和无掩饰的研究。Bornstein（1997）提供了对组的集会和格莱珉银行的故事提供了一个记者的视角。也可见 Fugelsang 和 Chandler 1993。

3. 到 2007 年 12 月，BRAC 拥有 260，785 个村级组织，服务 737 万成员，格莱珉银行拥有 741 万成员，被组织在 136，619 个中心和 1，169，000 个组中。因此，对格莱珉银行平均而言，每个中心有 54.25 个人、8.56 个组。数据来源 BRAC 2008（see www. brac.net）和格莱珉银行 2003（see www.grameen-info.org）。

4. FINCA 是“国际社区援助基金会”的缩写。见 www.villagebanking.org。

5. 但在第 5 章，我们认为微型金融比联保贷款还有很多的进展，尽管后者在历史上发挥过重要性。

6. 格莱珉银行和阳光银行现在也都基于严格的双边基础发放很多贷款，而不是“连带责任”合同。“个人”的合同（相对于“联保”合同）被视为对状况更好、更有信誉的成员更有吸引力。

7. 这个“信息披露机制”在 Rai 和 Sjöström（2004）中有描述。他们对假说的机制提供了一个有意思的例子，即通过诱发村民“交互报告”他人揭露出信息，他们显示在某些条件下，交互报告可以占据此处描述的格莱珉模式合同的主导。我们在第 5 章回到这个提议。

8. 对联保贷款理论出色的回顾由 Ghatak 和 Guinnane（1999）提供。

9. 格莱珉限制成员资格为那些拥有不超过半英亩土地的人，尽管这个规则被执行 391
更多的是在思路上而不是纸面上。这个定义显然不适用于那些复制格莱珉方法的其他国家。

10. 到期期限因借款人和国家而有别。但是绝大多数效仿者都被建议发放一年期贷款，每周偿还，也就是说，分 52 期。2007 年，格莱珉提供了 4 种不同的贷款产品，它们有不同的期限，但是它的“基本贷款”仍旧是最初的每周偿还的贷款计划。

11. 乔纳森·默多克在 2002 年 12 月 15 日于达卡采访了穆哈默德·尤努斯。伊姆兰·马丁向我们指出，2 ：2 ：1 交错的优势在于当另一个组员陷入偿还困境的时候，它提高了组内成员等待新一笔贷款的机会。

12. González-Vega，Schreiner，Meyer 等（1997，88）报告说，在玻利维亚阳光银行联保贷款的版本中，信贷员拒绝接受一个组的部分贷款偿还。于是如果一个成员不能在指定的周内上交所需的钱数，信贷员那一周将不接受任何组员个人的份额，所有的成员都被视为拖欠。只有每个人都百分百准备好了自己的份额，资金才会被接受。与格莱珉银行的规定类似，这制造了强烈的激励（如果被执行）来鼓励组内成员努力工作，明智地管理资金和帮助同伴。

13. 这里的阐述遵循 Ghatak（1999） 和 Armendáriz 和 Gollier（2000）； 也可见 Ghatak 2000。Varian（1990） 包含了对联保贷款和逆向选择的早期处理，Laffont 和 N'Guessan（2000）提供了一个后期的处理。

14. 自此以后我们将使用“银行”一词，始终记住这个机构的特殊在于它的目标是收支相抵，在完全竞争市场中，它收取的不能超过它的成本。

15. 问题产生了，为什么风险类型（在好的时期他们比安全类型的收益要高）不能简单付钱给安全类型让他们加入。Ghatak（1999）提供了一个证明为什么风险类型不能充分地补偿安全类型从而引起安全类型进入混合的安全 - 风险组。大量的案例也说明了这一点。与 Ghatak（1999）的类型匹配立场相左，Armendáriz 和 Gollier（2000）提出了改进背后的原理，当组是非同质的时候（他们不是按类型匹配的）。是否实践中逆向选择因为类型或非类型的匹配（或通过其他机制）而缓解仍有待研究。

16. 分析 5 个人的组是很直观的，但增加了复杂性，额外的洞见却很少。类似地，考察风险厌恶也只是轻微地改变主要结论。

17. 通过使用毛收入和毛利率，我们定义的回报不是借款的净成本。例如，安全类型的净回报是（$y-Rb$）。

18. 这不是银行可以使用的最优的合同，但足以显示联保贷款如何在面对逆向选择时恢复效率。注意到，银行可以确定一个借款人成功与否，但是它无法知道他们有多成功；因此，银行没有办法“事后”分清是否借款人属于风险还是安全类型。连带责任合同剥夺了所有的组员权利，如果他们中任何一个人违约。这隐含意味着他们必须寻找让
392 违约者的债务变好的方式以便逃过惩罚。我们简单地假定债务由同伴偿还，但必须使用一笔非正规的借贷，而不是赠与违约者。

19. 两个独立的事件发生的概率是概率的乘积。如果你从总体中随机选出一个人，有 $q$ 的概率他是安全型的，（$1-q$）的概率是风险型的。如果你从总体中随机选出 2 个人，他们都是安全型的概率是 $q \cdot q$，都是风险型的概率是（$1-q$）·（$1-q$）。他们是混合搭配的概率等于他们都不是安全型或都不是风险型的概率。这个概率是 $1-q^2-(1-q)^2$。化简之后，这个概率等于 $2q(1-q)$。

20. 有关事后道德风险的联保贷款的重要文章包括 Besley 和 Coate （1995） 和 Armendáriz （1999a）。 也可见 Rai 和 Sjöström （2004）和 Laffont 和 Rey （2003）从经济学上的机制设计角度提供的理论方法，其中他们从道德风险中推导出了最优借贷合

同；这些方法显示标准的联保贷款合同如何被改进，取决于客户做出独立的“他们中的私下契约”的能力。

21. 这里暗含的假设是，借款人都决定同时互相监督，即便双方都逃债了。然而我们把这个假设简化了，我们的猜想是如果监督决定按次序发生，主要的见解仍旧保持不变：借款人逃债损失的大小关键依赖于每个借款人在侦查故意违约上多么幸运。但是，我们注意到，就像在这些模型形式中常见的，故意违约者将不再互相监督。也就是说，我们假定当他们隐藏收益时，他们并不互相隐瞒，因为监督包括实际存在。在这种简单的设定上，这个假设似乎不现实，但该设定使得借款人之间共谋有意义，例如 Laffont-Rey（2003）。当共谋行为被假定时，4.6 节阐述了 Laffont 和 Rey 的理论工作。

22. Dale Adams，俄亥俄州农业金融项目的退休教授，和微型金融的怀疑论者，喜欢说“小额信贷”，而不是“微型金融”，这意味着对那些接受它们的人，贷款带来了负担（和机遇）。

23. 在经典的格莱珉模式实践中，通常在一个 5 人的组中，2 个人先获得贷款，然后在一定时期之后，下 2 个人获得贷款，最后再等待一次，最后 1 个人获得贷款。

24. 如 Ahlin 和 Townsend（2007b）注意到的，Besley 和 Coate（1995）和 Banerjee，Besley，和 Guinnane（1994）的联保贷款模型预测出，较大的合作可能有损于偿还，因为借款人可以形成对银行的共谋。

25. 一个可疑的设计特点是参与者被告知实验在 10 轮之后将会停止（如果组到那个时候还没违约）。有限期重复博弈众所周知的特征是在第 10 轮，策略参与者将（原则上）彻底的为自我利益行事，而不会去考虑他们的组内同伴。如果参与者是有先见之明的，他们会看到这将在第 10 轮发生，意识到在第 9 轮也完全以自我中心行动不会有什么损失。对第 8 轮也是如此，以此类推。确实，整个事情应当解体，没有任何合作会在第一轮后发生。这样的话，很难知道如何理解埃尔福特实验的结果。显然，每件事情没有分崩离析，我们在这里讨论结果，因为我们认为这套研究思路有潜力，结果是有启发意义的（即便方法不完全令人满意）。

26. 更多关于方法的，见 Dehejia 和 Wahba 1999 和 Rosenbaum 和 Rubin 1983。一 393
个易上手的估计方法可以在流行的统计包 Stata 中获得。

27. 当客户从组中退出，由现存成员的朋友和邻居代替时，偏倚可能悄悄出现；Karlan 因此把分析限定在初始的成员。

28. Karlan 所做的另一项研究是在 FINCA 的相同客户中使用了实验的“信任游戏”，指出在秘鲁社会资本似乎发挥了有益的作用。

29. Ghatak（1999）发现了相反的结果：潜在的借款人倾向于找出相似的人来与之配对。如果没有足够的人来选择，Sadoulet 和 Ghatak 可能都是对的：安全的借款者寻找其他安全的借款者配对（Ghatak），但是在安全借款者中，偏好被设定在那些收入不太随自己收入变化的人上（Sadoulet）。

30. 一位阅读本章草稿中这一段的同事提出，问题的一部分可能仅仅是特定的产品被不好地设计了——而不是联保贷款的概念必然有缺陷。

31. Conning（2005）也对借款人有成本的监督的含义提出了一个重要的分析，描述了联保贷款何时以及如何能够胜过个人贷款，反之亦然。

32. 共谋也是在 Besley 和 Coate(1995)，Armendáriz(1999a) 和 Laffont 和 N'Guessan（2000）的理论研究中考察的一个重要的可能性。

33. 格莱珉银行二代 提供的新的灵活性在实践中没有被广泛执行，或许因为信贷员对复杂性（潜在的危险）保持警觉，这些复杂性因偏离了简单规则而与生俱来。正如第 6 章描述的，格莱珉银行二代也带来一些新的储蓄方法——对银行来说这和新的借贷方法一样也是一个重要的突破（Collins， Morduch， Rutherford 等 2009，第 6 章）。

## 第 5 章 超越联保贷款

这一章取自 Armendáriz 和 Morduch 2000。

1. 通过把问题借款人从标准的“基本”合同转移到有更长的期限、更小的分期付款的“弹性贷款”，再次谈判发生了。虽然“格莱珉二代”允许这个可能性，信贷员同时被给予了限制再谈判的激励。

2. 数据选自 2009 年 4 月的 www.bancosol.com.bo/en/productos_cr.html。

3. 村镇银行通过把村子中的每个人放到一个有共同责任的大的组中而运营。组的聚会也经常被用于培训环节以及财务问题。关于村镇银行更多的内容，见 www.villagebanking.org 和 Karlan 2007。

4. 在达卡贫民窟的“安全储蓄”（SafeSave）的工作是一个例子。

5. 征信局可以帮助解决这个问题，这样银行可以对潜在客户调查信用历史，但我们知道没有这样的机构服务于微型金融人群。

394 6. 见 Aleem 1990，表 7.2，137 页。

7. 见 Armendáriz 1999a 的框架，那里明确考虑了同伴监督的成本。特别地，如果同伴监督有非常高昂的成本，个人（如借贷双方）合同显示出比联保贷款合同有优势。

8. 在主权债务情况下，没有国际法庭让外国借贷者可以要求对一个国家强制执行，于是对担保也没什么用。见 Bulow 和 Rogoff 1989a，1989b。

9. 这是一个非常重要的假设。如果借款人可以违约，且持有足够的本金为以后的商业运营提供资金，不再提供融资的威胁就被明显削弱了。Bond 和 Krishnamurty（2004）的讨论了当这种情况出现的时候，需要让这种威胁“有威力”的假设。

10. 模型依赖于假设，银行可以可信地承诺提供一个两期的贷款，即使它预期这笔新贷款将被违约，这似乎是不现实的。但它完全取决于银行收取的利率，它在这一体系中将被内生决定。注意到违约的概率在无限期模型中将大体上降低。特别地，根据博弈论中的“无名氏定理”，我们知道如果折现因子 $\delta$ 足够大，策略性违约在均衡中将不会被观测到。例如，见 Fudenberg 和 Maskin 1986。

11. 这个表达式简化为 $\delta y(j-v)<\delta y(1-v)$，如果一个不违约的借款人被再融资，概率为 $j<1$。

12. 注意到最大化可执行偿还 $R=\delta y$ 满足借款人的“个体理性约束”对；也即，$y-R+\delta y \geqslant 0$。这个约束强调个体借款人必须发现与银行订立一个合同是可赢利的，否则，她一开始就拒绝借款。

13. 事实上需要更进一步。必须检查利率满足了借款人的“个体理性约束”，也即，借款人以那个利率借款是值得的吗？

14. 见 Hoff 和 Stiglitz 1998。

15. 玻利维亚的经验在 Rhyne 2001 第 7 章中描述，这个账户就是从这里来的。

16. 客户数目的数据来自 Rhyne 2001，142 页。逾期数据来自 148–149 页，阳光银行的证券回报率数据来自 149 页。

17. 故事与 Rhyne 2001，145 页相关。

18. 格莱珉银行，《年度报告 1995》和《年度报告 2000》（Grameen Bank1996，2001）。Matin（1997）讲述了一个众所周知的故事，即“重叠”如何在坦盖尔的村庄导致严重的困难。

19. 格莱珉银行的“格莱珉银行二代”是最出名的例子。早期的评价，见 Dowla 和 Barua（2006）以及 Collins，Morduch，Rutherford 等（2009）。

20. McIntosh 和 Wydick（2005）强烈地提出对征信局的需求，他们原则上展示了竞争可以恶化最穷家庭命运的案例。特别地，竞争使得交叉补贴最穷的借款者变得困难。 395

21. 玻利维亚的数据在 González–Vega 等（1997）74 页报告。

22. 对这个观点的理论正式表述将遵循 Parikshit Ghosh 和 Debray Ray（2001）中描述的重复借款合同的处理方法。

23. 2002 年 12 月于达卡，默多克采访了 BRAC 的创建者和主席法佐·阿拜德。

24. 当然，早期的分期付款的一部分可以（通常也是）直接地从没有被投资的贷款本金中支付。这使得有效的贷款规模变小。实践没有完全回答眼前的难题，因为它不能解释银行要求第一笔分期付款如此快地被偿还的逻辑。当然，银行可能不完全充满逻辑，但我们怀疑更能背后还有更多故事。

25. Jain 和 Mansuri（2003）提供了一个不同但相关的故事。他们说如果小额信贷借款人必须指望从非正规出借人那里借款来归还小额信贷（而不是仅仅依赖于其他进入家庭的收入来源），小额信贷出借人可以利用非正规出借人的信息优势。换言之，如果你不能获得小额贷款,也没有从放债人那里获得短期贷款以偿还初始的小额信贷的首付，于是只有那些被放债人认为值得贷款的人将需要小额信贷。小额信贷商由于这个不明确的审查机制而受益。这个机制在理论上是可行的，但我们未见到任何证据给出经验上的可信度。其他的家庭收入最通常被用来归还首付，这也不大可能提供 Jain 和 Mansuri 描述的同样类型的益处。

26. 我们这里的描述很大程度受影响于和印尼人民银行职员关于他们如何决定贷款期限的谈话，以及 Stuart Rutherford 2000——考察了在储蓄问题情境中的出借机制。我们在 Armendáriz 和 Morduch（2000）中展示了一个更“规范”的讨论。

27. 消费者和非消费者的调查由印尼人民银行完成，默多克分析。

28. 与一位在雅加达的微型金融专家唐·约翰斯顿的私人交流，2003 年 1 月 29 日。

29. BRI 的政策与将抵押作为杠杆来改善信贷合同的观点一致。在一些情况下，要求抵押可能是出借人从穷人那里获得资产的方式。例如，Ray（1998）认为在印度放债人有时候要求抵押，并乐意借款人违约，因为这使得财产从穷人手中转移到较有钱的放债人手中。这并不是微型金融的例子。

30. 生产数据来自于和斯图亚特·卢瑟福的私人交流，2004 年 1 月。相似的数据可以在 www.safesave.org 中得到。

31. 数据来自于斯图亚特·卢瑟福，私人交流，2004 年 1 月。

32. 默多克与“微型金融机遇”总裁莫尼克·科恩的私人交流，它是一个位于华盛顿的组织，关注于更好地理解微型金融顾客如何使用金融服务，2004 年 3 月。

396 33. 这个故事与 Rai 和 Sjöström 2004 相关，利用了 Espisu，Nasubo，Obuya 等 1995。对斯图亚特·卢瑟福提供的这个故事一个替代性的解释是“当人们被要求去偿还时他们偿还，如果他们不被要求，他们就趋向于不偿还（银行业中最古老的法则）。”

34. 因此，像“安全储蓄”这样的出借人，把它的运营建立在雇员对客户家一个接一个的访问上，而不是公开交易，在保持内部控制上使用的杠杆较少。

35. 数据来自 Hossain 1988，Hulme 1991，以及 Gibbons 和 Kasim 1991。

36. 默多克采访了运营总经理乔治·奥特莫，Yayasan Dharma Bhakti Parasahabat（www.ydbp.com），2003 年 3 月。

37. Churchill（1999）描述了类似的监管和信息收集机制——在埃及亚历山大商人协会和秘鲁的市政储蓄银行中运作的个人出借项目，他是之前引用的卡比亚金融的信息来源。

38. Armendáriz（1999a）提供了一个替代性的观点。

## 第 6 章　储蓄和保险

1. 完整的披露：乔纳森·默多克，在撰写本书第二版的时候，是“安全储蓄”合作社的一名成员，有效地担任董事一职。

2. 考虑到印度尼西亚的人口大概有 2.38 亿，BRI 的覆盖面特别让人印象深刻。BRI 的储蓄不太便利的一个方面是客户不能在任意分支存取款，而只能在他们当地的分支，尽管随着进展中的计算机化这一局限会被克服。

3. 以下的项目细节和调研结果来自“女性的世界银行（Women's World Banking）”2003。

4. 在从更广泛的社区收集储蓄上，格莱珉充分利用了它们作为银行的正式身份，而不是非政府组织。因此，格莱珉可以做 ASA，BRAC 和其他竞争对手不能做的事情，即：格莱珉可以从不借款的客户那里收集储蓄。

5. Deaton 1992 仍旧是一个重要的参考。

6. 与 Stuart Rutherford 的私人交谈，2003 年 12 月。格莱珉银行二代的客户视角是 Collins 等（2009）第 6 章的主题。

7. 在墨西哥恰帕斯的实地经历揭示，较穷的客户通常时间轴非常短，意味着在那种情况下，长期储蓄产品很有限的前景。

8. Blanchard 和 Fischer（1989）从不确定性条件下的动态最优化问题出发，对这个思路的新近工作提供了一个导引。

9. 对这一问题更全面、一般性的处理，参见 Deaton 出色的拓展（1992），和 Blanchard 和 Fischer（1989）的讲义。

10. 参见 Morduch 1999a 在通过非正规机制处理风险上有进一步的证据。Jalan 和 Ravallion 的证据来自相似的框架，关注于社区内部的分享分享，而不是代际消费平滑

397 本身。这些框架趋向于抓住相似的困难——消费和收入比家庭希望的那样更紧密地相互跟随。关于消费平滑和风险共享的文献众多，且在增长。通过非正规机制处理风险的进一步的证据，见 Fafchamps 2004； Dercon 2004； Dercon 和 Hoddinott 2004； 和 Morduch 2004。

11. 一种方法可以用来区别初始收入的作用，当冲击是负向的时候（制造了一种情形，借贷约束预期发生），以及冲击是正向的状况（制造一种情形，储蓄约束更易于发生）。

12. 见 Rutherford 2000 对一些常见的机制（一些不常见）丰富的描述。Collins 等（2009）也描述了一系列非正规的风险分担和储蓄机制。

13. 关于非正规机制的隐性成本和相关的无效率，更多内容参见 Morduch 1999a。

14. 特别地，de Meza 和 Webb（2001）认为当逆向选择导致 Stiglitz 和 Weiss（1981）模型中的信贷配给时，借款人面对资金的无穷的边际成本。结果，他们最好是拖延项目来积累更多的财富。连续的拖延意味着更多的财富，降低了对信贷的需求。

15. 以相似的方式，很难让资金离开你的配偶。如之前提到的，Anderson 和 Baland（2002）发现，内罗毕的女性在合会中储蓄，以便把钱保存在她们的家庭和丈夫之外。当难以避开你的配偶存钱时，就更难积累储蓄。

16. Collins 等（2009）发现南非的许多家庭有储蓄账户，但是选择通过参加合会和储蓄俱乐部来积累资金。拥有银行账户本身并不会使储蓄成为可能。

17. 在研究中，承诺的本质被完全地明确了。SEED 账户的另一方面使得客户承诺为一定的目的储蓄。因此 SEED 产品的部分影响可以来自于它为人们的“精神账户”提供了处所——例如，创造了一种产品，与为不同的目的拥有独立账户的愿望联合了起来。

18. BRI 也为储蓄者提供半年一次彩票的优惠券。中彩的概率与账户的大小成比例，彩票被认为是本地的事情。奖励从一辆汽车或一辆摩托车，到钟表、收音机和洗衣机；全部来说，1995 年的奖励总额是盈余的 0.7 个百分点（BRI Unit Products， p. 17， Jakarta：BRI.）。在 2003 年 1 月，SIM -PEDES 存款的最高利率为每年 9.5%。

19. 有关微型保险的文献（大多数都是实践者导向的）正在增长。机构——如格莱珉银行和 SEWA——长期提供保险产品，如今，国际劳工组织和“微型储蓄非洲”等组织也正在从事这样事业。CGAP“微型金融之门”（可见 www.microfi nance.org/gateway）链接了一系列资源。对这一文献早期的介绍包括 Brown 和 Churchill 1999，2000，更广泛的有 Morduch 2006 和 Karlan 和 Morduch 2009。

398 20. Radermacher 等（2006，78）主张“过度使用在发展中国家似乎不是主要的问题，那里缺乏充足的医疗，因此获得它们通常间接地受到相应机会成本的限制”。格莱珉 Kalyan 的共同付费被视为医疗质量的信号，因为客户把价格等同于质量。

21. 降雨量保险背后的思想，更多见 Miranda 1991，Skees 等 2004 和 Morduch 2006。

22. 数据来自 CGAP“微型金融之门”，一篇 2001 年的文章“古吉拉特邦的地震：SEWA 兑现保险索赔要求”。可见 www.microfi nancegateway.org/microinsurance/highlight_sewa.htm。

23. Todd （1996） 和 Rahman （2001）描述了困难发生的情形；但是记住，它们不一定有代表性。

24. 在格莱珉银行二代执行的最初两年，实地调查报告表明，信贷员不愿意执行新的、灵活的借贷机制。一个理由是，灵活性也带来了更多的变化，使得跟踪客户变得成本更高。另一个不愿意拥护新的灵活性的理由是担心，给予太多的自由维度可能无意识地损害了偿还的纪律。

25. Morduch （1998）提出了来自孟加拉的实证证据，这与小额信贷借款促进收入平滑的观点相一致，显示跨季节时获得小额信贷的家庭相对于对照组有更平滑的收入流（因此更平滑的消费形式）。Roodman 和 Morduch（2009）描述了数据的局限，质疑结果的形式，指出早前的结论并不是决定性的。

## 第 7 章　性别

1. 小额信贷峰会运动把“最贫穷”定义为“当他们开始项目的时候，那些生活在国家贫困线之下的人中的底层一半，或者接近 10 亿的人，他们生活在每天少于 1 美元（经过购买力平价调整，PPP）的状态”（Daley-Harris 2009）。

2. 见第 5 章，Yunus（2009）。在服务女性上的一个重要步骤是把农村金融重新构思为非农业企业金融，而不是为农作物借贷。在前者中，女性倾向于拥有较大的自主权，而在孟加拉国农业趋向于为男性主导。

3. Roodman 和 Morduch 2009 质疑了该证据所依赖的因果联系。Pitt 和 Khandker（1998）也做出相似的言论，使用正好是 Khandker（2005）所用数据的第一年的数据。

4. 转型是指这样一个过程，通过它非政府组织变成一个被监管的、商业化的金融机构。见第 8 章有更多的讨论。

5. 新古典生产函数（和它们的局限）在第 1 章中讨论过。

6. 见 Armendáriz 1999a 对关注于监管的微型金融由一个理论的处理。

399 7. 同时，我们注意到引导女性过于保守，也就是，投资于非技能密集型的传统活动中，可能增加性别鸿沟，而缺乏效率。

8. 信息基于默多克的与微型金融信用评级顾问马克·施莱纳的对话，2003 年 11 月。

9. 相对于年老的妇女，贫困家庭也通常被歧视。例如，在最近关于坦桑尼亚的文章中，Miguel（2005）展示了一个极端的例子。据了解，在极低的生存水平上，男性家庭成员为了保证家庭内的营养水准杀害年长的女性。当村子遭受负面的总量冲击时，这种暴力的偶然事件会被强化。

10. 应当注意到贝克尔的结论也与独裁首脑单边地制定的家庭选择一致（这是另一种制造共识的方式）。

11. 罗尔斯偏好与正义社会问题的观点相关，特别是分配正义——哲学家约翰·罗尔斯在他的《正义论》（1971）中提出。罗尔斯讲，正义要求最大地关注那些境遇最差的人。

12. 见 Bergstrom 1996 有全面的对讨价还价模型和家庭理论的综述。

13. Strauss 和 Beegle（1996）提供了一个全面的综述。

14. 也参见 Klasen 和 Wink 2001。

15. 见 Evenson，Popkin 和 King-Quizon 1980；Folbre 1984；King 和 Hill 1993。

16. 出于同样原因，把妇女在村庄和地区中提升到一个强有力的位置会带来社会利益。在最近关于印度的文章中，Chattopadhyay 和 Duflo（2004）显示了通过对女性赋权，特别是通过允许她们参与当地议会选举，与女性的关切最紧密联系的公共品的花费增加了。

17. 从印度的证据也显示母亲财产（特别是珠宝）的相对规模和儿童的入学和医疗参与之间有正向的关系（Duraisamy 1992）。

18. 格莱珉信托恰帕斯 A.C.，与 Alsol 一样，是格莱珉在拉丁美洲第一批复制品中的一个。这两个非政府组织由贝琪兹·阿芒达利兹发起，得到格莱珉信托孟加拉的技术支持，和德国技术合作公司的资金支持。

19. 基于 GTC 信贷办公室的轶事证据，阿芒达利兹与“为贫困活动创新”（IPA）的研究者合作，设计和执行一个随机化的效果评估，允许丈夫来加入原来只让女性加入的组（见 Allen，Armendáriz，Karlan 等 2010）。

20. 使用同样的调查，Morduch（2001）在截面中确认了这个结果，但是在调查项目引进前后的生育率趋势时，没有发现相似的结果。

400 21. 有关信贷约束的程度和非正规市场的力量的争论在第 2 章中讨论了。

22. 情况仍旧是一部分女性——特别是拥有高技能的——能够进入正规的就业活动。通过小额信贷对自我雇佣机会的促进对这些女性不大会有直接的效果。但是，假定作为性别歧视的结果，在正规的机构中女性的工资维持在一个最低效用层面。微型金融可能也对这些女性有正向的外部性，因为它提高了最低效用，因此她们在正规部门中讨价还价权力也提高了。

## 第 8 章　商业化与监管

1. 更多细节，见 Rosenberg 2007， Malkin 2008， 和 ACCION International 2007。Chuck Waterfield 成功地汇集了原始数据，和关于康帕多银行上市的讨论，可见 www.microfi nan.com/compartamos.htm。这里的讨论主要来自于这些一手资料，以及 Cull 等 2009b 的数据和讨论。

2. 关于“正当的”利润和费用设定的辩论是围绕“社会投资”本质更广泛讨论的一部分。如 Kinsley （2008）表明，通过与一系列商业与学术领袖的对话，基础性的观点涉及到了比尔·克林顿所说的“创造性资本主义”和 Yunus （2008）所说的“社会商业”的基本可能性和局限。微型金融作为最发达的实验室来检验社会商业的价格和利润的问题。

3. 康帕多银行的创建者之一 Carlos Danel 反映道，特别大的赢利性对吸引不太熟悉——或许有警惕——微型金融的市场的注意至关重要（2008 年 4 月 23 日，与乔纳森·默多克的私人谈话）。

4. Hudon（2007） 探讨了有道德的利率的思想，区分了四种不同的对于“公平”利率的观点。虽然它们的道德基础不同，道义论者、后果主义论者、对信贷的需求和程序上的观点共同塑造了在机构的客户和它的股东利益之间一个核心的矛盾。Hudon（2007）承认利率对持续性重要，但他认为过分强调可持续性目标可能是危险的，因为捐款人、当地政府和有社会责任的投资者可能会收回对初期的机构和未来创新的重要支持，如果他们觉察到当前的利率是不公平的。他认为财务和社会目标应当被看成相互加强，使用 “社会可持续性”这个术语。

5. 经常听到竞争将会降低利率的言论，但并不显然正确（尽管在玻利维亚的微型金融中有这样的案例证据）。实践中，银行的竞争通常通过非价格竞争来解决（如通过服务的密度和便利性）。此外，少数竞争者的进入可能导致寡头，产生非常有限的竞争压力。

6. 讨论和定义有不同的来源。最有用的是“混合市场网”（www.mixmbb.org）和《微型银行简报》中各种问题。

7. 关于证券持有人的机会成本，《微型银行简报》的调整也很有限。唯一的调整
401 就是对通货膨胀的调整，而不是对替代性投资回报率。Manos 和 Yaron （2008）得出了相似的结论，论证了 Yaron 的“补贴依赖度指数”的优越性。我们把 FSS 调整的批评看作独立于那些对立（但是很相似）方法的论述。

8. Bauchet 和 Morduch （2010）分析了混合市场数据库（《微型银行简报》数据是其中一个子库）和小额信贷峰会运动数据库的区别。他们发现后者的数据更倾向于南亚，而前者倾向于拉丁美洲。

9. Gonzalez 和 Rosenberg （2006）对使用贷款规模作为消费者收入的代理变量提供了支持。Cull 等（2009b）提出：“在他们的数据中，小笔贷款的 10 个百分点的增长，与被服务的贫穷借款人自己报告的 9 个百分点的增长相联系。自我报告的偏差可以解释一些关联性，但是当进行机构间比较时，较小的贷款和较大的分支之间的联系对穷人来说似乎很紧密。”结论解释了 Armendáriz 和 Szafarz（2009）的一个顾虑，即平均贷款规模的增长在“使命漂移”上是模糊不清的。

10. 正如在 8.2 节中讨论的，非政府机构的 FSS 数据由资本的“市场”价格相对少的选择所支持。所有的 FSS 比率都会降低，如果资本的“市场价格”的选择提升了，但是 Cull 等（2009b）发现，非政府组织的 FSS 比率将会最大地下降，如果它们对补贴和非商业资金较多使用。

11. 通过剔除不可持续的机构，这个数字告诉我们覆盖了它们的成本的机构收取了多少。

12. 出于被监管是机构做出的选择这样的事实，分析变得复杂了。这不是轻松的或随机的选择，上面描述的关系可能来自于遗失的变量，而不是根本性的因果关系。Cull 等（2009a）尝试通过使用工具变量的方法缓解这个顾虑。工具应当影响机构是否被监管，但是它们应当不直接影响机构的表现（这是重要的“排除限制”）。工具抓住了：（1）监督国家正规金融机构的一般的性质；（2）是否一个机构起初被许可为非政府机构或非银行金融机构；（3）是否一个机构吸收存款。这个分析的关键在于排除限制的有效性，一个分离样本检验（用来比较有相似类型商业资金的机构）被用来作为附加的稳健性检验。这可能是在方法上最好做的，在被监管的性质中，不用真正的外生变量来源。

## 第 9 章 评估效果

1. 这个故事来自 2003 年年中的 accion.org/insight/meet_meet_our_borrowers.asp。

这个网页也包含安信永其他一些客户的故事。

2. 例如，Ledgerwood （2001，49−50）得出结论“很少的（小额信贷商）在效果评价上多投入，关于微型金融和微型企业发展的文献对这个议题的讨论也非常少。”

3. 即使在秘鲁，第二次看数据会发现结果并不是百分百稳健。正如后面讨论的，Alexander（2001）显示即使控制住了家庭层面的不可观测变量，对收入也有强的、正向
的结果，但是当计量上使用工具变量方法处理从收入到信贷的逆向因果关系问题时，结 402
果不稳健。

4. 见 Sebstad 和 Chen 1996 对被评估结果的范围有一个综述。

5. Pitt， Khandker， McKernan 等（1999）展示了这些替代效应在孟加拉出生率的情况下可能弱化的证据，因为绝大多数小微企业都以借款人的家庭为基础，有可能同时抚养孩子和运作新的生意，而不会额外增加负担——在家庭之外工作就会承担。

6. 格莱珉不使用“信贷加教育”的模式，但是它们确实嵌入一些社会元素到它们的活动中，村庄组中的聚会这个活动可能对参与者有一些内在的收益。McKernan 的估计也意味着资本 10% 的增长将平均产生 20% 的利润增加——这个结果太大了，让人们怀疑识别的稳健性。Malgosia Madajewicz 在她的哈佛博士论文中指出，当资本被分解为固定资本元素和营运资本元素时，McKernan 的结果弱化了。

7. 对这里评估的简要介绍由其他人拓展，包括 Angrist 和 Pischke （2009）。

8. 对于更多的回归方法，如参见 Kennedy（2004）《计量经济入门》。

9. 当时期彼此接近的时候，基于差分的方法的可信度降低了，因为降低了时间间隔的变化。差分噪音数据也能恶化距误差；在“经典”案例中，这导致了衰减偏误。噪音的回收可能因此向下偏倚系数以显示项目的效果。见 Heckman 和 Smith1995 和 Deaton 1997 对方法更详细的讨论。

10. 一个更早的对于长度的研究包括 Mosley（1996a 和 1996b）。当更仔细的研究被完成时，质量控制问题也降低了它们的相对价值（见 Morduch 1999c）。

11. 所有固定的、具体到家庭的变量也拿掉了（例如教育水平），因此它们的效果在方程（8.4）中不能被独立地估计，这是 AIMS 的研究人员所顾虑的（尽管在我们看来，这个被赋予了太大的权重）。这里有两个重要的提醒。第一个是由于矩误差的缘故，估计方程（8.4）可能加剧衰减偏误（它能使得正的系数衰减到 0）。第二，随时间变化的不可观测的变量没有被处理。这两个顾虑意味着要求用工具变量方法做一致性估计。

12. 这个调查关注格莱珉银行、BRAC 和 RD−12（一个政府项目）的顾客。但是到了 1998−1999 年，一系列其他的出借人在该调查地区运营，包括 ASA 和普罗西卡。

13. 调查数据和家庭特征来自 Khandker（2005）。

14. 在对目标定位规则如何宽松地实施的阐述中，Khandker（2005）显示，在 1998−1999 年，22% 的家庭事实上拥有超过 2.5 英亩土地也被纳入微型金融借款人，就像持有 1 英亩到 2.5 英亩之间土地的 42% 的家庭。

403 15. 假设适格规则被严格按字面执行，有可能采用回归不连续设计方法，比较刚好低于和高于那条线的家庭的结果。

16. 问题将会更加明确：存在一个内生变量和一个工具。

17. Pitt 和 Khandker（1998）展示了在对土地持有变量的识别上允许灵活性，他们的结果是稳健的，但是没有显示对其他变量的灵活处理的结果。

18. 一个人所在的村子中没有男性的组这个事实可能说明一些此人未被观测的特征和村子中他们同伴网络的力量；于是识别依赖于组的结构对于个人而言是外生的这一假设。

19. 在 1991−1992 年，男性从格莱珉的借款平均而言略微多于女性（男性 15797 塔卡，女性 14128 塔卡）。在 BRAC，男性累计借款 5842 塔卡，女性 4711 塔卡；在 BRDB，男性借款 6020 塔卡，女性 4118 塔卡（Morduc 1998）。

20. 这一节主要取自 Bauchet 和 Morduch（2009）。

21. 这里的处理取自 Angrist（2004），Duflo 等（2007），和 Deaton（2009）。

22. “预期的差分就是差分的预期”这一事实简单化了，如果你问一个组他们去年的收入是多少，再问他们前年的收入是多少，组收入的平均变化就可以被计算出来，或通过组平均收入的变化，或等价地，用组去年的平均收入减去组前年的平均收入。

23. 研究人员评估贷款在金融准入、家庭福利和出借人的赢利性上的效果。他们使用了从出借人那里获得的管理数据，有关随机化申请者的征信局数据，以及在实验开始之后 6−12 个月中进行的家庭调查（实验持续了 2 个月，贷款是标准的 4 个月期限的贷款）。

24. 批准率来自研究的两个随机化窗口——以 60% 或者 85% 的概率批准。最终，“缘于信贷员的不合规和 / 或办事错误”，332 笔被批准的申请者没有获得贷款，5% 的被拒绝者却获得了（Karlan 和 Zinman 2009a）。

25. Duflo 等（2007）是有价值的，这一节我们再一次从中借鉴。

26. 这一节关注于在研究前，效力计算如何被用来决定一个样本大小。效力计算也在研究之后被用来估计从一个给定的样本规模中获得的效力的水平。

27. 一个充分的处理在 Duflo 等（2007）和 Bloom（1995，2005）可得。

28. 见第 10 章有关 PROGRESA 的参考文献和进一步的讨论（在不同的语境下）。

29. USAID 的 AIMS 项目和 CGAP 创造了相似的参与者友好型工具。

30. 例如，见 Servet（2010）的量化讨论和当前关于社会指标和企业社会责任（CSR） 404
的辩论。见 de Lutzel（2009）有对在 2008-2009 年金融危机中社会导向投资的讨论，Heal（2008）对与微型金融相关的社会指标和 CSR 给出了一个全面的分析。

## 第 10 章　补贴和可持续性

1. 参见 Martens 2002 补充的观点。

2. 微型金融的经济视角认为，正在进行的补贴可能原则上被证明正确，这依赖于成本收益的本质。批评者认为（没有数据）实践中，成本将肯定超过收益。

3. 例如，“扶贫咨询委员会”1996。

4. 格莱珉财务的数据取自 Morduch 1999c，来自格莱珉银行年报中的数据。这里关注格莱珉银行很大程度上因为这家银行在提供详细的年度收入报表上很公开，容易获取。

5. 俄亥俄州立大学 Schreiner 的博士论文发展了一个替代性的框架，考察了微型金融的成本有效性；见 Schreiner 2003。

6. 数字等于 185 亿泰铢乘以（14.9%-11%）。

7. 虽然格莱珉由孟加拉主要的会计师审计，但审计关注于侦查欺诈，而不是按国际公认的格式对待格莱珉的数字。政府的一项特别法令许可格莱珉为一家银行（意味着它可以吸收存款），并不期望它去遵循孟加拉其他银行所面对的所有的监管和会计准则。

8. 数据来自 Morduch 1999c。余下的 4 百万美元的补贴来自多种渠道。

9. 第 9 章描述了对研究细节的方法论的争议，但是总体上权衡证据，表明微型金融确实有助于给孟加拉农村带来本质性的正面改变。

10. 也参见 Mark Schreiner（1997，2003）提出了一个考察成本有效性的框架，应用到了玻利维亚的阳光银行和格莱珉银行。Schreiner 认为（基于他自己的成本分析和对影响效果文献的综合），格莱珉的借贷是符合成本收益原则的。

11. 参见第 9 章讨论了围绕这些估计的争论，以及第 7 章关注于性别的讨论。

12. 默多克计算出的初步结果显示，补贴率在 1991 到 1998 年之间下降了一半，如果通过其他的研究证实这一点的话，将会导致改善的成本收益比率——即便收益也下降。

13. 收集性别赋权的数据是可行的（例如，Hashemi，Schuler，和 Riley 1996）。更困难的步骤是把数字变成货币的形式。

14. 如果使用平均收益，且如果边际回报随借款数额递减，成本收益比率将被高估
405 （使得支持格莱珉更有吸引力）。但如果在生产技术中有大量的固定成本，边际回报可能比平均回报高很多，削弱了对格莱珉的支持。被用来识别的计量结构事实上依赖于边际和平均影响效果相同 假设，但这只是一个假设（不是很可信）；Pitt 和 Khandker 把效果理解为边际值。正如第 9 章所讨论的，用更有限的计量结构去估计的平均效果会更弱。

15. 这一节主要来自 Morduch 1999b，其中为观点提供了数学的表述形式。

16. 效果依赖于基础性的经济结构。这里的观点沿用了 Stiglitz 和 Weiss（1981）广为引用的逆向选择模型，其中最有风险的借款人获得最高的预期回报，但是 de Meza 和 Webb（1990）发展了一个替代性的结果，假定最有风险的借款人比其他人获得更低的预期回报。

17. 这个论断假设机构在完全竞争的环境中运营。如果不是这样，微型银行赢利，但是在起始阶段降低利润来覆盖初始成本，获得补贴来覆盖这些成本，这些补贴可以被用来提高利润而不会影响对消费者的收费。从这个意义上讲，补贴的这种方式（从所有者那里，以降低利润的形式）是对另一种（外部补贴）的替代。

## 第 11 章 管理微型金融

1. Jain 和 Moore（2003）也讨论了该点，尽管他们认为其中一些是好的管理实践（例如定期的偿还计划），我们认为是契约设计问题（如，参见第 5 章）。

2. 质疑格莱珉银行记录的文章——典型的如 Pearl 和 Phillips（2001）在《华尔街日报》的文章——相对于媒体上普遍非常正面的报道是一个例外。

3. 这些数据仅供参考：运营的自足是成本收益的产物，于是管理较差的项目有高的费用可能仍旧拥有较好的比率。此外，Bauchet 和 Morduch（2010）显示“微型金融信息互换”数据易于朝着可持续性偏倚，特别是与小额信贷峰会运动所报告的相比。

4. 一些小额信贷商单纯地追求利润，恰好运行在微型金融市场的缝隙。双目标的问题对他们来说不是重点。但是小额信贷商的体量很大程度上被社会目标驱动。

5. Robinson（2001）的《微型金融革命》是一本由世界银行出版的宏大的概览，它对过度补贴的问题提供了具体的讨论，但对管理问题仅仅有 3 页纸。这并不意味着对她这本书的批评，而是对她所提到的文献前沿的评论。关注于微型金融管理的书和文章包括 Churchill（1999），Holcombe（1995），Ahmmed（2002），Jain 和 Moore（2003），以及 Christen（1997）。也可见诸多有关治理问题的专门文献。

6. 在 1989 年，每月的奖金是基本工资的 20% ~ 30%，尽管财务激励随后降低了，在 1995 年又重新引入（Steege 1998，43–44）。

7. 安信永式的组由 3 到 7 个成员组成，特征是组对贷款偿还有责任。 406

8. 这些数据没有揭示被再融资掩盖的问题贷款。

9. 分成制是一个在地主和承租人之间的契约处理，这里地主提供土地，承租人劳动。产出根据一个明晰化的公式被分配。在比较分成制和租赁合同时，马歇尔说，分成制是无效率的，因为它没有提供承租人适当的激励去投入足够的努力——他知道，部分额外劳动的成果将被地主拿去。在分成制上详细的研究很多；例如，Cheung 1969，Stiglitz1974 和 Ray 1998 的讨论。

10. 通过帮助小额信贷商扩张规模（通过使它们从有限的捐赠基金中松绑），追求利润可以帮助机构覆盖更低收入的人群。因此，有人说一般而言，追求利润和削减贫困互相自我强化。但是参与者能够看见在对穷人覆盖的深度和财务自足性之间的矛盾。这个观察与 Cull，Demirgüç–Kunt 和 Morduchs（2009b）的分析一致，显示了平均而言，非政府组织比非银行金融机构和银行服务了更穷的客户，但是它们面对明显更高的运营成本，占贷款价值百分之一。非政府组织通过收取较高的利率补偿这些较高的相对成本。见 Morduch（2000）对“微型金融分裂”的讨论——对赢利性和减贫“双赢”观点的批评性讨论。

11. 另一方面，如果小额信贷商选择交叉补贴，提高贷款规模超过 400 美元的客户的数量，原则上可能间接地帮助更穷的家庭。

12. Holtmann（2001）报告说，更广泛使用的主要指标是：首次借款人贷款的数目，逾期贷款的数目和规模，支付贷款的数目和规模，以及资产质量。最近，机构也已经奖励员工推销储蓄和保险。

13. 数据选自 2002 年 6 月，可在 www.microtate.com 上获得。

14. 我们感谢伦敦经济学院的 Oriana Bandiera 指出这个文献。Gneezy 和 Rustichini（2000b）考虑了一种情况，即对那些过去仅仅用社会惩罚（如，引发罪恶）来处置的活动施加罚款。他们调查的这特殊情境包括父母准时从日间护理项目那里接回他们的孩子。当对迟到施加小额的罚款后，父母的行为实际上变得更糟。Gneezy 和 Rustichini 指出原因是“罚款就是价格”，于是，在这种有罚款的情况下，父母接回他们的孩子，支付罚款，毫无负罪感。没有罚款，在父母身上罪恶感的权重会更大——日间护理的工人就更有可能准时回家。

15. 引文来自 González–Vega 等（1997），111 页。González–Vega 等也注意到，

到了 1995 年后期，阳光银行考虑引入奖金体系。这里的教训是，为了成功，体系应当提供有意义的奖励，管理者应当知道组织文化的后果。

16. 马克·施莱纳——一名微型金融顾问和华盛顿大学圣路易斯分校的学者——把有关 PRODEM 强烈的企业文化的故事告诉我们：“我记得一个星期五的晚上，在辛
407 苦地做了一天的（PRODEM）顾问之后，我完成了工作，等着其他的人回家，这样我就不是第一个走的。6 点钟、7 点钟、8 点钟、9 点钟，最后我是 10 点钟走的。”

17. 这个解释来自与 BRI 在雅加达的常驻顾问唐·约翰斯顿 2003 年 1 月 29 日的私人交流。关于 BRI 转型的更多内容，见 Patten 和 Rosengard 1991 以及 Robinson 2001。

18. 标尺竞争的理论由 Shleifer （1985）在垄断的成本最小化问题背景下发展。他比拟了保险公司的实践，根据各种程序的平均成本赔偿医生，而不是根据医生的实际成本；实践给医生激励来降低他们自己的成本（由于他们保留储蓄）。

19. 我们关注的是合作社的成员在管理决策上有完全的投票权。格莱珉银行在形式上是合作社：所有的借款人也都是成员，一些借款人在董事会有席位，但是由于他们在董事会中占少数地位，他们在决策制定上的影响被有效地限制住了。

# 缩　写

ADA　Appui au Développement Autonome （Luxembourg） 439

支持自治发展（卢森堡）

ADEMI　Asociaci ó n para el Desarrollo de Microempresas， Inc.（Dominican Republic）

小微企业发展协会（多米尼亚共和国）

Adie　Association pour le droitàl’initiative économique（France）

经济顾问委员会（法国）

ADMIC　Asesoría Dinamica a Microempresas （Mexico）

小微企业动态顾问办公室（墨西哥）

AIG　American International Group

美国国际集团

IRDP　Integrated Rural Development Program （India）

联合农村发展项目（印度）

ASA　Association for Social Advancement （Bangladesh）

社会进步协会（孟加拉国）

ASCA　accumulating savings and credit association

累积储蓄和信贷协会

BAAC　Bank for Agriculture and Agricultural Cooperatives(Thailand)

农业和农业合作银行（泰国）

BASIX　Hyderabad-based microfinance institution promoting livelihoods（India）

以海得拉巴为基地的促进生计的微型金融机构（印度）

BIDS　Bangladesh Institute of Development Studies

孟加拉发展研究所

BRAC Bangladesh Rural Advancement Committee （now known only as BRAC）孟加拉农业进步委员会

BRDB Bangladesh Rural Development Board
孟加拉农业发展董事会

BRI Bank Rakyat Indonesia
印度尼西亚人民银行

CARE Cooperative for Assistance and Relief Everywhere
普遍援助和救济合作社

CERISE Comité d'Echange， de Réfl exion et d'information sur les
微型金融参与者知识交流网络
Systèmes d' Eparge–crédit （France）
市场信贷系统（法国）

CERMi Centre for European Research in Microfinance（Belgium）
欧洲微型金融研究中心（比利时）

CGAP The Consultative Group to Assist the Poor （Washington, DC） 扶贫咨询委员会（华盛顿）

440 Crédal Crédit Alternatif （Brussels， Belgium）
替代信贷（布鲁塞尔，比利时）

CSR Corporate Social Responsibility
企业的社会责任

EMN European Microfinance Network
欧洲微型金融网络

FAI Financial Access Initiative
金融准入计划

FFP Fondos Financieros Privados
被剥夺的财务底线

FINCA The Foundation for International Community Assistance
国际社区援助基金会

| | |
|---|---|
| FSS | Financial Self Sufficiency<br>金融自足 |
| GCAMF | Grameen Crédit Agricole Microfinance Foundation （France）<br>格莱珉信贷农业微型金融基金会（法国） |
| GDP | gross domestic product<br>国内生产总值 |
| GNP | gross national product<br>国民生产总值 |
| GPS | Grameen Pension Scheme<br>格莱珉养老金计划 |
| GTZ | Deutsche Gesellschaft für Technische Zusammenarbeit<br>德国国际合作机构 |
| GTC | Grameen Trust Chiapas （Mexico）<br>格莱珉信托恰帕斯（墨西哥） |
| IBRD | International Bank for Reconstruction and Development<br>（World Bank） 国际复兴与开发银行（世界银行） |
| IDPM | Institute for Development Policy and Management<br>（University of Manchester）<br>发展政策和管理研究所（曼彻斯特大学） |
| IFAD | International Fund for Agriculture and Development（Rome）<br>国际农业与发展基金会（罗马） |
| IMAGE | Intervention for Microfinance and Gender Equity （South Africa） 微型金融干预与性别平等（南非） |
| IPA | Innovations for Poverty Action<br>为减贫而干预 |
| IPO | Initial Public Offering<br>首次公开发售 |
| IRDP | Integrated Rural Development Program （India）<br>联合农村发展项目（印度） |

J-Pal Abdul Latif Jameel Poverty Action Lab （MIT）
阿卜杜·勒拉提夫·杰米尔贫困活动实验室
（美国麻省理工学院）

KUPEDES General rural credit loan product （BRI， Indonesia）
常规农村信贷产品（BRI，印尼）

LSMS Living Standards Measurement Survey （World Bank）
生活标准测量调查（世界银行）

MBB MicroBanking Bulletin
微型银行简报

MDGs Millennium Development Goals
千年发展目标

MFC The Microfinance Center （Eastern Europe and Newly Independent States） 微型金融中心（东欧和新独立国家）

MFI microfinance institution
微型金融机构

441 NGO nongovernmental organization
非政府组织

OSS Operational Self Sufficiency
运营自足

PKSF Palli Karma-Sahayak Foundation （Bangladesh）
Palli Karma-Sahayak 基金会（孟加拉国）

PPP Purchasing Power Parity
购买力平价

PRODEM The Foundation for the Promotion and Development of Microenterprises （Bolivia）
微型企业促进和发展基金会（玻利维亚）

PROGRESA Programa de Educación， Salud y Alimentación （Mexico）
教育和健康项目（墨西哥）

PROSHIKA Training, Education, and Action (Bangladesh)
培训、教育和行动(孟加拉国)

RBI Reserve Bank of India
印度储备银行

RCT Randomized Controlled Trial
随机控制实验

ROSCAs rotating savings and credit associations
合会

SEED Supporting Enterprises for Economic Development saving product (Philippines)
为经济发展支持企业的储蓄产品(菲律宾)

SEWA Self-Employed Women's Association (India)
自雇妇女协会(印度)

SHG Self Help Group
自助组

SIMPEDES Simpanan Pedesaan saving product (BRI, Indonesia)
Simpanan Pedesaan 储蓄产品(BRI 印尼)

TABANAS National savings product (BRI, Indonesia)
国家储蓄产品(BRI,印尼)

UNDP United Nations Development Program
联合国开发计划署

USAID United States Agency for International Development
美国国际开发署

WSBI World Savings Bank Institute (Brussels)
世界储蓄银行协会(布鲁塞尔)

# 主题索引

Acceso FFP (Bolivia), 145 FFP 通途（玻利维亚）
ACCION International, 18, 239–240, 280, 349–351
安信永国际
Accumulating savings and credit association (ASCA), 79–80
积存和信贷协会（ASCA）
Actuar Bogotá (Colombia), 350 行动波哥大
ADEMI (Dominican Republic), 160 ADEMI（多米尼加共和国）
ADMIC (Mexico), 267 ADMIC（墨西哥）
Adverse selection, 8, 391n13, 405n16 逆向选择
    agency problem and, 41–45 代理问题
        default and, 141 (see also Default) 违约
        group lending and, 98, 101–108, 114, 128, 391nn13, 15, 18
        联保贷款，和
    insurance and, 195–200 保险
    intervention policies and, 31, 41–45, 49–53, 58–59, 387n13
    干预政策，和
    mitigating, 101–108 减轻
    numerical example of, 104–105 数值例子
    regulation and, 260 监管
    repayment burden and, 52–53 偿还负担
    risky types and, 51–52, 101–103 风险型 和
    safe types and, 51–52, 101–103 安全型 和
    savings and, 172, 186, 205, 397n14 储蓄
    subsidies and, 331 补贴
gency theory 代理理论
    adverse selection and, 41–45 逆向选择

Association of Social Advancement (ASA) and, 351, 367-368 社会进步协会(ASA)和
avoiding myopia and, 366 避免短视
Bank Rakyat Indonesia (BRI) and, 363-365 印度尼西亚人民银行
commercialization and, 369-373 商业化
Corposol and, 353-354 库伯索
discouraging deception and, 366-367 打击欺诈
fixed wages and, 352 固定工资
functional specialization and, 367-368 职能专业化
high-powered vs. low-powered 高能和低能
incentives and, 357-359 激励
intervention policies and, 39-48 干预政策
limited liability and, 40-41 有限责任
linking to local markets and, 54-57 与本地市场联系
management practice and, 351-369 管理实践
Marshall and, 352 马歇尔
Mirrlees and, 352 莫理斯
multitask problem and, 353-356 多任务问题
numerical example of, 45-48 数值例子
ownership and, 369-373 所有权
participation constraint and, 352 参与约束
poverty reduction and, 353-356 削减贫困
PRODEM and, 359-362
PROGRESA/Oportunidades and, 367-368 PROGRESA/“机会”项目
unmeasurable tasks and, 356-357 无法评估的任务
yardstick competition and, 365, 407n18 标尺竞争
Agriculture, 364 农业
alternative banking models and, 9-12, 384nn9, 10 替代的银行模式
Bank of Agriculture and Agricultural

Cooperatives （BAAC） and，30，32，120–121，170，263，325–327，384n9　农业和农业合作社银行（BAAC）

BRAC and，22

credit cooperatives and，71，80，389nn12，14　信用合作社

gender and，216–217，220，226–227　性别

group lending and，120，152–153，160　联保贷款

impact measurement and，285–286　效果评估

increased wages and，9　提高工资

insurance and，200　保险

intervention policies and，30，32　干预政策

moneylenders and，32　放债人

rainfall insurance and，172，199–201　降雨量保险

savings and，170，183　储蓄

sharecroppers and，353，406n9　佃农

Small Farmer Credit Program （PCPA） and，123　小农信贷项目

state-owned development banks and，11　国有开发银行　450

subsidies and，319　补贴

AIMS study，280–282　AIMS 研究

Albania，159　阿尔巴尼亚

Amazon，3　亚马孙

American International Group （AIG），196　美国国际集团

Andes，105–106　安第斯山

Annan，Kofi，9　科菲·安南

Annualized percentage rates （APRs），254　年化百分比率

Association for Social Advancement　社会进步协会（ASA）

agency theory and，351，367–368　代理问题

average loans of，2　平均贷款

Bangladesh crisis and，146　孟加拉国的危机

as bank for the poor，1–2　穷人的银行

beginnings of，1，21–22　开始

Choudhury and，21–22　乔杜里

Grameen Bank and，3 格莱珉银行

group lending and，14–15 联保贷款

initial policy of，1 初始政策

joint liability and，137–138 连带责任

linking to local markets and，54 联系本地市场

management practice and，351，354，367–368 管理实践

membership demographics of，3 成员人口统计

profits and，2 利润

public repayment and，157 公开偿还

resources for underprivileged，2 弱势群体的资源

subsidies and，21，340 补贴

Attrition bias，278–280 失访偏倚

Autarky，88 自给自足

Ayacucho（Peru），105–106，115，118–119 阿亚库乔（秘鲁）

Babylon，31 巴比伦

Banco Compartamos（Mexico），317，386n29 康帕多银行

alternative banking models and，18–20，19–24 替代的银行模式

commercialization and，253–254，400nn1，3 商业化

customer growth of，241 顾客增长

donor support of，241 捐赠人支持

gender and，228，239–241，252–254 性别

public stock offering or initial private offering（IPO）of，239–240 首次公开发行

regulation and，239–241，252–254 监管

Banco del Estado（Chile），263 国立银行（智利）

Banco do Nordeste（Brazil），263 东北银行（巴西）

BancoSol（Bolivia），4 阳光银行（玻利维亚）

Bolivian crisis and，145 玻利维亚的危机

credit bureaus and，147 征信管理局

frequent repayment installments and，148–151 高频分期还款

gender and，211 性别

group lending and，97–98，125，390n6，391n12 联保贷款

impact measurement and，268，279 效果评估

joint liability and，138 连带责任

linking to local markets and，54 联系本地市场

management practice and，353，358，362，368–370，406n15 管理实践

as PRODEM，257

regulation and，257，263 监管

repayments and，148–150 偿还

return on equity of，145 权益回报率

solidarity group contracts and，138 团结的组合同

subsidies and，317 补贴

Bandhan（India），336 班丹（印度）

Bangladesh，1. See also Association for Social Advancement（ASA）；Grameen Bank 孟加拉 参见社会进步协会 格莱珉银行

competition and，145 竞争

credit cooperatives and，67 信用合作社

crisis of，146 危机

famine in，12 饥荒

group lending and，97，112–113，124 联保贷款

joint liability and，137–138 连带责任

national ID numbers and，147 国家身份识别号码

poverty of，12 贫穷

rotating savings and credit associations（ROSCAs）and，70，75 合会

subsidies and，20–21，327–329 补贴

war in，12 战争

Yunus and，2，12，99–100，127，152，178–179，211，240，374 尤努斯

Bangladesh Bank，12 孟加拉银行

Bangladesh Institute of Development Studies（BIDS），146，283，292–293 孟加拉发展研究所

Bank of Agriculture and Agricultural Cooperatives（BAAC），30，32，120–121，170，263，325–327，384n9 农业和农业合作社银行

Bank Rakyat Indonesia（BRI），395n29，396n2 印尼人民银行

agency theory and，363–365 代理问题

collateral requirements and，154–155 抵押要求

credit cooperatives and，69，71 信用社

initial public offering（IPO）of，240–241 首次公开发行

management practice and，349，362–365 管理实践

regulation and，240–241，263 监管

451 savings and，170，173，193–194，397n18 储蓄

subsidies and，317–318 补贴

success of，317–318 成功

unit structure of，364 单元结构

village credit committee and，159–160 村镇信用委员会

women and，159 妇女

Banks 银行

adverse selection and，41–45（see also Adverse selection）逆向选择

agency problem and，39–48 代理问题

better savings banks and，192–194 更好的储蓄银行

commercialization of，239–264 商业化

credit cooperatives and，79–87 信用合作社

cross-reporting and，160–161 互相举报

diminishing returns and，5–7，16，19–20 收益递减

dynamic incentives and，140–147 动态激励

efficiency and，10，24 效率

entrepreneurs and，2，6，19–21 企业家

financial performance and，243–252 财务表现
flexible collateral approaches and，153–155 对抵押的灵活态度
formalization and，257–262 正规化
frequent repayment installments and，148–153 高频分期还款
group lending and，98–99（see also Group lending） 联保贷款
hiring local agents and，55–56 雇佣本地机构
impact measurement and，270 效果评估
information gathering by staff of，159–160 雇员信息收集
interest rates and，6–11，19，23–24，385n26（see also Interest rates） 利率
limited liability and，40–41 有限责任
MicroBanking Bulletin ratings and，138 微型银行简报评级
moral hazard and，48–51 道德风险
politically pressured loans and，140 政治压力贷款
progressive lending and，143–144 累进借贷
public offerings of，239–241 公开发售
rethinking policies of，1–24 反思政策
savings and，172–173（see also Savings） 储蓄
sovereign debt problem and，141 主权债务问题
standard model of，2，13 标准模式
state–owned development，9–12 国有开发
subsidies and，17–23（see also Subsidies） 补贴
susu collectors and，54 “苏苏”收集者
usury and，8，384n15 高利贷
village，51–52，80，97–98，105–106，112–119，138，149，152，269–271，277–279，348–349，375，393n3 村镇
women and，218（see also Women） 女性
Basic Loan（Grameen Bank），127 基本贷款（格莱珉银行）
BASIX（India），199，268 BASIX（印度）

Behavioral economics 行为经济学
alternative banking models and，4，16–17，23 替代的银行模式
credit cooperatives and，77 信用合作社
group lending and，114–118，146，160，392n21 联保贷款
hyperbolic discounting and，189–190 双曲线贴现
impatience and，189–190 缺乏耐心
intervention policies and，53 干预政策
management issues and，358，374，406n14 管理问题
mental accounts and，190–192 心理账户
present bias and，190 现值偏见
savings and，170–172，175–176，179，186–194 储蓄
self-discipline and，186–190 自律
sustainability and，339 可持续性
Bible，31–32 圣经
Bogotá（Colombia），106，349–351 波哥大（哥伦比亚）
Bolivia，2–3，7，54，362 玻利维亚
BancoSol and，4（see also BancoSol） 阳光银行
competition and，145 竞争
credit bureaus and，147 征信管理局
crisis of，145–146 危机
deceptive practices and，366–367 欺诈行为
frequent repayment installments and，148–151 高频分期还款
impact measurement and，279 效果评估
joint liability and，138 连带责任
multiple loans and，145–146 多笔贷款
PRODEM and，359–362（see also PRODEM）
Small Farmer Credit Program（PCPA）and，123 小农信贷项目
Superintendency of Banks and Financial Institutions and，147 银行和金融机构的监管
women and，212–214 女性
Borrowers 借款人

adverse selection and，141 （see also Adverse selection） 逆向选择

agency theory and，351–373 代理问题

attrition bias and，278–280 失访偏倚

contract theory and，4，142，203 契约理论

credit bureaus and，140，142，146–147，260，394n20，403n23 征信管理局

enforcement rent and，338 执行租金

impact measurement and，267–311 （see also Impact measurement） 效果评估

incentives and，140–147，153–161 激励

new vs. old，278–280 新和旧

non–refinancing threats and，140–143 不再融资的威胁

overlapping，146–147，263 重叠

progressive lending and，143–144 累进借贷 452

public repayment and，157–158 公开偿还

simultaneous multiple loans and，145–146 同时多笔贷款

subsidies and，333–334 （see also Subsidies） 补贴

women and，211–234 （see also Women） 女性

Bosnia，3，13 波斯尼亚

BRAC （formerly Bangladesh Rural Advancement Committee），396n4 BRAC（过去是孟加拉农村进步委员会）

alternative banking models and，3，15，22，24，146，149–150，383n3 替代的银行模式

Bangladesh crisis and，146 孟加拉的危机

frequent repayment and，149–150 高频偿还

group lending and，98，112–113，390n3 联保贷款

IGVGD program and，334–335 IGVGD 项目

impact measurement and，270，285，402n12，403n19 效果评估

management practice and，368–369 管理实践

membership demographics of，3 成员人口统计

microcredit and，15 小额信贷

subsidies and，328，334–337，341 补贴

Targeting the Ultra Poor Program of，335–336 定位极端贫困者项目

women and，232–233 女性

Brazil，159，195，226 巴西

Britain，80，310 英国

Bumala （Kenya），173–174 布马拉（肯尼亚）

Burkina Faso，226–227 布基纳法索

BURO （Bangladesh），179 布罗（孟加拉国）

Caja Los Andes （Peru），148 安第斯山储蓄银行（秘鲁）

Calmeadow Metrofund of Toronto，117 多伦多的卡密多地铁基金

Calmeadow Nova Scotia of Halifax，117 哈利法克斯的卡密多新斯科舍

Cameroon，69 喀麦隆

Canada，80，117 加拿大

Capital. 资本

See also Investment； Risk 参见投资；风险

agency problem and，39–48 代理问题

credit cooperatives and，67 （see also Credit cooperatives） 信用合作社

diminishing returns and，5–7，16，19–20，227，252，290，299 收益递减

distribution and，38–39 分配

formalization and，257–262 正规化

interest rates and，7–8 （see also Interest rates） 利率

marginal gains and，6 边际回报

poor people and，5–9 （see also Poor people） 穷人

state–owned development banks and，9–12 国有开发银行

CARE，22，328

Caste system，10，32，384n12 种姓制度

Catholic Relief Services，22 天主教救济会

Causality，268–270 因果关系

CERISE，310

CGAP（Consultative Group to Assist the Poor），18，244，246，254–256，383n5，385n21，397n19 援助穷人顾问团

Chiapas，288，399nn18，19 恰帕斯

Childreach，142–143 援助儿童

Chile，69，145–146 智利

China，170，228 中国

Chit funds，53，388nn2，3（see also associations［ROSCAs］） 参见合会

Rotating savings and credit 银会

Chittagong（Bangladesh），172 吉大港（孟加拉国）

Chittagong University，12，100 吉大港大学

Cochabamba（Bolivia），145 科恰班巴（玻利维亚）

Collateral 抵押

alternatives to group–lending model and，140–141，153–157，161–162，394n8，395n29 联保贷款模式的替代

certificate of title and，155 所有权证明

credit cooperatives and，67–68，83–85，87，94–95 信用社

flexible approaches to，153–155 灵活态度

gender and，216 性别

group lending and，97，111–112，121，125，129，133–134，390n19 联保贷款

impact measurement and，298 效果评估

limited liability and，40–41 有限责任

livestock and，113，154，174，184，201，335 牲畜

management issues and，374 管理问题

market intervention and，31，33，40–42，
45，48–51，58，63–64 市场干预
moral hazard and，48–51，63 道德风险
regulation and，257，263 管制
rethinking banking and，2，8，13–15，25 反思银行业
savings and，156，173–175，182 储蓄
seizure of，51 没收
sustainability and，338 可持续性
Collusion，99，122–127 合谋
Columbia，106，349–351 哥伦比亚
Commercialization 商业化
agency theory and，369–373 代理问题
banks and，239–264 银行
financial performance and，243–252 财务表现
financial self–sufficiency ratio （FSS）
and，244–246 财务自足率
formalization and，257–262 正规化
funding structures and，254–256 资金来源结构
453 gender focus and，214–216 性别关注
governance issues and，369–373 治理问题
interest rates and，252–254 利率
leverage and，256–257 杠杆
limits of，242 限制
management practice and，369–373 管理实践
monopolists and，241 垄断者
NGOs and，239–251，256–258，262–263 非政府组织
operational self–sufficiency ratio （OSS）
and，243–244 运营自足率（OSS）
ownership and，369–373 所有权
portfolio at risk （PAR） ratio and，246–247 资产组合风险率
portfolio yield and，247 资产组合收益

return on assets （ROA） and，246 资产回报率
return on equity and，241，253–254，256 权益回报
social business and，400n2 社会企业
Competition，145–147 竞争
Congo，69 刚果
Consumption 消费
banks and，16，385n23 银行
credit cooperatives and，72，87–89 信用合作社
gender and，231 性别
impact measurement and，268–270，287–289，292，299，310 效果评估
intervention and，36 干预
savings and，171，175–186，190，192，203，205–206，396n10，398n25 储蓄
smoothing and，396n10 平滑
sustainability and，328–331，336 可持续性
Contract theory，4，391n18 契约理论
agency theory and，351–373 代理理论
alternative banking models and，142 替代的银行模式
management practice and，374 管理实践
savings and，203 储蓄
Control groups 对照组
nonrandomized approaches and，278–280，285–286，293 非随机方法
randomized control trials （RCTs） and，293–297，301–308 随机控制实验
Cooperative Credit Societies Act，80 信用合作社团法
Corposol （Colombia），349–354，362 库伯索（哥伦比亚）
Costa Rica，115 哥斯达黎加
Côte d'Ivoire，69 科特迪瓦
Credit 信贷

agency problem and，39–48 （see also Agency theory） 代理问题
default rates and，11 违约率
direct–mail solicitation and，52 直接邮件申请
frequent repayment installments and，148–153 高频分期还款
intervention policies and，29–59 干预政策
monopolists and，11，31–39，42，57，145–146，241，387n9，407n18 垄断者
state–owned development banks and，9–12 国有开发银行
subsidies and，332 （see also Subsidies） 补贴
village committees and，159 村镇委员会
women and，216 （see also Women） 女性
Crédit Agricole Microfinance Foundation （CAMF） （France），80，389n12 农业信贷微型金融基金会(法国)
Credit bureaus，140，142，146–147，260，394n20，403n23 征信管理局
Credit cooperatives agriculture and，71，80，389nn12，14 农业信用合作社
ASCA and，79–80
collateral and，67–68，83–85，87，94–95 抵押
efficiency and，87 效率
groups and，68–69 组
growth of，80–81 增长
increasing role of，80 增长的作用
interest rates and，69，81–85，90–95 利率
intervention policies and，56 干预政策
model of，89–92 模式
peer monitoring and，51，81–86 同伴监督
perfect competition and，84 完全竞争
risk and，82–85 风险

ROSCAS and，70 （see also Rotating savings and credit associations ［ROSCAs］） 合会
savings and，81–82 储蓄
Credit plus plus services，339 信贷加服务
Credit unions，3，80，85–87，193，263，375 储蓄互助社
Cross–reporting，126–127，153，160–161，390n7 互相举报

Deception，366–367 欺诈
Default 违约
alternative banking models and，8，11，13，140–147，150–152，155–157，160–161，386n4，394nn9，10，395n29 替代的银行模式
Corposol and，351 库伯索
credit bureaus and，140，142，146–147，260 征信管理局
credit cooperatives and，79–84，90–94 信用合作社
gender and，218–219 性别
group lending and，102，108–121，124–127，390n1，391n18，392nn21，25 联保贷款
impact measurement and，297 效果评估
intervention policies and，34–36，41，45，49–53，57–58 干预政策
management practice and，348，364–366 管理实践
national ID numbers and，147 国家身份识别号码
non–refinancing threat and，140–143 不再融资的威胁
progressive lending and，143–144 累进借贷 454
regulation and，247，262–263 监管
savings and，173 储蓄
subsidies and，324，343 补贴
Deposit collectors，185–187，194 存款收集者
Dhaka （Bangladesh），155–156，169，172，184–185 达卡（孟加拉国）

| | |
|---|---|
| Difference-in-difference approach，274-275 | 双重差分法 |
| Diminishing returns to capital | 资本边际回报递减 |
|   banking and，5-7，16，19-20 | 银行业 |
|   capital flow direction and，5-7 | 资本流向 |
|   concavity and，6 | 凹性 |
|   entrepreneurs and，5-7 | 企业家 |
|   gender and，227 | 性别 |
|   impact measurement and，290，299 | 效果评估 |
|   interest rates and，6 | 利率 |
|   low-income countries and，7 | 低收入国家 |
|   poverty and，5-6 | 贫穷 |
|   regulation and，252 | 监管 |
| Dominican Republic，160 | 多米尼加共和国 |
| Donors，42 | 捐赠人 |
|   alternative banking models and，18，21，383n5 | 替代的银行模式 |
|   fatigue of，341 | 疲劳 |
|   gender and，213，233 | 性别 |
|   impact measurement and，310 | 效果评估 |
|   management practice and，347，373，406n10 | 管理实践 |
|   regulation and，239-242，252，256，262-265，400n4 | 监管 |
|   subsidies and，318-325，330-333，339-341 | 补贴 |
| Dummy variables，277，281，283，286-288 | 虚变量 |
| East Timor，13 | 东帝汶 |
| Easy Loan （Grameen Bank），127 | 轻松贷（格莱珉银行） |
| Economies of scale，100，256，350，353 | 规模经济 |
| Ecuador，271 | 厄瓜多尔 |
| Education，260 | 教育 |
|   alternative banking models and，19，22，157-158 | 替代的银行模式 |
|   gender and，220-229，232-233 | 性别 |

group lending and，118 联保贷款
illiteracy and，212–213，267 文盲
impact measurement and，274，279，288–290，309，313–314，402nn6，11 效果评估
management practices and，357，368 管理实践
mentoring and，335 指导
"No Child Left Behind" policy and，357 "没有被抛弃的儿童"政策
Pro Mujer and，22 扶持女性
randomized control trials（RCTs）and，306–307 随机控制实验
subsidies and，335–336，343 补贴
women and，212–213 女性
Efficiency 效率
agency problem and，39–48 代理问题
banks and，10，24 银行
credit bureaus and，140，142，146–147，260 征信管理局
distribution and，38–39 分配
gender and，216–220，227，231，233 性别
group lending and，98，101，104–105，126–128，137，147，160 联保贷款
impact measurement and，289 效果评估
intervention policies and，31–35，38–48，57–58 干预政策
management practice and，348–349，356，360，369，375 管理实践
operational self–sufficiency ratio （OSS）and，243–244，348–349 运营自足率
subsidies and，332–333，338–340 补贴
El Salvador，145，160 萨尔瓦多
Enforcement rent，338 执行租金
Entrepreneurs 企业家
alternative banking policies and，2，6，19–21，384n15 替代的银行政策

desire to change occupations and，29–30 改变职业的愿望
diminishing returns and，5–7 回报递减
gender and，224–225 性别
group lending and，118，140，148 联保贷款
impact measurement and，272–275，278，
280，294–302，309 效果评估
management issues and，350 管理问题
market interventions and，29–30，38，53，386n1 市场干预
regulation and，263 监管
sustainability and，330 可持续性
women and，198，201，213–214，267–268，
280，317，397n19 女性
Equity Bank，240，368–370 公平银行
Ethics 道德
distribution and，38–39 分配
group lending and，99，122–127 联保贷款
high interest rates and，19，400n4 高利率
mission drift and，19，239，243，251，320，
369，401n9 使命漂移
profiteering and，239–240 暴利的
randomized experiments and，308 随机实验
rotating savings and credit associations（ROSCAs）and，75–76
合会
455 subsidies and，325 补贴
women and，224 女性
Ethiopia，69 埃塞俄比亚

Famine，12 饥荒
Fighting Poverty with Microcredit（Khandker），283 用小额信贷与贫困斗争
Financial diaries，16，67，75–77，171，179，188，191，195，205，388n1
金融日志

Financial ratios, 244–247 财务比率
financial self–sufficiency ratio （FSS）, 244–246 财务自足率
operational self–sufficiency ratio （OSS）, 244 运营自足率
portfolio at risk （PAR）, 246 资产组合风险
portfolio yield, 247 资产组合收益
return on assets （ROA）, 240 资产回报
Financial self–sufficiency ratio （FSS）, 244–246, 250, 323. See also Financial ratios
Financiera C á lpia （El Salvador）, 160
Finansol （Colombia）, 351 财务自足率
FINCA, 80, 279, 390n4 alternative banking models and, 138, 145
替代的银行模式
group lending and, 97, 106, 114–115, 118–119 联保贷款
insurance and, 195–197
First Macro Bank （Philippines）, 298 第一宏观银行（菲律宾）
Flexible Loan （Grameen Bank）, 127 弹性贷款（格莱珉银行）
FOMIN, 368
Fonkoze program （Haiti）, 336 Fonkoze 项目 （海地）
Food–for–Work scheme, 328 工作换食品计划
Food stamps, 225–226 食品券
Forbes magazine, 2 福布斯杂志
Ford Foundation, 12 福特基金会
Formalization, 257–262 正规化
France, 80, 310 法国
Freedom from Hunger, 22, 80, 97, 114, 271 免于饥饿

Gateway Fund （ACCION）, 240 门户基金（安信永）
Gender. See also Women 性别
aggression and, 224–225 进取
agriculture and, 226–227 农业
AlSol, 399n18
consumer goods and, 230–231 消费品

death ratios and，224 死亡率
education and，289–290 教育
empowerment，227–228，399n19 赋权
entrepreneurs and，224–225，228 企业家
household decision making and，219–223 家庭决策
Innovations for Poverty Action （IPA）and，399n19 为贫困活动创新
returns of capital and，224–225 资本回报
General Motors，7 通用公司
Germany，80–81，86，116 德国
Ghana，32，36–37，54 加纳
Government 政府
regulation and，258 （see also Regulation） 监管
reputation of，2–3 声誉
sovereign debt problem and，141 主权债务问题
state–owned development banks and，9–12 国有开发银行
subsidies and，17–23，318 （see also Subsidies） 补贴
Grameen Bank （Bangladesh），51，240，388n21，389n12 格莱珉银行（孟加拉国）
alternative banking models and，2–4，12–15，21，384nn9，14，15，385n18，394nn18，19 替代的银行模式
Bangladesh crisis and，146 孟加拉的危机
beginnings of microfinance and，12–15 微型金融的开始
changes in，99 变化
Chittagong University and，12，100 吉大港大学
collateral policy and，156 抵押政策
explosive growth of，12–13 爆炸性增长
Fixed Deposit scheme and，178 定期存款计划
frequent repayment installments and，148 高频分期还款
gender and，14，211–212，219 性别
Grameen Bank Classic，99–100，137，140 格莱珉银行经典

Grameen Bank II，99，127，137，153，157，173，393n33，398n24 格莱珉银行二代

Grameen Kalyan，198 格莱珉格利扬

Grameen Pension Scheme（GPS），156，178，191，205 格莱珉养老金计划

group lending and，12–15，97–100，112–115，122，125–128，137，143，146–148，153，156–159，390nn2，3，6，391n12，393n33 联保贷款

impact measurement and，270–271，285，402n12 效果评估

joint liability and，14–15，137–138 连带责任

management practice and，358，374，405n2，407n19 管理实践

membership demographics of，3 成员人口结构

microcredit and，15 小额信贷

poverty reduction and，322 减贫

progressive lending and，137–140，143–144 累进贷款

public repayment and，157 公开偿还

replications in Latin America Deutsche 456

Gesellschaft für Technische

Zusarmmnarbeit（GTZ），399n18 在拉丁美洲的复制品 德国国际合作机构

replications in Western Europe 在西欧的复制品

European Microfinance Network（EMN），384n14 欧洲微型金融网络

savings and，172–173，178，191，202，205，397n19，398n24 储蓄

subsidies and，318，321–329，404nn4，10 补贴

tax holidays and，323 税收免除

2：2：1 staggering and，100 节奏

women and，158–159，211–212，219，228 女性

Yunus and，2，12，99–100，127，152，178–179，211，240，374 尤努斯
Grameen Bank II，99，127，137，153，157，173，393n33，398n24 格莱珉银行二代
Grameen Kalyan，198 格莱珉格利扬
Grameen Pension Scheme （GPS），156，178，191，205 格莱珉养老金计划
Grameen Trust Chiapas A.C. （GTC，Mexico），228–229 格莱珉信托恰帕斯（墨西哥）
Greeks，31 希腊
Green Bank，121，190–191 绿色银行
Group IC constraint，109–110 组的 IC 约束
Group lending，4–5，347 联保贷款
adverse selection and，98，101–108，114，128，391nn13，15，18 逆向选择
agriculture and，120，152–153，160 农业
alternative approaches and，137–162 替代方案
Association for Social Advancement（ASA） and，14–15 社会进步协会
beyond villages，105–108 村庄之外
BRAC and，98
collateral and，390n19 抵押
collusion and，99，122–127 合谋
contract evidence and，112–122 合同证据
cross–reporting and，126–127 互相举报
cycle of，13–14 循环
default and，102，108–121，124–127，390n1，391n18，392nn21，25 违约
defined，97–98 确定的
discovery of，137 发现
economies of scale and，100 规模经济

educational levels and，118 教育水平
efficiency and，98，101，104–105，126–128，137，147，160 效率
emerging tensions and，122–127 浮现的紧张
entrepreneurs and，118，140，148 企业家
field studies and，116–121 实地调查
friendship and，115 友谊
Grameen Bank and，12–15，97–100，112–115，122，125–128，137，143，146–148，153，156–159，390nn2，3，6，391n12，393n33 格莱珉银行
group formation and，121–122 组形成
hidden costs and，122–127 隐性成本
individual–lending approaches and，106–107，118，125–126，138 个人贷款的方法
information and，141 信息
interest rates and，101–112，117，128，138–144，155–157 利率
joint liability and，14–15，98，103–104，110，113–117，120–122，137–138，140，147，152，159，163，385n18，391n18 连带责任
joint responsibility clause and，100 连带责任条款
lab experiments and，114–116 实验
limits to，122–127 局限
methodology of，99–101 方法
MicroBanking Bulletin ratings and，138 微型银行简报
microcredit and，100，395n25 小额信贷
monopolists and，145–146 垄断者
moral hazard and，108–112，392n20 道德风险
peer monitoring and，99，110–112，126，138，140 同伴监督
problem borrowers and，123 问题借款人

progressive lending and，137–140，143–144 累进借贷
randomized trial on，121 随机实验
safe types and，101–102 安全型
sanctions and，126–127 惩罚
side payments and，105 单方支付
social capital and，115，119–122，128，393n28 社会资本
standard banking model and，13 标准银行模式
transaction advantages and，98 交易优势
2 ： 2 ： 1 staggering and，100 节奏
Guatemala，115，120，122，145，147，203，226 危地马拉

Haiti，336 海地
Hammurabi's Code，31 汉穆拉比法典
Health issues，22，335 健康问题
children and，220–222，224 儿童
health banks and，271 健康银行
impact measurement and，267 效果评估
improvement programs and，158 改进项目
insurance and，172，195，197–199，201，203，205 保险
women and，174，220–229，232–233 女性
Hindus，32 印度教徒
HIV/AIDS，227–228，231 艾滋病
457 Honduras，271 洪都拉斯
Households，384n12，386n1 家庭
agriculture and，285–286（see also Agriculture）农业
children and，221–222，224，271 儿童
conflict motive and，72–73 冲突动机
consumption growth and，183–184 消费增长
credit cooperatives and，68–81（see also Credit cooperatives）信用合作社

decision making in, 219–223 决策
desire to change occupations and, 29–30 改变职业的愿望
distribution and, 38–39 分配
family loans and, 67–68 家庭贷款
financial diaries of, 67, 179, 388n1 金融日志
food and, 222–226 食品
impact measurement and, 270–272 效果评估
isolation in, 232 隔离
life-cycle model and, 175 生命周期模型
Living Standards Measurement Survey (LSMS) and, 177 生活水平评估调查项目
L-shaped indifference curve and, 222–223 L 型无差异曲线
poverty and, 67 (see also Poverty) 贫穷
purchasing power parity (PPP) and, 179 购买力平价
repayment and, 148–153 (see also Repayment) 偿还
savings and, 169–206 (see also Savings) 储蓄
spousal control and, 77 配偶控制
unitary approach and, 220 单一态度
women and, 211–234 (see also Women) 女性

Hui, 69. See also Rotating savings and credit associations (ROSCAs) 会

Human Development Report (United Nations), 218 人类发展报告(联合国)

Hyperbolic discounting, 189–190. Behavioral economics 双曲线贴现 See also 行为经济学

IBM, 7

ICICI Lombard (India), 199 ICICI 伦巴第(印度)

IMAGE (Intervention with Microfinance for AIDS and Gender Equity) (South Africa), 227–228 为艾滋病和性别平等用微型金融干预(南非)

Impact measurement，5，311 效果评估
agriculture and，285−286 农业
anecdotal evidence and，267−268 轶事证据
attrition bias and，278−280 失访偏倚
Bangladesh and，282−293 孟加拉国
Bolivia and，279 玻利维亚
broad categorization and，272−273 广义分类
causality and，268−270 因果关系
collateral and，298 抵押
complexity of，272−276 复杂性
consumption and，268−270，287−289，292，299，310 消费
control groups and，273−276 对照组
counter−factual data and，272 反事实数据
cross−sectional data and，283−290 截面数据
difference−in−difference approach and，274−275 双重差分法
dummy variables and，277，281，283，286−288 虚变量
education and，274，279，288−290，309，313−314，402nn6，11 教育
efficiency and，289 效率
entrepreneurs and，272−275，278，280，294−302，309 企业家
evaluation basics and，272−276 评价基础
full panel data and，290−293 完全面板数据
household effects and，270−272 家庭效果
India and，280−282，298−299 印度
instrumental variables and，282−293 工具变量
interest rates and，278，283，297−301，397−401 利率
lack of empirical studies in，267 缺乏经验研究
longitudinal data and，280−282 纵向数据
microcredit and，268，283，290−292，298 小额信贷

new vs. old borrowers and，278－280 新老借款人
nonrandomized approaches and，276－293 非随机方法
Peru and，278－282 秘鲁
Philippines and，296－298 菲律宾
poverty and，267，283，290－292，297 贫穷
quasi－experiments and，282－293 准实验
randomized evaluations and，293－308 随机化评估
rank－and－file members and，277－278 一般成员
selection bias and，268－270 选择偏倚
South Africa and，296－298 南非
Sri Lanka and，299－301 斯里兰卡
subsidies and，319－320，326－331，334，336 补贴
Thailand and，276－278 泰国
theory of change and，267 变化的理论
Tobit equation and，289 Tobit 方程
treatment groups and，273－293 实验组
USAID AIMS studies and，280－282 研究
USAID AIMS women and，212，223－227，271，278，280，284，289－290，299，301，305－306 女性
Zimbabwe and，280－282 津巴布韦
Imp－Act project，310 Imp－Act 项目
Impatience，189－190 缺乏耐心
Incentive compatibility （IC），142 激励相容
Incentive constraint，50－51，209，352－353 激励约束
Incentives 激励 458
combining，363－365 合并
commitment devices and，190－192 责任机制
competition and，145－147 竞争
creating dynamic，140－147 创造动态
cross－reporting and，160－161 互相举报
direct collateral approaches and，155－157 直接抵押方法

flexible collateral approaches and，153–155 灵活抵押方法
high–powered vs. low–powered，353，357–359 高能和低能
information gathering by bank staff and，159–160 银行职员收集信息
management practices and，347，349，352–374 管理实践
microcredit and，51 小额信贷
mission alignment and，368–369 使命匹配
progressive lending and，143–144 累进借贷
public repayments and，157–158 公开偿还
reminders and，190–192 提醒
targeting women and，158–159 定位女性
in teams，362–365 在组中
threatening to stop lending and，140–143 威胁停止借贷
yardstick competition and，365 标尺竞争
Income Generation for Vulnerable Group Development（IGVGD）program，334–336. See also BRAC 为弱势群体创收项目
Index insurance，指数保险 199. See also Microinsurance 微型保险
India，3，7，11，67，203，317，336 印度
caste system and，10，32，384n12 种姓制度
credit cooperatives and，80–81 信用合作社
impact measurement and，280–282，298–299 效果评估
insurance and，198–200 保险
Integrated Rural Development Program（IRDP）and，10，140，384nn10，12 农村综合发展计划
moneylender landlords and，32 放债的地主
randomized control trials（RCTs）and，298–299，306 随机控制实验
reform and，170 改革
rotating savings and credit associations（ROSCAs）and，75 合会

savings and，179，183，189 储蓄
stagnation of，32 停滞
Supreme Court of，53 最高法院
women and，214 女性
Individual-lending approaches，15 个人贷款方式
cost reduction and，138 削减成本
group lending and，106-107，118，125-126，138 联保贷款
sparsely populated regions and，138 人口稀少地区
Indonesia，3，20-21，213 印度尼西亚
Infant industry，21 幼稚产业
Information，395n25. See also Agency theory 信息，参见代理理论
adverse selection and，8，31，41-45（see also Adverse selection）逆向选择
agency problem and，39-48（see also Agency theory）代理问题
credit bureaus and，140，142，146-147，260 征信管理局
cross-reporting and，126-127，153，160-161，390n7 互相举报
gathering by bank staff，159-160 银行职员收集
group lending and，14 联保贷款
impact measurement and，267-311（see also Impact measurement）效果评估
Microfinance Information Exchange（MIX）and，112，215，254 微型金融信息交换
public repayment and，157-158 公开偿还
subsidies and，319-320，330-331 补贴
unmeasurable tasks and，356-357 无法评估的任务
stitute of Development Studies，Sussex，310 苏塞克斯发展研究所
surance，243. See also Microinsurance
entrepreneurs and，213-214 保险，参见微型保险企业

FINCA and，195–197 health，172，195，197–199，201，203，205 健康

index，199 指数

informal，67–68 非正规

life，195–197 生活

other lines，201 其他条线

rainfall，172，199–201 降雨量

Integrated Rural Development Program （IRDP）（India），10，140，384nn10，12 农业综合发展计划（印度）

Interest rates 利率

ancient attitude toward，31–32 古老观念

banks and，6–11，19，23–24，385n26 银行

break–even，43，323 收支平衡

commercialization and，252–254 商业化

contract theory and，142 契约理论

credit cooperatives and，69，81–85，90–95 信用合作社

diminishing returns and，6 回报递减

elasticity and，322 弹性

ethics and，19 道德

exorbitant，7，19，23–24，30–36，49，52，58，101–102，157，240–241，297–299，338 过高

459 gross，42–45，49–51，83–84，90–91，103，107–111，141–144，155，391n17 毛的，总的

group lending and，101–112，117，128，138–144，155–157 联保贷款

historical perspective on，31–32 历史视角

impact measurement and，278，283，297–301，397–401 效果评估

intervention policies and，29–59 干预政策

management practice and，347，349，364 管理实践

monopolists and，34–36 垄断者

poor borrowers and，7–8 穷人借款者

portfolio yield and，385n26 资产收益

regulation and，240–254，258，260 监管

ROSCAs and，69–79（see also Rotating savings and credit associations［ROSCAs］） 合会

savings and，174，181–182，185–187，192–194 储蓄

state–owned development banks and，9–10 国有开发银行

subsidies and，11，318，321–327，330–338 补贴

usury and，8，384n15 高利贷

International Finance Corporation （World Bank），240 国际金融公司

International Fund for Agriculture and Development，12 国际农业和发展基金

International Monetary Fund （IMF），245 国际货币基金组织

Intervention policies. See also specific Institution 干预政策，参见专业机构

adverse selection and，31，41–45，49–53，58–59，387n13 逆向选择

agency issues and，39–48 代理问题

ancient world and，31–32 古代世界

credit cooperatives and，67–92 信用合作社

desire to change occupations and，29–30 改变职业的愿望

distribution and，38–39 分配

efficiency and，31–35，38–48，57–58 效率

empirical evidence for，51–53 经验证据

entrepreneurs and，29–30，38，53 企业家

financial constraints and，30–31 财务约束

health issues and，271–272 健康问题

hiring local agents and，55–56 雇佣本地代理人

impact measurement and，267–311 （see also Impact measurement）
效果评估

linking to local markets and，54–57 联系本地市场

monopolists and，31–39，42，57 垄断者

moral hazard and，31，42，48–53，58–59 道德风险

opportunity costs and，36 机会成本

rationales for，31–39 基本原理

repayment burden and，52–53 偿还负担

strong–arm strategies and，56 使用暴力策略

Investment，347. See also Risk 投资，参加风险

Banco Compartamos and，239–241，252–254 康帕多银行

commercialization and，239–264 商业化

concavity and，6 凹性

diminishing returns and，5–7，16，19–20，
227，252，290，299 收益递减

marginal gains and，6 边际回报

Microfinance Investment Vehicles （MIVs） and，18，254–256
微型金融投资载体

return on equity and，145，241，253–254，256 权益回报

upsurge in private，255–256 私人的高涨

Ireland，80 爱尔兰

Islam，211 伊斯兰

Israel，361–362 以色列

Italy，80 意大利

Jakarta Stock Exchange （Indonesia），240 雅加达证券交易所

Japan，80，195，326 日本

Jews，32 犹太人

Jobra （Bangladesh），12，100 乔布拉（孟加拉国）

Joint liability. See also Group lending 连带责任，参见联保贷款

alternative banking models and，137–138，140，147，152，159，163 替代的银行模式

elimination of，137–138 消除

group lending and，14–15，98，103–104，109–110，113–117，120–122，385n18，391n18 联保贷款

moral hazard and，109–110 道德风险

Kenya，7，71 肯尼亚

competition and，145 竞争

Equity Bank and，240，368–370 公平银行

public repayment and，157 公开偿还

randomized control trials（RCTs）and，306 随机控制实验

rotating savings and credit associations（ROSCAs）and，73–78 合会

savings and，173–174 储蓄

women and，226 女性

Korea，80 韩国

Labor 劳动力

agency theory and，351–373 代理理论

agriculture and，285–286（see also Agriculture）农业

bonuses and，366 奖金

child，226 儿童

desire to change occupations and，29–30 460

改变职业的愿望

fixed wages and，352 固定工资

management practice and，347–375 管理实践

ownership and，369–373 所有权

women and，224（see also Women）女性

yardstick competition and，365，407n18 标尺竞争

Landlords，32 地主

Leverage，256–257 杠杆

Liberia，69 利比西亚

Life–cycle model，175–178，204 生命周期模型

Life insurance，195–197 人寿保险

Limited liability，40–41. See also Collateral 有限责任，参见抵押

Livestock，113，154，174，184，201，335 牲畜

Living Standards Measurement Survey（LSMS），177 生活水平评估调查项目

London，7 伦敦

London School of Economics，336 伦敦经济学院

Los Angeles，3 洛杉矶

Loteri samities，70 劳特利·萨米蒂

L–shaped indifference curve，222–223 L 型无差异曲线

Malawi，32，37，158，200 马拉维

Malaysia，158 马来西亚

Mali，198 马里

Management practice，23 管理实践

agency theory and，351–373 代理理论

ASA and，351，354，367–368

avoiding myopia and，366 避免短视

BancoSol and，368–369 阳光银行

Bank Rakyat Indonesia（BRI） and，363–365 印尼人民银行

BRAC and，368–369

commercialization and，369–373 商业化

Corposol and，349–354，362 库伯索

discouraging deception and，366–367 打击欺诈

efficiency and，348–349，356，360，369，375 效率

entrepreneurs and，350 企业家

Equity Bank and，368–370 公平银行

Grameen Bank and，358，374 格莱珉银行

incentives and, 347, 349, 352–374 激励
interest rates and, 347, 349, 364 利率
multitask problem and, 353–356 多任务问题
operational self–sufficiency ratio (OSS) and, 348–349 运营自足率
principal–agent theory and, 351–369 委托代理理论
PRODEM and, 359–362, 370 profit and, 406n10 利润
PROGRESA and, 367–368
regression analysis and, 348–349 回归分析
repayment and, 347–349 偿还
social objectives and, 349 社会目标
unmeasurable tasks and, 356–357 无法评估的任务
village banks and, 348–349 村镇银行
yardstick competition and, 365, 407n18 标尺竞争
Mental accounts, 190–192. See also Behavioral economics 心理账户，参见行为经济学
Mentoring, 335, 356 指导
Metro Manila (Philippines), 298 大马尼拉（菲律宾）
Mexico, 3, 309, 317 墨西哥
Banco Compartamos and, 18–20 (see also Banco Compartamos) 康帕多银行
gender empowerment and Grameen Trust Chiapas (GTC) in, 218–219, 228–229, 339n19 性别赋权好格莱珉信托恰帕斯
impact measurement and, 267–268 效果评估
inflation rate in, 240 通货膨胀率
insurance and, 195 保险
interest rates and, 253–254 利率
PROGRESA/Oportunidades in, 367–368 PROGRESA/“机会”项目
rotating savings and credit associations (ROSCAs) and, 69 合会

women and，225–226 女性

Mexico City，106 墨西哥城

Mibanco （Peru），268，280 我的银行（秘鲁）

MicroBanking Bulletin，138，245，247，318–320，347–349 微型银行简报

MicroCare Health Plan，198 微型医疗健康计划

Microcredit 小额信贷

defining，15，392n22 定义

gender and，211，215–216，229–231，252，398n1，400n22 性别

group lending and，100，395n25 联保贷款

impact measurement and，268，283，290–292，298，318–319，330 效果评估

incentive constraints and，51 激励约束

savings and，15–17，169–171，173，178，186，195，201–206 储蓄

Microcredit Summit Campaign，3–4，17–18，211，318–319，398n1，401n8，405n3 小额信贷峰会运动

Microdebt，169，202，231，392n22 小额信贷

Microfinance Forum，228 微型金融论坛

Microfinance Information eXchange （MIX），112，215，254 微型金融信息交换

Microfinance investment vehicles （MIVs），18，254–256 微型金融投资载体

Microinsurance，195–201 微型保险

MicroRate，358–359 微率

Microsaving，172–174 微型储蓄

Middle Ages，32 中世纪

461 Minimum detectable effect size，303–304. See also Impact measurement 最小可检测效果规模

Mission drift，19，239，243，251，320，369，

401n9 使命漂移
Mix Market，262，319，400n6，401n8 混合市场
Moneylenders 放债人
adverse selection and，41–45，141 （see also Adverse selection）
逆向选择
agency theory and，39–48，351–373 代理理论
appearance of stability and，142–143 稳定性外观
banks and，9 （see also Banks） 银行
commercialization and，239–264 商业化
competition and，145–147 竞争
complementary incentive mechanisms and，153–161
补充激励机制
contract theory and，4，142，203 契约理论
cooperation among，146–147 之间合作
cost reduction and，138，141 削减成本
credit bureaus and，140，142，146–147，
260，394n20，403n23 征信管理局
credit cooperatives and，67–70，79–87 信用合作社
cross–reporting and，160–161 互相举报
distribution and，38–39 分配
dynamic incentives and，140–147 动态激励
exploitative，16，30，206 剥削的
financial performance and，243–252 财务绩效
flexible collateral approaches and，153–155 灵活的抵押方式
formalization and，257–262 正规化
frequent repayment installments and，148–153 高频分期偿还
gender and，231 （see also Gender） 性别
group lending and，98，137，140，148，
159 （see also Group lending） 联保贷款
hiring local agents and，55–56 雇佣本地代理人
historical perspective on，31–32 历史视角

information gathering and，159–160 信息收集

interest rates and，19 （see also Interest rates） 利率

intervention policies and，30–39，54–59，386n3，388n24 干预政策

Jews and，32 犹太人

as landlords，32 作为地主

leverage and，256–257 杠杆

limited liability and，40–41 有限责任

linking to local markets and，54–57 联系本地市场

management practice and，347–375 管理实践

MicroBanking Bulletin ratings and，138 monopoly power of，32 微型银行简报评级

moral hazard and，48–51 （see also Moral hazard） 道德风险

non–refinancing threats and，140–143 不再融资的威胁

opportunity costs and，36 机会成本

ownership and，369–373 所有权

predatory，206 掠夺的

progressive lending and，137–140，143–144 累进借贷

public repayments and，157–158 公开偿还

regulation and，240，253，269 监管

removing，33 去除

risk and，34–36 （see also Risk） 风险

rotating savings and credit associations （ROSCAs） and，68–79 合会

savings and，195，202 储蓄

sovereign debt problem and，141 主权债务问题

strong–arm strategies and，56 使用暴力策略

subsidies and，35，317–341 （see also Subsidies） 补贴

susu collectors and，54，388n20 “苏苏”收集者

threatening to stop lending and，140–143 威胁停止贷款

Monopolists，11，387n9，407n18 垄断者

commercialization and，241 商业化
group lending and，145-146 联保贷款
high interest rates and，34-36 高利率
intervention policies and，31-39，42，57 干预政策
opportunity costs and，36 机会成本
Moral hazard，331，352，392n20 道德风险
adverse selection and，8（see also Adverse selection） 逆向选择
better savings banks and，192-194 更好的储蓄银行
credit cooperatives and，31，42，48-53，58-59 信用合作社
ex ante，48-50，109-110 事前
ex post，50-51，110-112，216，392n20 事后
group lending and，98，108-112，114，120，124-125，128 联保贷款
insurance and，195，198-200 保险
intervention policies and，31，42，48-53，58-59 干预政策
joint responsibility and，109-110 连带责任
overcoming，108-112 克服
peer monitoring and，110-112 同伴监督
rainfall insurance and，172 降雨量保险
repayment burden and，52-53 偿还负担
savings and，172，193，203，205 储蓄
women and，216 女性

Nairobi，188 内罗毕
Netherlands，12 荷兰
Newly Independent States，373 新独立国家
New Testament，32 新约
New York，7 纽约
Nicaragua，145，339 尼加拉瓜
Nigeria，32，36-37，69 尼日利亚 462

Nobel Peace Prize，2，7，17，240 诺贝尔和平奖
"No Child Left Behind" policy，357 "没有被抛弃的儿童"政策
Non-bank financial institutions （NBFIs），215 非银行金融机构
Non-refinancing threats，140-143 不再融资的威胁
Nongovernmental organizations 非政府组织
（NGOs），401n10. See also specific
Organization 参见专业化机构
alternative banking models and，2-3，15，19，384n10
替代的银行模式
commercialization and，239-251，256-258，262-263
商业化
credit cooperatives and，80 信用合作社
donor funding and，241 捐赠人资金
flourishing of，2-3 繁荣的
formalization and，258 正规化
gender and，211-216，233，399n18 性别
group lending and，123 联保贷款
intervention policies and，55-56 干预政策
leverage and，256-257 杠杆
management practice and，370，375 管理实践
（see also Management practice）
microcredit and，15 小额信贷
mission drift and，19，239，243，251，320，
369，401n9 使命漂移
ownership and，369-373 所有权
performance of，243-252 绩效
problem borrowers and，123 问题借款人
reputation of，3 声誉
savings and，169，180 储蓄
subsidies and，19，318 补贴

women and，213–216，233 女性

Norway，12 挪威

Ohio State University，10–11，148，332 俄亥俄州立大学

Old Testament，31 旧约

Operational self–sufficiency ratio （OSS），243–244，348–349，405n3 运营自足率

Oportunidades，225–226，309，367–368. See also PROGRESA “机会”项目

Opportunity costs，36 机会成本

Overlapping，146–147，263 重叠

Ownership，369–373 所有权

Pakistan，12，32，35–36，81，177–178，202，204 巴基斯坦

Palli Karma Sahayak Foundation （PKSF）（Bangladesh），178 Palli Karma Sahayak 基金会（孟加拉国）

Paris，3 巴黎

Participation constraint，352. See also Agency theory 参与约束，参见代理理论

Peer monitoring，69，227，394n7. See also Group lending 同伴监督，参见联保贷款

credit cooperatives and，51，81–86 信用合作社

group lending and，99，110–112，126，138，140 联保贷款

moral hazard and，110–112 道德风险

Perfect competition，36，65，84，145，380 完全竞争

Peru，41 秘鲁

group lending and，115，118–119 联保贷款

impact measurement and，268–269，278–282 效果评估

insurance and，200 保险

Philippines，9−10 菲律宾
group lending and，121 联保贷款
impact measurement and，296−298 效果评估
randomized control trials（RCTs）and，296−298，305 随机控制实验
savings and，190−191 储蓄
women and，229 女性
Policy 政策
alternative banking models and，1−24 替代的银行模式
appearance of stability and，142−143 稳定性外观
frequent repayment installments and，148−153 高频分期偿还
Grameen Bank II and，99，127，137，153，157，173，393n33，398n24 格莱珉银行二代
impact measurement and，267−311 效果评估
(see also Impact measurement)
incentives and，140−147，153−161 激励
management practice and，23（see also Management practice） 管理实践
market intervention and，29−66 市场干预
mission drift and，19，239，243，251，320，369，401n9 使命漂移
"No Child Left Behind" and，357 "没有被抛弃的儿童"
non−refinancing threats and，140−143 不再融资的威胁
ownership and，369−373 所有权
pro−saving argument and，169−170 支持储蓄的言论
(see also Savings) 参见储蓄
reform and，170 改革
subsidies and，320−321，330（see also Subsidies） 补贴
targeting women and，158−159，225 定位女性
Politics，140
interest rates and，7−8（see also Interest rates） 利率

state-owned development banks and，9–12 国有开发银行

subsidies and，332 补贴

Polla，69. See also Rotating savings and credit associations （ROSCAs） 参见合会

Poor people. See also Poverty 穷人 参见贫穷 463

Bank of Agriculture and Agricultural Cooperatives （BAAC） and，30，32，120–121，170，263，325–327，384n9 农业和农业信用社银行

desire to change occupations and，29–30 改变职业的愿望

education and，22 （see also Education） 教育

group lending and，12–13 （see also Group lending） 联保贷款

high interest rates and，7，19，23–24，30–36，49，52，58，101–102，157，240–241，297–299，338 高利率

Human Development Report and，218 人类发展报告

Income Generation for Vulnerable Group Development （IGVGD） program and，334–336 为弱势群体创收项目

intervention policies and，29–59 干预政策

potential of，23–24 潜力

savings and，15–17，169–206 （see also Savings） 储蓄

usury and，8，384n15 高利贷

Portfolio at risk （PAR） ratio，246–247. See also Financial ratios 资产组合风险率 见金融比率

Portfolio yield，247，385n26. See also Financial ratios 资产收益。见金融比率

Poverty 贫穷

agency theory and，352–356 代理问题

Association for Social Advancement（ASA） and，1–2 社会进步协会

Bangladesh and，12 孟加拉国

capital flows and, 5–9 资本流动
collateral and, 2, 8, 13–15, 25 抵押
contract theory and, 4, 142, 203 契约理论
diminishing returns and, 5–7 收益递减
famine and, 12 饥荒
Grameen Bank and, 322 格莱珉银行
household income and, 3 家庭收入
impact measurement and, 267, 283, 290–292, 297 效果评估
Microcredit Summit Campaign and, 3–4, 17–18, 211, 318–319, 398n1, 401n8, 405n3 小额信贷峰会运动
Nobel Peace Prize and, 240 诺贝尔和平奖
reduction of, 252, 352–356 削减
subsidies and, 17–23, 184–185, 338–339 (see also Subsidies) 补贴
women and, 211–234, 289–290 女性
Power calculations, 302–305 功效计算
Principal–agent theory. See Agency theory 委托代理理论，见代理理论
PRIZMA (Bosnia–Herzegovina), 368–369 PRIZMA（波黑）
PRODEM (The Foundation for the Promotion and Development of Microfinance Enterprises, Bolivia), 151, 257 PRODEM（微型金融企业促进和发展基金会，玻利维亚）
agency theory and, 359–362 代理理论
impact measurement and, 279 效果评估
management practice and, 349, 358–366, 370 管理实践
Profit, 347. See also Commercialization 利润，见商业化
agency theory and, 351–373 代理理论
Banco Compartamos and, 239–241, 252–254 康帕多银行
commercialization and, 239–264 商业化

diminishing returns and，5–7，16，19–20，227，252，290，299 收益递减

financial self–sufficiency （FSS） ratio and，244–246 财务自足率

impact measurement and，282 （see also Impact measurement） 效果评估

management practice and，406n10 管理实践

NGOs and，239–251，256–258，262–263 非政府组织

off poor people，239–240 离开穷人

operational self–sufficiency ratio （OSS） and，243–244 运营自足率

portfolio at risk （PAR） ratio and，246–247 资产组合风险率

portfolio yield and，247 资产收益

poverty reduction and，353–356 削减贫困

return on assets （ROA） and，246 资产回报率

subsidies and，317–341，340–341 补贴

Profund，240

PROGRESA/Oportunidades （Mexico），225–226，309，367–368 PROGRESA/“机会”项目（墨西哥）

Progressive lending，137–140，143–144 累进借贷

Project HOPE，271 HOPE 项目

Pro Mujer，80 扶持女性

alternative banking models and，22，145–146 替代的银行模式

Carmen Velasco and，145 卡门·维拉斯科

group lending and，97，114 联保贷款

impact measurement and，271 效果评估

multiple loans and，145–146 多笔贷款

subsidies and，317，339 补贴

women and，211，232 女性

Proshika （Bangladesh），146 普罗卡西（孟加拉国）

Purchasing power parity （PPP），179，247，398n1 购买力平价

Qur' an, 31 古兰经

Rainfall insurance, 172, 199–201. See also Microinsurance 降雨量保险，见微型保险

464 Randomized control trials （RCTs） 随机控制实验

analytical foundations of, 294–296 分析基础

Ashraf, Nava et al. in the Philippines and, 190 在菲律宾 Ashraf，Nava 等

average results and, 293 平均结果

Banerjee et al. in India and, 298 Banerjee 等在印度

causal impact and, 293 因果效应

Chattopadhyay and Duflo in India and, 224 印度的 Chattopadhyay 和 Duflo

consumer loans in South Africa and, 296 南非的消费信贷

control group and, 293–297, 301–308 对照组

criticism of, 305–308 批评

dropouts and, 279–280 退出

Duflo et al. and, 303, 403n21

Giné and Karlan in the Philippines and, 121 菲律宾的 Giné 和 Karlan

impact measurement and, 293–308 效果评估

India and, 298–299, 306 印度

Karlan et al. in Bolivia and the Philippines, 191–192 玻利维亚和菲律宾的 Karlan 等

Karlan and Zinman and, 253

Kenya and, 306 肯尼亚

marginal measurements and, 296–298 边缘的评估

minimum detectable effect size and, 303–304 最小可检测效果规模

noise measurement and, 302 噪声评估

notation for, 294–295 注释

Philippines and, 296–298, 305 菲律宾

South Africa and, 296–298 南非

Spandana and, 299 斯潘达那

Sri Lanka and，299–301 斯里兰卡

statistical power and，302–305 统计功效

unit of analysis choice and，301–302 分析的基本单位选择

Random number generator，162 随机数发生器

Regulation，204，401n12 监管

Banco Compartamos and，239–241，252–254 康帕多银行

collateral and，257，263 抵押

commercialization and，239–264 商业化

consumer protection and，257–262 消费者保护

entrepreneurs and，263 企业家

financial self–sufficiency（FSS）ratio and，244–246 金融自足率

formalization and，257–262 正规化

interest rates and，240–254，258，260 利率

management practice and，369–373 管理实践

mission drift and，19，239，243，251，320，369，401n9 使命漂移

multiple loans and，145–146 多笔贷款

NGOs and，239–251，262–263 非政府组织

nonprudential，260–261 非审慎的

operational self–sufficiency ratio（OSS）and，243–244 运营自足率

ownership and，369–373 所有权

prudential，258–259 审慎的

Repayment，52–53 偿还

agency theory and，351–369 代理理论

competition and，145–147 竞争

Corposol and，351 库伯索

frequent installments and，148–153 高频分期还款

gender and，212 性别

incentives for，140–147 激励

lump-sum，149 一次性
management practice and，347-349 管理实践
progressive lending and，143-144 累进借贷
public，157-158 公开
simultaneous multiple loans and，145-146 同时多笔贷款
sovereign debt problem and，141 主权债务问题
threatening to stop lending and，140-143 威胁停止贷款
women and，212，216-219 女性
Reserve Bank of India，9 印度储备银行
Return on assets（ROA），246. See also Financial ratios 资产回报率，见金融比率
Return on equity，145，241，253-254，256. See also Financial ratios 权益回报 见金融比率
Risk，201-203，396n10 风险
adverse selection and，8，41-45（see also Adverse selection）逆向选择
agency problem and，39-48 代理理论
better savings banks and，192-194 更好的储蓄银行
credit bureaus and，140，142，146-147，260，394n20，403n23 征信管理局
credit cooperatives and，82-85 信用合作社
default rates and，8，11（see also Default）违约率（见违约）
early warning systems and，148-153 早期预警系统
financial self-sufficiency（FSS）ratio and，244-246 金融自足率
frequent repayment installments and，148-153 高频分期还款
group lending and，121-127 联保贷款
insurance and，195-201 保险
joint liability and，14-15（see also Joint liability）连带责任
limited liability and，40-41 有限责任
moneylenders and，34-35，34-36 放债人

moral hazard and，8，31（see also Moral hazard） 道德风险
numerical examples and，104–108 数值例子
operational self–sufficiency ratio（OSS）
and，243–244 运营自足率
overlapping and，146–147，263 重叠 465
portfolio at risk（PAR）ratio and，246–247 资产组合风险率
portfolio yield and，247 资产收益
public repayment and，157–158 公开偿还
repayment burden and，52–53 偿还负担
return on assets（ROA）and，246 资产回报
rotating savings and credit associations
（ROSCAs）and，78–79 合会
sharecroppers and，353 佃农
simultaneous multiple loans and，145–146 同时多笔贷款
threatening to stop lending and，140–143 威胁停止贷款
Romans，31 罗马人
Rotating savings and credit associations（ROSCAs），53，367，385n23
合会
agreement enforcement and，73–78
ASCA and，79–80 合同执行
bidding and，70，78–79 投标
cash crops and，71 经济作物
consumption patterns and，72 消费方式
cycles in，74–75，79 循环
fairness and，75–76 公平
frequent repayment and，151 高频偿还
gender and，72–73，226 性别
Grameen Pension Scheme（GPS）and，178–179 格莱珉养老金计划
groups and，68–69，98–99 组
incentive problem and，74 激励问题
indivisible products and，72 不可分的产品

informal understandings and，68 非正规理解
limits to，78–79 局限
member screening and，75–76 成员审查
model of，87–89 模式
moneylender charges and，69 放债人收取
patience and，73–74 耐心
random lottery and，75–76 随机抽彩
reinterpreting of，188–189 重新解读
resource pooling and，69 资源池
sanctions and，74–75 惩罚
savings and，68，73–78，170，172–174，184，192，397n15 储蓄
simplicity of，68，70–73，86 简化
spousal control and，77 配偶控制
Rural Development Boards （Bangladesh），285 农村发展董事会（孟加拉国）
Rural Development with Cheap Credit（Adams，Graham，and von Pischke），59 有廉价信贷的农村发展
Rural Finance Program （Ohio State University），10–11，332 农村金融项目（俄亥俄州立大学）

SafeSave，155–156，169–170，185，187 安全储蓄
Savings，4，242，259，347
assessing constraints on，183–186 评估约束
better savings banks and，192–194 更好的储蓄银行
Centre Fund and，172–173 中心资金
chit funds and，53，388nn2，3 银会
collateral and，156，173–175，182 抵押
commitment devices and，190–192 责任机制
consumption and，171，175–186，190，192，203，205–206，396n10，398n25 消费
credit cooperatives and，81–82 信用合作社

flexible products for, 173 灵活产品
Grameen Pension Scheme （GPS） and, 156, 178–179 格莱珉养老金计划
high–frequency, 179–183, 205 高频
hyperbolic discounting and, 189–190 双曲线贴现
impatience and, 189–190 缺乏耐心
informal, 67–68 非正规
interest rates and, 174, 181–182, 185–187, 192–194 利率
life–cycle model and, 175–178, 204 生命周期模型
livestock and, 174 牲畜
Living Standards Measurement Survey（LSMS） and, 177 生活水平评估调查
low–frequency, 175–179 低频
mechanisms matter idea and, 172 机制重要观念
mental accounts and, 190–192 心理账户
microcredit and, 15–17, 169–173, 178, 186, 195, 201–206, 398n25 小额信贷
microsaving and, 172–174 微型储蓄
motivations for, 174–183 动机
pro–saving argument and, 169–170 支持储蓄的言论
purchasing power parity （PPP） and, 179 购买力平价
reform and, 170 改革
reminders and, 190–192 提醒
rotating savings and credit associations（ROSCAs） and, 73–78 合会
self–discipline and, 186–190 自律

Supporting Enterprises for Economic Development Saving Products（SEED） accounts and, 191 为经济发展支持企业的储蓄产品（SEED）账户
time–inconsistency and, 170–171 时间不一致

Savings clubs, 67–68, 76, 397n16 储蓄俱乐部
Selection bias, 268–270. See also Impact Measurement 选择偏倚，见效果评估
Self–discipline, 186–190. See also Behavioral economics 自律，见行为经济学
Self–Employed Women's Association (SEWA, India), 198, 201, 268, 280, 397n19 自雇妇女协会（SEWA，印度）
Self–Help Groups (SHGs, India), 230 自助组（印度）
466 Shakti Foundation for Women (Bangladesh), 172 夏克提妇女基金会（孟加拉国）
Sharecroppers, 353, 406n9 佃农
Side payments, 105 单方支付
SIMPEDES (Indonesia), 194 SIMPEDES（印度尼西亚）
SKS program (India), 203, 336 SKS 项目（印度）
Small Farmer Credit Program (PCPA, Bolivia), 123 小农信贷项目（PCPA，玻利维亚）
Social capital 社会资本
  gender and, 211, 232–233 性别
  group lending and, 115, 119–122, 128, 393n28 联保贷款
Solidarity groups 团结的组
  alternative banking models and, 138 替代的银行模式
  gender and, 228–229, 399n19 性别
  group lending and, 97, 112, 114 联保贷款
  impact measurement, 301 效果评估
  management practice and, 350–351 管理实践
South Africa, 67 南非
  impact measurement and, 296–298 效果评估
  randomized control trials (RCTs) and, 296–298 随机控制实验
  rotating savings and credit associations (ROSCAs) and, 75–77 合会
  savings and, 179–180, 183, 188 储蓄

Sovereign debt problem，141 主权债务问题

Spandana （India），299 斯潘达那（印度）

Spillover，285，290，301–302，308，315，331 溢出

Sri Lanka，53，213–214 斯里兰卡

impact measurement and，299–301 效果评估

randomized control trials （RCTs） and，299–301 随机控制实验

tsunami of，300 海啸

women and，224–225 女性

Standard & Poor's ratings，19 标准普尔评级

State–owned development banks，9–12 国有开发银行

Statistics. See Impact measurement 统计学。见效果评估

Stigma，157–158 污点

Strong–arm strategies，56 使用暴力策略

Subsidies，4，202 补贴

asset transfers and，335 资产转移

Association for Social Advancement（ASA） and，21 社会进步协会

Bangladesh and，20–21，327–329 孟加拉国

BRAC and，334–337，341

cheap credit issues and，332 廉价信贷问题

consultants industry and，319 咨询业

Corporate Social Responsibility （CSR）and，400n30 企业社会责任

cost–benefit analysis of，320–321，325–341 成本收益分析

counting，322–325 计数

credit plus plus services and，339 信贷加服务

cross–subsidization and，23，47，58，87，102，106，197，251–252，338，340，373，406n11 交叉补贴

dependence index and，321–325，400n7 依赖指数

distribution and，38–39 分配

donor issues and，320，341 捐赠人问题

education and，335–336 教育

efficiency and，332–333，338–340 效率

elasticity and，322 弹性
enforcement rent and，338 执行租金
excessive，405n5 超额
exchange rate risk and，323 汇率风险
financial self-sufficiency ratio （FSS）and，323 金融自足率
forms of，323 形式
Grameen Bank and，322-329 格莱珉银行
impact measurement and，319-320，326-331，334，336 效果评估
Income Generation for Vulnerable Group Development （IGVGD） program and，334-336 为弱势群体创收项目
Indonesia and，20-21 印尼
information collection and，319-320，330-331 信息收集
institutions/customer choice and，333-334 机构 / 客户选择
interest rates and，11，318，321-327，330-338 利率
loan guarantees and，323 贷款担保
microcredit and，318-319，330 小额信贷
moving debates forward on，330-331 转移争论到
rethinking，17-23 反思
skepticism of，330-333 怀疑论
smart，332-339 灵活
soft equity and，323 软权益
soft loans and，322-323 软贷款
state-owned development banks and，9-12 国有开发银行
strategic long-term，336-339 策略上长期
strategic short-term，334-336 策略上短期
Targeting the Ultra Poor （TUP） program and，335-336 定位极端贫困者项目
tax holidays and，323 免税
Thailand and，325-327 泰国

USAID and，239

very poor clients and，334–336 非常穷的客户

women and，328–329 女性

Subsidy dependence index （SDI），321，323–325，400n7 补贴依赖指数

Sustainability 可持续性

collateral and，338 抵押

consumption and，328–331，336 消费 467

entrepreneurs and，330 企业家

financial self–sufficiency ratio （FSS）and，244–246 金融自足率

MicroBanking Bulletin statistics and，318–320 微型银行简报统计

operational self–sufficiency ratio （OSS）and，243–244 运营自足率

portfolio at risk （PAR） ratio and，246–247 资产组合风险率

portfolio yield and，247 资产收益

return on assets （ROA） and，246 social，400n4 资产回报率

subsidies and，317–341 补贴

Susu collectors，54，388n20 “苏苏“收集者

Sweden，12 瑞典

Symbiotics，255 共生

TABANAS （Indonesia），194 TABANAS（印尼）

Taipei，69 台北

Taiwan，69–70，73，80 台湾

Tanda，69

Tangail （Bangladesh），12，158 坦盖尔（孟加拉国）

Tanzania，32，37 坦桑尼亚

Targeting the Ultra Poor （TUP） program （BRAC），335，335–336 瞄准极端贫困者项目

Tata Group （India），7 塔塔集团

Thailand 泰国

Bank of Agriculture and Agricultural Cooperatives （BAAC） and，30，32，120–121，170，263，325–327，384n9 农业和农业信用社银行

gender and，226 性别

group lending and，115，120，122 联保贷款

impact measurement and，269，276–278 效果评估

intervention policies and，29–30，32，36，388n1 干预政策

regulation and，263 监管

savings and，170 储蓄

subsidies and，321，325–327 补贴

Tobit equation，289. See also Impact Measurement Tobit 方程，见效果评估

Togo，69 多哥

Tokyo （Japan），7 东京（日本）

Tontines，69. See also Rotating savings and credit associatons （ROSCAs） 通蒂，见合会

Transformation，257–262 转型

Treatise on the Family （Becker），220 《家庭论》（贝克尔）

Trickle–down approach，55 滴入式方法

Tsunamis，300 海啸

2： 2： 1 staggering，100. See also Group Lending 2： 2： 1 节奏，见联保贷款

Uganda，71，124，145，195–196，198 乌干达

Union Technique de la Mutualité （Mali），198 共济技术联盟（马里）

United Nations Development Programme （UNDP），218 联合国开发计划署

United Nations Millennium Development Goals，22 联合国千年发展目标

United States，7 联合国

credit cooperatives and，80 信用合作社

Grameen Bank and, 13 格莱珉银行

household decision making in, 220 家庭决策

insurance and, 195 保险

"No Child Left Behind" policy and, 357 "没有被抛弃的儿童"政策

predatory moneylenders and, 206 掠夺的放债人

United States Agency for International Development (USAID), 239, 268, 278, 280–282 美国国际开发署

University College London, 336 伦敦大学学院

University of Erfurt, 116 爱尔福特大学

Usury laws, 8, 384n15 高利贷法

Vanderbilt University, 12 范德比尔特大学

Vietnam, 197 越南

Vijayawada (India), 185 维杰亚瓦达(印度)

Village banks 村镇银行

alternative banking models and, 138, 149, 152, 393n3 替代的银行模式

credit cooperatives and, 80 信用合作社

group lending and, 97–98, 105–106, 112–115, 118–119 联保贷款

impact measurement and, 269–271, 277–279 效果评估

intervention policies and, 51–52 干预政策

management practice and, 348–349, 375 管理实践

Village organization (VO), 113 村庄组织

Village savings product, 194 村镇储蓄产品

VivaCred (Brazil), 159 万岁信贷(巴西)

Wall Street Journal, 317 华尔街日报

"We Aren't Selling Vacuum Cleaners" (Bazoberry), 363 "我们不出售真空吸尘器"(巴佐伯雷)

Women, 22, 234 女性
bargaining power and, 221, 226 讨价还价权力
as better borrowers, 216–219 作为好的借款人
bias in favor of, 212, 214–216, 231–233 青睐
children and, 221–222, 224, 271 儿童
collateral and, 216 抵押
commercialization and, 214–216 商业化
consumer goods and, 230–231 消费品
contraception choices and, 290 避孕选择
credit constraints of, 216 信贷约束
death ratios and, 224 死亡率
468 decision–making power and, 224 决策权力
education and, 212–213, 289–290 教育
efficiency and, 216–220, 227, 231, 233 效率
elderly, 399n9 年长的
empowerment of, 227–231 赋权
as entrepreneurs, 198, 201, 213–214, 224–225, 267–268, 280, 317, 397n19 作为企业家
ex post moral hazard and, 216 事后道德风险
fertility rates and, 212–213, 229, 271, 290 生育率
food and, 222–226 食品
friction with husbands and, 228–229, 399n19 与丈夫的摩擦
Grameen Bank and, 14, 211–212 格莱珉银行
health issues and, 174, 220–229, 232–233 健康问题
HIV/AIDS and, 227–228 艾滋病
household conflict motive and, 72–73 家庭冲突动机
household decision making and, 219–223 家庭决策
Human Development Report and, 218 人类发展报告
illiteracy and, 212–213, 267 文盲
impact measurement and, 212, 223–227, 271, 278, 280, 284, 289–290, 299, 301, 305–306 效果评估

incentives targeting and，158–159 激励定位
income levels of，224 收入水平
microcredit and，211，215–216，229–231，252，398n1，400n22 小额信贷
mobility and，218 流动
moneylenders and，231 放债人
parental neglect and，224 父母忽视
policy criticisms over，231–233 政策批评
poverty and，211–234，289–290 贫穷
purdah and，211 深闺制度
removed barriers for，211–212 移除的障碍
returns to capital and，224–225 资本回报
rights of，213–214 权利
risk aversion and，218–219 风险厌恶
rotating savings and credit associations（ROSCAs）and，72–73，77 合会
sanction fears of，216，218 担心惩罚
savings and，172 储蓄
Self-Employed Women’s Association（SEWA）and，198，201，268，280，397n19 自雇妇女协会
Self-Help Groups （SHGs） and，230 自助组
Shakti Foundation for Women and，172 夏克提妇女基金会
social capital and，211，232–233 社会资本
spousal control and，77 配偶控制
subsidies and，328–329 补贴
targeting of，158–159，225 定位
World Development Report and，223 世界发展报告
Women’s World Banking，124–125，214 女性的世界银行
World Bank，224，283 世界银行
impact measurement and，292–293 效果评估

Living Standards Measurement Survey
(LSMS) and，177 生活水平评估调查
subsidies and，323 补贴
World Development Report and，223 世界发展报告
World Bank Group，240 世界银行集团
World Council of Credit Unions，80，193 世界信用合作社理事会
World Development Report，223 世界发展报告
World Food Programme，328，335，336，341 世界粮食计划署
World Microfinance Forum，240 世界微型金融论坛
World Savings Bank Institute，170 世界储蓄银行协会

Yardstick competition，365，407n18. 标尺竞争
See also Management practice 见管理实践

Zambuko Trust（Zimbabwe），268，280，281 信托
Zero-sum game，365 零和游戏
Zimbabwe，268，270，280-282 津巴布韦